黑龙江省新世纪高等教育教学改革工程项目（项目编号：5182）

黑龙江省教学创新团队项目（2009-2011）

哈尔滨工业大学优秀教学团队资助项目（2009-2011）

"中国近现代史纲要"

重点难点理论与实践问题析微

徐奉臻

赵爱伦

孙艺年

黄进华 等

著

RESEARCHES ON
EMPHASISES
AND DIFFICULTIES OF THEORY
AND PRACTICE ISSUES OF
THE CHINESE
MORDERN
HISTORY OUTLINE

中国社会科学出版社

图书在版编目（CIP）数据

"中国近现代史纲要"重点难点理论与实践问题析微/徐奉臻等著．
北京：中国社会科学出版社，2010.7

ISBN 978-7-5004-8810-1

Ⅰ.①中…　Ⅱ.①徐…　Ⅲ.①中国-近代史-高等学校-教学参考
资料②中国-现代史-高等学校-教学参考资料　Ⅳ.①K25

中国版本图书馆 CIP 数据核字（2010）第 093768 号

责任编辑　门小薇(xv_men@126.com)
责任校对　李小冰
责任印制　戴　宽
封面设计　李尘工作室

出版发行　中国社会科学出版社
社　　址　北京鼓楼西大街甲 158 号　　　邮　编　100720
电　　话　010-84029450(邮购)　　　　传　真　010-84017153
网　　址　http://www.csspw.cn
经　　销　新华书店
印刷装订　三河市君旺印装厂
版　　次　2010 年 7 月第 1 版　　　　　印　次　2010 年 7 月第 1 次印刷
开　　本　710×1000　1/16
印　　张　27.25
字　　数　446 千字
定　　价　48.00 元

编撰者（以所撰字数为序）

    徐奉臻　黄进华　刘振清　赵爱伦　李学桃

    王永岩　姚永利　孙艺年　杨凤霞　叶　丽

    王永发

目　录

上　篇

从鸦片战争到五四运动前夜
（1840—1919）

撺，不拘一格降人才"的呐喊说明什么？以诗还原历史。

4. "三国干涉还辽"何以体现"没有永恒的敌人和朋友，只有不变的利益"的均势外交基本原则？

5. 历史学家蒋廷黻为什么说"光绪二十二年的《中俄密约》是李鸿章终身之大错"？

6. 蒋廷黻说义和团运动属"拳匪运动"，"是反对现代化的"，而孙中山则强调义和团的血战让外国人知道"中国还是有民族思想，这种民族是不可消灭的"。这两段话彼此矛盾吗？

7. "林则徐实在有两个，一个是士大夫心目中的林则徐，一个是真正的林则徐"，请结合史实分析之。

第二章　对国家出路的早期探索

1. 太平天国何以成为"中国旧式农民战争的高峰"？

2. "太平军一坏于杨秀清的专横跋扈，再坏于韦昌辉的疯狂屠杀，最后坏于洪秀全的任用私人，尤其是最后一坏，历时既久，使得太平军最后削弱以至于溃灭"，你认同这些认识吗？

3. 蒋廷黻说："太平天国的失败，证明我国旧式的民间运动是不能救国救民族的"，请结合史实诠释这一命题。

4. 作为外来挑战的第一次鸦片战争于1842年结束，但作为迎接挑战的洋务运动却直至19世纪60年代才拉开帷幕。回应和挑战之间为何间隔如此长时？

5. 梁启超为什么慨叹李鸿章"坐知有洋务，而不知有国务"？

6. "卖国贼"、"刽子手"、"现代化的倡行者"都是学界评价李鸿章的词汇，你怎样理解？

7. 洋务派所言的"同心少，异议多"和"致多阻格者"应做何解？

8. 以薛福成为例，说明洋务运动后期激进派对"中体西用"的偏离，并由此揭示洋务运动与戊戌变法的关系。

9. 1898年，康有为、梁启超和"戊戌六君子"等人，不仅年龄均在23—49岁之间，而且他们多为"金榜题名"的新贵。如按世俗观念，混迹官场，走"学而优则仕"之路，他们或许会有光明的前途，但他们最终选择的是充满荆棘的改制之路和"舍生取义"的不归路，为什么？

10. 康有为"能融合各种思想于一炉"，"能根据中国当时的各种思潮

开出立足于孔孟之道而又适应中国当前需要的处方。这样他就领头打开了一个现代化的突破口"。如何理解费正清（King Fairbank）的上述评价？

11. 以谭嗣同的"有心杀贼，无力回天"为基点，分析戊戌变法失败的原因。

中　篇

从五四运动到新中国成立
（1919—1949）

1. 梁启超为什么说鸦片战争后，"中国人渐渐知道自己的不足了。……第一期，先从器物上感觉不足。……第二期，是从制度上感觉不足。……第三期，便是从文化根本上感觉不足。……革命成功将近十年，所希望的件件都落空，渐渐有点废然思返，觉得社会文化是整套的，要拿旧心理运用新制度，决计不可能，渐渐要求全人格的觉醒"。

2. 为什么中国的新民主主义革命必须把帝国主义、封建主义和官僚资本主义作为革命对象？

1. 中国的新文化运动与西方的启蒙运动有何不同？

2. 为什么西方学者将五四新文化运动视为"中国的文艺复兴"（The Chinese Renaissance）？

3. 五四新文化运动后期"科玄之争"的内容是什么？如何评价？

4. 选择马克思主义，是"中国近现代史纲要"的"纲"中之"要"。中国先进分子为何选择马克思主义？怎样选择了马克思主义？

5. 在马克思主义传入中国和在中国广泛传播的过程中，李大钊何以成为"中国最早的马克思主义者"？

6. 毛泽东所言的"自从中国人学会了马克思列宁主义后，中国人在精神上就由被动转为主动。从这时起，近代世界历史上那种看不起中国人，看不起中国文化的时代应当完结了"的这段话，依据是什么？

7. 1919 年《上海学联告同胞书》中的如下内容说明什么："学生罢课半月，政府不惟不理，且对待日益严厉。乃商界罢市不及一日，而北京被捕之学生释；工商罢工不及五日，而曹、章、陆去。"

8. 毛泽东为何断言："五四运动的杰出的历史意义，在于它带着为辛亥革命还不曾有的姿态，这就是彻底地不妥协地反帝国主义和彻底地不妥协地反封建主义"？

9. 胡乔木说"一大开过了，似乎什么也没有发生，连报纸上也没有一点报道。但是，中国的伟大事变在实质上却开始了"。"伟大事变"指什么？为什么说中国共产党的成立是"开天辟地的大事变"？中国共产党的发展史如何验证了"星星之火，可以燎原"的道理？

10. "旧民主主义革命"与"新民主主义革命"的异与同。

11. 为什么说中国的先进分子与工人群众相结合，就是马克思主义与中国工人运动相结合的过程？

12. 关于第一次国共合作，需要思考的问题是：为什么合作？与谁合作？孙中山为什么欢迎合作？怎样合作？

13. 戴季陶于 1926 年发表演说，强调"中国共产党，好像机关车，国民党好像货车，中国共产党加入国民党，好像人车货车套一机关

车"。以此认识为基点，阐释中国共产党在第一次国共合作中的
作用。

14. "新三民主义"何以被视为"革命的三民主义"和"新民主主义的
三民主义"？

法西斯战争中的作用，丘吉尔（Churchill）曾说："中国一崩溃，至少可使日本十五个师团、也许会有二十个师团腾出手来。其后，大举进攻印度，就确实可能了。"如何理解之？

5. 在抗日战争中，国民党军队与日军进行大会战 22 次，重要战斗 1100 余次，小规模战斗 38000 余次，消灭日军 100 余万人，阵亡将士 380 余万人，内有少将以上军官 150 余名，团、营、连、排长数万，为什么还说中国共产党是抗日战争的中流砥柱？

6. 有人说八路军在抗日战争中"游而不击"，对此该如何评价？

1. 蒋介石集团在抗战中没有脱离抗日营垒，原沦陷区的人们也对其抱有希望，但为什么其在抗战结束后几年间就陷入全民的包围中并走向崩溃？

2. 国共"重庆谈判"和"北平谈判"有哪些异同？

3. 通过对"中国近现代史纲要"的学习，对"没有共产党就没有新中国"命题有何新感悟？

4. 在近代中国，取得政权和失去政权的"终极原因"是看谁搞了"土地改革"。如何理解这种认识，以中国共产党颁布的若干土地纲领为依据，加以分析。

5. 1939 年，毛泽东在《〈共产党人〉发刊词》中指出：中国革命和中国共产党的发展道路，是在同中国资产阶级的复杂关联中走过的。结合新民主主义革命相关史实，阐述中国共产党处理同资产阶级关系的历史经验。

下　篇

从新中国成立到社会主义现代化建设新时期
（1949—2007）

1. 在中国近现代史研究中，出现过"唯革命论"和"告别革命论"，结合中国近现代史的有关史实对两者加以评价。

3. 如何基于国内学术界现存的有关马克思主义中国化理论实质问题的"结合论"、"过程论"、"具体化论"等意见,从批判视阈审视马克思主义中国化的理论实质?

4. 改革开放30年是探索中国现代化道路和中国特色社会主义理论体系的关键期,思考"邓小平理论"、"三个代表"和"科学发展观"之间的内在逻辑关系。

5. 关于儒家思想与现代化的关系,国内外学术界歧义纷杳。结合现有争论性观点,阐释儒家思想的现代化功能。

6. 何谓"软实力"?从"软实力"视阈阐释"和谐中国"与"和谐世界"理念的现代化价值。

7. 中国共产党历次全国代表大会的功绩或偏颇的表现有哪些?如何评价?

8. "科学发展观"何以具有"科学性"?科学发展观如何进入作为思想政治理论课之一的"中国近现代史纲要"课堂?

9. "华盛顿共识"和"北京共识"有何不同?

10. 何谓"政治文明"?中国人认识和探索政治文明,经历了怎样曲折但却步步深入的历程?

11. 何谓"生态现代化"?如何理解当下中国诉求"生态现代化"的应然性与实然性?

12. 当下中国,综合国力不仅是学术研究的热点,而且也成为中国制定新型现代化发展战略的基础和目标。基于新型现代化视阈,诠释中国的综合国力。

序　言

1. "亡其国者，先亡其史"：历史功能的破的之见。[①]

【问题提出】

对历史功能的思考，从古至今一直为才俊方家津津乐道。"亡其国者，先亡其史"，即是历史功能的破的之见。相关的认识不胜枚举，诸如："历史乃生活之师"（欧洲箴言）；"观今宜鉴古，无古不通今"（中国古训）；"不知道他出生前发生过事情的人，永远是个孩子"（西塞罗，Marcus Tullius Cicero）；"夫以铜为镜，可以正衣冠；以人为镜，可以明得失；以史为镜，可以知兴替"（李世民）；"人不博览者，不闻古今，不见事类，不知然否，犹目盲、耳聋、鼻痈也"（王充）；"从历史中我们可以看到自己，就好像站在时间中的一点，惊奇地注视着过去和未来，对过去我们看得愈清楚，未来发展的可能性就愈多"（雅斯贝尔斯，Karl Jaspers）。解读这些真知灼见，揭示史学所具有的传承文明、鉴古资今、启迪民智的功能，不失为理解学习"中国近现代史纲要"这门课之必要性的重要楔入点。

【疑惑之点】

一般而论，史学具有传承文明、鉴古资今、启迪民智的功能，但"中国近现代史纲要"的课程定位是"思想政治理论课"。那么，在课程预设上，为什么要在思想政治理论课"新四门"体系中增加"中国近现代史纲

---

① 本问题撰写者为徐奉臻。

1

要"?"中国近现代史纲要"的"纲"中之"要",与通常意义上大学历史专业的"中国近现代史"有何不同?开设"中国近现代史纲要"的合理性和必要性是什么?再有,"历史"和"历史学"有什么不同?

【解疑释惑】

"新四门"思想政治理论课的设定,主要依据"中发〔2004〕16 号文件"和"教社政〔2005〕5 号文件"。2005 年 3 月 9 日、2005 年 12 月 23 日、2008 年 4 月 2 日相继出台的《〈中共中央宣传部、教育部关于进一步加强和改进高等学校思想政治理论课的意见〉实施方案》、国务院学位委员会和教育部联合下发的《关于调整增设马克思主义理论一级学科及所属二级学科的通知》和《关于增设"中国近现代史基本问题研究"二级学科的通知》等文件,以下面五项举措将"中发〔2004〕16 号文件"和"教社政〔2005〕5 号文件"具体化。

在课程表述上,将"两课"(即"马克思主义理论课"和"思想品德课")正式表述为"思想政治理论课"。在学科属性上,将"思想政治理论课"设为独立的"马克思主义理论一级学科"(设置于"法学"门类内)。同时,相继增设六个二级学科——"马克思主义基本原理";"马克思主义发展史";"马克思主义中国化研究";"国外马克思主义研究";"思想政治教育";"中国近现代史基本问题研究"。其中原"政治学"一级学科下的"马克思主义理论与思想政治教育"二级学科,调整到"马克思主义理论一级学科"之下,分别归入"马克思主义基本原理"和"思想政治教育"中。

在课程设置上,将原有的"老六门"课程——"马克思主义哲学"、"马克思主义政治经济学原理"、"毛泽东思想概论"、"邓小平理论和'三个代表'重要思想概论"、"当代世界经济与政治"和"法律基础",整合为"马克思主义基本原理"(简称"原理")、"毛泽东思想、邓小平理论和'三个代表'重要思想概论"(现更名为"毛泽东思想与中国特色社会主义理论体系概论",简称"概论")和"思想道德修养与法律基础"(简称"基础"),并增设一门新的必修课,即"中国近现代史纲要"(简称"纲要")。同时,将"当代世界经济与政治"改为选修课,开设权重为两个学分的"形势与政策课"。

与专业历史课一样,"中国近现代史纲要"也具有史学的一般功能,但由于其定位是思想政治理论课,"中国近现代史纲要"的"纲"中之"要"是凸显"两大历史任务"和"三个选择"。其中,"两大历史任务"是"民族独立与人民解放"、"国家富强与人民富裕";"三个选择"包括:历史和人民如何选择了马克思主义,如何选择了中国共产党,如何选择了社会主义。

作为历史功能的破的之见,"亡其国者,先亡其史"的学理依据是:历史是"发生在过去的按一定时间顺序排列的事件",及"以阐明该事件对人类诠释自我和诠释世界所具有的意义"的"事件的报道"。作为一种实践活动,"历史是通过回忆对过去进行现在化的普遍的文化实践,它的目的在于:在现在的环境中确定自己生活实践的方向,并用未来的视角来看待自己的生活实践"。换言之,历史是"人类为了理解其现在、预见其未来而用以诠释其过去的那些文化实践的方式、内容和功能的整体"。"历史代表着过去,而过去如一面镜子,在这面镜子里人们能看到自己和世界在时间上的移动。"①

这里,需要以区分"历史"和"历史学"两个基本概念为前提。在《牛津现代高级英汉双解词典》中,"历史"和"历史学"被等而视之,均用 history 一词来表达。如此,"历史"和"历史学"就有了共同的意涵:branch of knowledge dealing with past events, political, social, economic, of a country, continent or the world。事实上,"历史"和"历史学"是有联系但又有区别的两个词;混淆这两个概念,"把历史学当成历史","是一个相当顽固的偏见"。② 如果说"历史"是地地道道的客观实在,那么"历史学"则是内涵"历史意识"的史学主体的成果形态。在很大程度上,"历史学"是在现在的文化导向框架中对过去所进行的"现在化"诠释。"历史学"之于"历史",具有两面性:一方面,它的内容是客观的,它以真实史实为基

---

① 〔德〕约恩·吕森:《历史思考的新途径》,綦甲福等译,世纪出版集团、上海人民出版社 2005 年版,第 10—12、130 页。

② 李振宏:《历史学的理论与方法》,河南大学出版社 1999 年版,第 14 页。

础；另一方面，"历史学"的表述方式又是主观的，它反映了史学主体的思想与理念，体现史学主体特有的"文本解释技术"。客观存在的"假历史"之于"真历史"、"片面历史"之于"全面历史"之间的权重，直接取决于"文本解释技术"的成熟程度。因此，对客观性要素挖掘的深度与广度，信息的对称程度和理论的科学程度等要素，都直接规定并影响史学主体的认识与判断。

所谓"客观性要素"，主要指作为以往人类思想与行为所遗留之陈迹构成历史的史料，无"真实史料"便无"真实历史"。在此层面上，兰克（Ranke）极而言之"让史料本身说话"，把"史学"等同于"史料学"。虽然兰克学派已在年鉴学派的冲击与挑战面前丧失其主宰地位，但其"有一分史料说一分话"的治史理念还是得到后人的尊崇，正如陈寅恪所言："一时代之学术，必有其新材料与新问题。取用此材料，以研求问题，则为此时代学术之新潮流。"①由于历史一向偏爱统治者和胜利者，留存的史料必然带有某种选择性、主观性和相对性，从而呈现出不完整性和不真实性，而历史发展本身所具有的复杂性、社会性和长期性也常常给历史蒙上层层迷雾，遮挡学者的视线，影响人们的分析力和判断力。

史学功能的发挥，以对历史全面、客观的认识为前提。假如随意忽视，甚至损伤过去，假如在与政治的调情中将史学作为斗争的手段，势必导致知识依附于权力，使史学成为政治的附庸，史学的功能也会随之人为化与工具化，史学主体自然难逃思想奴化和人格丧失这一命运怪圈。于是，"假历史"遮蔽"真历史"，"片面历史"取代"全面历史"。而要克服解释历史的主观性与片面性，使史学走上打假的健全之路，则既有赖于史学主体智识水平及操作技术的提高，更有赖于政治文明的长足发展和史学工作者独立人格的形成。

【推荐阅读】

1. ［法］马克·布洛赫：《历史学家的技艺》，张和声、程郁译，上海

---

① 陈寅恪：《金明馆丛稿二编》，上海古籍出版社 1980 年版，第 236 页。

社会科学院出版社 1992 年版。

2. ［英］杰弗里·巴勒克拉夫：《当代史学主要趋势》，杨豫译，上海译文出版社 1987 年版。

3. ［英］乔治·皮博迪·古奇：《十九世纪历史学与历史学家》（下册），耿淡如译，商务印书馆 1989 年版。

4. ［法］埃德加·莫兰：《复杂性理论与教育问题》，陈一壮译，北京大学出版社 2004 年版。

2. 关于"中国近现代史纲要"分期、体例与结构的思考。[①]

【问题提出】

"体例",即著述的"编写格式"和"组织形式";"结构",即著述各个组成部分的搭配与排列。体例与结构不同,反映研究者对"若干有关事物之间"或"某些相互联系的意识之间"关系的不同理解。"中国近现代史纲要"的体例与结构安排,至少涉及两个问题:一是对历史分期的认识;二是对相关理论的认识。因此,解读之,就成为对课程的理论和实践层面的重点难点进行解疑释惑的楔入点。

【疑惑之点】

关于中国近现代史的分期,学术界历来歧义丛生。不同的意见依托不同的历史理论,体现不同的历史观。同时,不同意见被表述的过程,也是研究者以其特定的文本解释技术与历史进行对话与交流的过程。了解有关于此的不同观点及其形成的学理基础,不仅有助于从总体上把握中国近现代史演进的基本脉络,而且也有助于加深对中国近现代史中重要的历史现象和理论问题的认识。就《中国近现代史纲要》教材而言,其如何进行历史分期?其历史分期与全书的体例结构之间是否彼此对应、彼此吻合?从发生学的角度看,"近代"和"现代"的西方情境与中国情境有哪些差异?划分"近代"和"现代"的依据是什么?这些问题,都是学习中国近现代史不可规避的。

【解疑释惑】

如果对"中国近现代史纲要"进行层级释义,应包括:反映课程内容

---

① 本问题撰写者为徐奉臻。

定位的"史";反映课程时空定位的"中国近现代";反映课程方法定位的"纲要"。

其中，在课程的时空定位上，有必要厘清两个问题：一是对"近代"和"现代"概念的认识；二是如何划分"近代"和"现代"。

在英语中，"近代"和"现代"常用一个词表达，即 modern times。有时，"现代"还被表述为 contemporary age。从历史角度看，"近代"和"现代"并不是社会发展史上指称某一确定历史时期的科学概念。由于这两个概念在使用上很不统一，所以对它们的界定也有明显的相对性。从世界范围看，一部世界文明史通常被划分为"古代"、"中世纪"、"近代"和"现代"四个时段。其中，"古代"包括大河文明和海岸线文明。"中世纪"在欧洲是基督教万流归宗的神学世纪。"近代"或以 17 世纪英国资产阶级革命为开始标志，其所强调的是资本主义制度的确立；或以三大运动（文艺复兴、宗教改革、地理大发现）为开始标志，其所强调的是资本主义的起源——文艺复兴和宗教改革是资本主义确立的"精神之源"，地理大发现为资本主义准备了经济条件。"现代"有两种不同的划分方法：一是以 1900年自由资本主义向垄断资本主义过渡完成的大致时间为路标；二是以 1945年第二次世界大战结束为路标。"当代"部分，指 1946 年至今。

就中国的"近代"而言，其与欧洲的"近代"并不同步，两者之间存在一个巨大的时间差。欧洲大西洋沿岸国家的近代，如果从资本主义的起源角度看，可追溯到 1500 年前后的三大运动；如果从资本主义制度确立的角度看，则开始于 17 世纪英国资产阶级革命。资本主义在欧洲启动以后，表现出强烈的扩张性。之所以如此，是因为这些国家不同程度地进行了科学革命、技术革命、产业革命和政治革命，成为当时世界上最先进的、最能体现时代发展潮流的地区。欧洲的对外扩张，对所有传统社会构成挑战和冲击。在此期间，中国的国门被打开，不仅被迫放弃"锁国"迷梦，而且还在鸦片战争失败的情况下被迫割地赔款、开放门户，使中国以"半殖民地"身份被强行纳入由先行现代化的"宗主国"——西方列强所构建的世界资本主义体系，中国近现代史的序幕也由此拉开。

关于如何划分"近代"和"现代"两个不同历史时期，《中国近现代史纲要》教材开篇即申明："中国的近现代史，是指 1840 年以来中国的历史。

其中从 1840 年鸦片战争爆发到 1949 年中华人民共和国成立前夕的历史，是中国的近代史；1949 年中华人民共和国成立以来的历史，是中国的现代史。"①

应当说，这种"两段式"划分方法，不仅能够清晰地反映"近代"和"现代"两个时段现代化性质的不同和社会形态的不同，而且也与课程名称中的"近现代"相吻合。但是，在课本的体例和结构安排上，《中国近现代史纲要》采用的并不是以 1949 年为界划分"近代"和"现代"的两段式。相反，全书呈现"上编"、"中编"和"下编"三段式。其中，上编从鸦片战争到五四运动前夜（1840—1919）；中编从五四运动到新中国成立（1919—1949）；下编从新中国成立到社会主义现代化建设新时期（1949—2007）。

除以 1949 年为界的近现代史分期法外，还有一种把两者之间的界标定在 1919 年的划分方法。例如，胡绳在解释其所写的《中国近代史提纲》的"近代"时说，"所谓'近代'，是指 1840—1919 年"。② 此外，就中国学术界现有成果而言，多集中在对"中国近代史"基本线索的讨论上。主要有：

第一，"一条主线说"：以资本主义酝酿、发生和发展为线索。

第二，"两个过程说"：帝国主义和中国封建主义相结合，把中国变为半殖民地和殖民地的过程，也就是中国人民反抗帝国主义及其走狗的过程。此说源自毛泽东的相关论述。

第三，"三次革命高潮说"：有多解。一是胡绳的观点：三次革命高潮包括太平天国革命运动、戊戌维新运动和义和团运动、同盟会的成立到辛亥革命；③ 二是陈旭麓的观点：认为胡绳所言的"三次革命高潮"，并未形成如后来那样的反帝反封建的革命高潮，只是到了 20 世纪才出现具有完全意义的革命，并形成高潮——1911 年的辛亥革命推翻了清政府，1927 年的大革命打倒了北洋军阀政府，1949 年中国共产党领导的解放战争推翻了国民党的统治。④

---

① 本书编写组：《中国近现代史纲要》，高等教育出版社 2008 年版，第 1 页。
② 胡绳：《从鸦片战争到五四运动·序言》，人民出版社 1981 年版，第 3 页。
③ 同上。
④ 陈旭麓：《关于中国近代史线索的思考》，《历史研究》1988 年第 3 期。

第四，"四个阶梯论"：太平天国农民战争、洋务运动、维新运动、资产阶级革命。持此论者，主要是李时岳。①

上述观点直接影响对中国近现代史分期、体例和结构的认识，而《中国近现代史纲要》教材并没有充分反映这些内容，因此需要教师择其要者进行介绍。

【推荐阅读】

1. 《中国近代史分期问题讨论集》，三联书店 1957 年版。

2. 沙健孙：《关于开设"中国近现代史纲要"课程的若干思考》，载于《思想理论教育导刊》2005 年第 6 期。

3. 张海鹏：《中国近代史的分期及"沉沦"与"上升"诸问题》，载于《近代史研究》1998 年第 2 期。

4. 徐奉臻：《教学改革：理念创新与模式构建》，中国社会科学出版社 2009 年版。

---

① 曾业英主编：《五十年来的中国近代史研究》，上海书店出版社 2002 年版，第 15、7 页。

3. 契机、框架和原则：关于本书的三个问题。①

【问题提出】

本书依托四个教育教学研究项目：一是"哈尔滨工业大学优秀教学创新团队支持计划资助项目"（2009—2011）；二是"黑龙江省教学创新团队项目"（2009—2011）；三是黑龙江省新世纪高等教育教学改革工程项目"以案例和名篇名著破解'中国近现代史纲要'重点难点问题的教学改革探索"（项目编号：5182）；四是黑龙江省新世纪高等教育教学改革工程项目"'新四门'思想政治理论课系统多元实效性教学模式的探索与构建"。作为上述四个项目的阶段性研究成果，本书与本课程组已经完成并出版的《"中国近现代史纲要"名篇名著导读》② 一书构成姊妹篇。

古训有云："师者，所谓传道授业解惑也。"就"传道"、"授业"和"解惑"三者关系而论，"解惑"是"授业"的途径，也是"传道"的方式。因此，注意在"授业"过程中通过"解惑"方式，实现"中国近现代史纲要"的"传道"功能，就成为"中国近现代史纲要"任课教师必须面对和研究的问题。

【疑惑之点】

自从"中国近现代史纲要"成为"新四门"思想政治理论课的新成员后，从业者一直致力于相关的教学理念、教学内容和教学方法的探索，推出了一系列有重要参考和借鉴价值的研究成果。与《"中国近现代史纲要"重点难点理论与实践问题析微》相类似的研究成果，主要有《"中国近现代史

① 本问题撰写者为徐奉臻。
② 黄进华、孙艺年主编：《"中国近现代史纲要"名篇名著导读》，中国社会科学出版社2009年版。

纲要"疑难解析》①和《"中国近现代史纲要"课疑难问题解析》②。既然已经有了相关的研究成果，为什么还要花费大量时间和精力编写《"中国近现代史纲要"重点难点理论与实践问题析微》？本书的结构框架和编写原则又有哪些独到之处？

【解疑释惑】

应当承认，《"中国近现代史纲要"疑难解析》和《"中国近现代史纲要"课疑难问题解析》都具有启发性，都有助于加深对"中国近现代史纲要"课程所涉及的重大历史现象和理论问题的理解。但同时也应看到，现有的相关研究成果，无论是在问题的预设上，还是在体例和结构的安排上，都还有需要商榷的问题，进而尚有进一步探讨和研究的空间。综观现有成果，其主要偏颇可总结如下：

第一，结构不够合理，如把所有问题用数字序号加以罗列，没有清晰展示不同问题之间的内在逻辑关系。

第二，内容比例失调，如在时间段上都局限在 1840—1949 年之间，也即中国近代史的内容。至于 1949 年后的中国现代史部分，根本没有提及，从而使内容与书名不符。

第三，问题预设新意不足，多"大而泛"的老问题，少"特色化"的新问题。

有鉴于此，本书在借鉴学术界现有研究成果的基础上，结合撰写者个人历时五年（哈尔滨工业大学是"新四门"思想政治理论课的试点单位，先于全国其他高校一年开设"中国近现代史纲要"课程）的一线教学体会，致力于在问题遴选和撰写原则上拔新领异，主要包括：

第一，突出问题的时代感。马克思（Karl Marx）曾说："问题就是时代的口号，是它表现自己精神状态的最实际的呼声。"③ 马克思认识的弦外之

---

① 齐鹏飞主编：《"中国近现代史纲要"疑难解析》，中国人民大学出版社 2008 年版。

② 沙健孙、龚书铎主编：《"中国近现代史纲要"课疑难问题解析》，高等教育出版社 2007 年版。

③《马克思恩格斯全集》第 40 卷，人民出版社 1982 年版，第 289—290 页。

音是：一切问题，均具有时代性和情境性特点。因此，能否准确地把握和解决属于不同时代的问题，也就成为解读"中国近现代史纲要"的症结所在。

第二，突出"问题意识"。所设问题既要在"疑"和"难"两个字上做文章，又要充分体现各问题之间的关联性、针对性、发散性和张力感，使问题更具吸引力。

第三，宏观与微观相交织。在所设问题中，大者时间跨度在百年以上，小者仅涉及特定时空条件下一事件的某侧面。

第四，"减法"与"加法"相杂糅。所谓"减法"，指减去中学课本、已有的相关研究成果中出现或重复的一般性思考题；所谓的"加法"，指基于学术界最新研究成果，但却能凸显"中国近现代史纲要"的"纲"中之"要"的、令学生困惑和感兴趣的重要问题。

第五，历史与逻辑相结合。在具体操作中，既关注一人一物、一时一事，又承上启下，揭示历史事件之间彼此互动的内在逻辑关系，在"大历史"框架中诠释大思想、大政治和大理论。

第六，为使问题既鲜活又具有震撼力，尽量使用业内公认的经典作家和大家学者画龙点睛的表述。

第七，避免陷入线性历史观的窠臼，力图运用复杂性科学理论，对所设问题进行纵横双向多维解读，既展示历史嬗变的曲折性和复杂性，又体现历史的博大与精深。

最后，在体例和结构安排上，全书包括四个部分："问题提出"、"疑惑之点"、"解疑释惑"、"推荐阅读"。

"问题提出"部分，重点介绍题目中的观点出处，以及观点提出的背景；题目中涉及的历史人物或事件的大概情况；主要的研究方法和视角等。

"疑惑之点"部分，围绕学术界的相关争论，阐释疑惑之点；基于个人的体会和认识，阐释疑惑之点；提出疑惑之点的问题症结或指出疑惑之点的相关学理。

"解疑释惑"部分，基于准确可信的史料，在相应的历史理论框架中，对重点和难点问题进行解析。

"推荐阅读"部分，可推荐二至六个重要参考文献，包括著作、文章、奏折、讲话等。特别强调的是，"推荐阅读"的"文献"，必须是页下注之

外的资料，也即可使读者进一步深度思考和研究的有价值的资料。

【推荐阅读】

1. 徐奉臻：《教学改革：理念创新与模式构建》，中国社会科学出版社
2009 年版。

2. ［法］埃德加·莫兰：《复杂性理论与教育问题》，陈一壮译，北京
大学出版社 2004 年版。

上 篇

从鸦片战争到五四运动前夜（1840—1919）

综述　风云变幻的八十年

> 1. 下面话中包含怎样的"盛世"与"衰世"的悖论:"17 世纪下半叶至 18 世纪,清朝康熙、雍正、乾隆时代是中国封建社会后期的鼎盛时期,但同时也走到了封建社会的末世,潜伏着许多危机。"①

【问题提出】

该悖论见于马克思主义理论研究和建设工程重点教材《中国近现代史纲要》(2008 年修订版)的上编综述"风云变幻的八十年"。文中所言的中国清朝统治的"康雍乾盛世",从 1662 年起至 1795 年,历经 130 多年。要客观评价"康雍乾盛世",并在"其兴也勃,其亡也忽"的二重变奏中揭示其与鸦片战争中中国战败的关系,不仅需要从纵向历时维回望中国历史,而且需要从横向共时维审视鸦片战争前的中国与世界。

【疑惑之点】

"盛"与"衰",本是彼此并不相容的一对悖论。在同一时空情境中,两者难以在同一事物中并行呈现。依此判断,在"17 世纪下半叶至 18 世纪,清朝康熙、雍正、乾隆时代是中国封建社会后期的鼎盛时期,但同时也走到了封建社会的末世"的命题中,或鼎盛时期,或衰败末世,至少有一个是不真实的。如果"鼎盛时期"的表述不成立,就会颠覆传统的"康雍乾盛世"用法。如果"衰败末世"的表述不成立,则无法解释为什么在盛

---

① 本问题撰写者为徐奉臻。

17

世结束不到半个世纪的时间里，拥有四亿之众的中国就在鸦片战争中不堪一击，相继遭到惨败、退避和戎、签约、割地、赔款、丧失主权与尊严之屈辱，中国社会由此走向沉沦，沦为欧美列强的半殖民地。因此，本问题的症结在于如何评价"康雍乾盛世"。

【解疑释惑】

评价"康雍乾盛世"，不仅事关古今中外的相关历史，也涉及历史研究的方法论问题。分析视角不同，结论也会互有不同。在此，不妨选择如下四个参照系进行分析。

参照系之一，明朝中国。众所周知，明代中叶以后，"帝王多晏居深宫，与朝臣壅隔，一派怠情疲惫的迟暮气象"。等到崇祯当权，"天下已经河溃鱼烂"。相比之下，"满族以攻战立国，他们的剽悍勇决带来了明季所没有的锐气"。因此，与明朝相比，康雍乾之时，"确实有一种盛世气象"。①

参照系之二，清朝政治系统内嘉庆、道光、咸丰、同治、光绪、宣统等皇帝的统治。毫无疑问，以嘉庆至宣统在位期间中国社会急速向下变化的颓势为参照，康、雍、乾三位皇帝的统治的确可称之为清朝的"盛世"或"明治"。有资料表明：康熙皇帝虽身为清朝帝王，却雅好四书五经，深沐中国传统文化，尤其倾慕朱子理学。他亲政期间，勤政爱民，事必躬亲，孜孜图治，不敢稍懈。他曾说："昔人每曰帝王当举大纲，不必兼亲细物，予心殊不谓然。一事不谨，则贻四海之忧；一时不谨，则贻千百世之患……故予之从政，不论巨细，即奏章之内，有一伪字，必加改正，而后发出。"正是这种戒慎戒惧之精神，使康熙治下，对内平定"三藩之乱"，改革弊政，治理河患，昭举博学鸿儒；对外，收取台湾，征讨准噶尔，绥服西藏，并与俄国交涉订立《尼布楚条约》，其文治武功，彪炳一时。雍正为人精明沉着，做事比康熙更为果断。在位其间，厉行督察，巩固君权，加强专制。乾隆喜巡游天下，好文章功德，其统治才智虽不及康熙和雍正，但凭借着顺治、康熙和雍正三朝所培蓄的国力，国势达到如日中天之境，由此他有中国

---

① 陈旭麓：《近代中国社会的新陈代谢》，上海社会科学院出版社 2006 年版，第 41—43 页。

历史上"最幸运的皇帝"之称。①

在发展水平上，有西方学者曾断言：康熙年间，"世界工业的中心，不是人们通常所认为的欧洲，而是云集着最强大国家的亚洲。当时，最有声望的强大君主，是中国的皇帝康熙，而非路易十四和彼得大帝"。比较而言，"东方的经济规模和利润，要比欧洲大得多"。② 也有史料表明，"康雍乾盛世"期间，疆域比明朝扩大一倍以上，经济总量居世界前列。18 世纪来华的英国人曾经对中西发展水平进行比较，并推断中国的"国家收入"是"英国总收入的四倍"。1794 年，中国人口达 3.13 亿，占世界人口总数的1/3。在文化上，则完成《古今图书集成》《四库全书》等"御纂诸书"。③

参照系之三，中国历史上另外两个盛世，也即学术界公认的汉朝"文景之治"和唐朝"贞观之治"。在开放度上，闭关独治的"康雍乾盛世"显然不可与"文景之治"和"贞观之治"面向世界的品格同日而语。在英国剑桥大学收藏的一份资料中有这样一段对当年中国国民性和锁国政策的评价："上苍有宠，把地球上最逗人喜爱的大片土地分派给中国人——那么一个怯弱、贪婪、妄自尊大、冥顽不化到奇怪地步的民族，其人口达全人类的1/3 以上。这个特别民族的政策是把自己以及一切他们所占有的东西隐藏在神秘莫测之中——为了独自享受那块土地上的一切。因此，他们就表现出全面的排外精神。"④

郑和下西洋和西方耶稣会传教士陆续来华两件大事一起为中国融入近代文明提供了难得的历史机遇，但遗憾的是，中国都痛失良机。郑和下西洋由于其"君主天下"和"御临万方"的性质，使其没有产生哥伦布（Cristóbal Colón）西航美洲的社会功能。西方传教士在传教的同时，也传播西方先进的科学技术，首开"西学东渐"之风。到康熙四十三年（1704），由于在"拜祖祭孔"问题上发生分歧，康熙下旨："凡西洋传教士不遵守利玛窦遗规而强迫中国教徒不遵中国习俗的，一律驱逐出境。"到雍正年间，"除了

① 陈致平：《中华通史》第 9 卷，花城出版社 1996 年版，第 92—104、133、150 页。
② Geoffrey Parker, *The Times Illustrated History of the World*, New York, 1995, p.206.
③ 周武：《论康乾盛世》，《社会科学》2001 年第 10 期。
④ 严中平主编：《中国近代经济史（1840—1894）》，人民出版社 2001 年版，第 13 页。

在北京朝廷里任职的西洋教士之外，其余一律不许在中国境内居住"①，中西文化的交流由此中断。

清代的"闭关锁国"体制，虽有防范反清势力、弱化外商和海盗侵扰、阻遏西方殖民势力等意义，但也有挥之不去的负面效应，诸如：限制对外贸易和航海事业的发展，遮蔽中国人的视线，阻滞中外之间的文化交流，使中国远离世界发展的新潮流等。综观清朝的"闭关锁国"政策，其演进的路径不是一以贯之的，而是历经"开"与"关"的多次反复。清初，为抵制占领了台湾并与清朝抗衡的郑成功，曾封锁海口，停止一切海上贸易，并将闽浙两省沿海居民内迁，实行"海禁"。收复台湾后，于康熙二十三年（1684）开放"海禁"，恢复海上贸易。除了澳门之外，于广州、厦门、宁波、镇江分设四个海关，与外国通商。乾隆二十二年（1757），关闭其他三关，只留广州一关，并强制推行"公行制度"。所谓"公行制度"，是当时清政府通过指定的行商组织——"公行"进行对外贸易的一种管制办法。②

参照系之四，基于全球视野，将"康雍乾盛世"与欧美国家进行横向共时维比较。在发展度上，"文景之治"、"贞观之治"和"康雍乾之治"都在当时情境中居于世界领先地位。但所不同的是，由于居高自恋和精神禁锢以及制度创新和技术突破的匮乏，造成了"盛世的平庸"和"没有发展的增长"等可怕的隐患③，从而使"康雍乾盛世"在事实上已经落后于开启了现代化进程的英国（乃至欧洲）。正是基于这个角度，著名历史学家陈旭麓先生形象地比喻："如果说汉唐盛世曾经是阳春天气的话，那么康乾盛世不过是晚秋晴日。"④

如果把大清帝国作为一个变迁系统，把作为大清帝国变迁环境的西方世界视为另外一个系统。那么可以认为，这两个系统都是动态的和发展的。所不同的是，在"康雍乾盛世"时，两个系统变迁的速度开始逆向增大，变迁的质量和水平也随之呈现逆向拉大的趋势。由于历史发展的惯性，无论是"社会停滞"，还是"社会退步"，其征兆都不可能马上表现出来，"康雍乾

---

① 陈致平：《中华通史》第 9 卷，花城出版社 1996 年版，第 215—216 页。
② 同上书，第 218 页。
③ 周武：《论康乾盛世》，《社会科学》2001 年第 10 期。
④ 陈旭麓：《近代中国社会的新陈代谢》，上海社会科学院出版社 2006 年版，第 44 页。

盛世"也不例外。当西方的"社会变动"越加呈现出"社会成长"和"社会发展"的趋势和状态时,"东西方大错位"便完成了。

也正因为看到了这一点,墨菲(Rhoades Murphey)断定:"约从 17 世纪末或 18 世纪初始,在许多方面,西方的效率进入到一种上升的状态。这个时间,基本与亚洲大部分传统秩序和效率出现下降的状态相吻合。西方的崛起和东方的沉沦是绝对的,这两个进程在时间上的重叠,形成了发展的对立模式。"①最后,其中的速度慢者和水平低者不得不接受"快为慢君"、"高为低君"的事实。正如何芳川所言:近三个世纪的大清帝国史,不是静态的,而是发展的。与此同时,帝国的外部环境、外部世界也是动态的、发展的。而且比较起来,"后者比前者变动与发展的速度,更是迅猛得不可同日而语。因此,大清帝国在与外部世界的互动中,就越来越落后,越来越被动,因而越来越异化,终于从一个雄强一世的东方大帝国、一个中央王国,异化为一个半殖民地、一艘在怒海惊涛中下沉的破船"。②

【推荐阅读】

1. 〔美〕费正清等:《剑桥中国晚清史:1800—1911 年》上卷,中国社会科学院历史研究所编译室译,中国社会科学出版社 1993 年版。

2. 〔美〕吉尔伯特·罗兹曼主编:《中国的现代化》,国家社会科学基金"比较现代化"课题组译,江苏人民出版社 2003 年版。

3. 〔日〕富永健一:《社会学原理》,严立贤等译,社会科学文献出版社 1992 年版。

4. 徐奉臻:《现代化:历史的困窘与困窘的思考》,哈尔滨工业大学出版社 2009 年版。

---

① Rhoades Murphey, *The Outsiders*, *Western Experence in India and China.* University of Michigan Press, 1977, p. 5.

② 何芳川:《世界历史上的大清帝国》,《史学理论研究》2004 年第 1 期。

2. 如何理解"1500 年以前，是世界冲击欧洲；1500 年以后，是欧洲冲击世界"之命题?①

【问题提出】

该命题见于《世界史遍览：公元前 9000 年—公元 1975 年的世界》，其完整表述是："1500—1815 年间世界历史的主要特征，是欧洲的扩张和欧洲文明向全球的传播。整个说来，1500 年以前，是世界冲击欧洲；1500 年以后，是欧洲冲击世界。"②一般而论，"世界"和"欧洲"之间体现互含关系，也即前者包括后者，但在本命题中，"欧洲"并不属于"世界"的一部分；相反，"欧洲"被视为一个相对独立的"世界"，而"欧洲"之外的部分又被看作一个有机的"世界"。由此，"欧洲"和"欧洲"之外的部分，就构成两个交互冲击的世界。理解这两个世界之间位势的变化与转换，有助于在更广阔的视野中理解鸦片战争的生发机制。

【疑惑之点】

"1500 年以前，是世界冲击欧洲；1500 年以后，是欧洲冲击世界"之命题，反映了什么历史问题？"东西方大错位"有哪些外在表征？"大错位"与"逆向发展"有什么不同？是什么导致了"东西方大错位"现象？如何在世界历史嬗变的坐标系中找到"东西方大错位"的必然点？鸦片战争与"东西方大错位"之间，体现怎样的必然联系？

---

① 本问题撰写者为徐奉臻。
② 《世界史遍览：公元前 9000 年—公元 1975 年的世界》，《泰晤士世界历史地图集》中文版翻译组译，三联书店 1983 年版，第 295 页。

【解疑释惑】

这个命题反映了世界历史演进中的一个特殊现象——"东西方大错位"。这里的"大错位"有"逆向发展"之义，但两者又有一些不同。其中，"逆向发展"是纵向历时维的，其基本论域有两个主体：一是东方，二是西方。东方"逆向发展"的路径，是从先进到落后；西方"逆向发展"的路径，是从落后到先进。"大错位"是横向共时维的，体现于西方和东方之间。由此可见，"大错位"与"逆向发展"一起构成了一幅纵横交错的立体画面。

作为一种历史变迁现象，"东西方大错位"启动的历史定点大约在1500年前后的三大运动——文艺复兴、宗教改革和地理大发现，这三大运动构成"东西方大错位"的生发动因。因此，诠释"东西方大错位"，离不开对文艺复兴、宗教改革和地理大发现功能的分析及其现代化意义的揭示。也正是因为看到了文艺复兴、宗教改革和地理大发现的现代化意义，日本学者富永健一一言以断之："现代化发端于文艺复兴、宗教改革和地理大发现，不过由于在发生这些事件的时候，欧洲还处在15世纪后半叶到16世纪的封建制下……"①

文艺复兴和宗教改革一样，都是重要的思想解放运动，其功能在于：它们共同在欧洲构建起一个新型的精神体系和观念结构，不仅冲击和瓦解了中世纪的神学思想体系，而且也为后来的工业革命、产业革命、科学革命、技术革命和政治革命扫清了障碍，是现代化的精神之源。而"地理大发现"是一个复合词，包括多位探险家的一系列航海活动。其中，最具有标志意义的，应该首推1500年前后哥伦布（Cristóbal Colón）的四次美洲之行（1492、1493、1498、1502—1504年）。作为地理大发现的缩影，哥伦布的美洲之行具有划时代的意义，即其诱发了与"东西方大错位"肯綮相关的两个同步的历史进程：一是封建主义向资本主义过渡；二是整个世界由分散向整体演进。

---

① 富永健一：《社会学原理》，严立贤等译，社会科学文献出版社1992年版，第248页。

关于"东西方大错位"形成的原因，学术界歧义丛生，主要有：

一是"内部起源说"。由于租税加重，激化了社会阶级矛盾，导致封建社会瓦解和资本主义社会产生。

二是"贸易推动论"，即西欧的封建农业生产封闭而保守，不包含自我否定的原动力。外部的推动力来自以南方的威尼斯航运和北方的斯堪的纳维亚航运为主的长途贸易。航运业的繁荣导致商业的发展；商业的发展又抚育了城市的兴盛；城市的兴盛在近代社会转型中至关重要。

三是"社会变异说"。由于蛮族的入侵，摧毁了古典帝国的最后残余，从而为一场命运攸关的社会变异，即资本主义的产生扫清了道路。

四是"新人口论"，即人口是人类历史发展的动力。12—13世纪，人口增长刺激了经济发展，也导致粮价上涨和地租上升，从而造成生活水平的下降和死亡率的提高；14—15世纪，西欧人口锐减，劳动力日趋匮乏，货币地租逐渐取代劳役地租，封建领主放弃农奴制。

五是"阶级结构说"。特定社会阶级结构，是一个国家经济起飞和社会转型的关键。如英国由地主—资本家—工资劳动者组成的"三层式"社会阶级结构，为其由封闭的封建农业经济过渡到近代开放的资本主义农业经济提供了可能。而法国等国，因为没有突破传统的由地主—农民组成的"两极式"社会阶级结构，才没有顺利实现英国式的经济转型。

六是"产权体系说"。资本主义发生的根本原因，在于经济增长，而经济增长的关键在于制度因素。在众多的制度因素中，产权制度的作用最为突出。由于英国和荷兰首先建立起一种能够提供适当的个人刺激的有效的经济组织和产权体系，所以近代初期的经济增长首先出现于这两个国家。相反，法国的小农有更为巩固的产权，故此法国的小农经济改造进程非常缓慢，从而也大大制约了法国资本主义的发展。

七是"世界体系理论"。"边缘地区"和"半边缘地区"是"核心地区"的附庸或补充。如果没有"边缘地区"和"半边缘地区"为"核心地区"提供农产品、金银通货和加工品销售市场，那么西欧和北欧的资本主义就难以发展起来；如果没有"核心地区"向外扩张，那么广大的"边缘地区"和"半边缘地区"就不会纳入世界资本主义体系。正是"核心地区"的剥削和压迫，使广大"边缘地区"无法达到西欧和北欧的发展水平。所以，在"核心地区"经济持续发展的同时，亚洲、非洲和拉丁美洲却很难实现现代化。①

"东西方大错位"的形成，使"近代"一词在中国和在欧洲呈现巨大时间差。伴随着世界由分散向整体的演进，欧洲资本主义急速向外辐射和扩散，对包括中国在内的所有传统社会构成挑战和冲击，鸦片战争即是欧洲冲击世界的重要组成部分。

【推荐阅读】

1. 徐奉臻：《现代化：历史的困窘与困窘的思考》，哈尔滨工业大学出版社 2009 年版。

2. ［美］斯塔夫里阿诺斯：《全球通史——1500 年以后的世界》，吴象婴等译，上海社会科学院出版社 1992 年版。

3. ［德］贡德·弗兰克：《白银资本——重视经济全球化中的东方》，刘北成译，中央编译出版社 2001 年版。

---

① 徐奉臻：《历史视野：改革与现代化研究》，黑龙江人民出版社 1999 年版，第 87—91 页。

第一章　反对外国侵略的斗争

> **1. 拥有千年文明的中国，为何会败在列强麿下？问题的症结是否在于"现代化"与"前现代化"之博弈？[①]**

【问题提出】

19 世纪中叶，中国在鸦片战争中战败，被迫打开国门。从此，中国步步沉沦，由历史悠久的文明古国蜕变成半封建和半殖民地国家。相反，大西洋沿岸的西方国家率先启动现代化步伐，并由此进入近代社会。如此，便形成"东西方大错位"的独特历史变迁走势。在东西方的交汇点上，中国和英国的关系既是"东西方大错位"的缩影，也是"东西方大错位"的最初表现形态。

一个很说明问题的事实是，正是人类历史上第一个进入工业化社会和现代化状态的英国对中国发动鸦片战争，最先打破中国"闭关锁国"的迷梦，并使拥有四亿之众的中华帝国从此一蹶不振，在 19 世纪中叶即败在现代化的起点上。之后，相继进行现代化的美、法、俄、德、日等国也如法炮制，对中国进行无以复加的经济渗透和政治奴役。因此，可以认为近代中国与英国之间的较量是前现代化国家败给了现代化国家。从横向共时维角度对英国和中国进行比较研究，有助于从更宽广的视野解读鸦片战争失败的原因以及整个 19 世纪下半叶中国落后挨打的原因。

[①]　本问题撰写者为徐奉臻。

【疑惑之点】

何谓"现代化"？现代化有哪些基本维度和层次？现代化为什么首先开启于欧洲大西洋沿岸地区？英国何以成为世界第一个现代化国家？中国与英国之间或中国与西方之间，其"现代化"与"前现代化"之博弈的主要表现有哪些？

【解疑释惑】

现代化既是"目的"，又是"过程"和"产物"。作为"目的"的现代化，其普世性的旨归是诉求美好幸福的生活。但在不同的"时空情境"中，目的的触及点不同，美好幸福的生活的内涵也必定呈现出差异性。例如，作为人类历史上第一个"工业化社会"和"现代化社会"的英国，其17世纪开行政治现代化和18世纪启动经济现代化的目的诉求不同，其在近代历史上构筑的现代性（modernity）也迥然相异于20世纪末工党领袖布莱尔（Tony Blair）在首相就职演说中向世人宣布的作为政府执政使命的"继续现代化"。就中国而言，近代仁人志士的现代化努力志在"国家独立和民族解放"，而现代中国的现代化则以"国家富强和人民富裕"为己任。

作为"过程"的现代化，其共相是偏离"正规性"或"正统性"，调适"传统"和"现代"，解构旧传统和建构现代性，但"传统"和"现代"本身又都是一个相化的概念。因此，需要以"时空情境"为诠释工具，勾勒传统向现代转型的非一型一贯之样态。如果立足于世界视阈，那么作为"过程"的现代化，发端于大西洋沿岸的国家，继而从西欧一隅之地向外辐射，扩散至欧洲内陆、北美、中国和世界其他地区，从而形成了具有变现性和创新性特质的"现代化的国际化趋势"。这种趋势是如此强大，"以至于在信念和态度方面的许多差异都被一扫而光。尽管还存在着政治障碍和国际紧张，但上述趋势作为一种强力的产物仍在继续发展，这种强力给不同的政府规定了相近的目标（却没有提供必要的友谊），这种一致的倾向反映了人们把促进物质福利、改善生活条件作为公共政策的目标，这在世界意识形态历史上是唯一的，也是最成功的转变运动"。①

如果立足于近代欧洲视阈，那么作为"过程"的现代化是以文艺复兴和宗教改革为"精神之源"，以地理大发现为资本原始积累的促进条件，以科学革命、技术革命、产业革命、政治革命及多端纷呈的文化和社会改革为表征和内容的变迁。如果立足于中国视阈，那么作为"过程"的现代化则需界定为：在外压的刺激和作用下，中国人在沉沦中觉醒，在开眼看世界中实现文化心理结构的世界主义化，在克服自身的封闭与锢塞中跻身于世界角逐大竞技场并占有一席之地的嬗变。

作为"产物"的现代化，诉求现代性。如同现代化是综合平衡的系统工程一样，现代性也由不同的子系统和子子系统构成。每一层面的现代性都体现特定的时空情境性。于是，不同层面的产物现代化便有了不同的内涵和界域：在文明大视野内，现代性体现为工业文明、知识文明和生态文明等；在技术系统内，现代性体现为蒸汽文明、电力电气文明、电子原子文明、信息化文明等。作为"一项宏伟的历史工程"，现代性"并没有完成，它具有开放性，不但没有结束，而且，还在不断发展中"。② 哈贝马斯（Jürgen Habermas）的这种"未完成的现代性"理论，一方面传递了现代性不是"历史的终结"的信息，另一方面，说明作为产物的现代化也是一个时空情境范畴内的概念。

在世界视阈内，近代中国的落伍，首先呈现于民主政治与封建专制的比对中。1644年清兵入关，朱氏封建王朝让位于爱新觉罗封建王朝，其嬗变的轨迹是从"封建"到"封建"，从"旧王朝"到"新王朝"，可谓"旧社会走循环套"。而在清兵问鼎中原的前四年，即1640年，英国就已经开始进行长达48年的市民革命或政治革命，启动了建立宪政体制的政治现代化步伐。在英国市民革命或政治革命进行的1640—1688年，中国的统治者由封建皇帝崇祯到封建皇帝顺治，再到封建皇帝康熙。虽然英国的资产阶级革命几经反复，但最终还是于1688年通过"光荣革命"建立起延续至今的"君主立宪制"。在英国通过颁布《权利法案》《王位继承法》和建立"国

---

① 孙立平等：《国外发展理论研究》，人民出版社1992年版，第12—13页。
② 高宣扬：《鲁曼社会系统理论与现代性》，中国人民大学出版社2005年版，第208页。

会制"等方式不断地削弱国王权力而强化国会权力,并由此一步步完善君主立宪制的 17 世纪下半叶到 18 世纪上半叶,中国的统治者由封建专制皇帝康熙到封建专制皇帝雍正,再到封建专制皇帝乾隆。而此间的英国却完成了由"专制政治"到"民主政治"嬗变,由"封建政治"到"资本主义政治"的实质性转型,使权力之间能够彼此有效监督和制衡。

对此,法兰西学院院士托克维尔(Alexis de Tocqueville)在《旧制度与法国大革命》中断言,"17 世纪的英国已经完全是一个现代国家",因为当时的英国已经是一个在传统和现代的交织中逐渐累积了开放性、流动性和民主性的社会。用他的话说:"自 17 世纪以来,封建制度已基本废除,各个阶级互相渗透……贵族政治已经开放,财富成为一种势力,法律面前人人平等,赋税人人平等,出版自由,辩论公开。所有这些新原则在中世纪社会中都不存在。然而正是这些新事物一点一滴巧妙地渗入这古老的躯体,使之复苏和免于瓦解,并在保持古老形式的同时,灌输新鲜活力。"①如此算来,以英国为参照,"中国历史前进的步伐在当时已慢了近两个世纪"。② 如果将中国的对手从英国扩展到欧洲大陆和北美,这些在英国之后相继侵略、蚕食中国的地区或国家也追随英国的步伐,不同程度地启动政治现代化进程,先后建立了议会制共和制政体或总统制共和制政体,形成了西方政治的群集强势。在这些国家政治现代化不断推进和完善的过程中,其政治上的现代性(modernity)脉象也随之由朦胧到清晰:

血缘和地域的基础地位发生动摇,门第本位和权力本位的价值观逐渐弱化;在官员的任用上,亲选体制让位于贤选体制;个人的独裁逐渐让位于合法的制度和理性化的权威;社会动员和整合的能力不断提高,行政管理越加具有透明度和高效率,大众广泛而深度地参与政治。

也正因为看到这一层,有学者说:当康、雍、乾三位帝王正在强化封建体制、营造中国最后一个封建盛世时,欧美一些国家已经爆发革命,打破封建桎梏,进入了人类历史发展的新阶段——资本主义社会……与此相对照,康雍乾盛世不免黯然失色,虽然它取得了中国封建社会所能达到的最大成

---

① [法] 托克维尔:《旧制度与法国大革命》,冯棠译,商务印书馆 1992 年版,第 58 页。
② 黄顺力:《中国近代思想文化史探论》,岳麓书社 2005 年版,第 390 页。

就，却落后于西方国家，落后于人类历史前进的步伐和时代的潮流。①

在世界视阈内，近代中国的落伍，其次呈现于农耕文明与工业文明的比对中。1848 年，《共产党宣言》问世之时，恰值英国历经长达约 100 年的内生型技术革命和内生型产业革命完成之时。《共产党宣言》中的一段极具张力感的描述堪称对英国技术革命和产业革命功能的经典阐释："资产阶级在它的不到一百年的阶级统治中所创造的生产力，比过去一切世代创造的全部生产力还要多，还要大。自然力的征服，机器的采用，化学在工业和农业中的应用，轮船的行驶，铁路的通行，电报的使用，整个整个大陆的开垦，河川的通航，仿佛用法术从地下呼唤出来的大量人口，——过去哪一个世纪能够料想到有这样的生产力潜伏在社会劳动里呢？"②

在英国之后，其他欧美国家也都不同程度地启动了技术革命和产业革命的步伐，使世界进入了技术革命和产业革命时代。到 19 世纪，以蒸汽为动力的铁路和轮船，使"欧洲人在世界贸易中长驱直入"。③

正当西方经受技术革命和工业革命洗礼的时候，康雍乾盛世的中国基本上还处于"耕—织"结合、"人力—畜力"结合的自然经济阶段，中国"没有出现那种将经济推向近代成长进程的突破性经济变化"。由于东西方的阻隔，清王朝统治中国以来，"威镇四夷，目空一切。他们对于西方国家与整个世界是茫然一无所知，以为中国以外的国家都是些蛮夷之邦，没有教化可言。自从取缔西洋传教士之后，对于西方更加鄙视与隔阂。满清政府所知道的西方国家，除了北方的俄罗斯之外，还知道……葡萄牙和……荷兰。至于他们的国家种族之详情，则全不了然，往往统称为'西洋人'"。④

在世界视阈内，近代中国的落伍，复次呈现于近代科学与中古科学的比对中。近代科学是第一次"科学'现代化'"⑤ 的产物，而科学革命又是科学现代化的实现途径。

---

① 吴伯娅：《康乾盛世与欧风美雨》，《西南交通大学学报（社会科学版）》2002 年第 9 期。
② 《马克思恩格斯选集》第 1 卷，人民出版社 1966 年版，第 244 页。
③ ［德］贡德·弗兰克：《白银资本——重视经济全球化中的东方》，刘北成译，中央编译出版社 2001 年版，第 390 页。
④ 陈致平：《中华通史》第 9 卷，花城出版社 1996 年版，第 217 页。
⑤ 帕尔默、科尔顿：《近现代世界史》上册，孙福生等译，商务印书馆 1992 年版，第 354 页。

在世界视阈内，近代中国的落伍，最后呈现于先进文化与落后文化的比对中。著名历史学家蒋廷黻曾基于对中西的比较，从文化层面揭示了"东西方大错位"的因由。他说："一切的国家能接受近代文化者必致富强，不能者必遭惨败。"19世纪的西方世界，"已经具备了所谓近代文化"，而东方世界则"仍滞留于中古"。"西洋人养成了热烈的爱国心，深刻的民族观念；而我们死守着家庭观念和家乡观念。"所以，在19世纪初，西洋的国家虽小，然团结有如铁石之固；我们的国家虽大，然如一盘散沙，毫无力量。①

继文艺复兴和宗教改革之后，18世纪后期，西方又出现了世俗化的启蒙运动，伏尔泰（Voltaire）、孟德斯鸠（Charles Louis de Secondat Montesquieu）、卢梭（Jean Jacques Rousseau）、狄德罗（Denis Diderot）等启蒙思想家高举自由、平等、博爱的旗帜，冲击封建专制主义，使人们的思想获得了前所未有的解放。在传播培根（Francis Bacon）、牛顿（Isaac Newton）、洛克（John Locke）的思想，以及英国法律、议会和宪政的整套理论方面，伏尔泰和孟德斯鸠做出重要贡献，所以他们被称为"为欧洲'发现'了英国"的人。②至19世纪中叶，又有《共产党宣言》（1848年）问世。

相比之下，中国思想界处于"万马齐喑"的麻木和压抑中，大批知识分子因"文字狱"备受迫害。中国的思想解放运动，无论在启动的时间上，还是在内容和深度上，都远远滞后于西方。直到19世纪末叶，中国才通过戊戌变法揭开了近代民主启蒙运动的序幕。戊戌变法是中国有史以来，作为新的经济力量和新的政治力量代表的资产阶级向封建制度和封建思想的首次挑战。

1898年为什么会发生戊戌变法？这与中日甲午战争密切相关。在甲午战争中，从前还只是被西方大国打败的中国，又惨败于自己从前的东方学生——日本手里。究其根源在于中国的洋务运动仅仅是在军事和科技层面实行现代化，属于片面现代化，而日本自明治维新起即大力、全面地学习西方，是全面现代化。甲午战争的惨败成为中国人的奇耻大辱，极大地震撼了国人，给中华民族带来了严重的危机和巨大的羞耻，也促成了国人的普遍觉

---

① 蒋廷黻：《中国近代史》，上海古籍出版社2004年版，第4—5页。
② 帕尔默、科尔顿：《近现代世界史》上册，孙福生等译，商务印书馆1992年版，第408页。

醒。谭嗣同的诗"世间无物抵春愁，合向沧溟一哭休。四万万人齐落泪，天涯何处是神州？"① 是当时情境的真实写照。

【推荐阅读】

1. 徐奉臻：《历史视野：改革与现代化研究》，黑龙江人民出版社 1999 年版。

2. ［美］王国斌：《转变的中国——历史变迁与欧洲经验的局限》，李伯重等译，江苏人民出版社 2005 年版。

3. ［美］M. G. 马森：《西方的中华帝国观》，杨德山等译，时事出版社 1999 年版。

4. ［德］马克斯·韦伯：《新教伦理与资本主义精神》，于晓等译，三联书店 1987 年版。

5. 茅海建：《天朝的崩溃：鸦片战争再研究》，三联书店 2005 年版。

---

① 《谭嗣同全集》，中华书局 1981 年版，第 276 页。

2. 以史实和经典原典诠释命题："殖民主义充当了历史的不自觉的工具。"①

【问题提出】

"殖民主义充当了历史的不自觉的工具"是马克思（Karl Marx）在《不列颠在印度的统治》一文中提出的著名论断，其完整表述是：的确，英国在印度斯坦造成社会革命完全是受极卑鄙的利益所驱使，在谋取这些利益的方式上也很愚钝。但是问题不在这里。问题在于，如果亚洲的生活状况没有一个根本的革命，人类能不能完成自己的使命？如果不能，那么，英国不管是干出了多大的罪行，他在造成这个革命的时候毕竟是充当了历史的不自觉的工具。② 理解这一命题是认识和评价殖民主义不可逾越的知识环节。

【疑惑之点】

如何理解"殖民主义充当了历史的不自觉的工具"的内涵？能否认为马克思主义对殖民主义有赞颂之意？资本—帝国主义的侵略到底给中国带来了什么？有人说，"鸦片战争一声炮响，给中国带来了近代文明"；有人认为"殖民主义在世界范围推动了现代化进程"；还有人断定"没有西方的殖民侵略，东方将永远沉沦"。③ 对这些说法，究竟应该如何评价？

【解疑释惑】

"重读马克思"和"回到马克思"，是时下中国学术界研究马克思理论

---

① 本问题撰写者为徐奉臻。
② 《马克思恩格斯选集》第 2 卷，人民出版社 1966 年版，第 178—179 页。
③ 沙健孙、李捷、龚书铎：《"中国近现代史纲要"教师参考书》，高等教育出版社 2007 年版，第 29 页。

的一种共识性路向。解读"殖民主义充当了历史的不自觉的工具"之命题，也应该从研究马克思的原始文本入手。

继1853年6月10日撰写《不列颠在印度的统治》之后，马克思又于这一年7月22日推出了《不列颠在印度统治的未来结果》一文，两者可谓研究殖民主义在印度进行统治的姊妹篇。因此，要理解"殖民主义充当了历史的不自觉的工具"的内涵，将马克思本人的两篇相关文本放在一起加以审视，似应更能增加研究成果的客观性。

在《不列颠在印度统治的未来结果》一文中，马克思明确提出了"双重使命说"，即"英国在印度要完成双重的使命：一个是破坏性的使命，即消灭旧的亚洲式的社会；另一个是建设性的使命，即在亚洲为西方式的社会奠定物质基础"。"英国人在印度进行统治的历史，除破坏以外恐怕就没有别的什么内容了。他们的建设性的工作在这大堆大堆的废墟里使人很难看得出来。不过，这种建设性的工作总算已经开始做了。"①

马克思所言的总算已经开始做的"建设性的工作"，主要指英国侵略者在印度修筑铁路和使用机器等。在对英国人在印度修筑铁路和使用机器进行评价时，马克思指出："英国的工业巨头们之所以愿意在印度修筑铁路，完全是为了要降低他们的工厂所需要的棉花和其他原料的价格。但是，只要你把机器应用到一个有煤有铁的国家的交通上，你就无法阻止这个国家自己去制造这些机器了。如果你想要在一个幅员广大的国家里维持一个铁路网，那你就不能不在这个国家里把铁路交通日常急需的各种生产过程都建立起来，这样一来，也必然要在那些与铁路没有直接关系的工业部门里应用机器。所以，铁路在印度将真正成为现代工业的先驱。"

之后，马克思话锋一转，对英国在印度的殖民统治进行严厉谴责和深刻揭露："当我们把自己的目光从资产阶级文明的故乡转向殖民地的时候，资产阶级文明的极端伪善和它的野蛮本性就赤裸裸地呈现在我们面前，因为它在故乡还装出一副很有体面的样子，而一到殖民地它就丝毫不加掩饰了。""英国资产阶级看来将被迫在印度实行的一切，既不会给人民群众带来自由，也不会根本改善他们的社会状况，因为这两者都不仅仅决定于生产力的

---

① 《马克思恩格斯选集》第2卷，人民出版社1966年版，第181页。

发展，而且还决定于生产力是否归人民所有。"①

很明显，马克思上述分析的特点是严格而明确地区分了三对概念：其一，行为者的"行为目的"和"行为功能"，也即行为者的"主观动机"和"客观效果"。其二，需要辅以个人的主观价值判断，也即分清"正义"和"非正义"。其三，考虑"生产力"与"生产关系"之间的关系。

应该说，这样的分析为理解殖民主义充当了"历史的不自觉的工具"的内涵提供了方法论上的一般指南。如果忽略了这些基本分析框架，而得出诸如马克思赞颂殖民主义、资本—帝国主义的侵略给中国带来了近代文明等结论，不仅在内容上是非历史主义的，而且在方法上也必然要陷入忽略事物本质的线式历史观之窠臼。

就近代中国而言，资本—帝国主义的侵略，以及他们对中国进行的政治控制、经济掠夺和文化渗透，不仅给中国人民带来深重灾难，而且也使中国逐渐沦为半封建半殖民地社会，严重阻碍了中国社会的进步与发展。但同时，在客观上，西方的坚船利炮迫使中国人放弃了"锁国"迷梦，也促进了中国人的不断觉醒。

综观中国人的觉醒历程主要分两段：一是第一次鸦片战争后中国少数有识之士的觉醒，如林则徐、魏源等；二是中日甲午战争后，中国人民民族意识的普遍觉醒，也即多数人的觉醒。对此，国学大师梁启超曾断言："唤起吾国四千年之大梦，实自甲午一役始也"②，因为"甲午一役以后，中国人士不欲为亡国之民者，群起以呼啸叫号，发鼓击钲，声撼大地。或主张变法自强之议，或吹煽开智之说，或立危词以警国民之心，或故自尊大以鼓舞国民之志。未几而薄海内外，风靡响应，皆惧为亡国之民，皆耻为丧家之狗；未几有戊戌变法自强之举。此振兴之自上者也"。③

民族觉醒是民族独立的先决条件，但只有摆脱了外来民族压迫，民族的振兴才有可能。在此，不妨借用马克思的《不列颠在印度统治的未来结果》一文中画龙点睛的结论加以强调："只有在伟大的社会革命支配了资产阶级

---

① 《马克思恩格斯选集》第 2 卷，人民出版社 1966 年版，第 183—185 页。
② 梁启超：《戊戌政变记》，中华书局 1954 年版，第 133 页。
③ 《蔡锷集》，湖南人民出版社 1983 年版，第 19 页。

时代的成果，支配了世界市场和现代生产力，并且使这一切都服从于最先进的民族的共同监督的时候，人类的进步才会不再像可怕的异教神像那样，只有用人头做酒杯才能喝下甜美的酒浆。"①

【推荐阅读】

1. 李泽厚：《中国现代思想史论》，天津社会科学院出版社 2003 年版。

2. ［美］本杰明·史华兹：《寻求富强：严复与西方》，叶凤美译，江苏人民出版社 1995 年版。

3. ［美］吉尔伯特·罗兹曼主编：《中国的现代化》，国家社会科学基金"比较现代化"课题组译，江苏人民出版社 2003 年版。

---

① 《马克思恩格斯选集》第 2 卷，人民出版社 1966 年版，第 186 页。

3. 龚自珍发出的"九州生气恃风雷，万马齐喑究可哀！我劝天公重抖擞，不拘一格降人才"的呐喊说明什么？以诗还原历史。①

【问题提出】

龚自珍（1792—1841），清代思想家和文学家。他对清政府的昏庸、腐朽十分不满，写了大量诗文，猛烈抨击封建制度的弊端，疾呼社会改革。《己亥杂诗》作于 1839 年，恰值中英鸦片战争前夕。本诗是龚自珍辞官后路过镇江时为道士所撰，旨在祭奠玉皇大帝和风神雷神，但在诗中作者借题发挥，以祈祷天神的口吻，呼唤风雷般的社会变革。龚自珍以诗抒怀，以诗言志，欣赏和品味《己亥杂诗》，不仅会生发出浓浓的历史沧桑感，也有助于加深我们对鸦片战争爆发原因和中国被动挨打原因的认识。

【疑惑之点】

《己亥杂诗》的呐喊表达了龚自珍希望以变革的方式打破清王朝统治下思想被束缚、人才被扼杀的沉闷的社会局面的愿望。那么，"九州生气恃风雷，万马齐喑究可哀！我劝天公重抖擞，不拘一格降人才"所揭示的中国社会，究竟是怎样的状态？其与鸦片战争和中国在这场战争中惨败，被迫打开国门之间，有什么内在的逻辑关系和必然联系？

【解疑释惑】

纵观清王朝的历史，曾有过 100 多年的鼎盛时期。在康雍乾盛世期间，国内安定、统一，经济发展、繁荣，对外有效地遏制了来自海上和陆上的西方殖民扩张。然而，从 19 世纪中叶开始，清朝统治逐渐走向衰落，其主要

---

① 本问题撰写者为杨凤霞。

表现是：

第一，为了加强中央集权和保持"以少制多"的特殊社会结构，清政府实行满人优先的民族等级制。

第二，实行文化专制政策，诸如严禁文人结社，大肆查禁图书，大兴文字狱，实行八股取士等，使封建士大夫噤若寒蝉，举国上下"避席畏闻文字狱，著书只为稻粱谋"。

第三，土地兼并现象十分严重，社会矛盾日益激化。

第四，吏治黑暗，政治腐败，官僚机构膨胀。道光朝大学士曹振镛所言的"多磕头，少说话"的稳坐官场之秘诀，在当时大行其道。

第五，严重的财政危机极大地削弱了清王朝的统治力量。

第六，对外实行闭关锁国政策。虽然清朝的闭关锁国政策有防御西方殖民入侵的积极意义，但同时也有挥之不去的负面效应，既限制了对外贸易和航海事业的发展，也阻碍了中外文化的交流，使中国远离世界发展的大潮，在不知不觉中落伍。

通观《己亥杂诗》，其前两句"九州生气恃风雷，万马齐喑究可哀"，是在八股取士和大兴文字狱政策下中国思想界的真实写照，表达了作者对当时社会状态的真实感受。后两句"我劝天公重抖擞，不拘一格降人才"，体现了作者呼唤改革和抚育人才辈出之社会环境的迫切心情。

众所周知，作为继世卿世禄制、察举制和九品中正制之后的一种新的选官制度，科举制度历经各朝长盛不衰。它创始于隋，形成于唐，中经宋、辽、金、元、明，一直延续到清末，在中国历史上存在千年以上。应该说，相对于以前的各种选官制度来说，科举制度是最公平、公正的，在历史上也的确曾起到抑制门阀、奖拔寒庶的作用，推动了中国社会形成积极向学和读书至上的社会风气。然而到明清时期，随着中央集权君主专制制度的加强，科举考试的形式日趋呆板，内容流于空疏，并进入以"八股"作为取士主要标准的阶段。

在八股取士制度下，儒家思想中积极入世、面向社会的精神逐渐淡化，儒士们惟四书五经是尊，越来越退居书斋，变得日渐狭隘和缺乏生气，这是中国封建社会走向没落的文化表征。随着八股考试的方法日益程式化，八股考试的内容日趋陈腐、晦涩，应试的士子们墨守师说、千篇一律，思想陷入极度僵化状态，严重桎梏了士子们的精神和才智。

总之，专制制度加八股科举制度戕害了士心，也戕害了人心。在政治文化的高压专制下，封建士大夫们愚昧、麻木、苟且、无耻，已经失去了"以天下为己任"的责任感。战争是政治的继续，理解了龚自珍的真实心志，也就不难理解鸦片战争爆发的原因和中国在鸦片战争中失败的原因。

【推荐阅读】

1. 王丙照、徐勇：《中国科举制度研究》，河北人民出版社 2002 年版。

2. 陈旭麓：《近代中国社会的新陈代谢》，上海社会科学院出版社 2006 年版。

3. 李志国：《论龚自珍诗文中的经世意识》，山东师范大学硕士论文，2008 年，收入中国优秀硕士学位论文全文数据库。

4. 黄开国：《"将萎之花，惨于槁木"——试探龚自珍的社会批判思想》，载于《四川师范大学学报（社科版)》2009 年第 5 期。

4. "三国干涉还辽"何以体现"没有永恒的敌人和朋友，只有不变的利益"的均势外交基本原则？①

【问题提出】

作为重要的历史事件，"三国干涉还辽"出现在 1895 年《马关条约》签订后。"辽"指"辽东半岛"，"三国"包括俄国、德国和法国。依据《马关条约》，中国割让辽东半岛给日本。出于各自利益的考虑，俄国联合德国和法国进行干涉，逼迫日本同意中国以增加赔款 3000 万两的方式"赎回"辽东半岛。随后，俄国、德国和法国则以干涉还辽"有功"为名，强迫清政府给予租借军港、修筑铁路、开采矿山等特权。"三国干涉还辽"淋漓尽致地体现了"没有永恒的敌人，也没有永恒的朋友，只有不变的利益"这一均势外交的基本原则。剖析"三国干涉还辽"的种种契机和表现，有助于认清资本—帝国主义国家瓜分中国的本质。

【疑惑之点】

何谓"均势"？作为均势外交的基本原则，"没有永恒的敌人，也没有永恒的朋友，只有不变的利益"的内涵是什么？在"三国干涉还辽"过程中，俄国、德国和法国的真实动因是什么？

【解疑释惑】

"均势"（balance of power），指在国际关系中，一个国家或国家集团与另一个国家或国家集团相抗衡时，当事者采取的"扶弱抑强"等手段、态度或政策，其本质是保护自己或使自己利益最大化。作为一种外交政策，

---

① 本问题撰写者为徐奉臻。

"均势外交"是列强于19世纪末在中国强占租界和划分"势力范围"惯用的手法。

在甲午战争期间，列强坐山观虎斗，让中日双方互相削弱，最后出来收渔翁之利。1895年，《马关条约》签订后，俄、德、法"三国干涉还辽"就是最好的明证。在这个过程中，俄、德、法三国各怀鬼胎。

其中俄国是干涉的急先锋。当时，俄国正在其财政部长维特（Witte）的主持下赶修西伯利亚大铁路。维特发现，西伯利亚铁路东边的一段，如果绕黑龙江的北岸，路线太长，工程耗费大，但如果横穿中国的东北，则路线会大大缩短，工程耗费也会降低。另外，海参崴位置偏北，冬季又结冰，不便航行；如果能够得到大连、旅顺，俄国在远东就有完善的军港和商港。对此，维特直言不讳："为俄国的最大利益着想，要求维持中国的原状"，"决不可让日本渗透到中国的心脏而在辽东半岛攫得立足点"。因此，在《马关条约》签订的1895年4月17日当天，俄国政府即向法国和德国发出倡议：三国联合劝告日本退还辽东半岛，如果日本拒不归还，即"对日本在海上采取共同军事行动"。[①]

法国参加干涉行动，一是因为法国是俄国在欧洲的盟国；二是因为法国也有乘机向远东扩张的企图。而在普法战争后，德国和法国成为世仇。作为法国和俄国的长期外交对手，德国与法国和俄国联手，表面上有悖常理，但实际上却以"两害相权取其轻"的方式集中地体现了均势外交的基本原则。众所周知，德国是一个后起的资本—帝国主义国家。在19世纪下半叶列强瓜分中国的丰盛宴席上，德国尚无一席之地。因此，对德国来说，要改变自己在国际关系中的被动地位，要在国际竞争中争取主动位势，参加干涉"还辽"，可谓天赐良机。因为与法国和俄国一起行动，一来可借机与俄国接近；二是乘机把俄国视线转移至东方，减轻德国东部边界的压力；三是向中国邀功索赏，把自己的势力渗透至远东的中国。

在俄、法、德三国的压力下，加之在甲午战争中国力消耗过大，日本被迫作出让步，同意放弃辽东半岛。除了提出经济补偿要求之外，日本还提出"辽东半岛不割让任何外国"的要求，但在俄国干预下，日本的这一企图并

---

① 李侃、李时岳等：《中国近代史》，中华书局1994年版，第215页。

未得到满足。① 如果说日本的"辽东半岛不割让任何外国"的要求是均势外交的集中体现，那么俄国拒绝日本要求之举，则更通透地展示了均势外交的本质。作为均势外交的近代版本，《马关条约》的签订和"三国干涉还辽"的行世，不仅展示了列强蚕食中国的矛盾，也淋漓尽致地诠释了"弱国无外交"的道理。

"三国干涉还辽"是19世纪末列强瓜分中国的重要组成部分。甲午战争后，随着资本—帝国主义势力向中国的进一步渗透，中国的民族危机不断加深，中华民族面临着亡国灭种的危险。

【推荐阅读】

1. 孙成木等主编：《俄国通史简编》下册，人民出版社1986年版。

2. ［德］佛朗克：《三国干涉还辽秘闻》，王光祈译，中华书局1929年版。

3. 郭艳波：《三国干涉还辽与清政府的回应》，吉林大学硕士论文，2004年，收入中国优秀硕士学位论文全文数据库。

---

① 万峰：《日本近代史》，中国社会科学出版社1978年版，第307—308页。

5. 历史学家蒋廷黻为什么说"光绪二十二年的《中俄密约》是李鸿章终身大错"?①

【问题提出】

光绪二十二年，即1896年，中俄两国签订《中俄密约》，又称《御敌互相援助条约》，其主要内容是：第一，日本如侵占俄国远东或中国和朝鲜领土时，中俄两国应以全部海陆军互相援助。第二，战争期间，中国所有的口岸均对俄国军舰开放。第三，中国允许俄国通过黑龙江和吉林两省修建一条铁路，直达海参崴。该路的修筑和经营，由中国交与华俄道胜银行承办，其详细合同由中国驻俄公使与华俄道胜银行商订。第四，无论平时或战时，俄国均可在该铁路运送军队和军需物资。②

谈及《中俄密约》，著名历史学家蒋廷黻说："光绪二十二年的《中俄密约》是李鸿章终身的大错。甲午战争以后，日本并无于短期内再进攻中国的企图。是时日本政府反过来想联络中国。因为西洋倘在中国势力太大，是于日本不利的。""以后瓜分之祸，及日俄战争。二十一条，九一八这些国难都是那个密约引出来的。"③

【疑惑之点】

《中俄密约》的实质是什么？蒋廷黻何以对《中俄密约》做出上述判断？在《中俄密约》签订过程中，李鸿章到底扮演了什么角色？如何在此问题上具体化地评价李鸿章？

---

① 本问题撰写者为徐奉臻。
② 李侃、李时岳等：《中国近代史》，中华书局1994年版，第216页。
③ 蒋廷黻：《中国近代史》，上海古籍出版社2004年版，第134页。

【解疑释惑】

《中俄密约》的内容反映了《中俄密约》的实质，即在"共同御敌，互相援助"的幌子下，实现俄国"通过修筑中东铁路，进而把自己的势力渗入中国东北"的企图。对此，俄国财政部长维特（Witte）直言不讳地表示：中东铁路的修建必然"使俄国在任何时间内，都能用最快的速度把自己的军事力量运到海参崴，或集中于满洲、黄海海岸及离中国首都的近距离处"。[①]

1891年，俄国开始修建西伯利亚铁路，1895年已修至贝加尔湖。之后的路线改用维特提出的计划：撤销原方案——从赤塔沿石勒喀河和黑龙江北岸，经伯力南下，顺乌苏里江以东至海参崴，改由后贝加尔横穿中国东北，直达海参崴，这个方案几乎形成一条直线。1895年，维特向清廷使节许景澄提出通过北满修筑铁路的要求，被拒绝之后，维特便在李鸿章身上打起了注意。[②]

《中俄密约》签订的过程，反映了俄国的企图。1896年6月，沙皇尼古拉二世举行加冕典礼，俄国准备利用这个机会与清政府的贺冕专使秘密谈判。清政府原本要派遣布政使王之春前往彼得堡参加典礼，但俄国政府表示：王之春"人微言轻，不足当此责"，要求改派有"东方俾斯麦"之称的李鸿章为专使。于是，李鸿章被任命为"钦差头等出使大臣"，远赴俄国，庆贺沙皇加冕。李鸿章到达彼得堡后，尼古拉二世亲自接见，给予最隆重的礼遇。其间，李鸿章与俄国财政大臣维特签订《中俄密约》。在谈判过程中，维特"深知中国的心理，所以他与李鸿章交涉的时候，首言日本之可恶可怕，这是李鸿章愿意听的话"。维特还说："当中日战争之际，俄国本想参战，但因交通不便，俄国未到而中国战争就完了。以后中国如要俄国给予有力的援助，中国必须使俄国修条铁路横贯东三省。"对此，李鸿章"主张在中国境内之铁路段，应由中国自修"。维特说："中国人力财力不足，倘自修，则十年尚不能成，将缓不济急"；"如中国坚拒俄国的好意，俄国

---

① 李侃、李时岳等：《中国近代史》，中华书局1994年版，第216—217页。
② 孙成木等：《俄国通史简编》下册，人民出版社1986年版，第240页。

就不再援助中国"。① 最后，在维特的软硬兼施下，李鸿章在《中俄密约》上签字。

蒋廷黻对《中俄密约》做出上述判断，主要基于如下考虑：其一，甲午战争结束，签订《马关条约》，中国承诺割让辽东半岛、台湾、澎湖列岛给日本；赔偿日本军费白银两亿两；开放苏州、杭州、重庆等地为商埠；允许日本在通商口岸开设工厂，产品运销中国内地免收内地税。之后，列强掀起了瓜分中国的狂潮，但在《马关条约》签订后俄、法、德"三国干涉还辽"，迫使日本放弃辽东半岛（同时向中国勒索 3000 万两"赎辽费"），这说明列强在侵略中国时也并非铁板一块。

"三国干涉还辽"是 19 世纪末列强瓜分中国狂潮的开端，但由于《马关条约》的签约过程极其屈辱，也因李鸿章感受到来自已成功进行现代化运动的日本的压力，他的"以夷制夷"思想逐渐转变为"与列强结援"的思想，即"联俄拒日"。李鸿章不仅没有看清列强瓜分中国的本质，还对俄国抱有很大幻想，并寄希望于"联络俄国，牵制列强"。

其二，刚刚结束甲午战争的日本，不仅无力同俄国、法国、德国再战，而且近期也没有与中国干戈相见的计划。其原因正如时任日本外相的陆奥宗光所坦承的：甲午战争后，日本"国内海陆军备殆以空虚，而去年来继续长时间战斗之我军人员、军需固已皆告疲劳缺乏，今日对手三国联合之海军固不待言，即单与俄国舰队抗战亦甚无把握"。②

就李鸿章而言，其签订《中俄密约》的原因不止一端，有签订《马关条约》的屈辱给其造成的压力；有李鸿章个人对大国势力对比判断的失误；有李鸿章对沙俄侵华本质认识的不到位；甚至还有一种说法，即在谈判过程中，维特"答应给李鸿章 300 万卢布的贿金，诱使李鸿章于 1896 年 6 月 3 日同维特在莫斯科签订《中俄密约》"。③

对李鸿章的评价，学术界褒贬不一，但毋庸置疑的事实是，已经出现了明显的由单一化向多元化转向的路径。在历史发生学角度上，李鸿章是一个

---

① 蒋廷黻：《中国近代史》，上海古籍出版社 2004 年版，第 133—134 页。
② 万峰：《日本近代史》，中国社会科学出版社 1978 年版，第 307 页。
③ 孙成木等：《俄国通史简编》下册，人民出版社 1986 年版，第 240 页。

复杂的历史人物，他代表清政府签订了一系列不平等条约，到底是卖国的本质使然，还是需要考虑其他一些影响因素，这些都还需要研究者进一步进行历史深处的探究和思考。

【推荐阅读】

1. 《东亚三国的近现代史》编写委员会：《东亚三国的近现代史》，社会科学文献出版社 2005 年版。

2. 梁启超：《李鸿章传》，海南出版社 1993 年版。

3. 赵尔巽等：《清史稿》，中华书局 1977 年版。

4. 赵亚丽：《李鸿章与清末的"联俄制日"》，东北师范大学硕士论文，2003 年，收入中国优秀硕士学位论文全文数据库。

6. 蒋廷黻说义和团运动属"拳匪运动","是反对现代化的",而孙中山则强调义和团的血战让外国人知道"中国还是有民族思想,这种民族是不可消灭的"。这两段话彼此矛盾吗?①

【问题提出】

此问题源于对义和团历史作用的评价。孙中山先生的评价,主要突出正是义和团反帝爱国运动沉重地打击了外国侵略者,粉碎了帝国主义瓜分中国的迷梦;蒋廷黻的评价则是过于强调义和团所表现出的落后一面。义和团民是与自然经济相联系的小生产者,不代表新的生产力,不能将外国的侵略与体现新的生产方式、有利于中国社会进步的外来事物区别开来,体现出盲目排外的倾向。反帝与排外的两面性共生于义和团运动中。

【疑惑之点】

如何认识义和团运动的民族正义性和这种正义性斗争的历史局限性? 20世纪的中国是将"西方因素"驱逐净尽后让中国回到鸦片战争之前的那种大一统的封建宗法社会,还是在引进"西方因素"的基础上,实现国家的独立和人民的解放,并由此走向现代化?

【解疑释惑】

19世纪末,西方列强掀起瓜分中国的狂潮。在民族危亡的严重时刻,义和团运动席卷中国的北方地区。民族矛盾的激化促成了民族意识的强化。义和团运动是不愿做亡国奴的中国人用自己选择的方式坚决反抗外来侵略的一种形式。对这场运动,应辩证地加以分析。

---

① 本问题撰写者为赵爱伦。

首先，在义和团运动中，中国人民表现出的敢于同帝国主义血战到底的英雄气概，打乱了列强共同瓜分中国的侵略计划。

1900 年 4 月，义和团发布揭帖："最恨和约，误国殃民，上行下效，民冤不伸。原忍至今，羽翼洋人，趋炎附势，肆虐同群"①，强烈表达了中国人民对西方强加给中国的不平等条约的深切痛恨。

广大义和团民更以大无畏的英雄气概抗击八国联军的侵略。1900 年 6 月，当英国海军中将西摩尔率领八国联军向北京进犯时，义和团联合少量清军进行顽强抵抗。一名曾亲历这次战役的侵略军军官说："义和团民冒死面对来福枪和机关枪秋风扫落叶似的射击，还是勇猛冲锋，真是不能想象世界上还有比他们更勇敢的人了。"② 西摩尔也心有余悸地说："如果义和团所用的武器是近代枪炮的话，那么我所率领的联军必定会全军覆灭。"③

1900 年 6 月 17 日至 7 月 14 日，义和团在抗击八国联军的主战场——天津昼夜拼搏，浴血苦战。西方人在评述这些战斗时，情不自禁地说："华人此次甚为勇敢，为从来所未见。"④ 在清王朝对列强"宣战"和义和团"扶清灭洋"口号的感召下，清军的一部分将领和广大士兵也英勇地投入到抗击八国联军的战争中。在保卫天津城的战斗中，聂士成率领部分清军英勇抵抗，虽遍体鳞伤，却仍身先士卒，战斗不息，最后壮烈牺牲。

在民族危亡的紧要关头，义和团挺身而出，使帝国主义认识到：中国人民是绝不屈服的；要瓜分"地土广阔、民气坚劲"、"尚含有无限蓬勃生气"的中国，是不易实现的⑤。经过义和团运动，八国联军统帅瓦德西也得出了"无论欧美日本各国皆无此脑力与兵力可以统治此天下生灵之四分之一，故瓜分一事，实为下策"⑥ 的结论。总之，义和团运动粉碎了帝国主义瓜分中国的妄想。

其次，由于历史的局限性，义和团运动存在严重缺陷。

---

① 李侃等：《中国现代史》，中华书局 2005 年版，第 281 页。
② 窦向军：《义和团运动与爱国主义精神》，《天水师范学院学报》2002 年第 2 期。
③ 同上。
④ 同上。
⑤ 李侃等：《中国现代史》，中华书局 2005 年版，第 303 页。
⑥ 窦向军：《义和团运动与爱国主义精神》，《天水师范学院学报》2002 年第 2 期。

第一，只认识到了反侵略，而忽视了反封建，没有正确处理反侵略与反封建的关系。在义和团运动兴起的年代，中华民族与外国侵略势力的矛盾已经达到空前尖锐的程度，中华民族面临亡国灭种的危险，所以义和团运动始终与侵略势力不共戴天，充满"灭洋"精神。但是，义和团提出"扶清"、"助清"的口号，表明义和团团民只看到了清朝统治者与外国侵略势力的矛盾，却没有认识到二者之间的内在联系。因此，在坚决反侵略的同时，却放松了对封建统治者的警惕。结果，当八国联军侵华战争爆发后，义和团在毫无思想准备的情况下迅速成为清政府为投降而加以叛卖的对象，腹背受敌，在血泊中惨败。

第二，存在笼统排外的倾向。在对外国侵略势力的满腔义愤中，义和团完全被"灭洋"的烈焰遮挡了冷静审视新的资本主义生产方式的目光。义和团不能将外国侵略与体现新的生产方式、有利于中国社会进步的外来事物区别开来，而是采取"灭洋"这一笼统排外的态度。之所以如此，是因为外国的侵略给中国带来了巨大灾难，使很多团民生计无着。来自西方的洋人、洋货，夺走了小生产者的饭碗，成批小生产者失业、破产。他们不认识资本主义生产方式，却认识洋货、洋人。于是，在他们的眼里，所有的外来之物都成了他们痛苦的根源。义和团"最恶洋货"，必欲荡尽而后快，发泄了小生产者对生计无着的忿恨之情。这种愤恨所包含的愿望，又与旧的生产方式连在一起。以排外主义来反帝，既表现了那个时代的民族感情，又寄托了旧式小农和手工业者的传统愿望。

第三，爱国性与封建性混为一体，表现出反现代化性：深沉的爱国主义情感同根治于自然经济的保守意识连在一起；抵御外侮的强烈愿望与陈旧的"天朝观念"和"华夷之见"连在一起。这种矛盾昭示了这场正义的反帝斗争中落后的封建主义内容。当旧式的小生产者充当民族斗争主体时，他们不能不在代表民族的同时，又代表传统。

鸦片战争失败后，中国最早开眼看世界的人物之一魏源提出了"师夷之长技以制夷"的命题。在这个命题中，反抗外来侵略与学习西方先进事物内在地统一在一起，以其包含的时代内容而反映了近代中国的历史发展方向。洋务运动和戊戌维新变法运动都程度不同地反映了这种统一。无疑，义和团运动比洋务派、维新派具有更多的反侵略勇气，但小生产者归复自然经济的强烈愿望，又使他们的眼界无法超出中世纪。因而，他们在英勇反抗侵略的同时，又本能地守护着封建的生产方式。爱国主义永远是一股打动人心的力量，但从爱国主义出发走向现代化，与从爱国主义出发回到中世纪，却又有着质的区别。义和团企图从爱国主义出发，回到中世纪，表现了旧式小生产者在民族自强和近代化变革的重合交织面前所产生的迷惘。①

义和团坚决抗击帝国主义侵略的英雄壮举与盲目排外的两面性，在昭示了义和团运动的民族正义性的同时，也决定了这种正义斗争的历史局限性。20 世纪的中国，决不能在将"西方因素"驱逐净尽后让中国退回到鸦片战争之前的那种大一统的封建宗法社会中，而应当在引进"西方因素"的基础上实现国家的独立和人民的解放，并走向现代化。

【推荐阅读】

1. 李侃等：《中国现代史》，中华书局 2005 年版。

2. 中国义和团研究会：《义和团运动与近代中国社会国际学术研讨会论文集》，齐鲁书社 1992 年版。

3. 中国义和团研究会：《义和团运动与近代中国社会》，四川省社会科学院出版社 1987 年版。

---

① 陈旭麓：《陈旭麓文集》第 1 卷，华东师范大学出版社 1996 年版，第 347—348 页。

7. "林则徐实在有两个，一个是士大夫心目中的林则徐，一个是真正的林则徐"，请结合史实分析之。①

【问题提出】

林则徐（1785—1850），福建人，嘉庆进士。"两个林则徐"之说源于著名历史学家蒋廷黻的《中国近代史》。在这段话之后，蒋廷黻进一步解释说："前一个林则徐是主剿的"，"真的林则徐是慢慢的觉悟了的"②，也即作为"满清时代开眼看世界第一人"的林则徐。对此，变法志士康有为也曾评论："中国自古为大统国，其自大也久矣……林文忠始译洋报，为讲求外国情况之始。"③ 可以认为，前一个林则徐是传统的，后一个林则徐是现代的。传统与现代的交织，浓缩了19世纪中后期中国有识之士的二重性人格特征。这种人格的形成过程既体现了近代中国人的思想解放，也是中国融入世界的重要环节。因此，理解"两个林则徐"，有助于把握近代中国面临的"千年未有之大变局"。

【疑惑之点】

中国的士大夫千千万万，何以林则徐成为清朝首先开眼看世界的人？为什么林则徐走出传统，却又不能摆脱传统的窠臼，从而成为集传统与现代于一身的人物？"主剿"的林则徐和"慢慢的觉悟了的"林则徐，其思想内涵有哪些不同的表征？对于西方文明，林则徐到底在何种程度上对其进行认识？在近代中国人不断觉醒的思想解放之路上，林则徐起到怎样的牵引作用？

---

① 本问题撰写者为徐奉臻。
② 蒋廷黻：《中国近代史》，上海古籍出版社2004年版，第36—37页。
③ 薛桂芬：《林则徐》，哈尔滨出版社1996年版，第498页。

【解疑释惑】

士大夫心目中的林则徐走的是传统的"学而优则仕之路",历任按察使、布政使、巡抚、总督等。"忠君"与"爱国"是林则徐思想演进中两条清晰的主线。其所"忠"之"君",是封建专制君主,其所"爱"之"国",是封建的大清帝国。

据学者考证,关于"开眼看世界"的源头,可追溯至19世纪20—30年代商人出身的谢清高在《海录》中提及英、法、美等国的精巧制器①以及封建知识分子叶钟进提出的"采阅外情"的主张。在《英吉利国夷情记略》一文中,叶钟进强调重视澳门新闻,认为"苟当事留意采阅,亦可觇各国之情形,皆边防所不可忽也"。此认识的可贵之处在于其将"采阅外情"与国家安全相联系。"采阅外情"的主张本身则传递出鸦片战争前中国思想界从妄自尊大向"开眼看世界"转化的信息。而林则徐广州禁烟及其"探西事"和"译西书"之举,更集中地反映了"开眼看世界"这股文化思潮崛起的趋势。②

在受命禁烟的过程中,林则徐较早接触西方人,不仅意识到中国的闭塞,而且以西方之尺量出了中国国力的虚弱。故此,林则徐一改以往中国士大夫自视"中央大国"的傲见,在军事技术和军事装备层面正视西方文明。在致友人的信中,他曾对中西的"器"和"技"的功能进行形象比较:"彼之大炮,远及十里内外,若我炮不能及,彼炮先已及我,是器不良也;彼之炮,如内地之放排枪,连声不断。我放一炮后,需辗转移时再放一炮,是技不熟也。"③所以,在禁烟之余,他主要做了五件事:一是组织人员摘译英国人慕瑞所著《世界地理大全》,编成《四洲志》。此外,还主持编译了《华事夷言》《各国律例》等西方书籍。二是购买外国船炮,包括1000吨的"甘米力治号"英国战舰、两艘纵帆船、一艘小火轮、200门5000—9000斤

---

① 徐奉臻:《西学东渐冲击下中国的现代化思潮——兼论近代中国的技术文化观》,《哈尔滨工业大学学报(社会科学版)》2002年第3期。

② 黄顺力:《中国近代思想文化史谈论》,岳麓书社2005年版,第4—5页。

③ 杨国桢编:《林则徐书简》,福建人民出版社1981年版,第197页。

的远程大炮等。三是搜集外国战船资料，诸如"花旗船图"、"知沙碧船图"等，并仿造欧式战船多艘。四是在不断发现世界的过程中，开创性地提出"师敌长技以制敌"的口号，揭开了近代文化变革的序幕。五是把自己在广东搜集到的《四洲志》等资料交给魏源，魏源在此基础上写就探寻、学习西方富国强兵道路的启蒙之作——《海国图志》，提出"以夷攻夷"、"以夷款夷"、"以夷制夷"的主张。① 在《道光洋艘征抚记》中，魏源对林则徐多有论述②，足见林则徐对魏源的影响之大。

总之，林则徐对西方文明的认识，主要局限在自强御辱的器物和技术层面，没有触及中国传统的"道统"。林则徐的阶级属性决定了他注定成为集传统的旧学与现代的新学于一身的人物。尽管如此，在风气未开的 19 世纪中叶，他的思想和作为已为那个时代绝大多数封建知识分子思力之所不能及。其御辱的民族气节以及其接纳新知的勇气，不仅影响了洋务派，而且为19 世纪下半叶先进中国人的早期出路探索做了必要的思想铺垫。

【推荐阅读】

1. 杨国桢：《林则徐传》，人民出版社 2004 年版。

2. ［美］费正清：《中国：传统与变迁》，张沛译，世界知识出版社 2002 年版。

3. 林崇墉：《林则徐传记》，商务印书馆（中国台北）1968 年版。

4. 魏源：《海国图志》，平庆泾固道署，光绪二年刻本。

---

① 汪林茂：《晚清文化史》，人民出版社 2005 年版，第 67、79 页。
② 龚书铎主编：《中国通史参考资料·近代部分》上册，中华书局 1965 年版，第 1—31 页。

第二章 对国家出路的早期探索

1. 太平天国何以成为"中国旧式农民战争的高峰"？①

【问题提出】

在中国两千多年的封建社会中，农民战争在推动封建社会发展的过程中起着推动历史的重要作用。纵观整个封建社会农民战争的历史，从总体上看，斗争的波澜可谓一浪高过一浪；斗争的规模、水平等都呈逐渐上升和发展趋势，体现出历史发展的基本态势。尤其是爆发于清朝末年的太平天国农民战争，无论就其斗争规模、波及范围、历时长度、斗争水平还是历史影响等而言，都可谓达到了中国历史上农民战争的顶峰。

学术界对太平天国农民战争的研究已有很长的历史，诚如有的学者早些年指出的："太平天国研究，如从 1856 年（清咸丰六年）张德坚的《贼情汇纂》算起，已有近 150 年的历史。如从 20 世纪初年刘成禺著《太平天国战史》算起，也有近百年的历史。"②在这一百数十年的研究中，对太平天国的评价褒贬不一，颇多争议。即便是现在，对于"太平天国是中国旧式农民战争的最高峰"这一观点，学术界也存在歧义。如何准确、全面地理解这一命题，对于学习"中国近现代史纲要"的学生来说，还存在着一定难度，实有进一步厘清的必要。

---

① 本问题撰写者为孙艺年。
② 沈渭滨：《太平天国研究需坚持实事求是的科学态度》，《复旦学报》2000 年第 5 期。

【疑惑之点】

近年来，国内一些学者对这次农民起义的原因、性质乃至于功过等诸多方面，均提出了质疑甚至予以否定。诸如：关于太平天国起义发生之缘由及其后果，即有人认为纯系洪秀全科场失意，遂铤而走险，假借传播拜上帝教之名聚众起事，其结果则对中国社会造成极大的破坏。① 称其"本质上蒙昧主义、非文化、反人类进步潮流的君权加神权统治，只能对中国走向近代文明造成极端严重的阻塞"。② 凡此种种，恕不赘述。

历史的真实究竟如何？正确解读中国近代历史上发生的这一重大事件，不仅是还原历史本来面目，使广大青少年从中获得有益启迪、进行爱国主义和革命传统教育的需要，也是坚持科学的世界观和方法论，运用马克思主义的历史唯物主义和辩证法研究历史的需要。单从某些个别现象或局部因素即对这一重大历史事件轻率地做出臆想和结论，只会误导读者，也有失于治学应有的严谨作风。

【解疑释惑】

太平天国革命的发生绝非偶然，而是当时中国社会政治经济矛盾不断激化的结果。自 1840 年鸦片战争以来，中国社会内有清政府腐朽的残暴统治，外受西方列强的疯狂侵略。在封建地主阶级和外国侵略者的双重压榨下，广大民众处于水深火热之中。尤其是 1846—1850 年间，黄河流域和长江流域各省都连续发生严重的水旱灾害，两广地区更是水、旱、蝗灾不断。人祸天灾，民不聊生。广大农民迫于生计揭竿而起，以武力反抗清政府的暴政和西方列强的压迫。太平天国农民运动恰爆发于此背景下。

太平天国革命始于 1851 年 1 月 11 日的金田起义，终于 1864 年 7 月 19 日的天京陷落，历时 14 年，势力发展到 18 个省，影响波及大半个中国，并且建立了与清政府相对峙的农民革命政权。无论就其规模、持续时间，还是

① 余明侠：《关于太平天国运动历史地位的评价问题》，《广西师范大学学报（哲学社会科学版）》2002 年第 1 期。

② 潘旭澜：《太平杂说》，百花文艺出版社 2000 年版，第 73 页。

所取得的成就而言，堪称是"中国旧式农民战争的最高峰"。以以往的农民战争为参照，太平天国革命具有其他农民战争所不能企及和不能比拟的特点和优点：

首先，这次革命建立了与清政府相抗衡的农民政权——太平天国。太平军于1853年占领南京，并随即在此建立了自己的都城——天京，作为太平天国革命的中心。这一政权的建立，意味着对清政府合法性的否定，并且存在12年之久，极大地冲击了清政府的封建统治，加速了其灭亡。

其次，太平天国建立了较为完善的政权组织形式。由上到下有着一套严密而有效的政治组织。尽管它是完全依照封建政权组织形式建立起来的，但是，在这个政权建立之初，其行政效率和军事效率要明显高于清政府。这也是太平天国早期的军事行动之所以能够势如破竹、以摧枯拉朽之势横扫大半个中国的原因。

再次，太平天国颁布了两个纲领性文件——《天朝田亩制度》和《资政新篇》。《天朝田亩制度》否定了封建土地所有制，充分代表了广大农民的利益，是封建时代农民心声的总表达。尽管在当时历史条件下尚不具备实施的可能性，但其无疑代表了以往历次农民起义中所提出的所有涉及土地问题的观念的最高水平，具有里程碑的意义。《资政新篇》虽有早产之嫌，但它开创性地向世人昭示了中国社会面向现代化发展的必然趋向，具有彻底反封建的历史意义。这一纲领性文件的提出，不单单是要满足农民对土地的渴望，而且深入到政治体制层面，要求彻底地变革中国的社会性质，因而具有资产阶级革命的性质，成为先进的中国人最早提出的发展资本主义的方案。

第四，在反封建的同时，太平天国也肩负着反对外来侵略的历史使命。这既是时代使然，也与太平天国的领导者坚决维护国家主权密切相关。太平天国的领袖们并不反对国家之间在平等基础上的相互往来，但是他们绝不同意放弃主权，不在洋人面前卑躬屈膝，更不为列强的洋枪洋炮所屈服。在与洋人的战斗中，他们表现出大无畏的英雄气概。这一点，与在对外关系上一贯卑躬屈膝的清政府形成鲜明对比。

囿于时代与阶级的局限，太平天国革命也存在许多问题。首先，它采取以往农民起义通常所采取的利用宗教迷信发动民众的做法，即利用拜上帝教这一宗教形式来发动和组织民众。但是，宗教迷信不仅不能给予农民起义者以正确的指导，反而给此次农民战争带来严重危害。其次，太平天国农民战争仍然是旧式农民战争的翻版。农民阶级不是新生产力和新生产关系的代表，他们无法克服小生产者自身所固有的阶级局限性，因而无法从根本上提出完整、正确的政治纲领和社会改革方案，更无法克服领导集团自身的封建化问题，由此加速了这场革命的失败。

近代中国的两大历史任务是争取"民族独立、人民解放"和"实现国家富强、人民富裕"。太平天国农民战争正是适应了这一需要而开始了对国家出路的最早探索，并且在斗争水平上达到了那个时代所能达到的高度，的确难能可贵。因此，称它为"中国旧式农民战争的最高峰"是恰如其分的。

【推荐阅读】

1. 中国社会科学院近代史研究所近代史资料编辑室编：《太平天国文献史料集》，中国社会科学出版社 1982 年版。

2. 王庆成：《太平天国的历史和思想》，中华书局 1985 年版。

3. 王庆成：《太平天国的文献和历史——海外新文献刊布和文献史事研究》，社会科学文献出版社 1993 年版。

4. 王承仁：《太平天国研究论文集》，武汉大学出版社 1994 年版。

5. 中国第一历史档案馆：《清政府镇压太平天国档案史料》，社会科学文献出版社 1995 年版。

2. "太平军一坏于杨秀清的专横跋扈，再坏于韦昌辉的疯狂屠杀，最后坏于洪秀全的任用私人，尤其是最后一坏，历时既久，使得太平军最后削弱以至于溃灭"，你认同这些认识吗？①

【问题提出】

"太平军一坏于杨秀清的专横跋扈，再坏于韦昌辉的疯狂屠杀，最后坏于洪秀全的任用私人，尤其是最后一坏，历时既久，使得太平军最后削弱以至于溃灭。"这段对太平天国失败原因的分析，源自于中国现代著名史学家范文澜先生的《中国近代史》。②

回溯发生于中国近代开始不久的太平天国农民战争，自1851年1月11日在广西桂平县金田村发动起义，建号"太平天国"，随即挥师北上，兵锋所指，所向披靡。仅用两年多时间，即于1853年3月19日攻克江南重镇南京，并在此定都，改名天京，建立了与清王朝相对峙的农民革命政权。此后，又进行了北伐和西征。1856年春夏之际，太平军相继踏破清军旨在围困天京的江北、江南大营，军事上达到全盛时期。

然而与此同时，太平天国的部分领导人思想开始蜕化，生活上追求享乐，政治上争权夺利，太平天国政权的封建化程度日益加剧，以致终于酿成"天京变乱"。1856年9—11月发生的天京变乱是太平天国由盛而衰的转折点。

【疑惑之点】

谁是"天京变乱"的始作俑者？谁是这一幕惨剧的罪魁祸首？以往，人们常简单地将此归咎于"洪杨内讧"。孙中山在总结太平天国失败的教训

---

① 本问题撰写者为孙艺年。
② 范文澜：《中国近代史》，人民出版社1955年版，第183页。

时曾指出："因为当时洪秀全、杨秀清争皇帝做，所以太平天国的洪秀全、杨秀清、韦昌辉、石达开那四部分的基本军队，都完全消灭。太平天国的势力便由此大衰。推究太平天国的势力之所以衰败的原因，根本上是由于杨秀清想做皇帝的一念之错。"①笔者以为，这位资产阶级革命家的结论未免简单化。事件发生的原委究竟如何？其深层次的原因又是什么？这是颇值得人们推敲的。

【释疑解惑】

太平天国的失败，与明末李自成领导的农民起义军建立的大顺朝有着惊人的相似之处。1944年，为纪念明末李自成领导农民起义300周年，郭沫若撰写了《甲申三百年祭》。在这一论著中，他运用马克思主义观点，阐释起义军进入北京后，陶醉于天下太平，若干首领生活腐化，发生宗派斗争，将相离心，队伍呈现解体态势，从而导致起义军失败的过程，并揭示其成败的经验和教训。同年11月21日，毛泽东在给郭沫若的信中说："《甲申三百年祭》，我们把它当做整风文件看待。小胜即骄傲，大胜更骄傲，一次又一次吃亏，如何避免这种毛病，实在值得注意。"信中又说，"倘能经过大手笔写一篇太平军经验，会是很有益的"。②遗憾的是，由于种种原因，郭沫若没有完成毛泽东的这一托付。

探究"天京变乱"的原委，有必要对事件的经纬及几位主要当事人的情况稍作铺陈。东王杨秀清有杰出的政治和军事才能，对太平天国前期的顺利发展做出过重大贡献。但是，随着太平天国政权的巩固和个人权势的上升，他开始居功自傲，独断专横，"威风张扬，不知自忌"。③对太平军将士，他随意杖责，甚至处死。北王韦昌辉、燕王秦日刚等地位很高的领导人都受过他的杖责。甚至因洪秀全粗暴对待妃嫔和女官，杨秀清竟借"天父下凡"为名，要对其予以杖责。由此，杨秀清与洪秀全、韦昌辉、秦日刚等人的矛盾不断激化，为日后悲剧的发生留下隐患。1856年8月，杨秀清

① 《孙中山选集》，人民出版社1957年版，第676页。
② 张贻久：《毛泽东读史》，中国友谊出版公司1992年版。
③ 李秀成：《李秀成自述》，《太平天国文书汇编》，中华书局1957年版，第286页。

再次借"天父下凡""逼天王洪秀全到东王府封其万岁",致使洪秀全、杨秀清矛盾公开化。洪秀全采取缓兵之计,答应了杨秀清的要求,但事后即密令在江西督师的韦昌辉、在湖北督师的石达开速回天京,以解决杨秀清,从而酿成"天京变乱",此即范文澜所说的"一坏于杨秀清"。

作为太平天国领导集团的重要成员,韦昌辉对太平天国早期的发展也作过重要贡献。但此人心术不正,心怀叵测。虽然他对杨秀清久已不满,但表面上却阿谀奉承,惟命是从。《金陵癸甲纪事略》中记载:韦昌辉"事东贼甚谄,舆至则扶舆以迎,论事不三四语,必跪谢曰:非四兄(按:序年齿杨秀清在太平军领导层排名第四)教导,小弟肚肠嫩(按:'肚肠嫩'系广西浔州方言,指学问浅薄),几不知此"。[1] 据载,有一次,韦昌辉的哥哥与杨秀清的妻兄争夺房产,杨秀清欲杀其兄,就把他交给韦昌辉"议罪"。韦昌辉竟以五马分尸处死了自己的哥哥,并且还声言不如此,不足以警众。韦昌辉讨好杨秀清的目的是"阳下之而阴欲图其权"。[2] 他暗中广结党羽,待机而动。在接到洪秀全的密令后,他立即率领心腹部队三千多人于9月1日深夜赶回天京,包围了东王府,次日晨将杨秀清及其眷属、侍从全部杀死。在随后的两个月内,韦昌辉在天京城内大开杀戒,两万余名太平天国官兵在混战中被杀死。经过这场大屠杀,韦昌辉控制了天京,独揽军政大权。

9月中旬,石达开从湖北赶回天京。此前,石达开曾与韦昌辉"密议","杀东(王)一人,杀其兄弟三人……除此之外,俱不得多杀"。[3] 回到天京后,他责备韦昌辉不该滥杀。韦昌辉再起杀心,企图加害石达开。石达开闻讯连夜缒城逃走,韦昌辉竟把他在天京的一家老小全部杀害。于是石达开调集在安徽的部队,起兵靖难,要求洪秀全惩办韦昌辉。韦昌辉的大屠杀和专擅横暴早已激起太平军广大将士的愤怒,洪秀全接受将士们的要求,于11月间杀死了韦昌辉及其心腹二百余人,迎石达开回京辅政。由此,长达两月的"天京变乱"始得平息,此即范文澜所言"再坏于韦昌辉的疯狂屠杀"。

---

① 中国史学会主编:《太平天国》第4册,神州国光社1952年版,第669页。
② 中国史学会主编:《太平天国》第3册,神州国光社1952年版,第48页。
③ 罗尔纲:《李秀成自述原稿注》,中华书局1982年版,第258页。

洪秀全既是"天国"的缔造人，也是"天京变乱"悲剧的主要责任人。太平天国定都天京后，他在天王府深居简出，严重脱离群众。其封建意识、等级观念、享乐思想，在太平天国内部起到了消极的带头作用。也是"天京变乱"的直接诱因。

"天京变乱"的直接原因起于杨秀清"逼宫"，洪秀全情急之下只能借武力以铲除对手。韦昌辉在天京的滥杀无辜，在一定程度上讲只是奉命"勤王"。

"天京变乱"后，洪秀全未能从中汲取有益的教训，相反，却从此不再信任外姓。本来石达开回京后，洪秀全命他辅理朝政，"合朝欢悦"。但是洪秀全对其心存戒意，"不授以兵事，留城中不使出"，[①] 还封自己的长兄洪仁发为安王，次兄洪仁达为福王，同理政事，以牵制石达开。石达开处境艰难，且有性命之忧，遂于1857年6月负气离京出走，率领精锐十万余众单独作战。这一行为大大分散和削弱了太平军的兵力，便利了清军的进攻。《李秀成自述》在分析太平天国失败的原因时指出："翼王与主不和，君臣而忌，翼起狈（猜）心。将全朝好文武将兵带出，此误至大。"石达开是太平军最优秀的统帅，所部又是太平军最精锐的部队。他德才兼备，深得全体军民的拥护。在当时情况下，他是唯一能够团结军民、辅助洪秀全重振国势的人物。洪仁发、洪仁达之所以能排斥他，完全是由于有洪秀全的支持。洪秀全只顾自己地位的巩固，任用私人，才导致石达开的出走。这"最后一坏"，"终于使得太平军最后削弱以至溃灭"。

马克思、恩格斯在分析德国农民战争失败的原因时曾指出："中世纪所有的大规模的起义都是从农村中爆发的，但是由于农民的分散性以及由此而来的极端落后性，这些起义也毫无结果。"[②] 历史上一次又一次的农民起义无不沉重地打击了封建地主阶级，但是，农民不是新的生产力和生产关系的代表，而是小生产者、小私有者，他们既分散又落后，"好像一袋子马铃薯，是由袋中一个个马铃薯集合成那样"。[③] 他们无法克服小生产者所固有

---

① 王文泉等主编：《中国近代史（1840—1949）》，高等教育出版社2004年版，第44页。

② 《马克思恩格斯选集》第3卷，人民出版社1972年版，第59页。

③ 《马克思恩格斯文选》第1卷，人民出版社1958年版，第311页。

的阶级局限性，他们只能寄希望于一个至高无上的权威来代表他们、主宰他们。而这个主宰，在农民的知识辞典里除了"帝王"外，就找不到别的了。因此，旧式农民起义的领袖们往往用平等思想来打天下，而以帝王思想来坐天下。他们既无法制止和克服领导集团自身腐败现象的滋长；也无法长期维持领导集团的团结。

"天京变乱"是太平天国领导集团日益封建化的必然结果。太平天国以反封建为起点，却又以封建化为其终点。定都天京后，太平天国的政权建制无论是其职官制度、等级制度，还是礼仪制度等方面，基本上都沿袭了封建专制政权的模式。他们把通过革命夺来的权力迅即演变为封建特权。定都后，太平天国颁布了一套"贵贱宜分上下，制度必判尊卑"的太平天国礼制，把封建地主阶级的君主制、等级制、世袭制等统统照搬过来。天王及各王与广大群众的关系由原来的"兄弟姐妹"关系变成了"君王"与"臣民"的关系。从天王到普通士兵之间，等级非常森严，其服饰、称呼、礼仪各不相同，不准逾越。诸王出行，官兵必须回避，或跪在道旁，高呼万岁或千岁，否则"斩首不留"。天王及以下王侯皆为世袭。

随着封建等级制的建立，太平天国领导人的特权思想空前膨胀，他们热衷于对权利名位和奢侈生活的追求，腐败程度日益严重。定都天京后，太平军大兴土木，营造各王王府，天王府穷极奢华，东王府有过之而无不及。服侍天王、东王生活的人多达千余。他们每次出巡时，仪仗队有上千人。此外，各王还不断选秀女入宫，天王共有 88 个后妃。

总结"天京变乱"的原因以及太平天国的失败，最根本的一条经验就是：在半殖民地半封建的中国，如果没有工人阶级的领导，要完成反帝反封建的民族民主革命是不可能的。

【推荐阅读】

1. 崔之清：《太平天国战争全史》，南京大学出版社 2002 年版。
2. 崔之清：《天国悲剧：太平天国兴亡实录》，南京大学出版社 2000 年版。
3. 周武：《太平天国史迹真相》，华东师范大学出版社 2000 年版。
4. 王承仁：《太平天国研究论文集》，武汉大学出版社 1994 年版。

3. 蒋廷黻说："太平天国的失败，证明我国旧式的民间运动是不能救国救民族的"，请结合史实诠释这一命题。①

【问题提出】

鸦片战争后，中国步入近代社会，社会性质发生质的变化。外国资本主义势力的侵入，使本来领土完整、主权独立的中国沦为表面上独立、实际上受帝国主义列强共同支配的半殖民地半封建国家：一是外国资本主义势力深入中国社会内部，促使自然经济结构逐步解体，并以各种方式和手段掠夺中国的宝贵财富；二是封建统治阶级丧失独立的政治地位，将维护封建制度和对外妥协投降联系在一起；三是中国固有的社会经济发展道路被切断，资本主义生产方式在内外因素的共同作用下开始出现。

在这种新的形势下，洪秀全领导的太平天国农民运动以非和平的战争手段，试图打破原有的统治秩序，把中国的农民战争发展到最高峰。太平天国农民运动以摧枯拉朽之势，给予清王朝以前所未有的打击。但太平天国运动难以避免其最终封建化的命运，走向了悲壮的失败结局。因此，单纯的农民战争救不了中国。

【疑惑之点】

1840 年以后，中国逐步沦为半殖民地半封建社会。严酷的现实将一个前所未有的新课题提到以农民为主体的民众面前：如何认识反侵略和反封建的关系？如何对待新的生产方式？

---

① 本问题撰写者为赵爱伦。

【解疑释惑】

太平天国运动前后持续 14 年。这场以农民为主体的运动，在反帝和反侵略的斗争中显示了巨大的力量，沉重打击了中外反动势力。但其对于近代新的课题所做出的抉择却出现了这样那样的偏向：

第一，关于反封建与反侵略的关系。除个别人外，太平天国领导层对于外部世界都缺乏起码的了解。由于拜上帝教与西方基督教同样信奉上帝耶稣，太平天国一度将来华的西方人视为"洋兄弟"，一概表示欢迎，对中西贸易持积极态度。直到 1861 年以后，当遭遇西方侵略势力与清军的联合进攻时，太平天国才被动还击，表现出民族气节和英雄气概。1864 年，洪仁玕在英勇就义前，沉痛总结血的教训，指出："我朝祸害之源，乃洋人助妖之事。"显然，太平天国在反抗封建统治阶级的同时，迟迟没有认识到外国侵略势力的本质和危害。这种偏向反映了以农民为主体的民众反抗运动还不能明确认识和恰当处理好反封建和反侵略这两大斗争之间的关系。

太平天国农民运动不仅没能正确处理好反封建和反侵略这两大斗争之间的关系，而且没有彻底的反封建的勇气。定都天京之后，太平天国领导集团迅速开始了封建化过程。天王洪秀全自认为是上帝派到人间的主宰，不惜重新捡回"三纲五常"，以维护其绝对权威。实际掌握军政大权的东王杨秀清，居功自傲，图谋最高权位。其他各王纷纷拉帮结派，对杨秀清心怀不满，重重矛盾最终导致天京内讧，杨秀清全家及其两万多部众被屠杀，翼王石达开又迫使洪秀全下令处死韦昌辉。洪秀全对石达开的掣肘，又导致石达开负气出走。至此，太平天国的领导核心瓦解，太平军蒙受重大损失，将士们对"拜上帝教"的信仰严重动摇。不可避免的封建化，导致太平天国由胜及衰，最终在中外反动势力的联合剿杀下失败。

第二，关于对待资本主义生产方式的问题。中国古代的农民起义都没有提出超出自然经济、封建传统的社会构想，他们往往成为改朝换代的工具。而太平天国运动处在自然经济解体、资本主义生产方式开始发生的条件下，如何对待社会变化，进而对旧式的农民起义传统有所超越呢？

《资政新篇》是太平天国后期洪仁玕为重振天国而提出的施政纲领，其主旨是要在太平天国政权之下，按照西方资本主义模式，反对封建制度，倡导和发展资本主义，进而改造中国，反映了中国社会所处的由农业社会向工业社会转型的时代特点，这在当时的中国是最进步的思想。洪仁玕"具有开通的眼识和卓越的预见"，但发展资本主义"并非太平天国题中应有之义，而是游离于农民斗争之外的东西"。① 因此，洪仁玕不可能在太平天国运动与建立资本主义社会之间找到内在联系。对于广大太平天国将士来说，洪仁玕所描述的新世界虽然新奇，但他们最关心的土地问题，《资政新篇》并没有涉及，这就不可能期待太平天国将士会自觉地为"新世界"而斗争。在实践中，《资政新篇》也没有化为太平天国的行动指南。

太平天国运动之所以出现这些偏向，并不是偶然的。当时，人们对西方资本主义、本国封建制度以及与新的生产方式相关的事物的认识还处于感性阶段，还没有达到理性认识阶段。更为重要的是，以农民为主体的民众，是与自然经济相联系的小生产者，不代表新的生产力，也不会自觉地成为新的生产方式的拥护者，更不可能摧毁旧制度，建立一个完全崭新的制度。以农民为主体的民众反抗运动如果不与先进的社会力量相结合，得不到先进思想理论的指导，就不可能摆脱半殖民地半封建社会，也不可能彻底改变自身的命运。

【推荐阅读】

1. 罗尔纲：《太平天国的理想国：天朝田亩制度考》，商务印书馆 1950 年版。

2. 郭毅生：《太平天国经济制度》，中国社会科学出版社 1984 年版。

3. 茅家琦：《太平天国通史》，南京大学出版社 1991 年版。

4. 姜秉正：《中国早期现代化的蓝图：论洪仁玕新政》，西北大学出版社 1993 年版。

5. 明龙：《太平天国与中国近代化》，《学术月刊》1992 年第 3 期。

6. 王开玺：《中西文化的扭结、冲突与疏离：从〈天朝田亩制度〉到〈资政新篇〉》，《河北学刊》2003 年第 3 期。

---

① 陈旭麓：《陈旭麓文集》第 1 卷，华东师范大学出版社 1996 年版，第 227 页。

4. 作为外来挑战的第一次鸦片战争于 1842 年结束，但作为迎接挑战的洋务运动却直至 19 世纪 60 年代才拉开帷幕。回应和挑战之间为何间隔如此长时？①

【问题提出】

本问题的灵感之源来自著名史学家蒋廷黻的如下认识：其一，"我们研究近代史的人所痛心的就是这种新精神②不能出现于鸦片战争以后而出现于 20 年后的咸末同初。一寸光阴一寸金，个人如此，民族更如此"。其二，"从民族的历史看，鸦片战争的军事失败还不是民族的致命伤。失败了以后还不明了失败的理由，力图改革，那才是民族的致命伤。倘使同治、光绪年间的改革移到道光、咸丰年间，我们的近代化就要比日本早 20 年。远东的近代史就要完全变更面目。可惜道光、咸丰年间的人没有领受军事失败的教训，战后与战前一样，麻木不仁，妄自尊大。直到咸丰末年，英法联军攻进了北京，然后有少数人觉悟了，知道非学西洋不可。所以我们说，中华民族丧失了 20 年的宝贵光阴"。③ 理解了这个问题，也即把握了近代中国现代化起飞迟滞的症结，进而也就找出了近代中国落后挨打的部分原因。

【疑惑之点】

在定位上，一般认为，洋务运动是技术救国的"器物型现代化"。④ 关于中国早期现代化延误的原因，学者见解各异。有学者从政治、经济、文化

---

① 本问题撰写者为徐奉臻。
② 即"洋务精神"。
③ 蒋廷黻：《中国近代史大纲》，世纪出版集团、上海古籍出版社 2004 年版，第 56、35 页。
④ 刘伟等：《"中国近现代史纲要"学生辅学读本》，高等教育出版社 2007 年版，第 41—43 页。

三个层面剖析其中的制约因素，认为东方后进国家的现代化是外源型现代化。这样的现代化，在政治变革的启动阶段，国家政权的强弱是引导社会变革的决定性力量。

传统中国的权力结构是高度一元化的金字塔式巨型帝国，具有很高的稳定性，容纳社会变革的能力十分有限。经济上，是一个以小农生产方式为核心的大陆型自足经济系统，农业和手工业紧密结合，农业生产力水平低下，视土地为至高财富的地主阶级又缺少投资于工商业和工业化的眼界与魄力。文化上，科举制度之积弊深藏于中国的政治文化中，文字狱和思想钳制成为思想解放的重要制约要素。[①] 应该说，这样的分析不无道理，但问题是，在19世纪40年代初期到60年代之间，也即从《中英南京条约》的签订到洋务运动的开始这18年间，如此的政治、经济和文化景况在中国社会并没有发生多少实质性的变化，那么，为什么洋务运动却能够在1860年代启动了呢？这是一个耐人寻味的问题。

【解疑释惑】

作为早期出路探索之一，以及为摆脱内忧外患和维护封建统治而进行的自救运动，19世纪60—90年代的洋务运动以"中学为体，西学为用"为最初的文化变革和融合范式，通过学习西方先进技术以及创办近代军事、民用工业，开设新式海军和新式学堂等，"自强"，"求富"，以挽救民族危机。也正因为如此，我国港台书籍大都将其称为"自强运动"。不过时人多使用"同治中兴"和"同光新政"的概念。建国以后，"洋务运动"表述才在大陆的著述中通用。

在现代化学中，由于社会本身并不蕴涵现代化成长的成熟条件而须借助"异级异质"文化刺激与作用的现代化范式，为"应激型"、"外诱型"或"外源型"。相反，现代性的挑战内在自生、现代化的原动力由社会内部孕育成长，并出现了从传统向现代转型必然性的现代化范式，则属"本土型"、"内生型"或"内源型"。在鸦片战争中兵戎相见的两个国家——中国

---

① 罗荣渠：《现代化新论》，商务印书馆2004年版，第287—300页。

和英国，恰好是这两种范式的典型代表。

"应激型"、"外诱型"或"外源型"现代化范式的特点，决定了中国的现代化需要外压的作用，也决定了中国的现代化必然伴随着对外来文化的引进与容纳。而中国人回应外压的姿态与力度以及引进与容纳外来文化的层面与程度，又都成为审视、解读近代中国现代化起飞迟滞的重要楔入点。除了大框架的政治、经济和文化视野外，外来挑战和中国人的回应之间间隔近20年，主要原因还在于第一次鸦片战争结束后，中国人的觉醒程度非常有限。换言之，虽然第一次鸦片战争构成近代中国历史的起点，使中国开始沦为半封建和半殖民地社会，但腐败无能的清朝统治者并没有入木三分地感受到这场战争给中国社会带来的危害。此时，量变的积累还没有发展到质变的程度。

正因为如此，林则徐和魏源等有识之士的思想在当时的中国并未形成广泛的社会共识。相反，《海国图志》传到日本后却振聋发聩，引起轩然大波。如果说，第一次鸦片战争主要限于东南沿海一带，那么，在第二次鸦片战争中，英法联军却攻入北京，直捣中国权力中心的心脏。直到这时，惊魂未定的清朝统治者才真正意识到国力的虚弱。另外，在剿杀太平天国运动中，清朝统治者也尝到了西洋新式武器的甜头。曾国藩在总结湘军与太平军作战何以能够转败为胜的原因时，曾直言不讳地公开承认中国的大刀长矛敌不过西方的坚船利炮。因此，只有两次鸦片战争所构成的外部压力的合力，才终于催生了中国的现代化，也即此时的外力才真正达到使中国必须进行回应的临界点。

关于"冲击—反应型"分析模式，有学者认为有使复杂的历史发展进程简单化的趋向。问题是，从历史发生学的角度看，这样的审视框架是最接近近代中国历史发展事实的。作为一种外源型现代化尝试，洋务运动是在"内压"（生产力水平低下、商品经济不发达、民主自由传统欠缺、封建主义根深蒂固）和"外压"（西学东渐，以及欧美现代化国家的强大）集于一身的情况下进行的。因此，对内克服"内压"，即是中国在世界资本主义体系中"自强"的过程；对外克服"外压"，即是中国在世界资本主义体系中"自立"的过程。不过这样的努力并不成功，其重要原因之一，是洋务派把多维的现代化进程线性地理解为器物和技术，这是洋务运动给我们留下的沉痛教训。

【推荐阅读】

1. 高瑞泉：《中国近代社会思潮》，华东师范大学出版社 1996 年版。

2. ［美］费正清：《中国：传统与变迁》，张沛译，世界知识出版社 2002 年版。

3 萧功秦：《危机中的变革：清末现代化进程中的激进与保守》，上海三联书店 1999 年版。

4. 夏东元：《洋务运动史》，华东师范大学出版社 1992 年版。

5. ［美］芮玛丽：《同治中兴：中国保守主义的最后抵抗》，房德邻等译，中国社会科学出版社 2001 年版。

5. 梁启超为什么慨叹李鸿章"坐知有洋务，而不知有国务"?[1]

【问题提出】

此问题源自梁启超著《李鸿章传》。该书"洋务时代之李鸿章"一章中说："洋务二字，不成其为名词也。虽然，名从主人，为李鸿章传，则不得不以洋务二字总括其中世二十余年之事业。李鸿章所以为一世俗儒所唾骂者以洋务，其所以为一世鄙夫所趋重者亦以洋务，吾之所以重李责李而为李惜者亦以洋务。谓李鸿章不知洋务乎？中国洋务人士，吾未见有其比也。谓李鸿章真知洋务乎？何以他国以洋务兴，而吾国以洋务衰也？吾一言以断之，则李鸿章坐知有洋务，而不知有国务，以为洋人之所务者，仅于如彼云云也。"[2]

【疑惑之点】

洋务运动是近代中国回应外来挑战的首次尝试，也是技术救国的"器物型现代化"。[3] 在"师敌之长技以制敌"或"师夷之长技以制夷"的社会共识中出台的"中学为体，西学为用"，是中国现代化最初的文化变革范式与文化融合机制。梁启超所言的李鸿章"坐知有洋务，而不知有国务"，揭示了洋务运动失败的一个重要原因。那么，"洋务"与"国务"的内涵有什么不同？李鸿章"坐知有洋务，而不知有国务"的表现和原因是什么？如何评价"中体西用"论？这些问题都成为理解洋务运动不可规避的知识环节。

---

① 本问题撰写者为徐奉臻。

② 梁启超：《李鸿章传》，海南出版社 1993 年版，第 37 页。

③ 刘伟等：《"中国近现代史纲要"学生辅学读本》，高等教育出版社 2007 年版，第 41—43 页。

【解疑释惑】

如果立足于中国，可将"中学"与"西学"分别描述为"主体文化"和"客体文化"。如果站在中性立场上，则可借用《简明不列颠百科全书》的说法，将熔冶过程的两个主体表述为"传出文化"和"借入文化"。

从理论上讲，"融合"是"传出文化"和"借入文化"之间冲突与交流的极限，影响两者走向融合的因素主要包括：传出文化的声望，借入文化的保守程度，传出文化对于借入文化的实用价值，传出文化被整合进借入文化的难易程度等。①

"传出文化"之于"借入文化"，可以"同级同质"，也可"异级异质"。在中国历史上，汉魏隋唐时代佛教的输入，是封建的印度和封建的中国之间的接触，属于前一种形态；鸦片战争以后西方文化的大举东渐，是资本主义文化与封建文化的碰撞，属于后一种形态。在两种异级异质文化接触后，双方的文化成分及结构都会因为在一定程度上偏离原有的运行轨道而更加扑朔迷离、疑窦丛生，从而呈现出一种边界模糊的无序状态。近代中国的现代化思潮，淋漓尽致地体现了上述特点。

作为"中学为体，西学为用"的缩写，"中体西用"论最早的表述方式是道光进士冯桂芬在 1861 年的《校邠庐抗议》中提出的"以中国之伦常名教为原本，辅以诸国富强之术"②。虽然冯桂芬并未直接使用"体"和"用"的字样，但这毫无疑问是"体用论"（the theory of system and function）的雏形。1895 年，林乐知的助手沈毓桂发表文章《救时策》，首次使用"中学为体，西学为用"术语。三年后，张之洞撰《劝学篇》，又对"中体西用"论进行系统阐发，强调用洋器维护中国的封建宗法制度，诸如："夫所谓道、本者，三纲四维是也"；"不可变者，伦纪也，非法制也；圣道也，非器械也；心术也，非工艺也"；"中学为内学，西学为外学；中学治身心，西学应世事"。

此外，王韬、薛福成、郑观应和陈炽等人也于 19 世纪后期对"中体西

---

① 《简明不列颠百科全书》第 8 卷，中国大百科全书出版社 1986 年版，第 259 页。
② 龚书铎：《中国通史参考资料·近代部分》（上），中华书局 1965 年版，第 518 页。

用"论有所表述。在《易言跋》中，王韬说："盖万世不变者，孔子之道也"；在《筹洋刍议·变法》中，薛福成说："取西人器数之学以卫吾尧舜禹汤文武周孔之道"；在《盛世危言》和《危言新编·凡例》中，郑观应说："中学其本也，西学其末也，主以中学，辅以西学"；"道为本，器为末；器可变，道不可变；庶知所变者，富强之权术，而非孔孟之常经也"；在《庸书·自强》中，陈炽说："形而上者谓之道，修道之谓教，自黄帝孔子而来至于今，未尝废也，是天人之极致，性命之大源，亘千万世而不容或变者也。"①

"体"与"用"，本是一对中国哲学范畴。一般认为，"体"是内在的、最根本的，"用"是"体"的外在表现。除了"体用"之外，它们之间的关系还可以表述为"道器"、"本末"及"主辅"等。"道"是无形的，含有规律、准则和法则等意义；"器"是有形的，指具体事物，《易·系辞上》就有"形而上者谓之道，形而下者谓之器"的说法。

需要指出，虽然冯桂芬、沈毓桂和张之洞都是"中体西用"论的倡导者，但他们对其内涵的理解却大异其趣，不可同日而语。

其中，冯桂芬的"体用模式"是典型的"中国伦理纲常道德"加"西方机器工艺技术"，其思维视角所触及的仅仅是现代化的器物层面。在此理论背景下，"西学"和"夷之长技"，也只能被狭隘地理解为学习西方的先进技术，以及作为技术背景的科学理论。这时，中国的技术文化观主要表现为：把西方的技术（尤其是军事和经济技术）以及由此产生的器物成果与现代化等而视之，是一种微观的技术文化观。也正是在此种技术文化观之下，洋务运动以培养人才、发展经济、制造轮船和军火为主旨，始终没有跳出"西学中源"、"中道西器"的误区。因此，尽管冯桂芬的"体用模式"突破了以"中道中器（Chinese ethics and implements）一系"为特色的"我族主义"藩篱，但又难免陷入"技术至上"以及军事主义和经济主义的窠臼。

正如梁启超在《李鸿章传》中所言："李鸿章所办洋务，略具于是矣。综其大纲，不出二端：一曰军事，如购船、购械、造船、造械、筑炮台、缮

---

① 李泽厚：《中国现代思想史论》，天津社会科学院出版社2003年版，第311—312页。

船坞等是也；二曰商务，如铁路、招商局、织布局、电报局、开平煤矿、漠河金矿等是也。其间有兴学堂派学生游学外国之事，大率皆为兵事起见，否则以供交涉翻译之用者也。李鸿章所见西人之长技，如是而已。"因此，在谈到"何以他国以洋务兴，而吾国以洋务衰也"这一令人困惑的问题时，梁启超自信地说："吾一言以断之，则李鸿章坐知有洋务，而不知有国务。"① 笔者以为，梁启超的话是恰中肯綮的。虽然早在1879年洋务派后期代表人物薛福成就在《筹洋刍议》中提出了"变法"主张，却由于没有赢得广泛同情而终未形成普遍的社会共识。

与冯桂芬不同，沈毓桂深受林乐知"中西并重、毋稍偏颇"及"舍西法而专事中法不可，舍中法而专注重西法亦不可"思想的影响。正因为注意到了这一点，有论者认为，沈毓桂的"体用论"（the theory of system and function）是建立在"摆脱原有文化体系的束缚而与客体文化交流"的合理见解之上的，即"阐发和提高中学，是为了更好地理解西学，使西学在更高的层次上得到传播"。②

如果说较之冯桂芬，沈毓桂的认识已经在"中国伦理纲常道德"加"西方机器工艺技术"的轨道上发生了很大偏离，那么张之洞的思想则是对这种"二元范式"的局部突破。虽然张之洞在《劝学篇》中强调了如前所述的"夫所谓道、本者，三纲四维是也"；"不可变者，伦纪也，非法制也；圣道也，非器械也；心术也，非工艺也"；"中学为内学，西学为外学；中学治身心，西学应世事"等思想，而且还对"民权"大加贬损。但值得注意的是，他并非完全否定作为民权载体的议院制；相反，他只是强调在"学堂大兴、人才日盛"之前，尚不足以把议院制提到日程。尤为可贵的是，张之洞还在《劝学篇》中提出了"政艺兼学"及"政尤急于艺"这样的新命题，从而使其固有的突破倾向更具"中西合璧"的折中色彩。

因此，如果无视上述论者认识上的差异而一味对其加以否定，那是非历史主义的。更何况即使是在道统层面裹足不前的"中国伦理纲常道德"加"西方机器工艺技术"的体用公式也毕竟走出了以"中体西用分裂"取代

---

① 梁启超：《李鸿章传》，海南出版社1993年版，第37—38页。
② 高瑞泉：《中国近代社会思潮》，华东师范大学出版社1996年版，第506页。

"中道中器一系"的艰难一步。

唯物主义者认为，"道"不能离开"器"而存在，如明清之际思想家王夫之即提出"无其器则无其道"的命题。甲午之后，变法志士谭嗣同又继承了王夫之的"道不离器"观，强调"体立而用行，器存而道不亡"。由此反观可以断定，对中国传统纲常而言，用"中体西用分裂"取代"中道中器一系"，无疑等于在否定"西体西道"的同时，也承认了"中体中道"为"失用之体"、"失器之道"。因此，体用道器的分化裂变思想虽有明显的矛盾、偏颇与局限，却也有给西学以"用武之地"的积极意义。

【推荐阅读】

1. 熊十力：《体用论》，中国人民大学出版社 2006 年版。

2. 王前：《"道""技"之间》，人民出版社 2009 年版。

3. 夏东元：《洋务运动史》，华东师范大学出版社 1992 年版。

4. 雷颐：《李鸿章与晚清四十年：历史漩涡里的重臣与帝国》，山西人民出版社 2008 年版。

5. ［美］芮玛丽：《同治中兴：中国保守主义的最后抵抗》，房德邻等译，中国社会科学出版社 2001 年版。

6. "卖国贼"、"刽子手"、"现代化的倡行者"都是学界评价李鸿章的词汇，你怎样理解?①

【问题提出】

李鸿章（1823—1901 年），安徽合肥人，晚清重臣。在中国近代史上，李鸿章可以说是一位最具争议性的人物，有关他的论著历来很多，褒之者谓其为"现代化的倡行者"，贬之者咒其为"卖国贼"、"刽子手"，但大都失之过偏。对此，梁启超指出："天下惟庸人无咎无誉。举天下人而恶之，斯可谓非常之奸雄矣乎。举天下人而誉之，斯可谓非常之豪杰矣乎。虽然，天下人云者，常人居其千百，而非常人不得其一，以常人而论非常人，乌见其可? 故誉满天下，未必不为乡愿;谤满天下，未必不为伟人。"②因此，考察李鸿章这位清末"非常人"的风云一生，分析其矛盾性格，将有助于深入理解在近代中国"三千年未有之大变局"下历史人物面临的选择和无奈。

【疑惑之点】

对于李鸿章，世人议论纷纷，褒者不乏，贬者尤多。对于这样一位历史人物，应该如何评价? 在近代中国人探索国家出路的问题上，李鸿章究竟起到了什么样的作用? 特别是如何评价李鸿章在洋务运动中的角色和作用以及功过得失?

【解疑释惑】

作为洋务派的首领，李鸿章曾左右晚清政局长达数十年，在中国近代史

---

① 本问题撰写者为黄进华。
② 梁启超：《李鸿章传》，江西人民出版社 2003 年版，第 1 页。

上写下了浓重的一页。李鸿章的一生素来充满争议，或称其为"刽子手"，因为李鸿章为了保卫清王朝，亲手创建淮军，并协助曾国藩镇压了太平天国和捻军；或谓之"卖国贼"，因为经他之手签订了一系列不平等条约，晚清签订的所有屈辱条约几乎都与他有关联；由于李鸿章是洋务运动的旗手和主将，大力兴办近代军事、民用工业，组建淮军和北洋舰队，因而又有人赞之为"现代化的倡行者"。

那么，究竟应该如何评价李鸿章？应当把李鸿章放在那个时代进行分析，而不能以成败来论英雄。放眼李鸿章所处的时代，是一个大变革的时代：由于西方的入侵，清朝国势日衰，社会矛盾激化，国步维艰。为了扭转国家命运，近代以来，无数中国人不懈奋斗，开始了探索国家出路的艰难历程。

在与列强交往和镇压太平天国的过程中，李鸿章对于西方的"船坚炮利"有切身的感受，深刻认识到"师夷长技"的重要性。早在 1872 年，他就上奏清廷，指出：鸦片战争后，西方大举入侵，中国遇到了"数千年来未有之强敌"，中国处在一个"数千年来未有之变局"。[①] 同时，李鸿章积极投身洋务运动，大力学习西方，孜孜不倦达 30 余年之久。所以，梁启超指出，李鸿章之"所以为一世俗儒所唾骂者以洋务，其所以为一世鄙夫所趋重者亦以洋务，吾之所以重李、责李而为李惜者亦以洋务"。[②]

大体来说，李鸿章的洋务活动主要集中在四个领域：

第一，兴办近代军工企业。当时，中国最大的两家军工企业——江南制造总局，1865 年由李鸿章创办；天津机器局，1870 年由李鸿章接管后，对于北洋海陆军的发展、壮大起到了重要作用。

第二，大力创办民用企业。经李鸿章之手，先后创办了上海轮船招商局、开平矿务局、天津电报总局、上海机器织布局、中国铁路公司、漠河金矿等多家企业，创造了许多个"中国第一"——第一家民用企业、第一家轮船公司、第一座煤矿、第一个电报、第一条铁路，等等。

第三，建立近代海陆军。在与西方的接触中，李鸿章深感西方"船坚

---

① 李鸿章：《筹议海防折》，《李鸿章全集》，海南出版社 1997 年版，第 12 页。
② 梁启超：《李鸿章传》，江西人民出版社 2003 年版，第 48 页。

炮利"，而中国军队"平内乱有余，御外侮不足"，因而在淮军中大力推广洋枪洋炮，并改革军制。尤其是明治维新后，东邻日本逐渐强大，李鸿章担心其一旦侵略中国，其危害"更甚于西洋诸国"，因此大力筹办海防，组建了中国近代史上最强大的舰队——北洋舰队。

第四，重视新式教育，对外派遣留学生。李鸿章认为"人才难得"，在甲午战争前三次向欧洲派遣留学生、进修生，并在天津设立水师学堂、武备学堂、医学堂和电报学堂，培养了大批人才，如严复、刘步蟾、萨镇冰、林永升等，为近代海军和科技事业作出了一定的贡献。尤其值得一提的是，1872 年，他与曾国藩联名奏请清廷，派遣幼童赴美留学，开中国近代留学事业之先河。

不过李鸿章开展的洋务活动虽然有声有色，成就显著，对近代中国产生了深远的影响，却没有达到使中国独立、富强的目的。对此，梁启超指出，李鸿章兴办的洋务林林总总，但归结起来，主要是在军事和科技领域学习西方（即在器物层面现代化），根本没有涉及制度和思想文化变革，因为他的眼光有限，"坐知有洋务，而不知有国务"①。

总之，李鸿章是晚清一位关键性的人物，曾纵横、驰骋政坛 40 余年，几乎涉及晚清所有重大的历史事件，"是为时势所造之英雄，非造时势之英雄"②。在那个特定的时代，李鸿章努力过、尝试过、创新过、让步过，也妥协过。作为一位大变革时代的矛盾人物，李鸿章是洋务运动——中国现代化运动第一波浪潮的主将，是中国现代化事业的开路先锋，其功劳不可抹杀；同时，面对外来侵略，他多次妥协、退让，损害了中国的领土和主权，这也绝不能视而不见。

大体来说，李鸿章对中国近代史的影响正负兼有，而这些到底孰轻孰重？毕竟历史的功过无法相抵！对于这位饱经历史风雨，尝尽是非非的老人，我们也不能一言论尽。在那个大变革的时代，李鸿章为了清廷鞠躬尽瘁，但他个人的一己之力毕竟有限，他终究只是一枚被历史玩弄于股掌之间的棋子罢了。

---

① 梁启超：《李鸿章传》，江西人民出版社 2003 年版，第 48 页。
② 同上书，第 4 页。

【推荐阅读】

1. 蒋廷黻：《中国近代史》，上海古籍出版社 2004 年版。

2. 陈旭麓：《近代中国的新陈代谢》，上海社会科学院出版社 2006 年版。

3. 雷颐：《李鸿章与晚清四十年：历史漩涡里的重臣与帝国》，山西人民出版社 2008 年版。

4. ［美］芮玛丽：《同治中兴：中国保守主义的最后抵抗》，房德邻等译，中国社会科学出版社 2001 年版。

5. 钟维珍、万发云：《梁启超论李鸿章的得失》，《海南大学学报》1987 年第 1 期。

6. 周文玖：《梁启超笔下的李鸿章》，《学习时报》2008 年 9 月 22 日。

7. 洋务派所言的"同心少，异议多"和"致多阻格者"应做何解？①

【问题提出】

"同心少，异议多"；"致多阻格者"；"官绅禁用洋法机器"；"文人学士动以崇尚异端光怪陆离见责，中国人心真有万不可解者矣"② 等，这些是洋务派的慨叹，也是洋务运动失败的重要原因之一。

历史上，大凡变革总是有反改革的力量与之相始终。作为中国人应对外来挑战、探索救国救民之道的首次探索，洋务运动尽管只是在"中学为体，西学为用"的框架中踽踽前行，但还是遭遇各方反变革力量的抗制。也正是在这个层面上，执教于芝加哥大学的美国汉学家艾恺（Guy S. Alitto）于20世纪末期在其用汉语撰写的《世界范围内的反现代化思潮——论文化守成主义》一书中提出了很难规避，并在时下中国知识界颇有市场的"文化辩解说"，即"当一个文化单元或民族对峙于现代化时，其知识分子经常感到一种为其向现代化国家做文化引借辩解的必要……19世纪的中国'体'、'用'——精髓与功用，实质与技术——之辩是用来为向西方引借辩解的最适用方式"③。从"同心少，异议多"；"致多阻格者"等角度解读洋务运动，不仅可以深化对"中学为体，西学为用"这种中国最初的文化变革和融合范式的理解，而且也有助于揭示近代中国现代化踽踽而行、屡屡受挫的原因。

---

① 本问题撰写者为徐奉臻。
② 中国史学会主编：《洋务运动》第1卷，上海人民出版社1961年版，第26、270页。
③ ［美］艾恺：《世界范围内的反现代化思潮》，贵州人民出版社1991年版，第90—92页。

【疑惑之点】

变革与反变革是相生相伴的孪生兄弟，但在不同的社会变动中，变革与反变革之间博弈的方式以及双方的势力对比都会互有不同。那么，就洋务运动而言，势力对比的格局如何？反变革的力量在何种程度上影响了洋务运动？如何评价"中学为体，西学为用"？如何理解美国汉学家艾恺（Guy S. Alitto）提出的"文化辩解说"？

【解疑释惑】

"体用论"作为中国应对外来冲击与挑战的最初文化变革方式与文化融合机制，是几代知识精英和政治精英现代化思想的凝结。虽然直到 1895 年，"中学为体，西学为用"这一术语才首次出现在沈毓桂的文章《救时策》中，但其雏形却是道光进士冯桂芬于 1861 年在《校邠庐抗议》中提出的"以中国之伦常名教为原本，辅以诸国富强之术"。19 世纪后期，张之洞、王韬和郑观应等现代化倡行者均对"体用论"做过系统阐发。

在"体用论"中，"中学"以正统儒家伦理名教为核心，"西学"表征西方的文化体系。其中，"体"是内在而根本的，泛指作为中国文化精髓的伦理纲常；"用"是"体"的外在表现，泛指以技术为核心的器物文明。虽然"西学"是一个多维复合概念，包括技术、机器、制度及人心向背等诸多层面，但由于应对外来军事入侵的迫在眉睫，也由于中国始终没有历经一次真正意义上的启蒙运动，"体用论"话语中的"西学"被狭隘地理解为道统之外的先进技术及作为技术背景的科学理论，致使"西方的技术及其器物成果与现代化等而视之"的倾向弥漫着当时的中国社会，中国的现代化也由此陷入现代性与非现代性杂糅混合、同步增长的窘境中。

尽管如此，还是应当承认，"体用论"带来了技术观的根本转型，并由此引发了社会价值观的巨大变化，其主要表现是：第一，在道器关系上，突破了废弃百艺、惟文为尚的"重道轻技"和"重本轻末"的传统，开始对技术的功用有所认识；第二，就西方技术而言，突破了"天朝上国"观念和"奇技淫巧"的思维窠臼，迈出了"师夷之长技以制夷"的实质性步伐；

第三，国家的权力与财富受到前所未有的重视，以技术为核心的"目的诉求"终于在统协性和整合能力极强的中国社会拥有了一席之地，使得"重传统而轻变革"的社会价值观发生了松动，从而大大扩展了中国社会出现"结构变革"（structural change）的张力。

对近代中国而言，"文化辩解说"尚有可以进一步商榷的余地。至少应该关注下面两个问题。

其一，不能过低估计开新者的保守倾向，不能过低估计中国现代化倡行者的非现代化情愫。传统作为历史文化的积淀，一旦形成，就具有延宕性、顽固性和稳定性。更何况以伦理为本位的中国传统文化模式又具有很高的同一性，不是说决裂就决裂得了的。因此，即使是义无反顾的反传统者，最终也难以与旧传统一刀两断、彻底决裂。在他们身上，始终交织着开新与保守的矛盾心态，始终体现出现代性与非现代性杂糅复合的双重性格，只不过是这种矛盾心态和双重性格因人而异、彰显的程度不同而已。

虽然都曾是"体用论"的倡导者与支持者，但较之于受传统制约颇深的冯桂芬而言，沈毓桂、张之洞、薛福成、郭嵩焘、王韬、郑观应等人都不同程度地偏离了最初的"中国伦理纲常道德加西方机器工艺技术"的二元现代化框架。其中，沈毓桂深受西方牧师林乐知的影响，对林乐知倡导的"中西并重、毋稍偏颇"的思想情有所钟。虽然张之洞在《劝学篇》中对民权大加贬损，但其并非完全否定作为民权载体的议院制。不仅如此，他还提出了"政艺兼学"及"政尤急于艺"的新命题，从而使其固有的突破倾向更具"中西合璧"的折中色彩。薛福成在出使英、法、意、比四国的后期，曾借用一位随员之笔，将西国富强之源概括为"通民气"、"保民生"、"牖民衷"、"养民耻"和"阜民财"，其思维视野已远远超越现代化的器物层面，进而深入到作为"内在文明"的制度与精神。这些事实足以说明：随着洋务运动的推进，现代化倡行者的认知水平依次递进，逐渐由抱残守缺的文化守成向接受西学的激进方向发展，致使"体"和"用"的范畴、"认同"与"变革"的观念此消彼长。

即便是这样也不能否认，这些现代化倡行者所要克服的，不仅是社会上的保守势力，同时还要面对其自身的传统本能及认识局限，因为这些人大多是饱吸儒墨的旧学产儿，传统的东西已经或深或浅地内化为他们生命的一部分。尽管在东西文化两极相逢的矛盾中，他们已经不同程度地接受了新学，形成了现代性的主体意识，但这种主体意识还置身于显性的、主导的传统文化氛围中，因而在其骨子里始终潜藏着服膺传统的文化情结。虽然他们在理智上疏远了本国的文化传统，但在感情上却与本国的文化传统紧密相连。虽然曾国藩和李鸿章等人在"表面上压制了倭仁等人的反现代化言论，亦不能不默认'诗书礼仪'为立国之本"。假如他们"不受外界的牵制及自我内心的约束"，其"现代化努力当不止于兵工业"。[①] 因此，"文化辩解说"并非完全出于策略考虑，也存在着中国现代化倡行者认知水平的因素。如果在忽视这一点的前提下强调"文化辩解说"，那就难免陷入思维绝对化的误区。

其二，"文化辩解说"的功用和意义是有限度的，并非适用于社会所有保守人群。以保守人群的保守倾向和保守程度为依据，可将近代中国社会的保守人群分为"极端反现代化者"、"中间摇摆势力"和"二分理论型构群体"三类。

"极端反现代化者"以理学大师倭仁为代表，他们的技术观始终没有实现由传统到现代的转型。在近代中国历史上，有的反现代化思想者曾经是狂热的现代化支持者，也有现代化反对者在历经思想的渐变之后，又转变成现代化的拥护者或实践者。但极端反现代化者不同，虽然他们不乏民族忠诚，但其民族忠诚往往局限于以抱残守缺的姿态坚守文化"我族主义"，而拒绝认同西方文明的任何合理内核，从而形成阻滞现代化的惰性心态和抗变心理。对于欧美文明，他们不仅无条件地拒绝内涵着西人内在价值与信仰的"体"；也拒斥作为技术产品的机器、坚船与利炮，认为立国"根本之图，在人心不在技艺"，西方技术"皆奇巧有余，实用不足"[②]。因此，竭力以中国的"礼仪"来反对西方的"技艺"，拒绝奉西人为师。

毫无疑问，仅仅是客观的中性描述而不辅以人为的主观价值判断，技术产品在本质上自然是中性的。但如果在"我族主义"的框架内，即使是钟

---

① 张朋园：《中国现代化初期的助力与阻力》，罗荣渠等《中国现代化历程的探索》，北京大学出版社 1992 年版，第 68 页。

② 中国史学会主编：《洋务运动》第 1 卷，上海人民出版社 1961 年版，第 122 页。

表之类的西式器物文明成就也难逃"奇技淫巧"的性质定位。更何况机器、坚船与利炮等大规模"东渐"的强权方式更使其褪去了中性色彩而成了邪恶、武力的代名词和某种操纵与统治的力量。而"我族主义"和技术功能的色彩化又都成为"极端反现代化者"对中国本土文明坚牢"认同"、拒绝"变革"顽固心态形成的思想渊源。这种坚牢"认同"和拒绝"变革"的心态,既构成了严重滞后于时代发展的技术观,也构成了近代初期中国现代化难以逾越的障碍。因为"体用论"的实质在于以固守中国的"体"去推介西方的"用",其前提有二:一是坚守中国的"体",二是认可西方的"用"。倘若对西方的"用"持否定怀疑态度,那么"文化辩解说"的功用也难免要大打折扣。

虽然洋务运动仅以制器、学技、操兵为"讲求之要",始终没有跳出"中体西用"、"中道西器"的窠臼,并由此陷入技术至上及军事主义和经济主义的窠臼。但还是遭到极端反现代化者的顽强抵制。洋务运动之所以没有实现自强求富的目的,除其自身的局限外,在很大程度上要归咎于"同心少,异议多","致多阻格者"。谈及于此,洋务重臣李鸿章痛心疾首:"官绅禁用洋法机器","文人学士动以崇尚异端光怪陆离见责,中国人心真有万不可解者矣"。对这部分人而言,他们不可调和的保守姿态既出于缺乏对西方技术功用的客观认识,又源于"外国文化将其同胞完全同化"的深深忧虑。因为"文化为一整全的实体,互连互赖的各部分的整合","即令是采用技术也将影响整个文化",从而在主观精神领域进一步发生"非所欲求的改变"。① 由于极端反现代化者既决绝于西方的"体",又斥拒西方的"用",因此对这部分人而言,"文化辩解说"犹如对牛弹琴而难奏其效。

"中间摇摆势力"以刘坤一等人为代表,他们并非一以贯之地排斥"夷之长技",其技术观具有渐变的特点。在洋务运动初期,他们心仪中国传统技术,反对引进西方的现代化,其思想基调建筑在中国传统儒家名教和华夏文化优越论的民族心理基础之上。正如刘坤一所言,富国强兵之道在"闭门造车",而非"师夷长技",只要积极发展中国固有之技术,并加以不断创新,必能发明足以制服西方坚船利炮之器物;倘若能对创制新器物者给予

---

① 〔美〕艾恺:《世界范围内的反现代化思潮》,贵州人民出版社 1991 年版,第 90—91 页。

重赏，那么日积月累定有所成。反之，借"师夷长技"以增强国力，不仅"多靡金钱"，而且"徒为洋人所笑"，得"受洋人戏弄"之结果。此外，他还以"需费过巨"、"有妨民间生计"等为由，反对李鸿章等人修建铁路的奏请。[①] 但在洋务运动后期，他对西方技术的认识不断深化，其思想也随之发生180°大转弯，不仅一改过去的"卫道"姿态，还把其先前极力反对的许多内容付诸实践，从而成为继李鸿章、张之洞之后的洋务新星。由于这部分人并非一开始就认同西方的技术及其器物成就，因此"西学为用"一度在他们那里成了问题。

"二分理论型构群体"以洋务派为代表，主要包括身居要职的开明官僚（如曾国藩、左宗棠、李鸿章等）和对西方文明了解较深的知识分子（如郭嵩焘、薛福成、王韬、郑观应等）。虽然这一群体激进、保守程度有别，但他们的思想情感和人格特质都具有"边际人"（marginal man）的共通之处，都呈现出建立在对西方制度文明和西方军事威胁双重恐惧之上的矛盾心态：一方面，他们确信选择性地引进西方物质文明对中国社会发展的积极意义，因而欢迎技术的引进与发展，在技术及器物领域是现代化的热心支持者；另一方面，他们又坚信"中体"优越于"西体"，"中体"能够肩负起维护、传承中华文化独特性的使命，因而他们又是中国传统文化价值的热心捍卫者，在制度和精神层面是现代化的反对者。

在实践中，他们遵循"体用式"的精神和物质二分法，将文化分为中国和西方两个领域。其中，精神的进步有赖中国自身的文化（体），但物质的发展则可仰仗选择性地引进西方的技术文明（用）。"体"满足的是文化主义的诉求，而"用"则体现应对外来入侵的民族国家的诉求。这种二分理论型构的妥协立场实质是要缓解"民族国家的诉求"和"文化价值的诉求"之间存在的根本紧张关系，并试图在引进西方技术和引进西方文化之间寻找一种妥协，在"国家主义"和"文化主义"的诉求之间寻找一种平衡。通过这种妥协与平衡，既获得心所向往的技术现代化成果，又成全维护传统道德力量和中国文化价值的根本目标。虽然在洋务运动后期，一些洋务激进派，诸如郭嵩焘、薛福成、王韬、郑观应等，都已不同程度地认识到西

---

① 王玉棠：《刘坤一评传》，暨南大学出版社1990年版，第95—96、104页。

方制度文明的意义，从而使自己的思想在原有的轨道上发生了一定程度的偏离，但洋务运动的主脉并没有发生根本性的质变。从功能上说，"文化辩解说"是"二分理论型构群体"推介现代化的重要手段，他们所面对的是社会各种反现代化的保守势力。

【推荐阅读】

1. ［美］费正清：《剑桥中国晚清史》，中国社会科学院历史研究所编译室译，中国社会科学出版社 1985 年版。

2. 周建波：《洋务运动与中国早期现代化思想》，山东人民出版社 2001 年版。

3. 喻大华：《晚清文化保守思潮研究》，人民出版社 2001 年版。

4. 夏东元：《洋务运动史》，华东师范大学出版社 1992 年版。

5. ［美］芮玛丽：《同治中兴：中国保守主义的最后抵抗》，房德邻等译，中国社会科学出版社 2001 年版。

8. 以薛福成为例，说明洋务运动后期激进派对"中体西用"的偏离，并由此揭示洋务运动与戊戌变法的关系。①

【问题提出】

薛福成（1838—1894），字叔耘，号庸庵，江苏无锡人，是洋务运动后期激进派的代表人物。他早年潜心于传统的"经世之学"，后盘桓于曾国藩和李鸿章麾下，为他们筹办洋务多方赞襄策划。1884 年中法战争期间，任浙江宁绍台道，在镇海参与击退法舰之战。1888 年任湖南安察使。1890—1894 年，以钦差大臣（公使）的身份出使英、法、意、比四国。当时这些国家已经或深或浅地实现了现代化。薛福成遍察四国四年有余，所闻所见所感所思大至"富强立国之要"、小到"器械利用之原"，涉及社会的方方面面，并将其笔之于书，行世《出使英法义（意）比四国日记》和《出使日记续刻》，为研究洋务运动后期激进派的思想提供了极有价值的资料。同时，揭示薛福成相关认识对"中学为体，西学为用"思想的偏离，也有助于理解洋务运动与戊戌变法之间的承继关系。

【疑惑之点】

薛福成眼中的西方文明，既是近代中国人"开眼看世界"的缩影，也反映了洋务运动后期洋务派内部思想的变化。那么，薛福成眼中的西方文明大体呈现怎样的景况？作为洋务运动的重要代表人物，薛福成是否严格恪守"中学为体，西学为用"这种最初的文化变革和融合范式？除了技术观之外，薛福成在政治上对西方文明到底认识到何种程度？并且，这种认识又在何种程度上影响了之后的戊戌变法？

---

① 本问题撰写者为徐奉臻。

【解疑释惑】

薛福成的思想变化折射出洋务派思想的矛盾、嬗变与深化。关于技术及技术思想的缘起，薛福成的"西学中源"思想值得特别关注。在宏观上，薛福成强调"凡兹西学，实本东来"；"机器之制，肇始三皇"。在微观上，他旁征博引，做了很多具体分析。例如：（1）西学中的制作因于《考工》，测算昉于《周髀》。"唐一行铜轮之转，效之为车船；无弸马火器之遗，演之为枪炮。由是智创巧述，日异月新。"（2）《墨子》一书"导西学之先者甚多"，第 13 卷《鲁问》《公输》数篇，机器、船械之学之所自出也。第 15 卷《旗帜》一篇，西人举旗灯以达言语之法之所自出也。又按《墨子》所云："近中，则所见大，景亦大；远中，则所见小，景亦小。""今之作千里镜、显微镜者，皆不出此言范围。"（3）《庄子·外物》云："木与木相摩，则燃；金与火相守，则流"，此电学、化学之权舆也。《吕氏春秋·似顺论》云："漆淖、水淖，合两淖则为蹇，湿之则为乾。金柔、锡柔，合两柔则为刚，燔之则为淖"，此化学之所自出也。①

一般认为，"西学中源"是传统士大夫在西方近代科学技术的巨大威力面前构建起的一座精神乐园，其实质是一种自我安慰的阿 Q 精神，其目的是要使其困顿的心灵和失衡的心态得到慰藉。但对薛福成来说，未必尽然。应当承认，作为从旧时代经世殿堂走出来的"学人"，薛福成不可能"数典忘祖"，不可能割舍一切旧传统而丢掉捍卫中国本土文化地位的使命。尽管在西学东渐后，在东西两极文化相逢的矛盾中，薛福成已经接受了很多"新学"，但在他的潜意识中，难免还有服膺传统观念的文化情结和过高估计中国成就的许多成分。

随着洋务运动的推进，1870 年代以后，薛福成对技术功能及意义的关注由军事技术转向工业技术，由海防技术转向民用技术。1875 年，薛福成在《应诏陈言疏》中提出"海防密议十条"，即"择交宜审，储才宜豫，制器宜精，造船宜讲，商情宜恤，茶政宜理，开矿宜筹，水师宜练，铁甲宜

---

① 薛福成：《出使英法义（意）比四国日记》，岳麓书社 1985 年版，第 252、343、451 页。

购，条约诸书宜颁发州县"。① 虽然这十条仍以"坚甲利兵"和"坚船利炮"为主旨，但其中已涉及工商之道，说明薛福成的思想正在发生微妙而深刻的变化。

这种变化由弱变强，最终于 1879 年凝结、物化为有名的《筹洋刍议》14 篇，包括"约章"、"商政"、"船政"、"矿政"、"利权"和"变法"等内容。所谓"筹洋"，即"筹划洋务"。其中"商政"是精华篇。在现代化学中，有"自发型现代化"和"自觉型现代化"。前者在进行产业革命或工业化时，无论在技术上，还是在生产与管理上，都依赖于自己的发明和创造，没有成功的范例可以遵循，也没有现成的机器和技术可以引进（如英国）。后者则刚好相反（如日本和中国等）。也正因为如此，在英国人眼里，产业革命以机器的发明和使用为起点；而在日本人看来，则以进口机器的稳定化作为产业革命开始的标志。在"商政"篇中，薛福成不仅对这两类现代化范式都给予关注，而且充分肯定产业革命的技术成果以及工业化在商业发展中所居的基础地位："英人用机器织造洋布，一夫可抵百夫之力，故工省价廉"；"论西人致富之术，非工不足以开商之源，则工又为其基，而商为其用。迩者英人经营国事，上下一心，殚精竭虑，工商之务，蒸蒸日上，其富强甲于地球诸国。诸国从而效之，迭起争雄，泰西强盛之势，遂为亘古所未有。"② 这些话表明，薛福成已经意识到：仅仅依靠军事技术，不足以使国家富强，军事技术归根结底是不能与增加财富的整个西方技术（即工业化体系）相分离的。

值得注意的是，《筹洋刍议》中还有"变法"篇。该篇从中国历史进化的角度分析了"变"的必然性，从而首次将"变法"这个词标榜在洋务运动的旗帜上。虽然薛福成的变法主张由于没有赢得广泛同情而终未形成普遍的社会共识，但此举却标志着他已迈出了由洋务派到维新派转变的关键一步。1889 年，出使英、法、意、比四国之后，他对西方富强本源的思考逐步深化，审视技术的视野也更加开阔。

出使初期，薛福成更多地是惊异于欧洲诸国的"学问日新"、"工艺日

---

① 薛福成：《出使英法义（意）比四国日记》，岳麓书社 1985 年版，第 15 页。
② 龚书铎：《中国通史参考资料·近代部分》（上），中华书局 1965 年版，第 447—449 页。

良"、"制造日宏"、"销流日广"和"工商日旺",慨叹"西人之所以横绝宇宙而莫之能御者","不过恃火轮舟车及电线诸务"。因此强调中国"欲图自治,先谋自强;欲谋自强,先求致富"。出使后期,薛福成借用一位随员之笔,将西国富强之源概括为五个方面:一是通民气:"设议院,遇事昌言无忌;凡不便于民者,必设法以更张之。"二是保民生:"人身家田产器,绝无意外之虞;告退官员,赡以半俸;老病弁兵,养之终身;老幼废疾,阵亡子息,皆设局教育之。"三是牖民衷:"年甫孩提,教以认字;稍长,教以文义;量其材质,分习算绘气化各学,或专一事一艺。"四是养民耻:"西国无残忍之刑,但国人皆知畏刑,是为养耻之效。"五是阜民财:"尽地力,讲水利、种植、气化之学;尽人力,各擅专门,通工易事,济以机器,时省工倍;尽财力,设公司银号,锱铢之积,入股生息,汇成大工大贾。"上述内容显示,此时的薛福成,其思维视野已经超越了现代化的器物层面,而深入至作为"内在文明"的制度层面和精神层面。

这时,他对技术的审视开始置于社会背景下,从而使其技术观具有显见的社会性:"有此五端,知西国所以坐致富强者,全在养民教民上用功;而世之侈谈西法者,仅曰精造、利军火、广船械,抑末也。"① 至于西方民主政治是何种景况,薛福成以英国为例,做了这样的描述:"议院者,所以通君民之情也。凡议政事,以协民心为本。大约下议院之权,与上议院相维制;上议院之权,与君权相权相维制。英国有公保两党,公党退,则保党之魁起为宰相;保党退,则公党之魁起为宰相。两党互为进退,而国政张弛之道以成。然其人性情稍静,其议论亦较持平,所以两党攻讦倾轧之风,尚不甚炽,而任事者亦稍能久于其位。"②

关于如何学习西方文明,薛福成强调力戒四种思想偏向:妄自尊大;妄自菲薄;讳疾忌医;因噎废食。针对前两者,薛福成一语见地:"今之议者,或惊骇他人之强盛,而推之过当;或以堂堂中国何至效法西人,意在摈绝,而贬之过严。余以为皆所见之不广也。"针对后两者,薛福成直言不

---

① 薛福成:《出使英法义(意)比四国日记》,岳麓书社1985年版,第122、132、802—803、930页。

② 同上书,第515页。

讳："若怵他人我先，而不欲自形其短，是讳疾忌医也。若谓学步不易，而虑终不能胜人，是因噎废食也。"①

可见，随着洋务运动的推进，现代化倡行者的认知水平依次递进，逐渐由抱残守缺的文化守成向接受西学的激进方向发展，致使"体"与"用"的范畴、"认同"与"变革"的观念此消彼长。薛福成认识到西方制度文明的意义，从而使自己的思想在"中学为体，西学为用"之原有变革范式的轨道上发生了一定程度的偏离，但洋务运动的主脉并没有发生根本性的质变。尽管如此，薛福成对西方政治文明的认识，还是为后来的戊戌变法做了必要的思想铺垫。因为在早期出路探索中，从洋务运动向戊戌变法的转变，即是中国的现代化由器物转型至制度的过程。

【推荐阅读】

1. ［美］本杰明·史华兹：《寻求富强：严复与西方》，叶凤美译，江苏人民出版社1995年版。

2. 刘永佶：《中国现代化导论》，河北大学出版社1995年版。

3. 林华国：《近代历史纵横谈》，北京大学出版社2005年版。

4. 马勇：《超越革命与改良》，上海三联书店2001年版。

---

① 薛福成：《出使英法义（意）比四国日记》，岳麓书社1985年版，第71—73、132—133、598、927—928页。

9.1898 年，康有为、梁启超和"戊戌六君子"等人，不仅年龄均在
23—49 岁之间，而且他们多为"金榜题名"的新贵。如按世俗观念，混
迹官场，走"学而优则仕"之路，他们或许会有光明的前途，但他们最
终选择的是充满荆棘的改制之路和"舍生取义"的不归路，为什么？①

【问题提出】

1898 年的戊戌变法，反映了资产阶级的政治要求。虽然维新派试图通
过光绪皇帝推行温和的不彻底的改革，但仍遭到封建守旧势力的顽固抗制。
1898 年的戊戌政变不仅扼杀了中国最初的政治现代化运动，也使维新志士
受到迫害，康有为、梁启超被迫逃亡国外，而谭嗣同、刘光第、林旭、杨深
秀、杨锐、康广仁则为近代中国最初的制度变革献出了年轻的生命，从而在
中国近代史上写下了充满血泪的一页。这八位维新志士（康有为、梁启超
和"戊戌六君子"）是我们理解戊戌变法的一把钥匙，更可以帮助我们真正
理解近代中国政治大转型的艰难。

【疑惑之点】

值得注意的是，八位维新志士的年龄均在 23—49 岁之间，平均年龄不
过 35.25 岁，也多为"金榜题名"的新贵（其中有三位进士、三位举人），
而且他们大多出身于封建官僚家庭，从小接受的是儒家思想的熏陶。从传统
的世俗观念来看，他们完全可以（也应该）选择"学而优则仕"之路，未
来很可能"前程似锦"，但令人不解的是，他们却选择了充满荆棘的改制之
路和"舍生取义"的不归路。尤其是谭嗣同，在戊戌变法失败后，完全有
机会逃往日本，他却拒绝了友人的劝告，献出了自己年轻的生命。他们的选

---

① 本问题撰写者为杨凤霞。

择是代表了时代发展的潮流？还是一种徒劳的选择？如果他们的选择有意义，又是什么力量促使他们背叛了传统？是什么力量推动他们走上了充满荆棘的改制之路和"舍生取义"的不归路？

【解疑释惑】

在八位维新志士中，康有为、梁启超和"戊戌六君子"多为那个时代"金榜题名"的新贵。其中有进士三人，分别是康有为、杨深秀和刘光第；举人三人，分别是梁启超、林旭、杨锐。康广仁和谭嗣同则没有参加科举考试，这对他们来说不是不能，而是不为。有大量资料表明，康广仁自少鄙弃八股科考，认为国家弱亡皆由八股锢塞人才所致。谭嗣同才华横溢，就义时年仅34岁，却已经著作等身。他给后人留下的振聋发聩的代表作《仁学》，成为宣传变法的力作。

维新志士所以放弃"学而优则仕"之路、逆世俗观念而动，主要是时代潮流的推动使然。1840年鸦片战争爆发后，中国逐步由独立的封建社会向半独立半封建社会转变。为了实现民族独立和人民解放，中国农民阶级和封建地主阶级分别进行了救亡图存的探索，但都没能取得成功。随着洋务运动的推进和中国近代民族工业的出现，民族资产阶级逐步形成，并产生了早期维新派和早期维新思潮。

甲午战后，维新思潮有了新的发展，它从一种社会思潮转变为宣传维新变法的实际运动。作为时代栋梁，康有为、梁启超和"戊戌六君子"自然不会置身于时代大潮之外。以康有为为代表的戊戌精英们大胆地批判封建专制制度，要求仿效西方资产阶级民主政治，变革封建专制制度，并以政治变革推动经济变革，发展资本主义。康有为的代表作《新学伪经考》和《孔子改制考》，以及《应诏统筹全局折》，都充溢着政治变革的智慧和理念。梁启超的《变法通议》也是宣传制度变革的重要著述，反映了变法志士"以天下兴亡为己任"的雄心和志向，在当时的知识界掀起轩然大波。1891年，康有为在广州创办"万木草堂"，用"激励气节，发扬精神"的教育思想和爱国热情，熏陶了包括梁启超在内的弟子们，使其跳出八股科举的藩篱，养成关心时弊、独立思考的优良学风，并把自己的前途与国家的命运紧密联系在一起。

这些维新志士所以选择充满荆棘的改制之路和"舍生取义"的不归路，还源于戊戌变法是救亡图存的爱国运动和重要的思想启蒙运动。1895年，清政府统治下的泱泱中华帝国在甲午战争中竟败于"弹丸小国"日本，并被迫签订丧权辱国的《马关条约》，使中国的半殖民地化程度进一步加深。之后，帝国主义更加快了侵略中国的步伐，掀起了瓜分中国的狂潮，中国面临着空前严重的民族危机。帝国主义的瓜分和势力渗透，导致中华民族危机的加深；中华民族危机的加深，又激发了新的民族觉醒，促使有识之士去探讨救国救民之路。

以康有为为代表的资产阶级维新派，面对帝国主义灭亡中国的狂涛恶浪挺身而出，为挽救民族危亡奔走呼号，试图以制度变革拯救中国，因而戊戌变法是一次救亡图存的爱国运动，是继太平天国和洋务运动后的又一场救国运动。这场运动将变法与救亡直接联系起来，其关系精辟地体现于康有为在批驳顽固派的"祖宗之法不可变"的谬论时说下的一段话："且法者，所以守地者也。今祖宗之地既不守，何有于祖宗之法乎！夫使能守祖宗之法，而不能守祖宗之地，与稍变祖宗之法，而能守祖宗之地，孰得孰失，孰重孰轻？"[1]

戊戌变法不仅包括政治变革，还包括经济、文化和军事变革。因此，戊戌变法不但在政治变革上是一次历史的超越，在思想文化上也是一次重大的历史转折。他们提倡资产阶级新学，传播西方资产阶级新文化，批判封建主义旧学，是一次思想启蒙运动，在意识形态领域里产生了极大的影响，为后来的清末"新政"和"预备立宪"以及中国政治现代化的高峰——辛亥革命奠定了基础。在中国历史上，戊戌变法是有史以来作为新的经济力量和新的政治力量代表的资产阶级第一次向封建制度和封建思想挑战。如果说在"救亡图存的爱国运动"层面，其主要特点是变法与救亡相联系，那么在"思想启蒙运动"层面，其主要特点是：将制度变革与文化变革紧密联系。

虽然戊戌变法以失败告终，但戊戌变法的精神是不朽的。尤其是谭嗣同的"各国变法，无不从流血而成，今中国未闻有因变法而流血者，此国之

---

① 李侃等：《中国近代史》，中华书局1994年版，第253页。

所以不昌也。有之，请自嗣同起"的呐喊，既激励着从事制度变革的后人，也部分地道出了维新志士选择"舍生取义"不归路的动因。

【推荐阅读】

1. 梁启超：《变法通议》，华夏出版社 2002 年版。

2. 严复：《天演论》，华夏出版社 2002 年版。

3. 丁守和：《中国近代思潮论》，广东人民出版社 2003 年版。

4. 张松川：《痛苦的嬗变：从戊戌变法到新文化运动中国知识分子的角色转变》，吉林大学硕士论文，2004 年，收入中国优秀硕士学位论文全文数据库。

10. 康有为"能融合各种思想于一炉","能根据中国当时的各种思潮开出立足于孔孟之道而又适应中国当前需要的处方。这样他就领头打开了一个现代化的突破口"。如何理解费正清(King Fairbank)的上述评价?①

【问题提出】

美国哈佛大学东亚研究中心主任费正清有"世界上最负声望的中国问题观察家"的美誉,先后出版《美国与中国》《观察中国》《中国:传统与变迁》等著作。在《伟大的中国革命:1800—1985 年》一书的第二部分"晚清帝国秩序的变革(1895—1911 年)"中,他曾这样评价康有为:他"有一种极强的自信心……他决不以自己的见解来适应现实,而常引据事实来支持他的见解"。他"能融合各种思想于一炉","能根据中国当时的各种思潮开出立足于孔孟之道而又适应中国当前需要的处方。这样他就领头打开了一个现代化的突破口"。②

【疑惑之点】

费正清所言的"各种思想"包括哪些?康有为"能根据中国当时的各种思潮开出立足于孔孟之道而又适应中国当前需要的处方"是什么?康有为领导进行的现代化与洋务运动有什么不同?如何评价康有为等维新志士的变法改制思想?戊戌变法失败的原因在哪里?

---

① 本问题撰写者为徐奉臻。

② 〔美〕费正清:《伟大的中国革命:1800—1985 年》,刘尊棋译,世界知识出版社 2001 年版,第 159 页。

【解疑释惑】

费正清所言的"各种思想"包括两部分：一是中国传统的道统；二是从西方借鉴的制度文明。康有为"能根据中国当时的各种思潮开出立足于孔孟之道而又适应中国当前需要的处方"，即是推介变法的"托古改制"。"托古改制"的学理路径，主要反映在康有为的代表作《新学伪经考》和《孔子改制考》中。康有为领导的现代化已经从洋务运动时期的器物文明转型到制度文明。"托古改制"推介方式的合理性和有效性由当时维新派所处的历史条件所赋予。

就维新派而言，他们的思想和他们的活动之间是相互寓于的，而不是泾渭分明。其中，维新派的思想支配维新派的活动；反过来，维新派的活动又反映维新派的思想。

历史上，大凡"变革"，总有"反变革"与之共生共存，戊戌变法也不例外。因此，在戊戌变法过程中，一直贯穿着一条主线，那就是"维新派"和"守旧派"之间的对立、抗制和论争，其焦点有三：要不要兴变法；要不要兴民权；要不要兴新学。

毫无疑问，"变法"、"民权"和"西学"是维新派所诉求的，也是守旧派所抗制的。"诉求"和"抗制"的共时性，一方面决定了戊戌变法道路的艰巨和坎坷，另一方面又要求维新派在推介自己的思想时，必须借助有效的工具或手段。"工具"和"手段"的创制和运用过程，即是戊戌变法不断推进的过程，是维新派的思想和维新派的变法行动不断呈现的过程。这个过程主要包括：创设包括学会、学堂、书局、报纸在内的各种使变法思想得以栖息的载体，如万木草堂、时务学堂、大同译书局、强学会、保国会、南学会、《湘报》《国闻报》和《中外纪闻》等；撰写包括文章、著作、奏折、译作在内的各种宣传变法思想的著述，如康有为的《新学伪经考》《孔子改制考》《日本政变考》《应诏统筹全局折》，梁启超的《变法通议》，谭嗣同的著作《仁学》，严复翻译的《天演论》等；通过上书的方式反映维新派的变法思想，如"公车上书"等。由于康有为是变法的主要领袖，所以他的认识反映了戊戌变法的主要思想。因此，不妨重点介绍被梁启超称之为

"飓风"和"火山喷发"的《新学伪经考》和《孔子改制考》。

《新学伪经考》中的"伪经",指包括《古文尚书》《逸礼》《左氏春秋》等在内的儒家古文经典,"新学"指"王莽改制之学"。以往,"王莽改制"常表述为"王莽篡位"。康有为以"改制"置换"篡位",反映了他的政治倾向。所以,在"新学"和"伪经"的学理阐释上,康有为给出这样的逻辑:儒家古文经典是西汉人刘歆伪造,与孔子无关。刘歆所以这样做,目的是要帮助王莽实现改制。因此,儒家古文经典不是旧学,而是王莽改制之新学。

其实,儒家古文经典不一定是伪造的(事实可能与康有为宣称的恰恰相反),而且历代封建统治者都把儒家古文经典奉为神圣不可侵犯的至尊。康有为之所以冒天下之大不韪,竟然公开宣布古文经典为"新学"和"伪经",其着眼点不在"古",而在"今"。因为假如被奉为"至尊"的儒家古文经典都是可变的,那么在这个世界上还有什么是一成不变的呢?言外之意:变法大势所趋。所以,"新学伪经"之说的功用,是为戊戌变法张目。作为变法领袖,康有为也通过这部著作显示出与传统进行抗争的勇气和智慧。

《孔子改制考》给人的疑问是:在 19 世纪末搞变法,为什么要搬出几千年前的思想贤哲——孔子?众所周知,在文明的结构中,至少有器物、制度和心性三个维度。其中,器物层面的变革对社会核心价值观的冲击最弱,制度变革恰好相反。理解了这一点,也就不难理解为什么在洋务运动时期,尽管也遇到各种阻力,但还是持续近半个世纪。也正因为意识到搞制度变革要比器物变革面临更大的阻力,所以在变法过程中,维新派需要打造一位变法先师,需要运用这位变法先师的霸权话语去推介自己的思想,即所谓"托古改制"。综观康有为的"托古改制"思想,主要有两条阐释路径:

路径一,康有为强调孔子作"六经"——《诗》《书》《礼》《乐》《易》《春秋》,目的是要改当时"乱世之制"。事实上,"六经"并非都由孔子所作。康有为家学渊源,有深厚的国学根底,对于这些不可能不知。他之所以要把孔子虚构为中国历史上首倡"改制"的变法先师,是要向世人传达这样的信息:维新派的主张符合孔子的道统真谛;维新变法行动是继承孔子的事业,所以变法无可厚非。可见,康有为在运用孔子的话语霸权来证明自己思想合理性的过程中，把孔子变成维新派的精神傀儡。

路径二，运用最能反映《春秋》真义的《公羊传》中的两个思想来推介变法。其一，是"通三统"思想，即夏商周三代的法制并无沿袭，各代因时制宜，造出各代之法制。其弦外之音是：戊戌变法时代的中国也没有必要沿用祖制，也要因时制宜，造出属于这个时代的法制。其二，是"三世"学说，即与封建君主专制政体对应的"据乱世"、与君主立宪政体对应的"升平世"、与民主共和政体对应的"太平世"。尽管这种认识有牵强之嫌，但由于其中包含了君主专制政体被其他政体所取代的必然性，这就等于论证了变法的必然性。如此，在融合各种思想于一炉的过程中，康有为就开出了一剂既合乎古训又适应中国当时需要的处方，从而打开了制度现代化的突破口。

综观戊戌变法的全过程，维新派实际上抓了两条线：一是思想线——孔子，二是政治线——光绪皇帝。一般来说，专制君主大多抵制制度性变革。作为皇帝，光绪之所以有悖常理地站在维新派一方，主要是基于两个考虑：一是他不愿做"亡国之君"，因而寄希望于通过成功的变法来实现国家的救亡图存。二是他不愿做"虚位之君"和"傀儡之君"，因而寄希望于通过成功的变法摆脱慈禧太后的操纵和控制。在多次上书后，康有为提出《应诏统筹全局折》，阐释了"开制度局而定宪法"的变法真义，但遗憾的是，这种进步的政治变革理念最终被戊戌政变所锢塞。戊戌变法所以失败，其原因不止一端：

其一，维新派蔑视人民群众，变革仅仅依靠少数所谓有教养的人来进行。同时，他们也惧怕人民群众，这主要是由中国民族资产阶级的来源和特点所决定的。民族资产阶级由官僚、地主、买办、商人和工厂主组成，政治上和思想上与封建统治阶级有着千丝万缕的联系，这决定他们既具有进步性和革命性，也具有软弱性和妥协性。

其二，维新派没有自己的武装。他们谈变法头头是道，但一遇到武力威胁，就一筹莫展。谭嗣同在就义前给后人留下的那句著名的临终语"有心杀贼，无力回天"，其实就是维新派失望与无奈心境的真实写照。

其三，维新派不敢否定封建主义。在理论上，不敢否认旧权威，而运用"托古改制"来推介变法思想。这种不得已而为之的做法，固然有守旧派抵制力量强大的因素，但也应该看到，维新派身上的确还残留着封建士大夫的痕迹。在经济上，一方面要求发展资本主义，另一方面又不敢触动作为封建统治根基的封建土地所有制。戊戌变法主要凸显文明的制度维度，但事实上的变法内容并不仅限于制度和政治，还包括经济、军事和文化等等层面。在政治上，他们不敢否认封建制度。戊戌变法期间，政治上的变革措施不外乎"裁汰冗员"、"准许旗人自谋生计"、"准许百姓向朝廷上书"之类，根本没有找到康有为和维新派过去多次提到的"设议院"、"开国会"、"定宪法"、"兴民权"等主张，实际上已大大偏离了原先预设的轨道。这说明，康有为等后来趋于保守，这也是由民族资产阶级的特点所决定的。

其四，维新派多为文弱书生，没有掌握政府实权。维新派所依靠的光绪皇帝是一个既没有实权又缺乏实力的傀儡，在他的身后，还有势力强大的慈禧太后。这种情况从一开始就注定了戊戌变法失败的命运。

其五，制度变革的理念还没有形成社会共识。正如暨南大学掌门人——陈序经指出的，"盖当时之人，绝不承认欧美人除能制造，能测量，能驾驶，能操练之外，更有其他学问，而在译出西书中求之，亦确无他种学问可见。康有为梁启超谭嗣同辈，则生育于此种学问饥荒之环境中，冥想枯索，欲以构成一种不中不西，即中即西之新学派，而已为时代所不容。盖固有之旧思想既根深蒂固，而外来之新思想，又来源浅觳，汲而易竭，其支绌灭裂，固宜然也"。①

此外，维新派对帝国主义国家抱有不切实际的幻想以及变法的抗制力量强大等，也都是变法失败的重要原因。戊戌变法的失败说明，"中国不能实现自上而下的改造，至少不能很快改造"。②

【推荐阅读】

1. 萧功秦：《危机中的变革：清末现代化进程中的激进与保守》，上海

---

① 陈序经：《全盘西化的理由》，罗荣渠主编《从"西化"到现代化——五四以来有关中国的文化趋向和发展道路论争文选》，北京大学出版社1990年版，第376页。

② ［美］费正清：《伟大的中国革命：1800—1985年》，刘尊棋译，世界知识出版社2001年版，第164页。

三联书店 1999 年版。

2. 郑曦原：《帝国的回忆——〈纽约时报〉晚清观察记》，李方惠、胡书源、郑曦原译，当代中国出版社 2007 年版。

3. 康有为：《康有为全集》，中国人民大学出版社 2007 年版。

4. 宋德华：《近代思想启蒙先锋——康有为》，广东人民出版社 2005 年版。

5. 徐百军：《寻求富强：19 世纪末 20 世纪初中国知识分子对现代化道路的探索——以康有为和严复为个案的比较分析》，天津师范大学硕士论文，2008 年，收入中国优秀硕士学位论文全文数据库。

11. 以谭嗣同的"有心杀贼，无力回天"为基点，分析戊戌变法失败的原因。[①]

【问题提出】

19 世纪 90 年代以后，世界资本主义开始向帝国主义过渡，列强加紧对殖民地半殖民地国家的侵略和压榨，以《马关条约》的签订为标志，中国的民族危机空前加剧。在这一背景下，维新思想家提出变法主张，并迅即形成一股新的社会思潮。作为这一新思潮的倡导者，新兴资产阶级知识分子群体站在时代潮流的前列，以救亡图存为宗旨，强调只有实行维新变法，走西方资本主义国家的道路，才能改变中国积贫积弱的状况。继而，这一思潮演变为一场政治运动，即 1898 年的戊戌变法。然而它迅速以失败告终。这是继太平天国革命、洋务运动之后，先进中国人在探索国家出路上的第三次失败。总结戊戌变法失败的原因，有助于人们在深层次上认识近代中国复兴之路的艰巨性，并从中获得有益启迪。

【疑惑之点】

1898 年 6 月 11 日到 9 月 21 日，为期 103 天的维新运动是近代中国资产阶级探索救亡图存之路、实现其政治理想的第一次尝试，也是近代中国意义重大的一次思想启蒙运动。然而这场运动最终却是以变法的部分骨干——"戊戌六君子"被送上断头台这一悲剧而宣告失败的。"有心杀贼，无力回天。死得其所，快哉快哉！"这是"戊戌六君子"之一的谭嗣同临刑前悲怆的慨叹。这段话不仅反映出维新志士壮志未酬的遗憾心态，也道出了他们对变法失败原因的思索。

---

① 本问题撰写者为孙艺年。

【解疑释惑】

对戊戌变法失败原因的探析，国内学术界大体经历了以下几个阶段：

20 世纪初期，盛行"外力因素论"。其指称：戊戌变法之所以失败，是因为以慈禧太后为首的"后党"封建保守势力过于强大、以光绪帝为首的"帝党"维新派势力相对软弱。这一观点在民国时期颇为流行，最早见于梁启超所著的《戊戌政变记》。

20 世纪 40—50 年代起，伴随着马克思主义唯物史观在中国逐渐确立以及革命史观的盛行，学术界对于戊戌变法失败的原因分析，"大体以旧民主主义革命失败的普遍原则去考察"，[①] 强调戊戌变法失败的原因在于：维新派不敢也不愿以革命手段实行变革，唯希望通过温和的改良方式改造中国；不敢放手发动群众，而是依靠没有实权的封建君主；对帝国主义抱有幻想。

"文革"时期，在极"左"思潮影响下，阶级斗争史观被绝对化和真理化，改良主义遭到否定，人们把变法失败的主要原因归咎于维新派的软弱。此类观点可称为"内因决定论"。内因决定事物的发展，本是马克思主义的基本观点。但是，过于强调内因的决定作用，势必造成片面化、绝对化的错误倾向，其结果必然是"对戊戌变法从根本上加以否定"。[②]

改革开放以来，史学界重拾"实事求是"学风，在探讨戊戌变法失败的原因时，更加注重剖析其内外因各种因素，力求对其进行理性而客观的估价，此即"综合因素论"。

综合史学界已有的研究成果，戊戌变法失败的原因大致可以归纳如下：

从客观上讲，戊戌维新时期，广大民众还没有从传统思想的羁绊中挣脱出来，因而维新运动缺乏广泛的社会基础；封建势力固然已经腐朽没落，但对于维新变法来说，仍然是强大的阻碍和破坏力量。清王朝封建统治的实权还牢牢地掌控在以慈禧太后为首的"后党"手中，诸如人事任免权、军权等。尤其是军权，在戊戌政变中起到至关重要的作用。以至于维新派和"帝党"势力不敌"后党"，使此次变法转瞬夭折。

---

① 李喜所：《关于戊戌变法失败原因的历史反思》，《史学月刊》1998 年第 4 期。
② 林华国：《近代历史纵横谈》，北京大学出版社 2005 年版，第 209 页。

从主观上讲，戊戌变法失败的主要原因在于中国民族资产阶级成长的不充分和先天不足。民族资产阶级自诞生之日起就遭遇到外国资本主义和本国封建势力的双重压榨和摧残，只能在夹缝中艰难而缓慢地发展，且对上述二者时有依赖或抱有幻想。这就决定了民族资产阶级天生就具有软弱性和妥协性，表现在政治上即是斗争的不彻底性，不敢与帝国主义和本国封建势力彻底的决裂。

具体说来，其一，变法之初，康有为和梁启超等维新派在政治上曾提出设议院、颁宪法等主张，而在其后具体的变法实际中，已再无半点影子，其对封建势力妥协之意自不待言。其二，戊戌变法意在维新，但康有为却抬出作为封建卫道士象征的孔子以"托古改制"，这一点固然有其试图减少改革阻力的隐衷在内，然而此举无疑会使变革的效果大打折扣。其三，维新派在政治上表现出十足的稚嫩。他们低估了中国封建保守势力的强大，把变法成功的希望寄托于一个没有实权的封建皇帝身上；无论在朝中还是地方，他们几乎毫无政治基础，作为组织，维新派也只是一个松散的团体，缺乏与封建顽固势力相抗衡的实力。

除此之外，戊戌变法者在认识上的失误有四：一是对光绪皇帝期望过高，将变法成败全押于其一人身上，殊不知光绪皇帝虽欲有所作为却并无实力，"帝党"不敌"后党"，最终使维新志士惨遭屠戮。二是对袁世凯这一封建军阀的本质认识不清。在戊戌政变的前一天晚上，谭嗣同夜访袁氏，试图劝其帮助维新派和光绪帝；袁世凯表面应允，暗中告密，并充当了镇压变法的刽子手。三是对帝国主义的本质缺乏正确认识。康有为和梁启超等人曾满心希望列强会因中国推行资产阶级性质的变法而对维新派鼎力相助。殊不知，帝国主义绝不希望一个强大中国崛起而使自己的在华利益受损。四是对自身实力估计不足，以为只凭若干志同道合者便可以通过光绪皇帝一人之力改变在中国延续了两千多年的封建统治秩序。维新派既看不到民众的力量，也不敢放手去发动民众，这是其最为严重的失误。

谭嗣同是维新派中的激进者，"有心杀贼，无力回天"道出了其欲图推行激进变革而未成功的莫大遗憾。还是在戊戌变法失败后不久，即有日本学者指出，戊戌变法的失败，在于其变革的过激。在《戊戌政变记》中，梁启超严正地驳斥了这一观点。至 19 世纪末，中国的封建社会已极其腐朽，行将就木。但是，封建统治者仍在竭力维持其统治。脓疮的溃烂深至筋骨，不进行彻底的切除，任何补救措施都将无济于事。"要维新，就必须除旧，要除旧，就必然会触动一部分人的切身利益并遭到这些人的反对。而要排除阻力，贯彻新政措施，就必须惩治顽固派，拔擢新进"。①戊戌维新的失败，败在客观上封建势力的相对强大和主观上维新派的软弱与妥协，而非政治上的过激。

【推荐阅读】

1. 《马克思主义和改良主义》，《列宁选集》第 2 卷，人民出版社 1995 年版。

2. 李双璧：《从"形式"看戊戌变法失败的原因》，《光明日报》1998 年 9 月 18 日。

3. ［美］汪荣祖：《从传统中求变——晚清思想史研究》，百花洲文艺出版社 2002 年版。

4. 汤志钧：《戊戌变法史》（修订本），上海社会科学出版社 2003 年版。

5. 耿茹：《近十年来戊戌变法失败原因研究综述》，《历史教学》2003 年第 5 期。

---

① 朱国栋：《也论戊戌变法失败的历史原因》，《四川大学学报（哲学社会科学版）》1987 年第 1 期。

第三章 辛亥革命与君主专制制度的终结

1. 为什么20世纪初的"清末新政"和"预备立宪"不能挽救清王朝覆灭的命运?①

【问题提出】

清朝末年的"新政"和"预备立宪"是一次姗姗来迟的改革，其失败是晚清社会矛盾总体爆发的必然结果。1898年戊戌变法时，清政府尚有一定的变革主动权，但它却拒绝变革，丧失了一次难得的机会。只是在经历了两年后的"庚子巨变"这种大流血之后，清朝政府才在内外交困的情况下迫不得已开始改革。"清末新政"及"预备立宪"展示了封建统治阶级在风雨飘摇的形势下，被动应变所能达到的程度。作为其政治代表的清廷，在朝不保夕的状态下，为了缓和社会矛盾，消弭革命风暴，开展了适应潮流的改革。但是，这些改革到头来却是削弱而不是巩固它的统治。由于清廷本身不可能真正改变其专制、卖国的本质，因此清王朝在革命风暴中走向灭亡是其不可避免的历史归宿。

【疑惑之点】

如何理解"清末新政"和"预备立宪"中的主观动机与客观效果的背离？清王朝真的想实行改革，并在中国推行立宪政体吗？正在实行改革的清王朝为何会成为中国现代化进程的绊脚石？

---

① 本问题撰写者为赵爱伦。

【解疑释惑】

"清末新政"和"预备立宪"是清王朝自我挽救的迫不得已的选择。1901年1月29日，清廷在西安发布"变法"上谕，开始推行改革，历时十年之久。改革的范围包括教育、军事、经济、法制与政治等多方面。

在教育方面，最重大的举措和成果是废除科举制度，建立新学堂，派遣留学生，出台中国最早的近代学制——癸卯学制（1904年）。在军事方面，编练新军，进行军制改革，使中国开始有了现代军队的崭新建制和兵种分类。在法制方面，改变了"诸法合体"的传统法律结构，制定《大清民律草案》《刑事诉讼律草案》《民事诉讼律草案》《大清商律草案》，根据西方行政、立法、司法"三权分立"的原则，实行政刑分离、司法独立，制定《各级审判厅试办章程》和《法院编制法》。在政治方面，前期以改革官制为主，包括整饬吏治，裁汰、合并中央和地方的若干旧有机构。后期主要是涉及政治体制改革的"预备立宪"，特别是设立资政院和谘议局。

客观而言，清末十年改革推动了中国社会的现代化过程。在改革进程中，废除科举制度，初步建立近代教育体系；形成近代军事制度；奖励实业，刺激了经济发展；法制改革开启了中国法制现代化的进程。因此，"清末新政"和"预备立宪"不止是继承了洋务运动，而且在广度和深度上都超过了戊戌维新变法运动。然而，这一切都不能挽救清王朝覆灭的命运。其原因不止一端：

第一，"清末新政"的主观动机与客观效果彼此背离。清政府推行教育改革，其主观目的是想造就"尊崇孔教，爱戴大清国"之人。但160余万新式学生的出现和众多八股士类的淘汰则直接和间接地牵动了整个社会。[①] 新式的教育培养出的新型知识分子思想解放，对清廷的本质有更深刻的了解，不愿再受皇权专制的束缚，反满情绪就更加强烈，他们或主张立宪，或参加革命，成为清王朝的掘墓人。

军队是国家机器的重要组成部分，是清王朝赖以维持其统治的支柱之

---

① 《陈旭麓文集》第1卷，华东师范大学出版社1996年版，第407页。

一。20 世纪初，清政府在全国各省扩编新军，是为了镇压变乱、维持其正在动摇中的统治秩序。然而事与愿违，其给革命党人在各省提供了发展势力的机会。革命党人在新军中的宣传，使新军接触新思想，受到革命的鼓舞，最终成了清王朝的叛军。

清政府奖励实业，是想借此摆脱严重的财政危机。在客观上，奖励实业推动了民族工商业的发展，使民族资产阶级及其知识分子队伍日益成长和壮大。民族资产阶级及其知识分子对与之匹配的政治制度和权利的要求愈加强烈，与专制制度的冲突也愈大，他们要求实现君主立宪，提升其政治地位，参与到国家政权管理中，掀起了立宪请愿运动。

此外，在清末十年改革中，以袁世凯为首的北洋集团迅速脱颖而出，实力急剧壮大，竟发展到清廷无法驾驭和控制的地步，这对后来的辛亥革命和民国初年的政局走向影响很大。

总之，清政府原想借实行改革来实现王朝的自我挽救，但"新政"和"预备立宪"非但没有延长它的寿命，反而都走向了清政府希冀的反面，从某种意义上说，还加速了它的灭亡。

第二，清王朝假"立宪"之名，行"集权"之实，并没有改变其卖国的本质。时至 1905 年，清政府在财政、军事和经济等细枝末节上的改革已经不能满足清末政局发展的需要。作为支持晚清君宪政体的力量，立宪派在社会经济、文化领域有很大优势，代表先进的力量，延续了维新派的政治改良主张，主张以立宪作为振兴中国的唯一途径。特别是日俄战争后，中国各阶层普遍认为，是日本君主立宪政体战胜了沙俄专制政体，举国上下要求立宪的呼声日高。次年 9 月 1 日，清廷终于发布"仿行立宪"的上谕，宣布进入预备立宪阶段。1907 年，清廷下旨在京师成立资政院，在各省成立谘议局。对此，国内当时学生、市民、申商集会、游行、演讲，表示欢迎。

可是，清廷并不珍视此时对它来说极其重要的民意。1908 年 8 月，清政府颁布了以日本宪法为范本的《钦定宪法大纲》，共 23 条。其中，14 条关于"君上大权"，规定：大清帝国万世一系，并将预备立宪期定为 9 年。其对权力的垄断超过了日本的明治宪法。对此，革命派和立宪派都表示反对，认为其"偏重于命令权"、"专制之余风未泯"、"最足假以文饰其专制"，并警告清廷：若要"出其狡猾阴险之手段，假钦定宪法之名，颁空文数十条以愚吾民",必"动摇国本而伤君民之感情"。在"预备立宪"过程中,清廷不时以条件不完备一再拖延,使立宪派终于认识到:"政府宁肯与人民一尺之空文,不肯与人民一寸之实事",开始号召"人民与之争者,宜与争实事,而不与争空文"。①

1907年起,立宪派发起和平请愿,要求开国会。而地方士绅和商界首领对开国会的要求更甚。1910年,国会请愿同志会在北京连续发起三次大规模的国会请愿运动,要求速开国会,遭到清政府的拒绝。各地立宪派纷纷发动签名、集会、游行,提出"不开国会,人民不承认新捐税"的口号。②

1908年光绪帝和慈禧太后相继去世后,不满三岁的溥仪继位,改元"宣统",最高统治层出现权力真空,晚清政局再一次陷入混乱,各种政治势力开始蠢蠢欲动,伺机夺取政权。一方面,掌握最高权力的皇亲贵胄惟恐大权旁落,拼命想借"预备立宪"之名推行中央集权,并排挤汉族官僚,削夺汉族官僚的某些职位和权力;另一方面,地方督抚(汉族官僚实力派)竭力培植各自的势力和各种社会关系与之对抗,并要求"划分中央与地方行政权限",实行责任内阁制,以削弱皇帝和王公大臣的权力。

为加强统治,摄政王载沣在罢免袁世凯后,大肆笼络皇亲贵族,贬黜许多重要的汉族官员,并以满洲贵族替补,试图利用皇族的力量来排挤汉族官员。因此,1911年5月8日,清廷成立所谓"责任内阁"。在钦定的13名内阁成员中,9人为满人。而9名满人中,有7名为皇族成员,总理大臣由庆亲王奕劻担任。因此,人们称之为"皇族内阁"。载沣的"主要目的就是如何把权力集中到自己手中","一切努力只是拼命抵挡或推迟国家的破产和政治革命"。载沣推行由皇族独揽国家大权的政策,使满汉官僚之间矛盾加深。他的这种做法,也只是"形式上的加强,非但不能使自己强大起来……且这种做法只能激起汉人的排满情绪"。"此时,越发加深种族的反感……并认识到当此内忧外患时,为了保住国家,决不能把政权交给如此自私自利的满洲朝廷。"汉族官僚逐渐对清政府彻底失望,从而加剧了汉族地主官僚的离心倾向。同时,立宪派对清组织"皇族内阁"极为愤慨,各省

---

① 雷颐:《历史的进退》,广西师范大学出版社2009年版,第44页。
② 王宪民、蔡乐苏主编:《中国近现代史述要》,清华大学出版社2008年版,第92页。

谘议局联合上书都察院，申明"君主不担负责任，皇族不组织内阁，为君主立宪国唯一之原则"。清廷却呵斥立宪派干预朝政，"议论渐进嚣张"。立宪派对清廷更感失望，公开发表宣言，阐明王公亲贵组成的所谓内阁完全是"名为内阁，实则军机；名为立宪，实则专制"。[①]

"皇族内阁"的成立等于向世人昭示清朝统治者并不是真心想发展立宪政治，只是想借"君主立宪"的名义来加强贵族的统治，加强中央集权。清廷所谓"立宪"只是一个幌子，根本不想放弃实权。在这场看似先进的运动中，并没有使中国社会进步，反而加剧了统治集团的争斗和清王朝的瓦解，使清廷众叛亲离，成了孤家寡人。清末的"立宪"运动不仅没有把中国送上"立宪"道路，反而迫使许多立宪派投身革命，随之而来的保路风潮终于把中国逼上革命道路。立宪派分享政权的希望完全落空后，分化为几股势力，其中大多倒向革命。

"皇族内阁"成立伊始，即在帝国主义列强的压力下，倒行逆施地宣布将原本经过艰苦斗争从帝国主义手中收回的、已经交由民营的铁路收归国有，并转让给外国列强，这必然激起全国人民的愤怒，引起汹涌澎湃的保路运动。为保卫自己的产权，在立宪派的领导下，几省都爆发"保路运动"。尤以四川保路风潮最为激烈，最终成为辛亥革命的导火线。

武昌起义爆发后，在各方舆论的谴责、声讨下，清廷于1911年10月30日不得不下谕"皇族内阁与立宪政体不能相容，请取消内阁暂行章程，实行内阁完全制度，朕心实深嘉纳，一俟事机稍定，简贤得人，即令组织完全内阁，不再以亲贵充当国务大臣，并将内阁办事暂行章程撤销，以符宪政而立国本"[②]，接受了奕劻等人的辞职。随后，重新起用袁世凯，任命他为内阁总理大臣。至此，"皇族内阁"的闹剧落下帷幕，长达十年之久的清末改革也匆匆结束。

综上所述，对外来侵略，清王朝总体上是妥协、投降的，且长期因循苟且，延误中国奋发图强的宝贵时机，是使中国沦为半殖民地半封建社会的主

---

① 靳丽波：《清末新政中的统治阶级政争》，吉林大学硕士论文，2006年，收入中国优秀硕士学位论文全文数据库，第26—27页。

② 靳丽波：《清末新政中的统治阶级政争》，吉林大学硕士论文，2006年，收入中国优秀硕士学位论文全文数据库，第27页。

要内因。20 世纪初，清王朝推行的"新政"和"预备立宪"，是在统治力量极大削弱之后的被动应变之举。尽管在一些方面缓慢地顺应了时代潮流，却始终不曾改变其封建专制本质，也没有停止对外妥协的行径。因此，清末的改革无法挽回作为封建统治阶级政治代表的大清王朝覆灭的命运。

【推荐阅读】

1. 吴春梅：《一次失控的近代化改革：关于清末新政的理性思考》，安徽大学出版社 1998 年版。

2. 张连起：《清末新政史》，黑龙江人民出版社 1994 年版。

3. 徐爽：《1901—1911：旧王朝与新制度：清末立宪改革述论》，中国政法大学博士论文，2006 年，现藏国家图书馆。

2. 孙中山并未直接参加武昌起义，他何以成为辛亥革命的领导者和中国革命的先行者？[①]

【问题提出】

孙中山（1866—1925），名文，字德明，号逸仙，广东香山人。因为他曾化名中山樵，所以人们称之为孙中山。"中国民主革命的伟大先行者"一说，出自毛泽东的《纪念孙中山先生》一文。在该文中，毛泽东称孙中山是"伟大的革命先行者"，并赞扬他是中国革命民主派的旗帜，在辛亥革命时期，领导人民推翻帝制、建立共和国的丰功伟绩。孙中山是辛亥革命的核心人物，是一位对 20 世纪的中国历史产生巨大影响的革命伟人。透过对孙中山革命之路的考察，剖析他的历史地位，不仅有助于加深对辛亥革命的理解，而且也有助于把握辛亥革命在中国近现代史上的历史定位。

【疑惑之点】

关于孙中山是"中国民主革命的伟大先行者"，国内学术界早已达成共识。可是，1995 年，香港天地图书出版公司出版了李泽厚、刘再复的一本对谈录——《告别革命：二十世纪中国对谈录》，鼓吹"告别革命"，攻击辛亥革命是"激进主义思潮的产物，其实是不必要的"[②]，从而否定了孙中山的历史地位和功绩。言者凿凿，闻者耸动，一时间在海峡两岸掀起了不小的波澜。那么，孙中山为什么会走上民主革命的道路？他到底怎样走上革命之路？在中国近代史上，孙中山的历史地位究竟如何？尤其是 1911 年武昌起义时，孙中山还远在美国，并未直接领导这次起义，他何以成为辛亥革命

---

① 本问题撰写者为黄进华。
② 卢毅：《"告别革命论"辨析》，《探索》2000 年第 2 期。

的领导者？

【解疑释惑】

19 世纪末 20 世纪初，中国外有西方列强步步进逼，内有腐朽的清政府压榨、奴役，中华民族处于危急之中。这时，孙中山勇敢地站了出来，积极探索民主革命的新道路，作出了杰出的贡献：

第一，很早就投身革命事业，立志推翻清朝的封建统治。童年时，孙中山就喜欢听太平天国老兵讲故事。清廷的腐败、人民群众英勇反抗的壮举，在他幼小的心灵里留下了深深的印记。后来，在哥哥孙眉的安排下，孙中山远赴夏威夷读书，途中遇到清朝税吏勒索，使他对清廷的腐败有了切身的感受。1885 年，在中法战争中，中国军队取得镇南关大捷，却要向法国割地、赔款，这对年轻的孙中山刺激很大。次年，孙中山赴香港学习医学。在香港求学期间，孙中山经常与同学陈少白、尤列、杨鹤龄等人纵论时政，称颂太平天国，被人称为"四大寇"，他也自诩为"洪秀全第二"。

1894 年 5 月，眼见多灾多难的祖国处于风雨飘摇中，孙中山抱着一线希望来到天津，上书朝廷重臣李鸿章，陈说救国大计，指出"欧洲富强之本，不尽在于船坚炮利，垒固兵强，而在于人能尽其才，地能尽其利，物能尽其用，货能畅其流"，但是李鸿章对此却不予理会。同年，中日甲午战争爆发，清军连吃败仗，威风扫地，孙中山意识到清政府已经无药可救，决心投身革命事业。

第二，建立了中国第一个资产阶级革命政党——同盟会，并制订了比较完整的革命纲领——"三民主义"。

1894 年，孙中山在檀香山成立中国最早的民主革命团体——"兴中会"，以"驱除鞑虏，恢复中华，创立合众政府"为入会誓词，提出了推翻封建统治、建立民主共和国的革命纲领。1905 年 8 月，以兴中会、华兴会、光复会等革命团体为基础，孙中山在日本东京创建"中国同盟会"，并被推举为总理，他提出的"驱除鞑虏，恢复中华，创立民国，平均地权"的主张被采纳为同盟会的纲领。

随后，在《民报》发刊词中，孙中山将这个革命纲领归结为"三民主义"。一是"民族主义",即以革命手段推翻满清政府,建立"民族独立的国家"。二是"民权主义",即通过国民革命推翻封建君主专制,建立资产阶级民主共和国。三是"民生主义",即核定全国土地的地价,革命之前的地价仍属原来的主人,革命之后的增价则归国家,由国民共享。

同盟会成立后,在孙中山领导下,革命党人先后发动几十次武装起义,给清朝统治者以沉重的打击。

第三,建立了亚洲第一个民主共和国——中华民国,当选临时大总统,并颁布一系列推动资本主义发展的政策和措施。

1911年10月10日,武昌起义取得成功,成立了湖北军政府。由于革命领袖孙中山远在海外,起义军只得推选黎元洪为湖北军政府都督,但他们的《中华民国公报》仍以"中华民国军政府大总统孙(中山)"的名义发出。随后,广东、福建、浙江等十多个省宣布"独立"。同年12月底,孙中山回国,被各省代表会议推选为临时大总统。1912年1月1日,孙中山在南京就职,建立了中国第一个资产阶级民主共和政府——南京临时政府。2月12日,末代皇帝溥仪被迫退位,结束了在中国延续2000多年的皇权专制统治,辛亥革命取得胜利。

在孙中山领导下,南京临时政府制定了一系列代表资产阶级利益的政策和措施,如鼓励发展资本主义工商业、保护人权、禁止买卖人口、废除奴婢、改革教育文化制度等。特别是这年3月,临时参议院颁布具有资产阶级共和国宪法性质的《中华民国临时约法》,规定:"中华民国之主权属于国民全体",实行"三权分立",并规定国民一律平等,享有许多民主权利。

第四,毕生投身革命事业,并在晚年实现历史性转变。

1912年春,由于受到帝国主义、封建主义的强大压力,革命党自身又比较软弱,困难重重,孙中山被迫辞去临时大总统,让位于袁世凯。此后,孙中山积极宣传民生主义,并亲自担任全国铁路督办,雄心勃勃地准备修建10万公里铁路。次年,袁世凯派人暗杀国民党领袖宋教仁,孙中山发动"二次革命",失败后流亡日本,组建中华革命党。1915年,袁世凯倒行逆施,公然复辟帝制,孙中山两次发表宣言,号召全国人民与这个"独夫民贼"开展斗争。1917年,由于段祺瑞为首的北洋军阀拒绝恢复《临时约法》和国会,孙中山两次南下广州,建立军政府,发动护法运动,都以失败告终，这使他认识到南北军阀都是"一丘之貉"。其后，孙中山隐居上海，撰写《建国方略》，提出了改造和建设中国的宏伟蓝图。

1917 年，俄国十月革命的消息传来，孙中山非常激动，亲自致电列宁，祝贺俄国革命的伟大胜利。1919 年，五四运动的胜利给孙中山以很大鼓舞。1920 年，孙中山开始与苏俄接触，会见了共产国际代表马林，讨论建立革命政党和革命武装。1922 年，孙中山在广州就任非常大总统，准备挥师北伐，但他一手扶植的广东军阀陈炯明竟然发动叛乱，炮轰总统府，这对孙中山打击很大。经过深刻的反思，他决定接受共产国际和中共的帮助，欢迎李大钊等共产党员以个人身份加入国民党。1923 年，他与苏联代表越飞发表《孙文—越飞宣言》，奠定了联俄的基础。1924 年 1 月，孙中山在广州主持召开国民党"一大"，通过了新的党纲、党章，确立了联俄、联共、扶助农工的"三大政策"，并重新解释了三民主义，充实了反帝、反封建的内容，这标志着孙中山的革命思想和革命事业发展到新的阶段。

同年 10 月，冯玉祥在北京发动政变，邀请孙中山北上共商国计。在北上途中，孙中山提出了废除不平等条约、召开国民会议的主张。1925 年 3 月 12 日，孙中山在北京不幸病逝。在弥留之际，他"念念不忘的仍是'和平、奋斗、救中国'"①，并签署《国事遗嘱》《家事遗嘱》和《致苏俄遗书》，总结了数十年的革命经验，指出"必须唤起民众"，"联合世界上以平等待我之民族，共同奋斗"，发出了"革命尚未成功，同志仍须努力"的号召。

总之，孙中山是近代中国的一位革命巨匠，他的功绩与山河共存，他的风骨与日月同辉。在中国近代史上，他首先喊出了"振兴中华"的口号，为中国的民主革命事业耗尽了毕生的心血，建立了不可磨灭的功勋，是一位完全的革命家。因此，鲁迅称赞孙中山是一位"全体，永远的革命者"，"站出世间来，就是革命，失败了还是革命；中华民国成立之后，也没有满足过，没有安逸过，仍然继续着进向近于完全的革命的工作"。②

---

① 胡锦涛：《在孙中山先生诞辰一百四十周年大会上的讲话》，《人民日报》2006 年 11 月 13 日。

② 鲁迅：《中山先生逝世后一周年》，《集外集拾遗》，人民文学出版社 1959 年版，第 179 页。

【推荐阅读】

1. 孙中山：《孙中山全集》第 1 卷，中华书局 1981 年版。

2. 金冲及、胡绳武：《辛亥革命史稿》，上海人民出版社 1985 年版。

3. 贺觉非等：《辛亥武昌起义史》，湖北人民出版社 1985 年版。

4. 李守鹏等：《孙中山全传》，江西人民出版社 2001 年版。

5. 金冲及：《孙中山和辛亥革命》，广东人民出版社 1996 年版。

6. 林启彦等：《有志竟成：孙中山、辛亥革命与近代中国》上、下册，香港近代中国史学会 2006 年版。

3. 孙中山为什么说"二次革命"的失败"非袁氏兵力之强，实同党人心之涣散"？①

【问题提出】

1914 年 3 月，孙中山给黄兴写信指出："癸丑之役，（孙）文主之最力，所以失败者，非袁氏兵力之强，实同党人心之涣散。"② 农历癸丑年是 1913 年，"癸丑之役"即发生在这一年的"二次革命"。"二次革命"是民国前期一个重要的政治分水岭，它宣告了民国初年的宪政试验失败，以袁世凯为代表的北洋军阀专制统治得以确立，因而具有重要的研究价值。

【疑惑之点】

1911 年，武昌起义胜利后，在摧枯拉朽的革命运动冲击下，清王朝很快分崩离析。直到"二次革命"前，孙中山领导的国民党依然控制着南方七八个省和十几万军队，并在刚刚产生的第一届国会中占据着多数席位，具有相当的军事和政治实力。可是，1913 年"二次革命"爆发后，为时不过两个月就宣告失败，这个结局实在令人不可思议："强大"的国民党怎么会失败得如此之快？是对手——袁世凯的实力太强大？还是国民党自身的原因？抑或是别的什么原因？"二次革命"的失败，究竟对当时的中国政局产生了怎样的影响？

【解疑释惑】

1912 年春，清帝退位后，孙中山辞去了临时大总统，让位于袁世凯。

---

① 本问题撰写者为黄进华。
② 孙中山：《致黄兴书》，《孙中山选集》，人民出版社 1956 年版，第 96 页。

116

这时，孙中山一度认为，三民主义中的民族主义和民权主义已经实现，因而四处演讲，大力宣传民生主义，积极倡导兴办实业，并亲自出任全国铁路督办，鼓吹修建 10 万公里铁路。

辛亥革命胜利后，袁世凯虽然控制了北京政府，但面对国内强大的民主潮流，他也不得不一再表示遵守《临时约法》，中国于是开始了第一次民主宪政的试验。当时，国内一度出现几十个政党，呈现罕见的"政党政治"局面。同年 8 月，在征得孙中山、黄兴同意后，宋教仁以同盟会为基础，联合统一共和党等几个小党派，成立了国民党。国民党实行理事会议制，推孙中山为理事长，黄兴、宋教仁等八人为理事。由于孙中山忙于铁路建设，无心问政，便命宋教仁代理其职，宋教仁遂成为国民党实际上的"领导中心"。

1912 年底和 1913 年春，国民党在第一届国会选举中大胜，其议席数量大大超过倾向于袁世凯的民主、共和与统一三党议席总数。这时，国民党内一片欢腾，准备推选宋教仁为内阁总理，掌握实权。对此，袁世凯大为惊恐。3 月 20 日，宋教仁在上海火车站遇刺身亡。经过调查，各项证据都指向了内阁总理赵秉钧。同时，临时大总统袁世凯也牵扯其中。证据一公布，舆论顿时大哗。

在宋教仁死后，国民党顿时失去了"领导中心"，内部分裂。宋教仁的鲜血使孙中山等人看清了袁世凯的真面目，因而主张先发制人，推翻袁世凯的统治，即"武力倒袁"。黄兴等大多数党员担心国民党实力不足，用武力推翻袁世凯没有把握，而中华民国已经成立，《临时约法》依然有效，国民党又是国会多数党，可以依靠法律制裁袁世凯，即"法律倒袁"。于是，在究竟是"武力倒袁"还是"法律倒袁"的问题上，国民党内部出现了分歧，争论不休，迟迟没有采取实际行动。

这时，袁世凯一方面与帝国主义列强签订《善后借款合同》，大举借款，充作军费；另一方面，积极扩军备战，既联合湖北都督黎元洪，又支持梁启超将民主、共和与统一三党合并为进步党，拥护袁世凯，在国会中与国民党对抗。6 月，在做好战争准备后，袁世凯下令将江西都督李烈钧、广东都督胡汉民和安徽都督柏文蔚等人免职。至此，袁世凯已和国民党正式决裂。但是软弱的国民党人却仍然不希望决裂，李烈钧、胡汉民和柏文蔚都陆续表示服从命令，不准备抵抗。可是，北洋军仍然按照原定计划大举南下，一路主攻上海、南京，一路主攻江西，一路控制湖南，一路为预备队。

在强敌压境下，孙中山、黄兴等国民党领袖被迫放弃争论，仓促应战。7月12日，李烈钧在江西湖口宣布"独立"，并发表"讨袁檄文"，孙中山号召的"二次革命"正式开始。这时，黄兴也认识到"法律解决既经无效，乃不得不诉之于武力，作最后之解决"①。15日，黄兴赶到南京，逼迫江苏都督程德全响应，并组织"江苏讨袁军"，亲自担任总司令。随后，安徽、上海、广东、福建、湖南和四川重庆等地也相继宣布"独立"，一时间声势颇为浩大。

可是，"二次革命"的领导者既没有制定坚定的革命纲领，发动广大人民群众参加，又缺乏战略计划和统一指挥，没有实现战略协同。领导这次革命的中国国民党更是四分五裂，丧失了战斗力，根本无法与袁世凯对抗。

当时，国会是中华民国的最高立法机构，也是民国的一面旗帜；如果国会南迁，在政治上对袁世凯肯定是一个沉重的打击。当时，参议院议长张继（国民党员）曾在上海发表宣言，严厉谴责袁世凯，号召全体国会议员迁出北京，以抗议袁世凯的暴行。但在袁世凯的威逼、利诱下，占据国会多数席位的国民党议员们依然端坐议场，静观时变，似乎开展"二次革命"的是另一个"国民党"，与自己无关，而国民党北京本部竟然向袁世凯屈服，宣布将黄兴、李烈钧等人开除出党，这无疑是在为袁世凯壮胆撑腰。同时，袁世凯又竭力分化国民党议员，拉拢一些政治不坚定分子另组小政团，如国事维持会、潜社、相友会、超然议员社和癸丑同志会等，脱离国民党。

因此，"二次革命"爆发后，各地讨袁军仓促上阵，各自为战，内部又不团结，纷争不断，因而陷入了孤军作战的困境。加之军事力量上的劣势，战局急转直下。7月，北洋军攻陷湖口、南昌，占领江西。9月1日，张勋率"辫子军"攻占南京，各地也相继取消"独立"，"二次革命"失败，孙中山、黄兴和李烈钧等人逃亡日本。不久，袁世凯胁迫国会"选举"他为正式大总统；随后，他就下令解散国民党和国会，确立了自己的独裁统治。

在性质上，"二次革命"是孙中山发动的一次反抗袁世凯的独裁统治、捍卫民主共和制度的武装斗争，是一次保卫辛亥革命胜利成果的正义斗争。

---

① 黄兴：《黄兴集》，中华书局1981年版，第342页。

可是，领导这次革命的国民党并不是一个强有力的革命政党，它已经政治腐化，组织涣散，软弱无力，根本不是袁世凯的对手。孙中山流亡日本后，汲取"国民党是一盘散沙，乌合之众"① 的教训，认为"二次革命"之所以失败，"非袁氏兵力之强，实同党人心之涣散"，因而放弃国民党的旗帜，另外组建"中华革命党"。在组织上，中华革命党实行总理制，要求党员入党时必须按指模、立誓约，保证牺牲一切，服从孙中山的领导。对此，黄兴等人反对，并拒绝加入，革命势力分裂。

总之，"二次革命"实际上是辛亥革命的继续。"二次革命"失败后，袁世凯确立了自己的专制统治，中国历史上的第一次民主宪政试验失败，辛亥革命的胜利成果几乎丧失殆尽。因而，"二次革命"又是辛亥革命的终结。"二次革命"的失败，标志着20世纪初中国政治从君主专制向民主共和转型的严重受挫，充分证明了中国民族资产阶级的软弱性，说明资产阶级民主共和国的道路在中国行不通。

【推荐阅读】

1. 金冲及、胡绳武：《辛亥革命史稿》，上海人民出版社 1985 年版。

2. 李新、李宗一：《中华民国史》第 2 编第 1 卷，中华书局 1987 年版。

3. 金冲及：《孙中山和辛亥革命》，广东人民出版社 1996 年版。

4. 林风：《孙中山与袁世凯》，中国档案出版社 1995 年版。

5. 廖一中：《一代枭雄袁世凯》，北京图书馆出版社 1997 年版。

6. 李守鹏等：《孙中山全传》，江西人民出版社 2001 年版。

---

① 陈邵先：《孙中山先生的革命精神鼓舞了我们》，《人民日报》1956 年 11 月 11 日。

4. 有"一代枭雄"或"乱世奸雄"之称的袁世凯是如何发迹和如何窃取革命果实的?[①]

【问题提出】

袁世凯（1859—1916 年），字慰亭，号容庵，河南项城人，北洋军阀的鼻祖，中华民国第一任正式大总统。在 19、20 世纪之交近代中国社会大转型的过程中，袁世凯从一介武夫到位极人臣，从"前清重臣"到"洪宪皇帝"，翻手为云，覆手为雨，他的一生充满了矛盾和冲突，堪称其所处历史时期的"缩影"。考察中国近代史，无法绕开袁世凯这个具有高度争议性的人物。

【疑惑之点】

在中国近代史上，袁世凯是一位长期处于中西冲突融合与新旧交锋转型的激烈漩涡中心的关键性人物。对于袁世凯，素来众说纷纭，毁之者骂其为"刽子手"、"窃国大盗"和"卖国贼"，誉之者则比其为"东方的彼得大帝"、"东方的拿破仑"。要认识中国近代史，就不能不了解袁世凯这个"重量级"的代表人物。那么，在清末民初的政治风云中，袁世凯是如何起家，成为一个"政治弄潮儿"的？袁世凯如何崛起，从而创建北洋集团？武昌起义后，袁世凯的对策是什么？袁世凯究竟是怎样当上临时大总统的？袁世凯是"窃国大盗"吗？

【解疑释惑】

鸦片战争后，中国面临"三千年未有之大变局"，政治腐败，经济危

---

① 本问题撰写者为黄进华。

机，社会动荡，西方列强步步进逼，军事上屡遭败绩，各种矛盾和冲突彼此交织。正是在这个混乱的时代，袁世凯如鱼得水，时而守旧，时而维新，时而君主立宪，时而民主共和，诡谲多变。归根结底，他最看重的无非是一个"权"字，并为此不择手段。

早年的袁世凯很不如意，曾经两次参加乡试，都名落孙山，这对他打击很大。1881 年，他将过去为了应付考试所作的诗文书稿、友人书信和笔墨纸砚统统付之一炬。之后前往山东登州，投奔庆军统领吴长庆，出任营务处帮办。第二年，朝鲜发生"壬午兵变"，袁世凯跟随吴长庆出兵朝鲜平乱，在政治舞台上崭露头角。之后，袁世凯在朝鲜活动十余年，周旋于日、俄、英、德等列强之间，并深得晚清重臣李鸿章的器重。

1895 年，中国在甲午战争中惨败，被迫签订《马关条约》。战后，清政府决心训练新军，遂命袁世凯前往天津小站编练"新建陆军"，这就是后来"北洋军"的前身。虽然这支军队人数不多，只有 7000 人，但装备精良，训练有素，在当时的中国堪称"首屈一指"的精锐部队，袁世凯也正是以此为资本起家的。

1898 年，光绪皇帝颁布《明定国是诏》，发动"戊戌变法"，维新派和守旧派的矛盾激化。其间，手握重兵的袁世凯成为令人瞩目的中心人物。起初，袁世凯倾向维新派，后见守旧派势大，为求自保，便将维新派拟包围颐和园，并挟制慈禧太后的计划和盘托出，导致谭嗣同、林旭等六位维新志士被害。[①] 随后，袁世凯出任山东巡抚，率兵前往山东，残酷镇压义和团运动，并参加"东南互保"，深得中外反动势力的赏识。

1901 年，李鸿章死后，清廷命袁世凯继任直隶总督兼北洋大臣。在直隶总督任上，袁世凯内结庆亲王奕劻，外引人才，大力编练新军，创建巡警，发展工商业，并积极推动废除科举制度。此外，还多次上奏清廷，主张实行君主立宪。1907 年，袁世凯上调中央，出任军机大臣兼外务部尚书，奏请清廷颁布中国历史上第一个宪法性文件——《钦定宪法大纲》。1908 年，光绪皇帝、慈禧太后先后病死，摄政王载沣与袁世凯素来不和，遂以一

---

① 茅海建：《戊戌政变的时间、过程与原委——先前研究各说的认知、补证、修正》（1—3），《近代史研究》2002 年第 4、5、6 期。

纸诏书罢免袁世凯，将其赶出北京。

袁世凯被罢官后，将全家迁到河南彰德府洹上村。表面上，他一副闲云野鹤的隐居姿态。实际上却时时着窥伺政治风向，企图东山再起。1911 年，武昌起义胜利后，清廷乱作一团，急命袁世凯为湖广总督，统领北洋军镇压革命。随后，清廷又命袁世凯北上担任内阁总理大臣，并赋予其军事上的全权，从而使其控制了北京政府。

为了夺取全国的最高统治权，袁世凯又玩弄政治手腕，施展"两手策略"：一方面，勾结列强和国内的立宪派，积极争取他们的支持；另一方面，利用南方革命党人的软弱性，向他们施加强大的军事压力，并通过"和谈"方式逼迫革命党人做出保证：在清帝"退位"后，临时大总统孙中山立即辞职，由袁世凯继任。

在袁世凯的步步紧逼下，1912 年 2 月 12 日，末代皇帝溥仪颁布《退位诏书》。至此，在中国延续两千多年的皇权专制统治宣告结束。随后，孙中山辞职，南京临时参议院选举袁世凯为临时大总统，他最终窃取了辛亥革命的胜利成果。

总之，袁世凯是"政治枭雄"，是"曹操式"的人物，是一个投机分子。在武昌起义后，袁世凯之所以能够东山再起，窃取辛亥革命的胜利果实，其原因主要有三：一是袁世凯具有相当的实力。他当时既掌握强大的北洋军，又曾在清末"新政"中颇有政绩，赢得了一些支持者和拥护者。二是袁世凯得到中外反动势力的支持，特别是西方列强大力支持袁世凯。三是南方的革命党人软弱，无力与袁世凯对抗。

【推荐阅读】

1. 李新、李宗一：《中华民国史》第 2 编第 1 卷，中华书局 1987 年版。

2. 黎乃涵：《辛亥革命与袁世凯》，三联书店 1950 年版。

3. 廖一中：《一代枭雄袁世凯》，北京图书馆出版社 1997 年版。

4. 欧阳雪梅：《投机时代：北洋军阀全传》，团结出版社 2002 年版。

5. ［加］陈志让（Chen, J.）：《乱世奸雄袁世凯》，傅志明、鲜于浩译，湖南人民出版社 1988 年版。

6. 张华腾：《北洋集团崛起研究：1895—1911》，复旦大学博士论文，2005 年，现藏国家图书馆。

5. 孙中山慨叹的"曾几何时，自己为形势所迫，不得已而与反革命的专制阶级谋妥协，此种妥协实间接与帝国主义相调和"，反映了怎样的历史景况?[①]

【问题提出】

上面这段话出自孙中山于 1924 年 1 月起草的、时距辛亥革命 13 载的《中国国民党第一次全国代表大会宣言》[②]。作为辛亥革命的领袖，在革命过后 13 年，孙中山饱含深情地写下这段文字，其中大有深意。

【疑惑之点】

在这段话之后，孙中山更指明这种妥协是辛亥革命"失败之根源"，而"当时代表反革命的专制阶级者，实为袁世凯。其所挟持之势力初非甚强"。[③] 原来，武昌起义后，南方先后有 14 个省宣布"独立"，孙中山又在南京建立了临时政府，清朝的统治已经摇摇欲坠。此时，袁世凯刚刚复出，他在中国北方的统治并不稳固，其势力也远非人们想象的那样强大，那么孙中山又为何要让位给他，将辛亥革命的胜利果实拱手相让? 这件事与帝国主义列强又有什么关联呢?

【解疑释惑】

1911—1912 年的辛亥革命，是近代中国第一次伟大的历史性巨变。在这次革命的打击下，统治中国长达 268 年的大清王朝覆灭，在中国延续

---

① 本问题撰写者为黄进华。

② 黄彦：《孙文选集》上册，广东人民出版社 2006 年版，第 672 页。

③ 孙中山：《中国国民党第一次全国代表大会宣言》，黄彦《孙文选集》上册，广东人民出版社 2006 年版，第 672 页。

2000多年的皇权专制体制崩溃，中国历史上第一个民主共和国——中华民国诞生。在这个千年巨变的历史时刻，领导辛亥革命取得成功的孙中山却辞去临时大总统一职，让位于"当时代表反革命的专制阶级者"——袁世凯。这个结局实在令人不解，发人深思。

首先，需要考察当时的袁世凯。武昌起义后，全国革命运动风起云涌，清廷急命袁世凯为钦差大臣，节制湖北前线的水陆各军；随后，袁世凯北上，出任内阁总理大臣，控制了北京政府。此时，全国已有湖北、湖南、陕西、江西、山西、云南、贵州、江苏、浙江、安徽、广西、福建和四川等14个省相继宣告"独立"。即便是在清廷的统治中心——华北地区，小规模的武装起义也是接连不断。而袁世凯的北洋军虽有六个镇的兵力（大约7万多人），但面对如此大规模的革命运动，也是兵力不敷分配，捉襟见肘。

面对危局，袁世凯复出后，命令北洋军集中力量，大举进攻辛亥革命的发源地和南方革命势力的中心——武汉三镇，一举拿下了汉阳和汉口，并将大炮架在龟山上，炮轰武昌，向南方的革命党人施加强大的军事压力。在此情况下，湖北军政府被迫同意在全国范围内"停战"，并与袁世凯开展"和谈"。

其次，需要考察南方的革命势力。武昌起义后，全国虽有14个省宣布"独立"，但其政权大多落入立宪派、旧官僚和旧军官之手，孙中山领导的同盟会并不能真正掌控。即便是孙中山的南京临时政府，号称"中央政府"，名义上领导着已经"独立"的14个省，但它非常虚弱，因为这个政府既没有坚定的政治纲领，又缺乏足够的军事、政治实力，更没有提出任何能够满足占中国绝大多数人口的农民的土地要求的政策和措施。在其存在的93天中，南京临时政府始终处于内外交困之中：在内部，革命派涣散，立宪派又从中破坏；在财政上，收入几乎断绝，国库一贫如洗；在军事上，也面临着强大的敌人——袁世凯的北洋军；在外部，更受到西方列强的外交孤立、经济封锁。

再次，需要分析西方列强、立宪派的态度。武昌起义后，为了争取西方列强的承认，孙中山领导的南京临时政府曾发表宣言，表示承认清朝签订的一切不平等条约，承认过去的外债和负担的赔款，并尊重西方殖民者的在华权益。① 可是，西方列强却惟恐这场革命会损害其在华利益，因而向中国增派军队，进行军事恫吓，并选中袁世凯作为自己在中国的新代理人。列强鼓吹不仅袁世凯是中国"唯一可以接受的领袖"，而且多次要求清廷重新起用他；在袁世凯复出后，西方列强又提供大量武器弹药，并给予财政支持。而对南京临时政府，西方列强却一直拒不承认，拒绝将其控制的海关等税收交给临时政府，拒绝提供贷款，并向临时政府逼债，企图在外交和财政上扼杀革命势力。

至于立宪派，则相信袁世凯的实力和手腕，将他视为"统一"和"秩序"的象征，并大造"非袁莫属"的舆论，逼迫孙中山尽快让位于袁世凯。当时，立宪派领袖、大资本家张謇不愿加入南京临时政府，却致电袁世凯："愿公奋其英略，旦夕之间勘定大局，为人民无疆之休，亦即为公身名俱泰，无穷之利。"②

在袁世凯强大的军事压力和西方列强、立宪派的逼迫下，加之同盟会内部分裂，孙中山孤立无助，最终被迫表示：一旦清廷"退位"，就让位于袁世凯。1912 年 2 月 12 日，末代皇帝溥仪"退位"。次日，孙中山即向南京临时参议院提交辞职咨文，并推荐袁世凯继任。15 日，临时参议院以全票（17 票）选举袁世凯为临时大总统。3 月 10 日，袁世凯在北京正式就任临时大总统。由此，辛亥革命只是打倒了皇帝，革命的胜利果实却落入了以袁世凯为首的北洋军阀手中，中国的社会性质没有改变，依然是西方列强和封建势力统治下的半殖民地和半封建社会。

【推荐阅读】

1. 金冲及、胡绳武：《辛亥革命史稿》，上海人民出版社 1985 年版。

2. 李守鹏等：《孙中山全传》，江西人民出版社 2001 年版。

3. 金冲及：《孙中山和辛亥革命》，广东人民出版社 1996 年版。

4. 林风：《孙中山与袁世凯》，中国档案出版社 1995 年版。

---

① 孙中山：《对外宣言书》，《孙中山全集》第 2 卷，中华书局 1982 年版，第 10 页。

② 张謇：《劝告袁内阁速决大计电》，《张季子九录·政闻录》第 4 卷，上海书店 1991 年版，第 1 页。

5. 俞辛焞：《孙中山与日本关系研究》，人民出版社1996年版。

6. 朱文原：《辛亥革命与列强态度》，台湾"中研院"三民主义研究所博士硕士论文资助出版委员会1981年版。

6. 在评价军阀时，孙中山为什么说"南与北如一丘之貉"？[①]

【问题提出】

1918 年 5 月，孙中山发表《辞大元帅职通电》，指出："顾吾国之大患，莫大于武人之争雄，南与北如一丘之貉。虽号称'护法之省'，亦莫肯俯首于法律及民意之下。"[②] 孙中山不愧为革命领袖，寥寥数语即已点明封建军阀之本质。当然，这也是民国初年孙中山多次与军阀较量之后得出的深刻认识。这种认识揭露了封建军阀的本质，有助于理解孙中山晚年痛苦而矛盾的思想转变历程。

【疑惑之点】

孙中山是一位伟大的革命家。为了捍卫辛亥革命的成果，孙中山于民国初年经常采用联合利用一派军阀攻击、打倒另一派军阀的政治策略，在军阀之间纵横捭阖。那么，孙中山为什么要采用这样的策略？孙中山为何又得出南北军阀都是"一丘之貉"的结论？孙中山如何得出这个结论？这种认识，对他晚年的思想转变历程有什么影响？

【解疑释惑】

辛亥革命胜利后，孙中山亲自主持制定了一部具有资产阶级共和国宪法性质的《中华民国临时约法》。随后根据《中华民国临时约法》选举产生了第一届国会（又称"旧国会"）。其中，国民党议员占多数。在军阀混战、政治动荡的民国初年，孙中山一向将《中华民国临时约法》和"旧国会"

---

① 本问题撰写者为黄进华。
② 孙中山：《孙中山全集》第 4 卷，中华书局 1985 年版，第 471 页。

视为中华民国的命脉和象征。

可是，1917年7月，皖系首脑段祺瑞在打败张勋的"辫子军"、入主北京后，加紧推行独裁统治，拒绝恢复《中华民国临时约法》和"旧国会"。在这种形势下，孙中山在上海连续通电各省，呼吁拥护《中华民国临时约法》和"旧国会"，并起兵讨伐北洋军阀。随后，孙中山高举"护法"大旗，率领海军第一舰队南下到达广州，并提出拥护《中华民国临时约法》、恢复国会和惩办"祸首"等三项主张。

当时，为了对抗段祺瑞的"武力统一"政策，控制云南、四川两省的滇系军阀唐继尧和支配两广地区的陆荣廷也通电加入"护法"行列。同时，许多"旧国会"议员也陆续来到广东。由于南下议员不足法定人数，遂决定召开"国会非常会议"（又称"非常国会"），通过了《中华民国军政府组织大纲》13条，规定：为了戡定叛乱、恢复《中华民国临时约法》，特组织"中华民国军政府"，设大元帅一人、元帅三人。在《中华民国临时约法》完全恢复之前，由大元帅行使行政权，下设外交、内务、财政、陆军、海军和交通六部，并对外代表中华民国。在行政管理上，由元帅协助大元帅，筹商政务。随后，非常国会选举孙中山为大元帅，选举陆荣廷和唐继尧为元帅。在孙中山领导下，护法军政府出兵湖南、四川，护法战争爆发。

为了对抗段祺瑞，陆荣廷、唐继尧等西南军阀在表面上支持"护法"，但实际上却意在割据自雄，因而对孙中山领导的护法军政府竭力限制、排挤、打击。1918年5月，西南军阀不顾孙中山的反对，勾结国会中的政学会议员，提议修改《军政府组织大纲》，将大元帅制改为七总裁合议制，并选举产生唐绍仪、唐继尧、陆荣廷、伍廷芳、孙中山、林葆怿和岑春煊等七位政务总裁，护法军政府完全被西南军阀控制。无奈，孙中山被迫向非常国会提出辞呈，并发表大元帅辞职通电。经过这次打击，孙中山看透了西南军阀名为护法、实为争夺地盘的真面目，认识到南北军阀都是"一丘之貉"、依靠军阀不可能达到"护法"和"救国"的目的，遂离开广州，前往上海，护法运动宣告失败。

为了捍卫辛亥革命的成果，建设一个独立、富强的民主共和国，孙中山于民国初年坚持不懈地与袁世凯、段祺瑞等大小军阀进行斗争。可是，当时孙中山赤手空拳，既无革命组织，又没有军队，更缺乏人民群众的支持，不得已采取以一派军阀对付另一派军阀的策略，有意识、有选择地利用南北各派军阀的矛盾，争取暂时的同盟者，打击最主要的敌人。在护法运动中，孙中山使用的便主要是这一策略。经过护法运动的风风雨雨，孙中山才逐步认识到封建军阀之不可靠，对于封建军阀的本质看得越来越清楚，并意识到要继续开展革命，就必须探索新的救国救民之路。这样的认识，促进了孙中山晚年思想的转变。

【推荐阅读】

1. 李守鹏等：《孙中山全传》，江西人民出版社 2001 年版。

2. 邱云章：《孙中山与中国近代军阀》，四川人民出版社 1990 年版。

3. 毛振发：《护法战争史略》，华东师范大学出版社 1989 年版。

4. 莫世祥：《护法运动史》，广西人民出版社 1991 年版。

5. 陈钦国：《护法运动：军政府时期三军政研究（1917—1921）》，台湾"中研院"三民主义研究所 1984 年版。

6. 莫世祥：《略论孙中山利用军阀反对军阀的策略》，《广西社会科学》1986 年第 3 期。

中　篇

从五四运动到新中国成立（1919—1949）

综述　翻天覆地的三十年

> 　　1. 梁启超为什么说鸦片战争后，"中国人渐渐知道自己的不足了。……第一期，先从器物上感觉不足。……第二期，是从制度上感觉不足。……第三期，便是从文化根本上感觉不足。……革命成功将近十年，所希望的件件都落空，渐渐有点废然思返，觉得社会文化是整套的，要拿旧心理运用新制度，决计不可能，渐渐要求全人格的觉醒"。①

【问题提出】

　　梁启超（1873—1929），字卓如，号任公，别号"饮冰室主人"；广东新会人；近代思想家；戊戌维新运动领袖。这段文字出自 1922 年梁启超撰写的《五十年来中国进化概论》②。文章从中国现代化的视角出发，以进化史观为依据，对 1872—1922 年间中国的发展、变化进行回顾和总结，在当时颇具影响力。研读此文，有助于理解近代中国人对国家出路的艰难探索以及中国早期现代化运动的宏观历程。

【疑惑之点】

　　鸦片战争后，西方大举入侵中国，中国逐步沦为半殖民地半封建社会。为了挽救国家的危亡，探索国家独立和民族富强之路，中国社会各阶级、各阶层对国家的出路进行了有益探索。那么近代以来，在与西方接触过程中，

---

① 本问题撰写者为黄进华。
② 梁启超：《梁启超史学论著四种》，岳麓书社 1998 年版，第 7—9 页。

中国人如何认识到自己的不足？又如何逐步向西方学习？辛亥革命后，先进的中国知识分子为什么要将现代化推进到文化层面，进而发起新文化运动？

【解疑释惑】

1922 年，恰逢上海《申报》创刊 50 周年。借此机会，《申报》邀请各界名人对近 50 年世界及中国的变化进行总结。《五十年来中国进化概论》，即是梁启超应邀撰写的文章。在该文中，他对中国当时近 50 年的发展、变化进行回顾和总结，并指出不足。全文不仅言辞切切，且富有历史感。

通观全文，梁启超以近代以来中国人反思自己、学习西方的艰难历程为主线，将此前 50 年的中国历史分为三个阶段。

第一阶段，自鸦片战争后，在与西方接触的过程中，中国人"先从器物上感觉不足"。曾国藩、李鸿章等人开始从器物层面学习西方，于是有了洋务运动。其间，中国主要是在科技和经济军事领域学习西方，诸如引进西方的科学技术，兴办近代军事和民用工业等。

第二阶段，是从甲午战争开始，到民国六七年间（也即 1917 和 1918 年），中国人渐在"制度上感觉不足"。于是开始呼吁和尝试政治改革。在著名的《公车上书》中，康有为勇敢地提出"改变祖宗成法"这一带有根本性的问题，代表了维新时代的思想走向。在维新运动中，康有为、梁启超、章太炎和严复等思想家披荆斩棘，以西方民主主义为武器，猛烈抨击传统的封建思想和制度，并形成自己的一套政治主张和纲领，从而掀起维新变法运动。其后，虽然又有种种政治改革和政治革命行世。但梁启超认为，这些"政治运动完全失败，只剩下废科举算是成功"[①]。

第三阶段，是在民国初年（1916 年之后）开始的五四新文化运动。辛亥革命失败后，在以袁世凯为代表的北洋军阀统治下，中国社会日渐黑暗。一些先进的知识分子开始痛苦、全面地反思辛亥革命的教训，"觉得社会文化是整套的，要拿旧心理运用新制度，决计不可能"。在对西方文明进行考

---

① 梁启超：《五十年来中国进化概论》，《梁启超史学论著四种》，岳麓书社 1998 年版，第 8 页。

察后，又"从文化根本上感觉不足"。① 他们认为，以往的革命斗争之所以成效甚微，是因为人们还没有从封建思想束缚下的蒙昧状态解放出来，应当从重建中国人的思想意识入手，彻底改变中国人的世界观，尤其是要优先考虑改造民众的国民性。于是，他们提出了"思想现代化"这一重大课题，并开始以科学和民主为中心内容的思想启蒙运动，即五四新文化运动。该运动的主要代表人物有：陈独秀、李大钊、鲁迅、胡适、易白沙、吴虞和钱玄同等人。

1872—1922 年，是中国人不断学习西方的 50 年，是在探索国家出路上越走越远的 50 年，而梁启超恰好是这段历史的参与者和亲历者，个中感受更是远非常人所能理解。梁启超这段话以近代以来中国人反思自己、学习西方的艰难历程为线索，将中国人探索国家出路和中国早期现代化运动的进程分为环环相扣、逐级嬗进的三个阶段，其进化过程如同蚕变蛾、蛇脱壳一样，虽经历种种艰难痛苦，终于渐入新境，不断向前推进。

【推荐阅读】

1. 李喜所、元青：《梁启超传》，人民出版社 1993 年版。

2. 陈旭麓：《近代中国的新陈代谢》，上海社会科学院出版社 2006 年版。

3. 周玉萍：《新文化运动与中国国民性的改造》，中国人民大学硕士论文，2004 年，现藏国家图书馆。

4. 金红菊：《梁启超历史进化论思想研究》，西北师范大学硕士论文，2007 年，收入中国优秀硕士学位论文全文数据库。

5. 曹靖国：《梁启超进化史观的演变》，《东北师大学报（社会科学版）》1985 年第 3 期。

6. 王也扬：《论梁启超进化史观及其变化》，《天津社会科学》1991 年第 1 期。

---

① 梁启超：《五十年来中国进化概论》，《梁启超史学论著四种》，岳麓书社 1998 年版，第 8 页。

2. 为什么中国的新民主主义革命必须把帝国主义、封建主义和官僚资本主义作为革命对象？[①]

【问题提出】

明确革命的对象是革命的首要问题。1925 年，毛泽东在《中国社会各阶级的分析》中指出：中国过去一切革命斗争成效甚少，其基本原因就是因为不能团结真正的朋友，以攻击真正的敌人。1939 年 12 月，毛泽东在《中国革命与中国共产党》中详细阐述了新民主主义革命的对象，即帝国主义、封建主义和官僚资本主义。

而如何看待资本—帝国主义的侵略，是学习研究中国近现代史首先遇到的问题，也是正确认识中国近代历史和国情、进行爱国主义教育的重要内容。由于在抗战时期，文章只把官僚资本主义中亲日派的汪伪集团当做革命对象。到 1948 年 4 月，毛泽东在《在晋绥干部会议上的讲话》一文中，正式把官僚资产阶级也列为革命对象，完善了新民主主义革命的总路线和总政策。完整地把握新民主主义革命的对象，有助于正确地了解近代中国的国情，提高学生对新民主主义革命总路线的把握。

【疑惑之点】

近代中国半殖民地半封建社会的矛盾是错综复杂的，既有内部的，又有外部的；既有民族的，又有阶级的。在所有的矛盾中，帝国主义和中华民族之间的民族矛盾、封建主义和人民大众之间的阶级矛盾是近代中国社会的两大主要矛盾。进行革命就是为了解决两大主要矛盾，由此也就决定了新民主主义革命的对象是帝国主义、封建主义和官僚资本主义。

---

① 本问题撰写者为姚永利。

不过近年来国内外流行的"帝国主义侵华有功"论引起一些学生思想的混乱和迷惑。那么，帝国主义的侵略究竟给中国带来了什么？这是大学生容易感到困惑的问题。另外，对中国的资产阶级的认识也存在疑问，即便是在中国共产党内，也曾经一度夸大民族资产阶级的软弱性，将其软弱性作为反动性，将民族资产阶级列为革命对象，把整个资产阶级作为革命对象使中国革命陷入被动。那么，对于中国的资产阶级应当如何划分？他们在革命中究竟处于什么样的情形？

【解疑释惑】

在近代中国，帝国主义列强通过战争强迫中国签订不平等条约，从政治、经济、文化等各方面控制、操纵中国，阻碍中国社会的发展和进步。主要表现在：政治上践踏中国主权，割占土地；强行租借土地和划分势力范围；强迫开放通商口岸；控制海关、司法、航海、外交主权等等。经济上，操纵中国经济命脉，垄断航运、工矿企业、铁路等行业；通过银行实施金融控制；以大量政治性贷款控制中国的经济命脉和各个方面；利用特权向中国倾销商品和输出资本，使中国民族资本无法与其竞争，阻碍中国资本主义经济的发展。文化上，通过办医院、学校、报纸和吸引留学生等手段实施文化侵略，灌输殖民主义思想。此外，帝国主义列强通过战争侵略和掠夺，给中国人民带来无法估量的物质损失和精神伤害。帝国主义列强在侵略中国的过程中，杀人放火，抢劫财物，无恶不作，对中国人民犯下了不可饶恕的罪行。总之，帝国主义的侵略和奴役是阻碍中国社会发展与进步的首要力量。

当然，由于外国资本主义侵入使中国自然经济解体，给中国资本主义的产生与发展造成了某些客观的条件和可能。但这与西方殖民主义叫嚣的"侵华有功论"截然不同。

首先，这种作用是客观发生的。西方列强侵入中国决不是要把封建的中国变为资本主义的中国，而是要把它变成其殖民地。中国之所以没有完全沦为殖民地，主要是因为中国人民的坚决反抗，加之各帝国主义国家在华利益矛盾而未能成功。至于在它的影响下出现了资本主义则完全是一种客观效果，正如马克思所说"它充当了历史的不自觉的工具"①。另一方面，这种作用也是相当有限的。因此，资本—帝国主义是中国革命的首要对象，反帝斗争贯穿于新民主主义革命的始终。

其次，封建专制主义统治是中国近代政治进步的主要障碍。以皇权统治为核心内容的中央集权专制主义体制是中国封建社会政治统治的基本形式。这种集权专制主义体制又以地主阶级作为其统治的社会基础。地主阶级控制着广大农村的基层政权，充当各级政府的官吏，许多官吏又去农村购置田产，成为新兴地主。因此，地主阶级是封建专制统治的社会基础，也是帝国主义统治中国的主要支柱。因此，反对封建主义，既要消灭地主土地占有制，又要致力于推翻专制统治。

中国资本主义是在外国资本主义入侵的客观作用之下产生的，它分为官僚资本主义与民族资本主义。其中，官僚资本主义是革命的对象。官僚资产阶级是凭借国家政权的力量发展起来的国家垄断资本，同外国帝国主义、中国地主阶级结合在一起，成为买办的、封建的、垄断的资本主义。它在19世纪60年代开始产生，主要体现是清政府洋务派所办的企业。中日甲午战争后，官僚资本在军事工业和民用工矿企业方面均有所发展，并在新兴的银行业中占有很大的势力。辛亥革命后，官僚资本转移到北洋军阀手中，也有了一定的发展。但是，只有在1927年以蒋介石为首的国民党新军阀的统治以后，官僚资本才得到长足的发展，并且使它的封建性、买办性、军事性、垄断性表现得那样强烈和直接，国民党新军阀所建立的军事独裁政权依靠其政治和军事力量，在经济上对中国人民进行敲骨吸髓的压榨，很快聚敛巨大财富，形成以蒋介石、宋子文、孔祥熙以及陈果夫和陈立夫四大家族为代表的官僚资本集团。

旧中国的官僚资本是半殖民地半封建社会土壤里产生的一个毒瘤。其发展迅速，但它并不是以扩大生产、增加就业、创造财富为扩张手段的，而主要是用政治和军事的强力对各阶层人民进行超经济的剥削和掠夺来聚敛财富。掠夺来的财富又用来维持其军事政治统治，成为国民党反动统治的经济基础，严重地阻碍了近代中国社会经济的发展，毫无进步意义可言，当然就

---

① 《马克思恩格斯选集》第 1 卷，人民出版社 1995 年版，第 766 页。

成了中国革命的对象。

【推荐阅读】

1. 中央档案馆：《中共中央文件选集》第 1 册，中共中央党校出版社 1982 年版。

2.《毛泽东选集》第 2 卷，人民出版社 1991 年版。

3. 恩格斯：《反杜林论》，三联书店 1954 年版。

4. 蔡尚思：《中国现代思想史资料简编》第 2 卷，浙江人民出版社 1982 年版。

5. 沙健孙：《外国资本主义的入侵究竟给中国带来了什么》，《思想理论教育导刊》2003 年第 5 期。

第四章　开天辟地的大事变

【问题提出】

近代以来，西学东渐诱发了中西文化的冲突与交融。历经近 80 年，新文化运动得以发生。由于它与欧洲 18 世纪的启蒙运动有着渊源关系和相似之处，所以也被称为"思想启蒙运动"。对两者的各自特点、联系与区别进行分析，不仅可以从渊源和宏观上了解新文化运动，加深对中国近代史上这一重大事件的了解，而且也有助于人们把握近代中国文化的走向。

【疑惑之点】

西方的启蒙运动产生于资本主义即将取得全面胜利的 18 世纪。而新文化运动则发生于 20 世纪上半叶民国初建的中国，历史条件、追求目标、方法途径不同，结果各异，有必要对这一问题予以厘清。

【解疑释惑】

在法语中，"启蒙"为"光明"、"智慧"之意。启蒙就是启发人于蒙昧之中。德国哲学家康德（Immanuel Kant）曾说："启蒙是使人们脱离未成熟状态，把人们从迷信或偏见中解放出来，是获得了勇气的运用理性反思并

---

① 本问题撰写者为孙艺年。

走出传统束缚的过程。"①

17 世纪中叶至 18 世纪法国资产阶级革命爆发前这一百多年被称为西方文化史上的启蒙时代。在这个历史时期内，欧洲各国，首先是法国、德国、英国的思想家倡导理性主义，普及自然科学的研究成果，宣扬自由、平等、民主和法制思想，反对封建制度和宗教迷信，要求建立新的社会制度。启蒙运动是继文艺复兴之后，西方资产阶级发动的第二次反对教会神权和封建专制的文化运动，也是思想文化大解放的一场革命运动，对欧洲乃至于整个世界都产生了重大而深远的影响。

20 世纪初的中国，虽然民国已经建立，但北洋军阀继续利用封建专制思想来禁锢人们的头脑。因此，对辛亥革命进行思想文化上的补课就显得尤为迫切。一些先进的中国知识分子认为，欲图根本之救亡，必须改造中国的国民性。于是，发起了一场旨在学习西方、革故鼎新、探索救国救民真理的启蒙运动，以涤荡愚昧，启发理智，使人们从封建思想的束缚中解放出来。这个运动即是"新文化运动"。

新文化运动与启蒙运动既有联系，又有区别。

（一）新文化运动与启蒙运动有其内在联系。

首先，启蒙运动反对宗教神学，宣传理性与科学。启蒙思想家认为，宗教神学维护封建专制，特别是天主教对人民精神的长期统治严重阻碍了社会进步。为了铲除这一思想文化上的毒瘤，必须树立理性和科学的权威，使人们摆脱一切愚昧与迷信而获得自由。在新文化运动中，激进民主主义者的批判锋芒直指封建宗法制度和作为历代专制帝王维护封建统治思想支柱的儒家学说以及封建伦理道德，认为这种封建主义的宗法纲常体系和民主共和制度是根本不相容的，将封建礼教斥之为"吃人的礼教"。

其次，启蒙思想家反对封建专制制度，宣传民主与法制。启蒙思想家认为，封建专制制度扼杀自由民主思想，造成社会的不平等和经济文化的落后。为此，他们大力宣传"天赋人权"，主张人们参与政治，在法律面前人人平等。新文化运动的倡导者们提倡民主，反对专制。1915 年 2 月，陈独秀在《东西民族根本思想之差异》一文中明白表示："法律之前，人人平等

---

① ［德］康德：《历史理性批判文集》，何兆武译，商务印书馆 2007 年版，第 7 页。

也。个人之自由权利，载诸宪章，国法不得而剥夺之，所谓人权是也。"①
1916 年 5 月，李大钊在《民彝与政治》一文中明确表示："民与君不两立，
自由与专制不并存，是故君主生则国民死，专制生则自由亡。"②

再次，启蒙思想往往是革命的先导。欧洲启蒙运动为摧毁封建制度、确
立资本主义制度作了思想和理论上的准备，启蒙思想家所宣传的自由、平
等、民主和法制思想对美国独立战争、法国大革命和 19 世纪欧洲资产阶级
革命都产生了极大的影响。新文化运动不仅是伟大的思想解放运动，也是反
帝反封建的爱国民主运动。新文化运动以彻底的批判精神动摇了封建主义的
统治，促进了人们思想上的空前解放，为马克思主义在中国的传播创造了有
利条件。

（二）新文化运动与启蒙运动存在着诸多差异。

首先，西方启蒙运动是内源性启蒙，新文化运动是外诱性启蒙，两者的
历史基础不同。西方启蒙运动有一个强大的市民社会作为基础，它直接反映
了市民社会对于个性解放和主体自由的追求以及其信仰自由、经济自由、政
治自由的社会改革目标，体现了个人主义的主旨。新文化运动所面对的仍是
一个帝制结构的尚未觉醒的农业社会，启蒙缺少自由主义现代性赖以生长的
根基和动力。新文化运动是由西方现代性激活的外诱性启蒙运动，与中国本
土文化传统之间具有深刻的价值断裂性。这样，当新文化运动移植西方现代
性价值并以其批判本土传统时，传统的抗拒和文明的冲突都是西方启蒙运动
所未曾遭遇过的。

其次，西方启蒙运动是循着自身历史要求而发展的，新文化运动的历史
走向则截然不同。在法国，启蒙运动直接导致了资产阶级推翻封建专制的民
主革命，启蒙的思想观点转化为民主革命的政治口号。在德国则出现了旨在
使分裂的德意志民族崛起的狂飙运动，德意志民族精神得以更新并实现了政
治上的统一。可以说，启蒙运动的思想与政治成就叩开了现代文明的大门。
如果说，五四运动以前的新文化运动是资产阶级民主主义的新文化反对封建
主义的旧文化的斗争，那么，到了五四时期，社会主义思潮迅速扩大开来的

---

① 陈独秀：《东西民族根本思想之差异》，《新青年》1915 年 2 月。
② 李大钊：《民彝与政治》，《李大钊文集》，人民出版社 1984 年版，第 175 页。

思想影响即规定了其后思想启蒙运动的走向：先进的知识分子最终发现，个体的解放和自由必须通过社会革命才能取得，于是也就投身于彻底反帝反封建统治的新民主主义革命中，科学启蒙精神也为更紧迫的社会革命课题所取代。

再次，中西启蒙运动的最根本区别在于：西方启蒙运动的旗帜是"人权"，新文化运动的旗帜是"民主"与"科学"。西方启蒙运动以解放人为目的，建立和发展了保护人的自由平等的普世人权思想，这是启蒙运动最鲜明的旗帜和标志。它也使科学从原有的作为神学的奴婢而获得解放，人终于找到了自己。自启蒙运动以来，人权理念对世界产生了重大影响而成为普世的共识与真理，并以此作为衡量一个现代国家是否进步与文明的标志。而人权思想在新文化运动中则只是极少数知识分子的声音。与欧洲人文主义式启蒙相比，中国启蒙毋宁说是一种落后民族寻求富强之路的"救亡式启蒙"。在新文化运动中，一部分先进的中国知识分子以"民主"与"科学"的名义，开始了对中国几千年传统思想文化的强烈反思与批判。一方面，大力宣传民主思想，传播民主知识，使民主思想深入人心；另一方面，大力提倡科学，破除封建迷信，批判锋芒直指封建宗法专制和礼教，坚持用科学精神进行世界观、人生观的启蒙和方法论教育，积极探索强国之路。

最后，启蒙运动与新文化运动的结果不同。在欧洲，经历了 17 世纪的资产阶级革命和 18 世纪广泛深入的启蒙运动，终于使欧洲彻底摆脱了荒谬的宗教教义，结束了封建暴政，西方走向了资产阶级民主政治之路。新文化运动前后不过十年左右，却要浓缩 200 多年近代西方思想史的丰富内涵。要在如此短的时间内走过欧洲几个世纪经历的思想解放过程，完成对封建主义意识形态的彻底清算，是根本不可能的。这是由中国的国情和所处时代所决定的。也正基于此，由于近代中国承载着两大历史使命：第一是反帝反封建，争取民族独立与人民解放，第二是实现现代化，诉求国家富强和人民富裕。所以，以五四运动为分野，此前的新文化运动是资产阶级民主主义的新文化反对封建主义的旧文化的斗争；而此后的新文化运动则发展到了一个新阶段，即马克思主义开始逐步在思想文化领域中发挥作用，并最终指导中国新民主主义革命取得胜利。

【推荐阅读】

1. 陈佛松:《世界文化史》,华中科技大学出版社 2005 年版。

2. 李新、陈铁建:《伟大的开端》,中国社会科学出版社 1983 年版。

3. 欧阳哲生:《新文化的传统——五四人物与思想研究》,广东人民出版社 2004 年版。

4. 郑师渠:《思潮与学派——中国近代思想文化研究》,北京师范大学出版社 2005 年版。

5. 虞和平主编:《中国现代化历程》,江苏人民出版社 2007 年版。

2. 为什么西方学者将五四新文化运动视为"中国的文艺复兴"（The Chinese Renaissance）？[①]

【问题提出】

从欧洲文化史来说，"文艺复兴"指 14—17 世纪之间的一场新文化运动。究其本意，文艺复兴（Renaissance）一词意为"再生"和"复兴"，但事实上，文艺复兴不是复古，而是创造，因而不能简单地把文艺复兴理解为古典文化（古代希腊、罗马文化）的复兴。实质上，它是一场以古典文化复兴为外衣的新文化运动，是中世纪晚期欧洲世俗文化发展的必然结果，同时它又反过来进一步加速了欧洲社会的变革。发生于 20 世纪初期的五四新文化运动是近代中国历史上的一次思想启蒙运动，也在一定程度上推动了中国社会的变革。然而两者却在时间上相差了几个世纪。就两者的关系而言，有西方学者将五四新文化运动表述为"中国的文艺复兴"（The Chinese Renaissance）。[②]

【疑惑之点】

五四新文化运动是近代中国历史上的一次思想启蒙运动，也是资产阶级新文化反对封建旧文化的一次激烈的斗争。既然五四新文化运动与欧洲文艺复兴在时间上相差几个世纪，那么为什么要给它冠以"中国的文艺复兴"之名？两者到底有何相似与不同之处？

---

① 本问题撰写者为杨凤霞。

② 周策纵：《五四运动：现代中国的思想革命》，周子平等译，江苏人民出版社 1999 年版，第 3 页。

【解疑释惑】

在欧洲文艺复兴运动中，代表新兴资产阶级的人文主义者，在文学、艺术、教育、政治思想等方面冲破基督教神学的桎梏，构建起全新的精神体系和观念结构，既为资本主义思想文化体系的初步确立奠定了基础，也对欧洲社会产生巨大影响，使欧洲社会率先迈出传统社会的巢窠，步入近代社会。欧洲文艺复兴运动的创造性，在于其提出了与"僧侣主义"相对立的"人文主义"（humanism）。人文主义否定神权，否定理性服从信仰，反对禁欲主义；颂扬人性，颂扬尘世生活，强调一切为了人，以人为衡量一切的标准。这种人文主义，构成了近代西方资本主义和现代化运动的"精神之源"。

五四新文化运动之所以兴起，是因为自鸦片战争后，传统信仰的零落与崩溃是中国文化面临的最严重的问题。经历了洋务运动的物质追求、维新变法运动和辛亥革命的制度改造的失败之后，如何在一个更富有文化深度的精神领域进行现代化尝试，以便从根本上改变"旧人运用新文明"的痼疾，也就成为五四新文化运动时期中国知识分子的诉求。于是，在五四新文化运动期间，"醒过来的人们，一方面高呼人权、民主、科学、自由等口号，试图以人文主义价值观重建新的文化体系；另一方面，在怀疑、批判等视角的审视下，重新估量一切，包括无情地抨击延续数千年的中国传统文化"。①

比较五四新文化运动和欧洲文艺复兴运动，两者既有相似点，又有不同点，而且其相似点和不同点还彼此相互寓于。其一，虽然五四新文化运动和欧洲文艺复兴运动之间存在巨大的时间差，但两者都有批判传统和构建新文化的主张。所不同的是，欧洲文艺复兴运动是社会发展过程中自然生发的产物，而五四新文化运动则形成于民族危机和社会危机的双重逼压之下。深重的民族危机感和急于解救民族危难的热望，难免使五四新文化运动带有"救亡压倒启蒙"的外在表征。与之相对应，五四新文化运动对传统的批判，主要是建立在强烈的民族忧患意识基础上，其所批判的对象主要是传统

---

① 李怡、颜同林：《人文主义与五四新文化运动》，《福建论坛（人文社会科学版）》2006年第1期。

文化中那些无法适应中国社会发展需要、阻碍历史发展进程的僵化教条和不合理的内容。而欧洲文艺复兴运动则主要致力于批判中世纪陈腐的封建文化和宗教神学传统，进而构建以人文主义为核心的全新的精神体系和观念结构。

其二，两者都以文学领域的变革为先导。五四新文化运动，大力提倡白话文而反对文言文，提倡新文学而反对旧文学；而欧洲文艺复兴运动则从倡导"世俗文学"和"现世艺术"开始。

其三，两者都有批判封建权威思想的主张，都呼唤人性的解放。但由于欧洲文艺复兴运动持续了几百年，是一个需要思想上的巨人而且也产生了巨人的时代，因此，以"人的发现"和"世界的发现"为己任的欧洲文艺复兴运动，不仅极大地促进了欧洲的哲学、文学、史学、艺术、物理学、化学、医学等发展，也为近代科学革命、技术革命、产业革命和政治革命奠定了不可或缺的基础。而五四新文化运动从 1915 年陈独秀创办《青年杂志》到 1921 年中国共产党成立，前后持续时间不长，根本谈不上一个时代。而且，在广大的文化科学领域，特别是自然科学领域更是少有波澜，并没有显著地带动中国科学文化的全面发展。

【推荐阅读】

1. 《陈独秀著作选》第 1 卷，上海人民出版社 1993 年版。

2. 《鲁迅全集》第 1 卷，人民出版社 1981 年版。

3. 陈小川等：《文艺复兴史纲》，中国人民大学出版社 1986 年版。

4. 毛泽东：《五四运动》，《毛泽东选集》第 2 卷，人民出版社 1991 年版。

5. ［美］格里德：《胡适与中国的文艺复兴——中国革命中的自由主义（1917—1937）》，鲁奇译，江苏人民出版社 1993 年版。

3. 五四新文化运动后期"科玄之争"的内容是什么？如何评价？①

【问题提出】

科玄之争是 20 世纪 20 年代中国思想界掀起的一场大波澜。1923 年 2 月，张君劢在清华大学做了题为《人生观》的讲演，宣扬"科学破产"、"玄学救国"②，认为科学与人生观属于两个不同的世界，科学只能在物质世界里起作用，科学不能解决人生观问题。对此，丁文江首先起而论争，于同年 4 月在《努力周报》上发表与其观点针锋相对的文章——《玄学与科学》，鲜明地提出"科学救国"的口号，揭开了"科玄论战"的序幕。之后双方阵营不断扩大，一些名流、学者纷纷上阵。从张君劢清华讲演起到 1924 年 8 月陈独秀发表《答张君劢及梁任公》止，前后交锋一年多。之后仍余波荡漾至 1930 年代，这就是中国近代史上著名的"科学与人生观之论战"，简称"科玄之争"。

【疑惑之点】

五四新文化运动后，各种西方思想竞相进入中国，百家争鸣，百舸争流，中国处于思想大碰撞时期。在这种独特的背景下，科学与玄学之间为何会发生如此激烈的论争，从而引起巨大的思想文化震荡？论战双方的观点及论战的主要内容是什么？论战经过哪些阶段？如何认识"科玄论战"所产生的作用？如何评价论战的双方在论战中的表现？

【解疑释惑】

20 世纪初期，是中国现代思想文化史上一个狂飙突进、异彩纷呈的时

---

① 本问题撰写者为王永发。
② 张君劢：《科学与人生观》，山东人民出版社 1997 年版，第 121 页。

代。其中，1923—1924年的科玄论战是在东西文化交汇的大背景下上演的一幕激动人心的时代大剧。科玄论战的发生绝非偶然，它有着深刻的思想文化根源和社会历史背景。首先，"一战"后，帝国主义加紧了对中国的侵略，中国社会危机和民族危机更加深重。其次，作为一次思想启蒙，五四新文化运动勇敢地冲破了封建思想文化的藩篱，西方的民主和科学思潮伴随着其他形形色色的社会思潮涌向中国，中西文化出现了大规模的交汇和碰撞。再次，新文化运动期间，民主和科学的春风吹醒了华夏大地，西方的自然科学知识、认识世界的科学方法和科学态度逐渐为中国人所接纳。

这场科玄论战以"科学与玄学的关系"为主题，集中探讨了"科学与人生观"问题，使民主和科学的阳光在经五四新文化运动洗礼后再浴人间。论战双方分别以张君劢和丁文江为旗手，参加者达四五十人，多为学者。其中，胡适、吴稚晖、唐钺、王星拱、章演存、朱经农、范寿康、任叔永等为丁文江呐喊，人称"科学派"；而梁启超、张东荪、林宰平、屠孝实、瞿菊农等为替张君劢助威，人称"玄学派"。到论战后期，马克思主义者陈独秀、瞿秋白、邓中夏相继参战，他们眼光高远，对科玄双方都有批评，但总体上倾向于科学派。

论战双方以《努力周报》和《时事新报》为阵地，参战的报刊达十多种，主要有《学灯》《学衡》《北京晨报》《东方杂志》《太平洋杂志》《独立评论》《新青年》等。论战双方围绕"科学能否解决人生观"这一中心问题展开争论，在一年多的历程中，先后出现了三次高潮，形成三个前后紧密相接的阶段。

第一阶段，从1923年2月张君劢的清华讲演起到1923年6月3日《努力周报》第55期将所有关于科玄论战的文章尽行刊出，以丁文江为代表的科学派鸣金收兵；第二阶段，从1923年6月到1923年11月上海亚东图书馆出版《科学与人生观论战》一书止；第三阶段，从1923年11月到1924年8月①。

科玄论战的实质是两种人生观之战。双方争论的焦点在于用什么作为指

---

① 刘长城：《科学论战的实质与双方理论上的缺陷》，《山东青年管理干部学院学报》2002年第6期。

导人们生活、行为的一般法则，即科学能否支配一切人生观。关于科玄论战所提出的问题，陈独秀概括为：一是科学的人生观是否错误，二是科学能否支配一切人生观，讨论的重点在于后者。

对此，"科学派"接受西方实证主义哲学，强调科学与哲学没有界限，"科学就是哲学"[1]，力图把哲学完全实证化。丁文江认为，人生观无法同科学分家，除非有实际的证据证明人生观绝不能统一。否则力求人生观的统一就是人类的责任。而人类只有依靠科学方法，才能达到这一目的。丁文江还论述了科学对树立人生观的积极作用，深信科学的精神是最高尚的人生观："科学不但无所谓内外，而且是教育同修养最好的工具，因为天天求真理，时时想破除成见，不但使学科学的人有求真理的能力，而且有爱真理的诚心"[2]。从科学派的观点看，人的精神境界不是先验的，而是经验的；不是内在的，而是外铄的；不是直觉体悟，而是实证分析，那么由科学知识就可以决定道德法则，由"道问学"就可以"尊德性"。这是西方自苏格拉底以来"知识就是美德"[3]的理性主义在中国近代哲学领域的展现，是对中国传统教育哲学满足于整体、直观和形上体悟的缺陷的一次重大冲击，促使人们从无端的玄想和盲目的信仰中解脱出来，具有思想启蒙的重大作用。

而"玄学派"则反对胡适等人提出的"西化论"，认为近代的民族危机是一种文化的危机，中西之争不能归结于古今之争，现代化更不能等同于西化。在科玄论战中，玄学派也认为科学与民主是当时中国所缺乏的、所需要的。因此，他们所反对的并不是科学本身，而是"科学的人生观"。在这个问题上，玄学派的旨趣是给科学与哲学划界，给理智与直觉划界。

科玄论战是科学派与玄学派双方对西方文化的冲击分别作出的回应，表明了各自对传统文化的反思和解决中西文化冲突的思路，促进了中国近代教育哲学的长足进步。"这场论战既是20世纪西方理性主义与非理性主义哲学思潮在现代中国的回响，又标志着20世纪中国哲学的诞生。"[4]产生于中西文化大交汇与大碰撞背景下的科玄论战，在中国近代思想史上具有承上启

---

① 陈独秀：《陈独秀学术文化随笔》，中国青年出版社1999年版，第76页。

② 丁文江：《玄学与科学》，《努力周报》第48期1923年4月。

③ 范寿康：《评所谓"科学与玄学"之争》，《学艺》第4卷1923年第4期。

④ 胡适：《胡适文存》第2集第2卷，黄山书社1996年版，第301页。

下、继往开来的意义。尽管论战双方的哲学基础各有优劣，但他们都代表着资产阶级改良派的利益。科学派高扬科学主义大旗，以弥补传统文化的知性缺失，具有积极意义，并促进了近代以来科学意识的普及和科学教育的发展，具有巨大的启蒙作用。不过科学派把科学作为社会人生的普遍原则来解决人生观问题，有浓重的"科学万能"色彩。

科玄论战不是一场纯粹学术问题之争。论战本身讨论的问题是"科学与人生观"，但由于涉及时代精神、价值观念、理想追求、道德标准和文化走向等问题，使得它已超越了自身范围的局限。科玄论战的功绩还在于它"为马克思主义哲学的传播提供了契机"。首先，科学派观点中包含着朴素的唯物主义和辩证法思想。其次，科学派身上洋溢着捍卫科学、探索自然规律的战斗精神。再次，他们还探讨了物质文明和精神文明的关系。

总之，科玄论战涉及众多学派，建立在"西方科学技术破产和物质文明失败"[①] 的认识基础上，是当时东西方文化交汇碰撞的结果，影响深远。时至今日，这场论战在社会文化交融、树立正确的世界观和人生观、社会思想的与时俱进和理论创新等方面仍具有重要启示。

【推荐阅读】

1. 《科学与哲学》，《东方杂志》第 22 卷 2 号，1925 年 1 月 25 日。

2. 张东荪：《科学与哲学——从我的观点批评科玄论战》，商务印书馆 1924 年版。

3. 李泽厚：《中国现代思想史论》，三联书店 2008 年版。

4. 张君劢等：《科学与人生观》，黄山书社 2008 年版。

---

① 彭明：《中国现代史资料选辑》（第 6 册），中国人民大学出版社 1989 年版，第 279 页。

4. 选择马克思主义, 是"中国近现代史纲要"的"纲"中之"要"。中国先进分子为何选择马克思主义? 怎样选择了马克思主义?①

【问题提出】

"从 1840 年鸦片战争失败那时起, 先进的中国人, 经过千辛万苦向西方寻求真理。"但是,"帝国主义的侵略打破了中国人学西方的迷梦。很奇怪, 为什么先生老是打学生呢? 中国人向西方学得很不少, 但是行不通, 理想总是不能实现, 多次奋斗, 包括像辛亥革命那样全国规模的运动, 都失败了。国家的情况一天一天坏, 环境迫使人们活不下去。怀疑产生了, 增长了, 发展了"。② 而第一次世界大战的爆发, 不仅使欧洲人开始对其文明之权威产生质疑, 也使得中国先进知识分子萌生了依靠先进学说、创立新社会的冲动。

【疑惑之点】

中国先进分子为什么选择马克思主义? 怎样选择了马克思主义? 中国先进分子最终选择马克思主义的历史定点在哪里, 为什么? 早期信仰马克思主义的主要是哪些精英群体?

【解疑释惑】

中国先进分子最终选择马克思主义的历史定点, 在十月革命后和五四新文化运动期间。十月革命前, 在中国, 对马克思主义的一些零星介绍只涉及马克思学说的一鳞半爪, 影响范围极其有限。当时, 许多人把它当作欧洲无

---

① 本问题撰写者为叶丽。
② 《毛泽东选集》(合订本), 人民出版社 1968 年版, 第 1358—1359 页。

数新思潮中的一种偶尔涉及，因而并没有引起广泛关注。十月革命后，在俄国，社会主义从书本上的学说变为活生生的现实，并在历经种种饥馑、内战、外国干涉的严重磨难后发展起来。过去处于社会最底层的工人和农民破天荒地成了社会的主人。如此，初显蓬勃生机的俄国与混乱颓败的西欧之间形成鲜明反差，使正在黑暗中摸索的中国先进知识分子看到新希望和新出路。

毛泽东说："十月革命一声炮响，给我们送来了马克思列宁主义，十月革命帮助了全世界的也帮助了中国的先进分子，用无产阶级的宇宙观作为观察国家命运的工具，重新考虑自己的问题。走俄国人的路——这就是结论"。① 十月革命对中国先进分子的最大影响，是它提供了一个将社会主义由理论转化为实践、由理想转化为现实的可操作的"范式"，即马克思主义的辩证唯物主义和历史唯物主义，就是阶级斗争与无产阶级专政的理论，就是列宁发展了的马克思主义的"一国革命首先胜利"的理论。

1919 年，西方列强在"巴黎和会"上联合压迫中国人民的活生生事实，与十月革命后列宁领导的苏维埃俄国两次发表宣言，表示放弃在华特权的行动，形成强烈的反差。于是，中国的先进分子开始把学习的目光由西方转向东方。1919 年的五四运动就是中国的进步分子对欺压中国的列强的怒火喷发。

在中国，最早选择宣传马克思主义的代表人物是李大钊。十月革命后，李大钊以"桐叶落而天下惊秋，听鹃声而知气运"来比喻俄国革命与世界文明新潮流的到来。从 1918 年 7 月到 1919 年 2 月，李大钊先后发表《法俄革命之比较观》《庶民的胜利》《布尔什维克主义的胜利》《新纪元》和《战后之世界潮流》等文章，体现了中国知识分子的新觉醒。他指出："俄罗斯之革命是 20 世纪初期之革命，是立于社会主义上之革命"，将是"影响于未来世纪文明之绝大变动"。②

1919 年中国在"巴黎和会"上的外交失败给陈独秀上了一课。1920 年夏，他明确地表示了对于马克思主义的信仰。同年 9 月以后，他发表《谈政治》等文章，公开宣传马克思主义，批判资产阶级民主主义。由于陈独

---

① 《毛泽东选集》（合订本），人民出版社 1968 年版，第 1358—1359 页。
② 李大钊：《法俄革命之比较观》，《李大钊文集》，人民出版社 1985 年版，第 102—103 页。

秀在当时思想文化界的巨大名声，他宣告自己信仰社会主义这个行动，在相当大的程度上壮大了社会主义思潮的声势，扩大了社会主义思想的影响。正是陈独秀、李大钊、恽代英等人的转变，使在思想上发生转变的知识分子越来越多，中国先进分子的思想认识已发生质的变化，开始接受科学社会主义的思想。

紧随其后接受马克思主义的，是五四爱国运动的左翼骨干，其主要代表人物有毛泽东等。"五四"前后，毛泽东是湖南的学生领袖。在谈到自己接受马克思主义的历程时，毛泽东曾坦承：在能找到的为数不多的用中文写的共产主义书籍中，真正促使其建立起对马克思主义信仰的著作，是马克思、恩格斯的《共产党宣言》、考茨基（Karl Johann Kautsky）的《阶级斗争》、柯卡普的《社会主义史》。在接受了马克思主义之后，毛泽东一直坚定自己的信仰不动摇。广东的杨匏安是中国最早转向马克思主义立场的爱国青年之一。1919 年 11—12 月，他在《广东中华新报》上发表《马克思主义》一文，对马克思主义的唯物史观、剩余价值理论和阶级斗争学说作了比较系统的阐述。湖南爱国青年蔡和森、天津爱国学生的领袖人物周恩来是在欧洲主要是法国确立了自己对马克思主义的信仰。

此外，还有一部分老同盟会会员、辛亥革命时期的活动家，其主要代表人物是董必武、林伯渠、吴玉章等。在学习十月革命成功经验和总结辛亥革命失败教训的基础上，他们开始学习并走向马克思主义。

【推荐阅读】

1. 丁守和等：《十月革命对中国革命的影响》，人民出版社 1957 年版。

2. 毛泽东：《论人民民主专政》，人民出版社 1968 年版。

3. 逄先知、金冲及：《毛泽东传》，中央文献出版社 2003 年版。

4. 李大钊：《李大钊文集》，人民出版社 1984 年版。

5. 高军等：《五四运动前马克思主义在中国的介绍与传播》，湖南人民出版社 1986 年版。

6. 陈乾雄：《论五四运动对马克思主义与工人运动相结合的促进作用》，湖南师范大学硕士论文，2004 年，收入中国优秀硕士学位论文全文数据库。

5. 在马克思主义传入中国和在中国广泛传播的过程中，李大钊何以成为"中国最早的马克思主义者"?①

【问题提出】

19世纪下半叶，马克思主义传入中国。十月革命后和五四新文化运动期间，马克思主义开始在中国广泛传播。其间，中国不同群体的知识、文化和政治精英，不断了解、认识马克思主义，并最终确立了对马克思主义的信仰。李大钊不仅是其中的杰出代表，而且被公认为中国的第一位马克思主义者。北京香山万安公墓内的李大钊烈士陵园，是根据中共中央的决定修建的。在墓碑上，刻有中共中央撰写的碑文："李大钊同志是中国最早的马克思主义者。"

【疑惑之点】

在时间上，李大钊不是最早介绍马克思主义的人。就其著述而言，他也并非最早研究、引介马克思主义者。那么，为什么说"李大钊同志是中国最早的马克思主义者"?

【解疑释惑】

李大钊（1889—1927年），字守常，河北乐亭人。"李大钊同志是中国最早的马克思主义者"的历史定位，其原因不止一端，源自于多种因素的交织作用。

李大钊热情讴歌和宣传俄国十月革命，其很多表达都成为那个时代标志性的政治文化遗产。诸如："今后世界的人人都成了庶民，也就都成了工

---

① 本问题撰写者为叶丽。

人"；"须知今后的世界，变成劳工的世界。我们应该用此潮流为使一切人人变成工人的机会，不该用此潮流为使一切人人变成强盗的机会"①。

李大钊旗帜鲜明地传播马克思主义。在他发表的《再论问题与主义》《物质变动与道德变动》、《由经济上解释中国近代思想变动的原因》等文章中，不仅主张用马克思的学说去认识社会和改造社会，而且积极提倡与各国的实际相结合。

在马克思主义不断建制化方面，李大钊作出了巨大贡献。他不仅亲自撰文在《新青年》上办了"马克思研究号"，而且帮助《晨报》副刊开辟"马克思研究"专栏，系统介绍马克思主义和国际共产主义运动发展情况。1920年3月，李大钊和邓中夏、高君宇等在北京大学秘密发起成立"马克思学说研究会"。该研究会设立翻译室，包括英文、德文、法文三个翻译组，翻译了马克思和恩格斯的许多经典著作。1921年，该研究会由秘密转向公开。1920年秋，李大钊出任北京大学教授后，利用高等学校讲坛，继续宣传马克思主义。在李大钊的影响下，许多先进青年不仅成为具有初步共产主义思想的知识分子，而且很快转变成马克思主义者。对此，当时的李大钊曾欣喜地写道：最近以来，"高等教育机关里的史学教授，几无人不被唯物史观的影响，而热心创造一种社会的新生"②。

作为中国的第一位马克思主义者，李大钊的杰出贡献不仅表现在传播马克思主义方面，更为重要的在于他从理论上探索了马克思主义在中国的具体应用，即"马克思主义中国化问题"。他指出：马克思主义的普遍真理与本国的具体问题的解决，"有不能十分分离的关系"。"大凡一个主义，都有理想与实用两个方面"。理想主义的宣传和实际问题的研究应该是"交相为用"和"并行不悖"的。当群众需要唤起之时，如果不进行有效的宣传工作，那么革命的理论就不能普及。但理论不能只停留在宣传阶段，因为理论的可贵之处在于运用。基于这样的认识，他批评说："我们最近的言论，偏于纸上空谈的多，涉及实际问题的少，以后誓向实际的方面去作。"③李大钊

---

① 李大钊：《李大钊文集》上册，人民出版社1985年版，第595页。
② 李大钊：《李大钊文集》下册，人民出版社1985年版，第365页。
③ 李大钊：《李大钊文集》，人民出版社1985年版，第833页

的这一见解有助于形成运用马克思主义理论研究中国实际问题的学风，也有助于马克思主义与中国革命具体实践相结合。

为践行其理论，李大钊率先运用马克思主义的立场、观点和方法研究中国和世界的具体实际问题。为此，他相继发表《法俄革命之比较观》《庶民的胜利》《布尔什维克主义的胜利》等文章，尝试运用马克思主义的观点分析第一次世界大战和十月革命的原因。他说："原来这回战争的真因，乃在资本主义的发展。国家的界限以内，不能涵容他的生产力，所以资本家的政府想靠着大战，把国家界限打破，拿自己的国家做中心，建一世界的大帝国，成一个经济组织，为自己国内资本家一阶级谋利益。俄、德等国的劳工社会，首先看破他们的野心，不惜在大战的时候，起了社会革命，防遏这资本家政府的战争。"①

无论是对中国封建统治阶级本质的认识，还是对劳动问题、妇女问题的相关研究，李大钊的分析和见解都充满了马克思主义的阶级分析方法。尤其可贵的是，当李大钊刚接触马克思主义不久，他就从俄国民粹主义者向马克思主义者的转变过程中得到启发，把注意力由知识分子群体转向工农大众群体。在1919年发表的《青年与农村》一文中，李大钊写道："我们中国是一个农国，大多数的劳工阶级就是那些农民。他们若是不解放，就是我们国民全体不解放；他们的苦痛，就是我们国民全体的苦痛；他们的愚暗，就是我们国民全体的愚暗；他们生活的利病，就是我们国民全体的利病。去开发他们，使他们知道要求解放、陈说苦痛、脱去愚暗、自己打算自己生活的利病的人。"因此，美国学者莫里斯·迈斯纳（Maurice Meisner）认为，李大钊所著《青年与农村》一文的问世，"可以被看作是一种拓荒者的尝试"②。

李大钊重视运用马克思主义的理论分析作为中国国民主体的农民的问题，使其在把马克思主义的普遍真理与中国革命的具体实践相结合方面有着切合实际的深邃思想。1925年五卅运动的发生加速了中国共产党对作为农民根本问题的土地问题的认识。对此，李大钊发表《土地与农民》一文，

---

① 李大钊：《李大钊文集》上册，人民出版社1985年版，第594页。
② 莫里斯·迈斯纳：《李大钊与中国马克思主义的起源》，中共北京市委党史研究室编译组译，中共党史资料出版社1989年版，第274页。

他写道："中国浩大的农民群众，如果能组织起来，参加国民革命，中国国民革命的成功就不远了。"

【推荐阅读】

1. 李大钊：《法俄革命之比较观》，人民出版社 1985 年版。

2. 李大钊：《我的马克思主义观》，人民出版社 1985 年版。

3. 李大钊：《青年与农村》，人民出版社 1985 年版。

4.〔美〕莫里斯·迈斯纳：《李大钊与中国马克思主义的起源》，中共北京市委党史研究室编译组编译，中共党史资料出版社 1989 年版。

5.〔日〕后藤延子：《李大钊思想研究》，王青等编译，中国社会出版社 1999 年版。

6. 郭继承：《中国近代民族危机下的现代性选择与建构：李大钊思想新解》，北京师范大学博士论文，2007 年，现藏国家图书馆。

6. 毛泽东所言的"自从中国人学会了马克思列宁主义后，中国人在精神上就由被动转为主动。从这时起，近代世界历史上那种看不起中国人，看不起中国文化的时代应当完结了"的这段话，依据是什么？[①]

【问题提出】

　　1949 年夏末，在我国新民主主义革命即将取得全国胜利的前夕，美国国务院发表关于中美关系的白皮书和艾奇逊（Dean Acheson）国务卿给杜鲁门（Harry S. Truman）总统的信件，对中国革命和中美关系作了颠倒是非、混淆黑白的说明。同年 8—9 月，毛泽东连续为新华社撰写五篇评论性文章，揭露美国对华政策的帝国主义本质，对中国革命的发生和胜利的原因作了理论阐释。1949 年 9 月 16 日发表的《唯心历史观的破产》，即为五篇评论中的一篇。在该文中，毛泽东阐明了中国革命的原因，揭露了美帝国主义对中国革命原因的错误断定，驳斥了时任美国国务卿的艾奇逊关于"中国革命是由人口过多而引起的"这一荒谬观点。在评价被艾奇逊们傲视为"高度文化"的西方资产阶级文化时，毛泽东精辟地写道："那种西方资产阶级的文化，一遇见中国人民学会了的马克思列宁主义的新文化，即科学的宇宙观和社会革命论，就要打败仗。被中国人民学会了的科学的革命的新文化，第一仗打败了帝国主义的走狗北洋军阀，第二仗打败了帝国主义的又一名走狗蒋介石在二万五千里长征路上对于中国红军的阻拦，第三仗打败了日本帝国主义及其走狗汪精卫，第四仗最后地结束了美国和一切帝国主义在中国的统治及其走狗蒋介石等一切反对派的统治。""自从中国人学会了马克思列宁主义后，中国人在精神上就由被动转为主动。从这时起，近代世界历史上那

---

　　① 本问题撰写者为王永岩。

种看不起中国人，看不起中国文化的时代应当完结了。"①

【疑惑之点】

毛泽东的"自从中国人学会了马克思列宁主义后，中国人在精神上就由被动转为主动"的主要表现有哪些，历史依据是什么？在中国人民掌握马克思主义之前，中国文化是如何被自喻为具有"高度文化"的西方世界所蔑视的？厘清这些问题，有助于揭示马克思列宁主义与中国革命的关系，从而更加深刻地认识中国革命演进的客观规律。

【解疑释惑】

从鸦片战争开始，中国社会逐渐沦为半殖民地半封建社会。在不平等条约的保护下，大量廉价商品像潮水一样涌进中国市场，把脆弱的中国小农经济冲击得支离破碎，东南沿海地区传统手工业破产。中国不但在诸多不平等条约中丧失了大量的主权，连作为一个国家主权的海关都被英国人占据了将近半个世纪。

中国近代史是一部灾难深重的被侵略史，也是一部自发图强的奋斗史、抗争史。鸦片战争的失败使地主阶级意识到中国的科技和器物与西方资本主义国家的差距，开始了"师夷长技以制夷"的洋务运动。在30余年里，地主阶级兴办了大量近代工厂。但由于封建主义势力压迫和外国资本主义的干扰，洋务运动最终在甲午战争的炮火检验下宣告破产。随着民族资产阶级的兴起，中国又开始了学习西方资本主义国家政治制度的戊戌变法，但同样由于封建主义和帝国主义的干涉而终归失败。以孙中山为首的资产阶级革命派认识到清政府的腐朽，开始进行资产阶级革命。他们以推翻封建主义为目标，以西方资本主义国家议会民主制为理想，希望建立起独立而富强的资本主义中国。但由于资产阶级的阶级局限性和软弱性，尽管完成了推翻清王朝的历史使命，却也最终没有使中国改变半殖民地半封建的社会性质。新文化

---

① 毛泽东：《唯心历史观的破产》，《毛泽东选集》第4卷，人民出版社1991年版，第1515—1516页。

运动是在文化领域开展的反帝国主义和反封建主义的斗争，但在新文化运动中，出现极端否定中国传统文化的"全盘西化论"。其间，充溢着早期出路探索的近代中国，"宛如一座云雾萦绕的历史迷宫。当知识者们怀着救世的热忱跨入它的大门，去探寻通向光明的出口时，他们不由得感到自己是在黑暗中摸索"①。对此，毛泽东也曾评价道：在这个反抗运动中，在一个很长的时期内，即从1840年的鸦片战争到1919年的五四运动的前夜，共计70多年中，中国人没有什么思想武器可以抗御帝国主义。旧的顽固的封建主义的思想武器打了败仗了，抵不住，宣告破产了。不得已，中国人被迫从帝国主义的老家即西方资产阶级革命时代的武器库中学来了进化论、天赋人权论和资产阶级共和国等项思想武器和政治方案，组织过政党，举行过革命，以为可以外御列强，内建民国②。

西方侵略者站在"高度文化"的高台上，通过各种手段煽动仇恨，诋毁中国和中国文化，泯灭中国人民的民族心和爱国心，企图使中国自觉顺服西方帝国主义的殖民统治。在他们看来，"中国是毫无出路的，人口有了四亿七千五百万，是一种'不堪负担的压力'，革命也好，不革命也好，总之是不得了"。中国这个低等文化的国家不可能通过自己的努力解决好自己的问题，无论是国民党还是共产党，都"解决不了自己的经济问题，中国将永远是天下大乱，只有靠美国的面粉，即是说变为美国的殖民地，才有出路"。③ 到底向何处去，中国人面临痛苦的抉择。

1917年，俄国爆发十月革命，建立社会主义国家。十月革命的一声炮响，给中国人民带来了马克思主义，使在学习西方的道路上踌躇彷徨的中国人看到了新希望。从此，先进的中国人就开始了学习马克思主义，并把马克思主义运用到中国革命中的伟大历程。以孙中山为首的资产阶级革命派在向西方学习失败的情况下转而向俄国学习，提出"联俄联共，扶助农工"的政策，使"被中国人民学会了的科学的革命的新文化，第一仗打败了帝国

---

① 许纪霖：《无穷的困惑——黄炎培、张君劢与现代中国》，三联书店1998年版，第2页。

② 毛泽东：《唯心历史观的破产》，《毛泽东选集》第4卷，人民出版社1991年版，第1514页。

③ 同上。

主义的走狗北洋军阀"。① 以马克思主义作为指导思想的中国共产党成立后，开始领导中国人民进行新民主主义的实验。遵义会议后，中国共产党开始把马克思主义普遍真理与中国革命实际相结合，开创了具有中国革命特色的"工农武装割据"之路。从此，中国人民找到了前进的方向，开始掌握自己的命运。在土地革命时期，打破了国民党反动派的围剿，创造了长征的奇迹；在抗日战争时期，在敌后建立抗日根据地，创造了民族解放的奇迹。在国共内战时期，打败了美帝国主义及其在中国的代理人——蒋介石集团，最终实现了国家的独立和统一，完成了新民主主义革命的历史任务。

不可否认的是，中国共产党人在运用马克思主义的过程中，也曾经犯过一些错误，如王明的"左"倾错误导致第五次反"围剿"失败，使红军被迫离开革命根据地，开始战略转移。这些失败使中国共产党人意识到：在中国的革命过程中，共产党人必须"将马克思主义的普遍真理和中国革命的具体实践完全地恰当地统一起来，就是说，和民族的特点相结合，经过一定的民族形式，才有用处，决不能主观地公式地应用它。公式的马克思主义者，只是对于马克思主义和中国革命开玩笑，在中国革命队伍中是没有他们的位置的。中国文化应有自己的形式，这就是民族形式。民族的形式，新民主主义的内容——这就是我们今天的新文化"②。

根据新民主主义革命的要求，中国共产党人提出要建立民族的、科学的、大众的新民主主义文化的主张，强调：这种新民主主义的文化，是民族的、是反殖民主义的；是科学的、是反迷信愚昧的；更是民主的、大众的文化。这是一种全新的文化，它吸取了中国传统文化的精华，剔除了其中的封建主义糟粕；它真正吸取了世界各国文化中的进步文化，而不是形式化的吸收外国的新思想。因为"形式主义地吸收外国的东西，在中国过去是吃过大亏的。中国共产主义者对于马克思主义在中国的应用也是这样，必须将马克思主义的普遍真理和中国革命的具体实践完全地恰当地统一起来，就是说，和民族的特点相结合，经过一定的民族形式，才有用处，决不能主观地

---

① 毛泽东：《唯心历史观观的破产》，《毛泽东选集》第 4 卷，人民出版社 1991 年版，第1514 页。

② 毛泽东：《新民主主义论》，《毛泽东选集》第 2 卷，人民出版社 1991 年版，第559 页。

公式地应用它"。"中国文化应有自己的形式，这就是民族形式。"①

【推荐阅读】

1. 辛文斌：《〈新民主主义论〉与中国文化现代化》，中央编译出版社 2007 年版。

2. 刘辉：《中国共产党人的文化自觉：新民主主义文化思想再研究》，中共党史出版社 2008 年版。

3. 孙建娥：《新民主主义文化革命的历史经验研究》，湖南人民出版社 2008 年版。

4. 张春丽：《中国共产党新民主主义文化理念的形成》，北京师范大学博士论文，2006 年，现藏国家图书馆。

5. 李竟能、伍晓鹰：《解决中国人口问题的根本道路——纪念毛泽东同志诞辰九十周年，学习〈唯心历史观的破产〉》，《人口与经济》1983 年 12 月 7 日。

---

① 毛泽东：《新民主主义论》，《毛泽东选集》第 2 卷，人民出版社 1991 年版，第 560 页。

7. 1919 年《上海学联告同胞书》中的如下内容说明什么："学生罢课半月，政府不惟不理，且对待日益严厉。乃商界罢市不及一日，而北京被捕之学生释；工商罢工不及五日，而曹、章、陆去。"①

【问题提出】

这段文字出自 1919 年 6 月上海学联发表的《上海学联告同胞书》②。该文虽然不长，但发表于五四运动的高潮中，又由领导上海学生罢课的上海学生联合会发表，因而深入解读这段文字，对客观理解五四运动，乃至五四时期中国社会各阶级、各阶层的作用，都具有重要意义。

【疑惑之点】

20 世纪前期，中国社会处于激烈转型时期。其间，大规模的群众运动风起云涌，如 1903 年的拒俄运动、1905 年的抵制美货运动、1911 年的保路运动、1919 年的五四运动和 1935 年的"一二·九运动"。在这么多群众运动中，为什么只有 1919 年的五四运动能够成为中国新民主主义革命的开端？这场大规模的群众运动为何能够取得成功？参加这场运动的，有哪些阶级和阶层？这场运动的主体是谁？这些问题都值得深思。

【解疑释惑】

1919 年 5 月 4 日爆发的五四运动，是一场多个社会阶级、阶层参加的大规模群众运动，是中国近代史上划时代的事件，为中国开辟了一条全新的前进道路，拉开了中国新民主主义革命的序幕。其间，上海学联发表的

---

① 本问题撰写者为黄进华。
② 上海《民国日报》1919 年 6 月 13 日。

《上海学联告同胞书》，揭示了参加这场运动的三个社会阶级、阶层的作用，运动主体的转移进程。

五四运动的导火索，是中国在"巴黎和会"上的外交失败。"巴黎和会"的核心议题之一是山东问题。1914年，第一次世界大战爆发，日本借口对德宣战，夺取了青岛和胶济铁路，控制了山东。"一战"结束后，1919年1月，在法国巴黎召开"和平会议"。在英、美、法等列强操纵下，这次和会竟然将原来德国在山东的一切特权转让给日本，并明文载入《凡尔赛和约》中，这激起中国人民的极大义愤。

5月3日晚，在北大法科大礼堂召开13所中等以上学校学生代表会议。次日，3000多名学生冲破军警的阻挠，云集天安门广场，打出了"誓死力争，还我青岛"、"收回山东权利"、"废除二十一条"、"抵制日货"、"宁肯玉碎，勿为瓦全"、"外争主权，内除国贼"等口号，并要求惩办三名亲日派代表——交通总长曹汝霖、货币局总裁陆宗舆和驻日公使章宗祥。学生游行队伍行至曹汝霖的住宅，火烧曹宅，并痛打章宗祥，引发了"火烧赵家楼"事件。随后，学生大规模罢课、上街演讲。在日本压力下，北洋政府派遣大批军警镇压，仅6月3—4日就逮捕学生代表800余人。

"五四运动"期间，由于学生提出"抵制日货"、"劝用国货"等有利于民族工商业者的口号，因而北京商会迅速表示支持学生。天津、上海等多个城市的商会也纷纷响应。尤其是6月5日上午，在学生的要求和广大店员的支持下，上海各商号陆续罢市。各店铺门前纷纷悬挂"为国家，今罢市，救学生，除国贼"、"抵制日货"、"不办卖国贼不开门"、"为良心救国牺牲私利"等揭帖。当时，上海是中国经济最发达的城市，上海商人的罢市斗争对北京学生爱国运动是有力的声援。迫于压力，北洋政府当日即下令全部释放被捕学生。

从6月6日起，上海工人实行总罢工，并且规模不断扩大。6日，华商电车公司、法商电车公司、英商祥生铁厂、求新机器厂和锐利机器厂工人罢工。随后，许多外资工厂工人及全市司机、清洁工人罢工。10日，沪宁和沪杭铁路工人以及马车行工人全体罢工，上海工人罢工进入最高潮，这标志着中国工人阶级开始以独立的姿态登上历史舞台。

在此期间，学界、商界继续罢课和罢市，与工人罢工汇成了一股反帝洪流。这场运动已经突破了北京学生的狭小范围，成为有工人阶级、小资产阶级和民族资产阶级参加的全国范围的革命运动。

据统计，当时全国有 20 多个省、区，100 多个大中城市卷入这场如火如荼的历史洪流之中，这在中国历史上是破天荒的现象。五四爱国运动在广度和深度上迅速发展，特别是工人群众以罢工形式参加斗争，使北洋政府和帝国主义列强非常震惊。在全国各界群众的压力下，6 月 10 日，北洋政府被迫下令罢免曹汝霖、陆宗舆和章宗祥的职务，五四运动取得了第一个胜利成果。

对于工人的地位和作用，学生们起初认识不清。但随着五四运动的展开，中国工人阶级显示了其伟大力量，这对广大学生是极好的教育。因此，6 月 12 日，当上海人民胜利开市时，学生们打出了"感谢工界"的旗帜，《上海学联告同胞书》也承认："学生罢课半月，政府不惟不理，且对待日益严厉。乃商界罢市不及一日，而北京被捕之学生释，而工界罢工不及五日，而曹、章、陆去。"①

总之，五四运动是一场大规模的爱国群众运动。以"六三"为界，这场运动大致可分为两个阶段：前期，运动的中心是在北京，以学生为主体；后期，斗争的主力由学生转向工人，运动的中心则由北京转移到上海。通过这场运动，一些初步掌握了马克思主义的先进知识分子开始意识到工人阶级的伟大力量，进而创办工人学校、建立工会组织，致力于与工人群众相结合，也致力于推动马克思主义与中国工人运动的结合，为 1921 年中国共产党的成立做了思想和干部上的准备。

【推荐阅读】

1. 张洪祥等：《五四运动与中国共产党的诞生》，天津社会科学院出版社 1991 年版。

2. 彭明：《五四运动史》，人民出版社 1998 年版。

3. 张德旺：《在向新民主主义革命转变的历史起点：五四及其政派研

① 上海《民国日报》1919 年 6 月 13 日。

究》，哈尔滨工业大学出版社 2009 年版。

4. ［美］周策纵：《五四运动——现代中国的思想革命》，周子平等译，江苏人民出版社 1999 年版。

5. 陈乾雄：《论五四运动对马克思主义与工人运动相结合的促进作用》，湖南师范大学硕士论文，2004 年，收入中国优秀硕士学位论文全文数据库。

6. 李明蔚：《近百年来国内五四运动研究回顾与前瞻》，山东大学硕士论文，2008 年，收入中国优秀硕士学位论文全文数据库。

8. 毛泽东为何断言："五四运动的杰出的历史意义，在于它带着为辛亥革命还不曾有的姿态，这就是彻底地不妥协地反帝国主义和彻底地不妥协地反封建主义"？①

【问题提出】

这段评价出自毛泽东的文章《新民主主义论》②。在文中，毛泽东将这场运动与1911年的辛亥革命进行比较，指出五四运动具有一种"辛亥革命还不曾有的姿态"，即"彻底地不妥协地反帝国主义和彻底地不妥协地反封建主义"。这一比较提醒我们：不能单纯地就"五四运动"论"五四运动"，而是要前瞻后顾，进行纵向历时维的比较，进而认识和理解"五四运动"的深刻内涵和巨大意义。

【疑惑之点】

五四运动既是"反帝国主义运动，又是反封建运动"③，而五四运动发生于1919年，时距1911年的辛亥革命不过七八年，为何能够"彻底地不妥协地反帝国主义和彻底地不妥协地反封建主义"？何谓"彻底地不妥协地反帝国主义和彻底地不妥协地反封建主义"？辛亥革命为什么不能够做到这一点？毛泽东为何会对五四运动做出如此之高的评价？

【解疑释惑】

作为一场伟大的反帝反封建革命运动，五四运动是中国近现代史的一个

---

① 本问题撰写者为黄进华。
② 毛泽东：《毛泽东选集》第2卷，人民出版社1952年版，第659—660页。
③ 同上书，第659页。

重要转折点，对以后的中国社会产生了深远的影响。五四运动享有的评价为何如此之高？下面不妨以辛亥革命为参照系，对这场运动进行分析。

第一，群众基础问题。1911年的辛亥革命，虽然打倒了皇帝，但胜利果实却落入以袁世凯为首的北洋军阀之手。何以会出现如此令人不解的局面？其根本原因是辛亥革命的群众基础薄弱。由于资产阶级革命派没有提出一个彻底的反帝反封建的革命纲领，同盟会又组织涣散，广大人民群众（尤其是农民阶级）没有被广泛地发动和组织起来，群众基础过于狭窄。而五四运动则是一场大规模的群众运动。起初，英勇地站在斗争前面的是学生，支持者也主要是知识分子。但不久这场运动就突破了知识分子的狭小范围，成为一个有工人阶级、小资产阶级和民族资产阶级参加的、以工人阶级为主体的全国范围的革命运动。参加这场运动的群众来源广泛，遍布多个社会阶级和阶层，力量雄厚，尤其是工人阶级第一次独立登上了政治舞台，显示了强大的力量，为五四运动的最终胜利奠定了基础。

第二，是否坚决反对封建势力的问题。1919年5月4日，北京学生走上街头，提出了"外争主权，内除国贼"等口号，要求惩办"亲日派"——交通总长曹汝霖、货币局总裁陆宗舆、驻日公使章宗祥，并放火烧了曹汝霖的住宅，痛打章宗祥，引发"火烧赵家楼"事件。事后，北洋政府出动大批军警镇压，并为曹、陆、章三人辩护。6月3日，北京大批学生上街演说，宣传反帝主张。其中，有178人被北洋政府逮捕。面对反动军警的镇压，北京学生决定次日出动更多学生上街演说，结果又被捕去800人。5日，北京竟有5000多名学生上街演说，迫使军警不敢逮捕学生。正是学生们大无畏的爱国精神，加上6月3日后上海等地工人罢工、商人罢市，才使北洋政府被迫于6月10日下令罢免了曹、陆、章三个卖国贼的职务。次日，作为五四运动精神领袖的陈独秀撰写《北京市民宣言》，提出要根本改造政府的主张。7月1日，在上海的国民大会上，工人阶级更提出要另起炉灶、组织新政府的主张，将矛头直接指向北洋政府。

反之，辛亥革命则与"反革命的专制阶级谋妥协"，最终导致革命流产。当时，作为北洋军阀首领的袁世凯勾结西方列强，从而使"一切反革命的专制阶级如武人、官僚辈，皆依附之以求生存"，而以孙中山为首的资产阶级革命派内部则发生分裂，非常软弱。在清帝"退位"后，"以政权让渡于彼（即袁世凯），其致失败，又待何言！"①

第三，是否坚定地反对帝国主义的问题。1912 年 1 月，南京临时政府建立后，孙中山立即发表《对外宣言书》，表示："凡革命以前所有满政府与各国缔结之条约，民国均认有效"；"革命以前，满政府所借之外债及所承认之赔款，民国亦承认偿还之责，不变更其条件"；"凡革命以前满政府所让与各国国家或各国个人种种之权利，民国政府亦照旧尊重之"②。孙中山此举之意图是希望换取帝国主义的同情和承认，但西方列强却置之不理，竟对此无一字之答复。

从五四运动的全过程看，"反帝"始终是这场运动的一根主线。首先，五四运动的导火线是中国在"巴黎和会"上的外交失败。"一战"结束后，在英、美、法等列强操纵下，"巴黎和会"竟然决定将原来德国在山东的一切特权全部转让给日本，并明文载入对德和约。对此，北洋政府居然准备承认，并在对德和约上签字，因而激起广大人民群众的极大义愤。五四运动爆发的当天，学生就打出了"誓死力争，还我青岛"、"收回山东权利"、"废除二十一条"、"抵制日货"、"宁肯玉碎，勿为瓦全"、"外争主权，内除国贼"等爱国口号。为了反对在对德和约上签字，国内各界人民坚持抗争，不屈不挠。

轰轰烈烈的五四运动也深深地影响了海外学子。6 月 28 日，为了阻止中国代表出席"巴黎和会"的签字仪式，留法学生和爱国华侨一起包围了中国代表住处，并组织"敢死队"，扬言：不论哪位代表，只要敢迈出住处一步，就立即打死他。在国内外人民的强大压力下，中国代表团最终宣布拒绝在对德和约上签字。

与以辛亥革命为代表的旧民主主义革命相比，虽然在时间上五四运动只差七八年，却是一场彻底的和不妥协的反对帝国主义和封建主义的运动。这表明中国反帝反封建的资产阶级民主革命已经发展到了一个新阶段，即新民主主义革命阶段。作为这场运动的亲历者，毛泽东的思想也发生了巨变，即

---

① 孙中山：《中国国民党第一次全国代表大会宣言》，黄彦《孙文选集》上册，广东人民出版社 2006 年版，第 672 页。

② 孙中山：《对外宣言书》，《孙中山全集》第 2 卷，中华书局 1982 年版，第 10 页。

由一般的民主主义者转变为激进的民主主义者，并最终成长为一位坚定的马克思主义者。1940 年，毛泽东撰写《新民主主义论》，回首往事，指出五四运动既是"反帝国主义运动，又是反封建运动"；"五四运动是在思想上和干部上准备了 1921 年中国共产党的成立，又准备了五卅运动和北伐战争"。①

【推荐阅读】

1. 彭明：《五四运动史》，人民出版社 1998 年版。

2. 张洪祥等：《五四运动与中国共产党的诞生》，天津社会科学院出版社 1991 年版。

3. 张德旺：《新编五四运动史》，黑龙江人民出版社 2009 年版。

4. ［美］周策纵：《五四运动——现代中国的思想革命》，周子平等译，江苏人民出版社 1999 年版。

5. 李明蔚：《近百年来国内五四运动研究回顾与前瞻》，山东大学硕士论文，2008 年，收入中国优秀硕士学位论文全文数据库。

6. 汤仁泽：《五四运动和日本》，《史林》1999 年第 1 期。

---

① 孙中山：《对外宣言书》，《孙中山全集》第 2 卷，中华书局 1982 年版，第 659—660 页。

9. 胡乔木说"一大开过了，似乎什么也没有发生，连报纸上也没有一点报道。但是，中国的伟大事变在实质上却开始了"。"伟大事变"指什么？为什么说中国共产党的成立是"开天辟地的大事变"？中国共产党的发展史如何验证了"星星之火，可以燎原"的道理？①

【问题提出】

中国共产党的成立，是中国近现代史上最重大的事件之一。1949 年 9 月 16 日，毛泽东在《唯心历史观的破产》一文中指出："中国产生了共产党，这是开天辟地的大事变"，"从此以后，中国改换了方向"。② 也就是说，中国共产党的成立，使中国人民的革命斗争进入了一个崭新的历史阶段。在这之后，中国革命有了新的领导力量，有了新的革命纲领，有了充分发动人民群众的新方法，有了探索社会主义道路的新前途，灾难深重的中国人民有了光明和希望。深入分析和把握毛泽东这段深刻的历史唯物主义的论断，对于全面理解"没有共产党，就没有新中国。有了共产党，中国的面貌就焕然一新"这个中国人民从长期奋斗历程中得出的最基本、最重要的结论，具有重大意义。

【疑惑之点】

1921 年，中国共产党的成立大会是在反动统治的白色恐怖下秘密举行的。除了大会会场一度遭到帝国主义暗探和巡捕的骚扰外，在社会上并没有引起多大注意，好像什么事也没有发生。而且，中国共产党刚刚成立时，只有 53 个成员，几个党小组。那么，为什么说中国共产党的成立是"开天辟

---

① 本问题撰写者为刘振清。
② 《毛泽东选集》第 4 卷，人民出版社 1991 年版，第 1514 页。

地的大事变"呢? 中国共产党的成立, 究竟给中国革命带来了哪些变化? 中国共产党的发展历程, 如何验证了"星星之火, 可以燎原"的道理?

【解疑释惑】

鸦片战争以后, 中国共产党成立之前, 反对资本—帝国主义侵略、反对封建主义压迫这两副重担一同摆在中国人民面前。先进的中国人为救中国、救人民, 为实现国家的独立、统一、民主、富强而前赴后继, 奋斗牺牲。为了挑起这两副担子, 农民阶级、资产阶级维新派和革命派先后进行了艰苦的斗争, 在一定程度上打击了资本—帝国主义和封建主义, 但最后都没能摆脱失败的厄运, 中华民族仍然苦难深重。

1921 年中国共产党的诞生, 是一件具有划时代意义的大事。风雨如磐、鸡鸣不已的中国从此升起了一轮鲜红的太阳。"于无声处听惊雷", 一个新的革命火种在沉沉黑夜中点燃起来。中国人民从此有了完全可以信赖的领导者, 中国工人阶级有了自己坚强的战斗司令部。"自从有了中国共产党, 中国革命的面目就焕然一新了"。① 这一点, 在它成立的初期就已经鲜明地显示出来, 其突出的表现是:

第一, 破天荒地第一次提出了反帝反封建的民主革命纲领, 为中国人民指明了斗争目标。

以往中国人民的斗争之所以成效甚微, 一个重要的原因就在于没有认清革命的对象, 不能团结真正的朋友, 以攻击真正的敌人。但中国共产党成立不久, 此问题就得到基本解决。1922 年 7 月, 党的"二大"提出了彻底的反帝反军阀的民主革命的纲领。不久以后, "打倒列强、除军阀"的口号就成为广大人民共同的呼声。

中国共产党能够做到这一点, 是因为其代表的是工人阶级的利益, 是同帝国主义、封建主义的利益根本对立的, 所以具有彻底的革命性; 是因为其掌握了马克思主义这个科学的理论武器, 所以能够透过复杂的现象看清中国问题的本质。

---

① 《毛泽东选集》第 4 卷, 人民出版社 1991 年版, 第 1357 页。

第二，开始采取资产阶级、小资产阶级的政党和政治派别没有采取过、也不可能采取的革命方法，即群众路线的方法。

作为工人阶级的先锋队，中国共产党的全部活动都是为了工人阶级和人民群众谋利益的，是为他们的解放事业服务的，因而敢于相信、发动和依靠群众。党的"二大"指出，"我们共产党，不是'知识者所组织的马克思学会'，也不是'少数共产主义者离开群众之空想的革命团体'"，而是一个"为无产阶级之利益而奋斗的政党"；"党的一切运动都必须深入到广大的群众里面去"，都"必须是不离开群众的"。

正是在中国共产党的领导、组织、推动下，从1922年1月香港海员罢工，到1923年2月京汉铁路工人大罢工，中国工人掀起第一次工人运动的高潮。在13个月里，全国发生了包括安源路矿工人罢工、开滦五矿工人罢工等在内的大小罢工100余次，参加者在30万人以上。工人群众的这种革命运动，在中国共产党成立以前，是不曾有过的。中国共产党领导的工人斗争浪潮，显示了中国工人阶级坚定的革命性和坚强的战斗力，扩大了中国共产党在全国的政治影响，为共产党与其他革命力量的合作和掀起全国人民的大革命奠定了基础。孙中山正是由此认识到中国共产党是一支新兴的、生机勃勃的革命力量，才下决心同其进行合作。在第一次国共合作的基础上，中国在1925—1927年掀起了轰轰烈烈的大革命。

在这场革命中，中国共产党起着独特的、不可代替的作用。首先，从政治上看，大革命是在"反对帝国主义"、"反对军阀"的政治口号下进行的。而提出这个口号的，正是中国共产党。其次，大革命是近代中国历史上一次空前广泛而深刻的群众运动。而中国共产党正是人民群众的主要发动者和组织者。再次，大革命的主要斗争形式，是推翻封建军阀统治的国内革命战争。而中国共产党直接参与制定了有关的战略方针，不仅帮助和推动了国民革命军的建立，而且在军队中进行了卓有成效的政治工作，并在战斗中起着公认的先锋和表率作用。对此，1926年11月，著名的国民党右派理论家戴季陶在中山大学演说时也给予了高度评价："中国共产党，好像机关车（按：指火车头），国民党好像货车，中国共产党加入国民党，好像人车货车套一机关车。"

"星星之火，可以燎原。"1921年，中国共产党成立了，这个初看似乎微不足道的力量，由于符合历史趋势、顺应历史潮流，终于成为历史的主导，掀起历史的巨变，彻底改变了亿万中国人的命运。

在中国共产党的领导下，中国人民空前团结和组织起来，经过北伐战争、土地革命战争、抗日战争和解放战争，打败了日本军国主义的侵略，推翻了国民党的反动统治，建立了中华人民共和国，完成了新民主主义革命的任务，推翻了三座大山，实现了民族独立和人民解放，结束了四分五裂、任人宰割、受人欺凌的悲惨历史，并创造性地实现了由新民主主义到社会主义的转变，全面确立了社会主义的基本制度，使占世界人口 1/4 的东方大国进入社会主义社会，实现了中国历史上最广泛、最深刻的社会变革，一个人民备受欺凌压迫的国家变成一个人民当家作主、享有民主权利的国家。

为了实现中华民族的伟大复兴，中国共产党带领中国人民在改革开放中开辟了实现国家繁荣富强、人民共同富裕的中国特色社会主义道路，开创了中国特色社会主义事业；实现了从高度集中的计划经济体制到充满活力的社会主义市场经济体制的转变，完成了从封闭和半封闭到全方位开放的历史性转变，建立了独立的和比较完整的国民经济体系，经济实力和综合国力显著增强；不断发展社会主义文化，使全国人民的精神生活日益丰富；彻底结束了旧中国一盘散沙的局面，实现了国家的高度统一和各民族的空前团结；锻造了一支党绝对领导下的人民军队，建立起巩固的国防；坚持独立自主的和平外交政策，为世界和平与发展的崇高事业作出了重要贡献。

中国共产党领导人民奋斗 80 余年的峥嵘岁月和光荣业绩，如同一幅透迤而又气势磅礴、雄浑而又绚丽多彩的画卷。"作始也简，将毕也巨！"如果说历史有一种逻辑，是不以人的意志为转移的话，那么中国共产党的发展历程无疑是一种最好的呈现与诠释。

1957 年，毛泽东在莫斯科说了大意如下的话：历史上从来就是弱者战胜强者，没有枪的人战胜全副武装的人。《联共（布）党史简明教程》的第一页第一段写了一个辩证法：从小组到全国。你们修改《联共党史》的时候，我希望不要把这几句话修改掉了。我们中国也是如此，开头是稀稀拉拉几十个人的共产主义者的小组，现在已是领导着整个国家，领导着六亿四千万人口的大党。① 如今，中国共产党已走过 80 多年的历程，从只有 53 个成员、几个党小组的地下党，到一个拥有 7593.1 万名党员、371.8 万个基层组织的执政党。中国共产党的发展表明，从本质上看，代表人民群众根本利益、代表历史前进方向的新生力量是不可战胜的！

【推荐阅读】

1. 中国社会科学院现代史研究室、中国革命博物馆党史研究室：《"一大"前后：中国共产党第一次代表大会前后资料选编》，人民出版社 1985 年版。

2. 中共中央党史研究室：《中国共产党历史》上卷，人民出版社 1991 年版。

3. 胡绳：《中国共产党的七十年》，中共党史出版社 1991 年版。

4. 江泽民：《在庆祝中国共产党成立八十周年大会上的讲话》，人民出版社 2001 年版。

5. 中共中央党史研究室：《中国共产党历史》第 1 卷，中共党史出版社 2002 年版。

6. ［日］石川祯浩：《中国共产党成立史》，袁广泉译，中国社会科学出版社 2006 年版。

---

① 《毛泽东文集》第 7 卷，人民出版社 1999 年版，第 327 页。

10. "旧民主主义革命"与"新民主主义革命"的异与同。①

【问题提出】

新民主主义革命的性质问题是中国共产党内长期争论的一个问题，也是经常引起人们误会的一个问题。中国共产党人是在经过两次胜利与两次失败的反复比较后，才解决了这一问题。1939 年冬，在《中国革命和中国共产党》一文中，毛泽东明确提出"新民主主义"这一命题，② 指出：新民主主义革命是无产阶级领导的"人民大众的反帝反封建的革命"。明确了这一问题，也就明确了中国革命的发展规律。

【疑惑之点】

为什么新民主主义革命是新式的、特殊的资产阶级民主革命？为什么无产阶级在登上中国的政治舞台后，首先领导的是资产阶级的民主革命，而不是马上领导无产阶级的社会主义革命？如何正确处理民主革命与社会主义革命之间的关系？

【解疑释惑】

进行什么性质的革命，不是人们按照自己的主观意志就可以任意选择、确定的，"决定革命性质的力量，是主要的敌人和主要的革命者两方面"。③ 中国革命的主要敌人是帝国主义和封建主义，"而推翻这两个敌人的革命，有时还有资产阶级参加，即使大资产阶级背叛革命而成了革命的敌人，革命

---

① 本问题撰写者为赵爱伦。
② 毛泽东：《毛泽东选集》第 2 卷，人民出版社 1991 年版，第 647 页。
③ 毛泽东：《毛泽东选集》第 4 卷，人民出版社 1991 年版，第 1288 页。

的锋芒也不是向着一般的资本主义和资本主义的私有财产，而是向着帝国主义和封建主义。既然如此，所以，现阶段中国革命的性质，不是无产阶级社会主义的，而是资产阶级民主主义的"[1]。因此，中国革命的任务是反帝反封建，这就决定了中国革命的资产阶级民主革命属性。即使是在五四运动期间中国工人阶级登上了历史舞台，并开始领导中国革命后，也未超出这个范畴，中国革命的性质仍然是资产阶级民主革命，而不是无产阶级的社会主义革命。

既然新民主主义革命与旧民主主义革命的性质都是资产阶级民主革命，革命的任务都是反帝反封建，那么，无产阶级领导的新民主主义革命和资产阶级领导的旧民主主义革命有什么不同呢？

第一，新旧民主主义革命最根本的区别是领导阶级的不同。五四运动前，民主革命的领导者是中国的资产阶级、小资产阶级知识分子，无产阶级还没有由"自在阶级"转变为一个"自为阶级"。那时，无产阶级是作为资产阶级、小资产阶级的追随者参加革命的。五四时期，中国无产阶级作为一支独立的政治力量登上政治舞台，并随后成立了中国共产党，提出彻底的反帝反封建的民主革命纲领，成为中国民主革命的领导者。虽然中国民族资产阶级继续参加革命，但此时其身份只是无产阶级的同盟者。

第二，时代条件不同。1917年俄国十月革命的胜利开辟了无产阶级社会主义革命的新时代，改变了整个世界历史的方向，划分了整个世界历史的时代，开辟了世界无产阶级社会主义革命的新纪元，标志着人类历史开始了由资本主义向社会主义转变的进程。而中国的新民主主义革命发生在十月革命后，属于世界无产阶级革命的一部分。苏维埃俄国建立后，积极援助一切殖民地半殖民地的民族解放运动。在这样的时代，任何殖民地半殖民地国家的反帝反封建的革命已经不再属于旧的世界资产阶级革命的范围，而是属于世界无产阶级社会主义革命的一部分。

第三，指导思想不同。新民主主义革命的指导思想是马克思主义，而在五四运动前，中国革命的指导思想是西方资产阶级民主思想。戊戌维新运动、辛亥革命的相继失败，证明西方资产阶级的民主主义不能指导中国人民

---

[1] 毛泽东：《毛泽东选集》第2卷，人民出版社1991年版，第609—610页。

的革命斗争获得胜利。1917 年，十月革命一声炮响，给中国送来了马克思主义。马克思主义是无产阶级的世界观和方法论，以马克思主义作为思想理论武器是区分新旧民主革命的一个重要标志。

第四，革命前途不同。列宁多次强调，无产阶级应当参加资产阶级民主革命，并在革命胜利后，争取非资本主义前途，即不经过资本主义阶段而达到社会主义。中国新民主主义革命的前途就是不经过资本主义而达到社会主义，这是历史的必由之路。之所以如此，一方面，资产阶级领导的旧民主主义革命的理想是为了在中国建立一个资产阶级共和国，但帝国主义侵略和控制中国，并不是要使中国成为一个独立的资本主义国家，而是要把中国变为它们的殖民地、半殖民地，以便掠夺和奴役中国人民，因而从军事、政治、经济各个方面千方百计阻碍、限制中国民族资产阶级的发展；另一方面，中国民族资产阶级由于自身的软弱性和妥协性，缺乏彻底反帝反封建的勇气，这就决定了中国民族资产阶级没有能力担当起领导中国革命的重任并引导国家走上资本主义道路。历史早已证明，资产阶级共和国的方案在中国始终是一个不能实现的幻想。

而新民主主义革命胜利后，中国不会走上资本主义道路，但也不是立即建立社会主义，而是经过新民主主义逐渐过渡到社会主义。新民主主义的终极前途是社会主义。

如何正确处理民主革命和社会主义革命两者之间的关系呢？毛泽东根据中国半殖民地半封建的社会形态提出了新民主主义革命理论，即第一步，通过新民主主义革命使中国成为一个独立的新民主主义国家；第二步，使革命向前发展，建立一个社会主义社会。新民主主义革命是社会主义革命的必要准备，社会主义革命是民主革命的必然趋势。只有认清民主革命和社会主义革命的区别，同时认清二者的联系，才能正确地领导中国革命。

在革命前途问题上，中国共产党曾经有过两种错误倾向：一种是"二次革命论"，把中国革命过程中的两个紧密联系的阶段割裂开来，只看到两者之间的区别，没有看到二者之间的联系，要在两个阶段之间硬插一个资产阶级专政和发展资本主义的阶段，这实质上是放弃无产阶级对革命的领导权；另一种是"左"倾教条主义，主张民主革命和社会主义革命"毕其功于一役"，混淆了民主革命与社会主义革命的界限，企图把两个不同性质的革命阶段并作一步走，一举取得社会主义革命的胜利。这种观点只看到两者之间的联系，而忽视了二者之间的区别。总之，这两种观点都违背了中国革命的发展规律，不符合中国国情。

【推荐阅读】

1. 毛泽东：《中国革命和中国共产党》，《毛泽东选集》第 2 卷，人民出版社 1991 年版。

2. 毛泽东：《新民主主义论》，《毛泽东选集》第 2 卷，人民出版社 1991 年版。

3. 中山大学哲学系中共党史组：《〈新民主主义论〉浅说》，广东人民出版社 1978 年版。

4. 陈娟：《毛泽东的新民主主义社会理论研究》，大连海事大学出版社 2008 年版。

5. 胡建国：《毛泽东新民主主义社会论研究》，武汉大学硕士论文，2002 年，现藏国家图书馆。

11. 为什么说中国的先进分子与工人群众相结合，就是马克思主义与中国工人运动相结合的过程？①

【问题提出】

马克思主义在中国的广泛传播，为中国共产党的成立提供了思想基础。工人阶级的成长和工人运动的发展，为中国共产党的成立奠定了阶级基础。经过 1919 年的五四运动，一批具有初步共产主义思想的知识分子成长起来，他们与工人群众相结合，到工人群众中宣传马克思主义，在这个基础上建立共产主义小组，进一步推动了马克思主义与中国工人运动的结合，中国共产党应运而生。所以说，中国的先进分子与工人群众相结合，马克思主义在中国广泛传播，并日益同中国工人运动相结合的过程，也就是中国共产党从酝酿、准备到正式建立的过程。

【疑惑之点】

五四运动后，中国共产党成立之前，中国的先进分子为什么会与工人群众相结合？他们采取哪些方式与工人群众相结合？中国的先进分子与工人群众相结合的结果是什么？这些都是值得思考的问题。

【解疑释惑】

五四运动前，马克思主义在中国的传播主要是在少数革命知识分子中间。这一时期，中国还只有少数的马克思主义者，具有初步共产主义思想的知识分子数量也很有限。

在 1919 年的五四运动中，中国工人阶级开始登上历史舞台，并对斗争

---

① 本问题撰写者为刘振清。

的胜利起决定性作用。这个事实使中国先进的知识分子受到深刻教育，他们认识到工人阶级力量的伟大，认识到知识分子与工人群众相结合的必要性。上海学生联合会在告同胞书中说："学生罢课半月，政府不惟不理，且对待日益严厉"，而"工界罢工不五日，而曹、章、陆去"。毛泽东也发表《民众的大联合》一文，阐述了依靠工农群众解决中国革命问题的思想。中国先进的知识分子通过五四运动认识了工人的力量，从而走上了与工人群众相结合的道路。

五四运动后，具有初步共产主义思想的知识分子走出书斋，脱下西服或学生装，穿上粗布衣，到工人群众中去，与工人打成一片。

同时，他们向工人群众传播马克思主义，开始把马克思主义同中国工人运动初步结合起来，其主要举措包括：

其一，出版向工人宣传马克思主义的通俗刊物，如上海的《劳动界》、北京的《劳动音》等。这些刊物都运用通俗易懂的语言、生动的事例，向工人阐述劳动创造世界、劳动创造价值，以及劳动者欲求解放必须组织起来进行社会主义革命等马列主义的基本原理。不仅如此，这些刊物还直接刊登工人来稿，反映工人呼声，让工人用自己切身的经历控诉资本家及工头的罪恶，反映和表达工人的要求和对工人运动的认识。

其二，创办工人学校、劳动补习学校、工人夜校和工人识字班等，向工人灌输革命思想，进行马克思主义教育，发动工人为争取自身的解放而斗争。1920年12月，北京的党的早期组织委托邓中夏、张国焘等人到长辛店筹办劳动补习学校，派出常驻教员，创造了一种全新的知识分子与工人群众相结合、马克思主义与工人运动相结合的好形式。此外，毛泽东还在湖南第一师范主办工人夜校，主动深入工人群众，了解工人生活，向工人宣传马克思主义。

其三，通过组织工会、工人俱乐部等方式领导工人开展斗争，极大地提高了工人的阶级觉悟。在这个过程中，先进的知识分子了解到工人阶级的疾苦和他们的要求，把自己的立足点转到他们一边，一部分工人也认识到本阶级的历史使命，具有了阶级的觉悟。1920年"五一国际劳动节"，北京、上海、广州等地的共产主义知识分子和工人一起联合举行纪念庆祝活动，显示出中国工人阶级的新觉醒。

其四，与各种反马克思主义的思潮进行坚决斗争，主要有三次论战：第一次，是从 1919 年 7 月开始的早期马克思主义者李大钊与资产阶级改良派代表胡适关于"问题与主义"的论战；第二次，是从 1920 年秋天开始的早期马克思主义者李达、陈独秀、李大钊等与地主、买办阶级的代表梁启超、张东荪关于"社会主义问题"的论战；第三次，是从 1920 年 9 月开始的陈独秀、李大钊等与黄凌霜、区声白为代表的无政府主义的斗争。经过这些交锋，一大批以救亡图存为己任、立志改变中国社会现状的进步青年初步意识到马克思主义这一理论的科学性和真理性，认清了科学社会主义与资产阶级改良主义和无政府主义之间的本质区别，认识到只有依靠科学社会主义才能实现救国救民和从根本上改造中国社会的目标。他们"经过反复比较，最终抛弃资产阶级改良主义和无政府主义，选择科学社会主义，转变为马克思主义者，并迅速投入到宣传马克思主义，与工人群众相结合和创建中国共产党早期组织的行动中去"。①

随着马克思主义同中国工人运动的初步结合，各地共产主义小组纷纷建立，并明确地把从事工人运动作为自己的重要任务，更加自觉地和有组织、有计划地向工人传播马克思主义，从而使马克思主义同中国工人运动进一步结合。在知识分子和工人当中，都涌现出一批有共产主义理想的先进分子，这就为 1921 年中国共产党的成立作了思想和干部上的准备。因此，先进知识分子与工人群众相结合的过程，也就是马克思主义与中国工人运动相结合的过程。

【推荐阅读】

1. 彭明：《五四运动史》，人民出版社 1984 年版。

2. 张洪祥等：《五四运动与中国共产党的诞生》，天津社会科学院出版社 1991 年版。

3. 邵维正：《中国共产党创建史》，解放军出版社 1991 年版。

4. 刘宋斌，姚金果：《中国共产党创建史》，福建人民出版社 2002 年版。

---

① 中共中央党史研究室：《中国共产党历史》第 1 卷，中共党史出版社 2002 年版，第 71—72 页。

5. 陈乾雄:《论五四运动对马克思主义与工人运动相结合的促进作用》,湖南师范大学硕士论文,2004年,收入中国优秀硕士学位论文全文数据库。

6. 〔日〕石川祯浩:《中国共产党成立史》,袁广泉译,中国社会科学出版社2006年版。

12. 关于第一次国共合作，需要思考的问题是：为什么合作？与谁合作？孙中山为什么欢迎合作？怎样合作？①

【问题提出】

1924 年 1 月 23 日，中国国民党"一大"通过的《中国国民党第一次全国代表大会宣言》接受了中国共产党反帝反封建的政治主张，确定了联俄、联共、扶助农工的三大政策，"宣言"标志第一次国共合作形成。历史是一面镜子。回顾第一次国共合作这段历史，可以得出启示：一个政党要生存和发展，就必须尽可能团结和凝聚一切力量，否则就不能成就伟大的事业；一个政党要生存和发展，就必须以国家利益、民族利益和人民利益为奋斗的最高准则，离开这些而谋一党私利，就只能走向消亡。②探讨第一次国共合作的形成，对今天海峡两岸人民再次从中华民族根本利益出发，求大同，存小异，以"一国两制"方式结束长期分裂局面，早日实现祖国和平统一和 21世纪中华民族的全面复兴，有重要意义。

【疑惑之点】

20 世纪 20 年代，国共两党实现了第一次合作。这次国共合作掀起了国民革命的高潮，使中华民族迈出了民族复兴的重要一步，但对这一重大历史事件还有某些问题存在着有违史实或不切实际的说法。厘清国共两党为什么合作，孙中山为什么欢迎合作，怎样合作，正确评价"党内合作"这种合作形式，对于正确认识这一事件意义重大。

---

① 本问题撰写者为刘振清。

② 姚金果：《"赢"与"输"的变换——第一次国共合作的历史启示》，《长白学刊》2004 年第 5 期。

【解疑释惑】

国共两党合作关系的建立，是近代中国社会主要矛盾发展的必然结果，是国共两党的共同要求。

第一，国共合作体现了马克思主义的重要策略原则。早在 1848 年的《共产党宣言》中，马克思和恩格斯就指出：共产党人应该"努力争取全世界的民主政党之间的团结和协议"。俄国十月革命和第一次世界大战结束后，为了摧毁帝国主义的殖民体系，组成国际反帝统一战线，列宁站在世界无产阶级革命的战略高度，提出民族和殖民地理论，第一次把世界划分为压迫民族和被压迫民族，把民族和殖民地问题与推翻帝国主义的问题联系起来，并号召西方无产阶级支持东方殖民地半殖民地的民族解放斗争。1920年 7 月，列宁在共产国际"二大"上指出：无产阶级在领导民主革命时，不但必须同农民建立巩固的联盟，而且也应该联合资产阶级民主派。同时，他还为无产阶级政党制定了同资产阶级民主派联合的政治原则："共产国际应当同殖民地和落后国家的资产阶级民主派结成临时联盟，但是不要同他们融合，甚至当无产阶级运动还处在萌芽状态时，也绝对要保持这一运动的独立性"。① 列宁关于民族和殖民地问题的理论，为国共两党第一次合作提供了理论基础。

第二，国共合作是中国共产党发展革命势力和实现民主革命的需要。在革命实践中，中国共产党逐渐对中国社会性质和革命性质有了明确的认识，提出了民主革命的纲领。为了贯彻党的最低纲领，中共"二大"改变了"一大"《决议》中不与其他政党建立任何关系的不切实际的做法，通过了联合资产阶级民主派，组成"民主的联合战线"的决议案。中共认识到国民党虽有其缺点和错误，但在当时各政党中，还是比较革命的民主派。过去，国民党所发动的"辛亥革命"、"讨袁斗争"、"护法运动"等，无一不在中国人民心中打下深深烙印，"孙中山"、"国民党"等名词也成了"革命"的象征。

---

① 列宁：《列宁全集》第 31 卷，人民出版社 1958 年版，第 129 页。

1923 年 2 月，直系军阀吴佩孚疯狂镇压京汉铁路工人罢工，制造了骇人听闻的"二七惨案"。"二七惨案"的教训，使共产党人认识到：单凭工人阶级孤军奋战，难以战胜强大的敌人。只有联合各革命阶级，组成革命统一战线，才能发展革命的势力，壮大自己的力量，取得革命的胜利。为了确定统一战线的策略方针，1923 年 6 月，中共在广州召开"三大"，通过了《关于国民运动及国民党问题的决议案》，正式决定全体共产党员以个人身份加入国民党，同时保持共产党在政治上、组织上的独立性。这次大会为革命统一战线的建立，作了思想上、理论上、策略上的准备，从而揭开了第一次国共合作的序幕。

第三，国共合作也是孙中山的迫切要求。在辛亥革命后，孙中山一直坚持反对北洋军阀的斗争，但他孤军奋战，屡遭失败。特别是 1922 年 6 月的陈炯明叛变，给他以沉重打击。与此同时，孙中山从美、英、日、德、加等国获取援助的幻想也都破灭了。国民党内外政策的接连失败，使孙中山陷入苦闷、彷徨之中。苏俄十月革命的成功和对他的真诚帮助以及共产国际和中共的统一战线政策，促使孙中山选择了"以俄为师"的道路，以及仿效俄国"以党治国"的方法，整顿和改造国民党，继续其革命事业。

中共"三大"以后，孙中山也加快了改组国民党的步骤。1923 年 8 月，孙中山派出有共产党人参加的"孙逸仙博士代表团"赴苏考察。9 月，孙中山邀请苏联代表鲍罗廷到广州，具体指导和帮助国民党改组。10 月，孙中山任命廖仲恺、李大钊、汪精卫、张继、戴季陶等五人为国民党改组委员。25 日，国民党召开改组特别会议，聘请鲍罗廷为国民党临时中央执行委员会顾问，并委任廖仲恺、林森、谭平山等九人组成临时中央执行委员会。同时，发表《国民党改组宣言》和《党纲草案》，着手筹备召开国民党"一大"。同年底，李大钊应孙中山之邀到达广州，积极协助筹备国民党"一大"。李大钊、瞿秋白等人参与讨论和起草国民党"一大"宣言。

1924 年 1 月下旬，国民党第一次全国代表大会在广州举行，李大钊、毛泽东等 23 名共产党人出席大会。大会通过宣言和党章，接受中国共产党提出的反帝、反封建的政治主张，重新解释了三民主义，确立了联俄、联共、扶助农工的三大政策，"容纳"共产党员以个人身份加入国民党。大会选出有谭平山、李大钊、于树德、林伯渠、毛泽东等十名共产党人参加的中央执行委员会。国民党"一大"的召开标志国民党改组的圆满完成和第一次国共合作的正式建立。

建立革命统一战线是国共两党的需要，是发展革命所必需。当时，不采取"党内合作"这种形式，就不可能建立统一战线。

其一，两党只有实行党内合作才是切实可行的。就国民党而言，只有进行改组，才能发挥一个政党的作用。当时，国民党不但没有一个明确、彻底的革命纲领和严密的组织纪律，而且很多老党员丧失革命精神，意志消沉，又有大批军阀、官僚、政客加入，使国民党完全脱离群众，蜕变为成分复杂、良莠不齐、组织松散的政治团体，"成了一盘散沙，把从前革命的精神都无形丧失了"。① 孙中山对国民党涣散无力状况深为不满，认为"国民党正在堕落中死亡，因此要救活它就需要新血液"。② 他曾多次改组，但由于认识没有提高，缺乏骨干力量，因此都没有成效。孙中山只有邀请共产党人加入国民党，使国民党增加新鲜血液，才可能使国民党获得新生，走向革命。由于孙中山只同意党内合作，不赞成党外联合。因此，其他形式都是行不通的。而且，在统一战线的形式问题上做出必要的妥协，有利于加速统一战线的建立。需要指出的是，孙中山在思想上存在某些资产阶级局限性，这是他坚持党内合作而非党外平行合作的重要因素。他毕竟是一个资产阶级革命家，受制于种种主客观条件，不可避免地存在着一些消极落后乃至错误的方面，如"一切军国庶政，悉归本党负完全责任"的合作前提、对中共的轻视、对共产主义认识模糊，这些无疑会影响他的决策。③

其二，国共两党实行党内合作，对革命发展有利。孙中山领导的国民党为群众所熟悉，在群众中有一定影响。共产党人加入国民党可以运用这种影响来发展革命力量。国民党原来就是一个松散的联盟，可以容纳不同的革命力量。共产党参加进去，可以把它改造成工人、农民、小资产阶级、民族资产阶级统一战线的组织形式，有利于团结一切反帝反封建的革命力量。这样不但能使国民党得到新生，使其重新革命化，而且便于共产党在国民党内部

---

① 罗家伦：《革命文献》第 8 辑，中央文物供应社 1955 年版，第 45 页。
② 宋庆龄：《宋庆龄选集》上卷，人民出版社 1992 年版，第 178 页。
③ 高敏：《关于第一次国共合作几个问题的思考——兼与欧阳湘商榷》，《中共党史研究》2008 年第 4 期。

起领导作用。国民党在广东有一个革命政权，有少量革命武装力量，中共可以利用这些条件发动工农群众，发展革命力量。1923 年"二七惨案"后，革命运动转入低潮。第一次国共合作形成后，工人运动迅速复兴，就是两党合作效果的有力证明。不仅如此，对当时的孙中山和国民党来说，让共产党员以个人身份加入国民党，还可以更多地争取苏俄的援助。①

第一次国共合作是由共产党员以个人身份加入国民党的"党内合作"形式实现的，如何评价这种合作形式一直是史学界争论的问题之一。主要有三种意见：

肯定说：《〈中国共产党历史〉（上卷）若干问题说明》指出："如果采取实事求是的科学态度，根据当时具体的历史环境来考察和分析"，"那么我们就会看到，第一次国共合作采用党内合作的组织形式，既符合马克思列宁主义的策略原则，也符合中国各阶层人民的共同的革命利益，它是中国当时的社会历史条件下的产物"。"从中国的国情出发，对这种合作方式应是肯定的"②。

否定说：国共两党采取"党内合作"的方式，是共产国际基于对国民党性质的错误分析而提出来的。当时，共产国际认为，国民党不是资产阶级政党，而是几个革命阶级的联合政党。事实上，改组前后的国民党都是资产阶级政党，一直代表着资产阶级的利益。"党内合作"政策并非"从中国国情出发"，而是共产国际根据苏俄的政策与孙中山妥协的结果，也是对国共两党实际情况缺乏了解的结果。"党内合作"加深了两党矛盾，导致两党内部的混乱，不仅加速了国共关系的破裂，而且也导致大革命的最终失败。

毁誉兼具说：对"党内合作"形式不能一概肯定或一概否定，应看到其积极一面，也不应忽视其消极一面。如姚金果认为，对国共"党内合作"这种形式应依据当时情况的变化进行动态的考察。在中共刚成立、人数很少、还不能公开活动的情况下，要得到迅速发展和壮大，与国民党合作是必然的选择。在孙中山坚持要求"党内合作"的前提下，共产党员以个人身

---

① 欧阳湘：《"跨党党员"并非都是国民党的"新鲜血液"——对大革命时期知名"跨党党员"早年政治倾向与党派属性的分析》，《中共党史研究》2008 年第 2 期。
② 《〈中国共产党历史〉（上卷）若干问题说明》，中共党史出版社 1996 年版，第 51 页。

份加入国民党也是唯一选择。事实上，第一次国共合作之后，共产党及其领导的工人运动确实得到了较快发展。不过随着国民革命运动的兴起和工农运动的日益高涨，国民党右派的反共活动也日益活跃，国共两党摩擦不断。在此情况下，"党内合作"形式是否要一直继续下去？是否应该转变为党外联合形式？显然，这时共产党员继续留在国民党内，既不利于两党团结，更不利于共产党及其领导的工农运动的发展。因此，在第一次国共合作之初，"党内合作"的形式是可以接受的，但当工农运动兴起、国共两党矛盾日益激化时，适时地采取"党外合作"形式更易被两党接受，也更有利于中国革命的发展。①

【推荐阅读】

1. 黄修荣：《第一次国共合作》，上海人民出版社 1986 年版。

2. 林家有等：《孙中山与国共第一次合作》，四川人民出版社 1989 年版。

3. 黄修荣：《国共关系七十年》，广东教育出版社 1998 年版。

4. 宋春：《中国国民党史》，吉林文史出版社 1990 年版。

5. 李颖：《国共合作：中国共产党第三次全国代表大会》，万卷出版公司 2008 年版。

---

① 姚金果：《90 年代"第一次国共合作研究"述评》，《中共党史研究》1998 年第 1 期。

13. 戴季陶于 1926 年发表演说，强调"中国共产党，好像机关车，国民党好像货车，中国共产党加入国民党，好像人车货车套一机关车"。以此认识为基点，阐释中国共产党在第一次国共合作中的作用。[①]

【问题提出】

1922 年，孙中山领导的第二次护法战争因陈炯明叛变而惨遭失败，孙中山个人也险遭不测。这次失败尤其是陈炯明的叛变，使孙中山痛心不已，并由此萌生了彻底改造国民党的决心。在苏俄和中共的帮助下，孙中山不仅看到了革命的希望，而且也开启了改组国民党的进程，逐渐确立起与苏联和中共联合的政策。

1924 年，在孙中山领导下，国民党在广州召开"一大"，对"三民主义"进行重新解释。"新三民主义"的政治原则，与中共的民主革命阶段的政治纲领基本一致。同时，"一大"还确立了"联俄、联共、扶助农工"三大政策，并确认共产党员可以个人身份加入国民党，这标志着国民党改组的成功和第一次国共合作的正式建立。基于"新三民主义"这一政治基础，国共两党开始第一次合作，并联合其他各革命阶级，组成革命统一战线。自此，在中华大地上，反帝斗争、反军阀战争、轰轰烈烈的工农运动均如火如荼地开展起来，全国处于人民大革命高潮之中。

【疑惑之点】

1926 年，国民党著名右派理论家戴季陶在中山大学发表讲话，高度评价了第一次国共合作："中国共产党，好像机关车（按：指火车头），国民党好像货车，中国共产党加入国民党，好像人车货车套一机关车，没有机关

---

① 本问题撰写者为李学桃。

车断不容易把中国的革命，载到世界革命队伍里去"，"是中国共产党加入国民党，使国民党成为一个统一的革命党"。① 此时正是国共两党第一次合作时期，距国民革命军出师北伐尚不足三个月，戴季陶也尚未完全暴露其右派的反革命面目，因而他高度赞扬了中国共产党在第一次国共合作中的作用，指出：中共是中国革命的"火车头"。正是由于中共的"牵引"，才使国民党被带到了中国革命的伟大事业当中；而也是由于中共的"牵引"，才使中国革命纳入到世界革命的洪流之中，成为其一个重要的组成部分。那么，在第一次国共合作中，中国共产党到底发挥了哪些作用？这些作用对于国民党自身的改造和发展又有哪些帮助？戴季陶的说法是否与历史事实相符？

【解疑释惑】

经过酝酿和准备，1924 年 1 月 20—30 日，中国国民党在广州召开第一次全国代表大会。以此为标志，第一次国共合作正式确立。在第一次国共合作中，中国共产党究竟发挥了什么作用？笔者认为：主要有以下几点：

首先，中共既是第一次国共合作的策动者和响应者，更是第一次国共合作的领导者。1920 年 7 月，共产国际第二次代表大会通过了列宁起草的《民族和殖民地问题提纲》，并同时通过其他几个文件，共同阐明了马列主义民族和殖民地问题的理论，强调：殖民地半殖民地无产阶级要在保持自身独立性的基础上，同本国资产阶级联合起来，进行反帝和反封建主义的双重斗争。对此，中共积极响应。1922 年的中共"二大"正式接受这一理论，并在"二大"通过的决议中体现这一理论。同时，中共还在行动上积极展开与国民党的联系，鼓励孙中山与中共开展合作，从而奠定其策动者和响应者的地位。在第一次国共合作和北伐战争中，中国共产党还起到了政治领导的作用。正如毛泽东在《矛盾论》一文中指出的：中国共产党"在第一次统一战线时期，它是幼年的党，它英勇地领导了 1924 年至 1927 年的革

---

① 《中山大学委员就职再志（续）·戴季陶先生第二次演说词》，《广州民国日报》1926 年 10 月 20 日。

命"。① 不过这一时期的中共领导权主要通过国共合作的民主联合战线这一组织形式来体现。这种领导方式还只是初级形式上的领导，其领导作用还并不充分和完全。

其次，在第一次国共合作中，中共党员以个人身份加入国民党，使得国民党队伍得到了壮大，为国民党的发展注入了新鲜"血液"，使得国民党有了崭新的革命面貌。主要表现包括：

（1）壮大了国民党的革命队伍。在共产党的帮助和推动下，改组后的国民党，各省普遍建立起党部。据统计，国民党"一大"时，仅有北京、上海、汉口等几个执行部。而到国民党"二大"时，就成立了12个省党部和4个特别市党部。起初，国民党在北方几乎没有什么组织，更谈不上党部。1924年，李大钊受孙中山委派，在北方着手进行国民党党务改组工作。经过努力，发展了一大批党员，陆续建立起国民党北京市、天津市和直隶省三个党部，并逐渐发展成为北京执行部、国民党政治委员会北方分会。从一定意义上讲，几乎所有北方的国民党组织都是由中共帮助着手建立并发展起来的。对此，周恩来曾直言不讳："当时，国民党不但思想上依靠我们，复活和发展他的三民主义，而且在组织上也依靠我们，在各省普遍建立党部，发展组织。"②

（2）中共的加入为国民党注入了一剂强心剂，使国民党气势为之一振，一改其过往颓废、毫无生机之面貌。改组后的国民党以反帝反封建军阀为目标，确立起"联俄、联共、扶助农工"的三大政策，从根本上一扫国民党过往成分复杂、组织涣散、猎取官阶、以权谋私、意志消沉等各种积弊，改变了其缺乏明确斗争目标、脱离人民群众的状况，从而使之走上新的革命道路。"自改组后，全国各地党部均注重民众的宣传和组织，党底内部亦较前紧密得多，民众对于党也渐能了解和同情。这可以说是国民党有了新生命了。"③

（3）大批共产党员、青年团员及广大工农群众加入国民党，使国民党

---

① 《毛泽东选集》，人民出版社1991年版，第340页。
② 《周恩来选集》上卷，人民出版社1980年版，第112页。
③ 陈潭秋：《国民党底分析》，《中国青年》1924年12月27日。

一举成为以反帝反封建为纲领的工人、农民、城市小资产阶级和民族资产阶级的革命联盟，实现了反帝反封建的革命人民大团结，预示着轰轰烈烈的大革命的到来。

自诞生之日起，中国共产党就是一个具有彻底革命性和革命大无畏主义精神的政党。在国共第一次合作期间，中共的加入，不仅使国民党获得斗志，更为重要的是推动中国革命出现了新面貌，使其显示出勃勃生机。

【推荐阅读】

1. 张磊：《国共关系与两岸关系研究：第五届国共关系史暨第一次国共合作建立七十周年学术研讨会论集》，湖北人民出版社 1994 年版。

2. 陈廉：《第一次国共合作史》，北京图书馆出版社 1998 年版。

3. 李颖：《国共合作：中国共产党第三次全国代表大会》，万卷出版公司 2008 年版。

4. 吴九占：《第一次国共合作的"党内合作"形式新探》，《社会科学战线》2006 年第 4 期。

5. 高敏：《关于第一次国共合作几个问题的思考——兼与欧阳湘商榷》，《中共党史研究》2008 年第 4 期。

14. "新三民主义"何以被视为"革命的三民主义"和"新民主主义的三民主义"？①

【问题提出】

孙中山是近代中国革命的伟大先驱，其毕生的心血都献给了中国革命的伟大事业，而三民主义是孙中山领导中国革命的基本纲领。但自辛亥革命以来，虽然孙中山的革命秉性没变，但其领导的诸多大大小小的革命都以失败告终，如"二次革命"、两次护法运动等。尤其是第二次护法运动的失败，使孙中山极为痛心，也使得孙中山痛下决心彻底改造国民党。

在苏俄、共产国际以及中共的帮助下，孙中山最终找到了革命的方向和道路，开始积极改造国民党。1924 年 1 月 20—30 日，中国国民党在广州召开第一次全国代表大会，通过了《中国国民党第一次全国代表大会宣言》，重新解释了三民主义。"新三民主义"的政治原则，与中国共产党民主革命阶段的政治纲领基本相同，它成了国共两党和各革命阶级合作的政治基础。在此基础上，国共两党成功地开展了第一次合作，并联合其他革命阶级进行北伐战争。

【疑惑之点】

1940 年 1 月，毛泽东在陕甘宁边区文化协会第一次代表大会上作了题为《新民主主义的政治与新民主主义的文化》的讲演。后来登载时，此讲话稿更名为《新民主主义论》。在这篇文章中，毛泽东具体地区分、比较了旧三民主义和新三民主义，指出新三民主义是"革命的三民主义"和"新民主主义的三民主义"。那么，"新三民主义"较之"三民主义"究竟有何

---

① 本问题撰写者为李学桃。

不同？为什么说"新三民主义"是"革命的三民主义"和"新民主主义的三民主义"？

【解疑释惑】

要回答这一问题，得从国民党的"一大"说起。1924 年 1 月的国民党第一次全国代表大会，是中国国民党历史上的重大事件，也是近代中国历史上的大事。以此为主要标志和转折，中国国民党和中国共产党开始第一次国共合作，联合国内其他各革命阶级，开展轰轰烈烈的北伐战争。而在中共的努力下，全国工农运动高涨，整个中华大地处于人民大革命的高潮之中。国民党"一大"确立的重新解释了的"三民主义"，即"新三民主义"，便是第一次国共合作的政治基础。

毛泽东指出，当时，"新三民主义"得到中国共产党人的充分赞同和认可，"承认'三民主义为中国今日之必需，本党愿为其彻底实现而奋斗'，承认共产主义的最低纲领和三民主义的政治原则基本上相同。但是这种三民主义是什么三民主义呢？这种三民主义不是任何别的三民主义，乃是孙中山先生在《中国国民党第一次全国代表大会宣言》中所重新解释的三民主义"。[1]"新三民主义"得到中国共产党人的欢迎和肯定，使孙中山领导下的国民党成为当时领导中国革命的一个大党，使国民党在新民主主义革命的历史时期获得新生。在"新三民主义"的指导下，中国革命迎来第一个高潮。

"新三民主义"是"革命的三民主义"，是"新民主主义的三民主义"。毛泽东同志为何这样说？这个问题可从解读"新三民主义"的内涵和比较"新三民主义"和"三民主义"的区别入手。1924 年的《中国国民党第一次全国代表大会宣言》第二部分"国家之主义"，赋予"三民主义"以新的时代内容。

首先，重新解释后的"新三民主义"，主要内容如下：

关于"民族主义"。"国民党之民族主义，有两方面之意义：一是中国民族自求解放；二则中国境内各民族一律平等。""其目的在使中国民族得

---

[1] 毛泽东：《新民主主义论》，人民出版社 1975 年版，第 36—37 页。

自由独立于世界"；"承认中国以内各民族之自决权，于反对帝国主义及军阀之革命获得胜利以后，要组织自由统一的中华民国"。

关于"民权主义"。"国民党之民权主义于间接民权之外，复行直接民权，即为国民者不但有选举权，具兼有创制、复决、罢官诸权。"民权"为一般平民所共有，非少数人所得而私"，"凡真正反对帝国主义之个人及团体，均得享有一切自由及权利，而凡卖国罔民以效忠帝国主义及军阀者，无论其为团体或个人，皆不得享有此等自由及权利"。并强调，中国的民权将不像"近世各国所谓民权制度，往往为资产阶级所专有，适成为压迫平民之工具"。

关于"民生主义"。"国民党之民生主义，其最要之原则不外二者：一曰平均地权；二曰节制资本"。对于土地问题，主张国家应当立法以防止"土地权之为少数人所操纵"，"农民之缺乏田地沦为佃户者，国家当给以土地，资其耕种"。在节制资本方面，凡具有独立性质或规模较大的企业，"由国家经营管理之，使私有资本制度不能操纵国民之生计"。此外，"国民革命之运动，必恃全国农夫、工人之参加，然后可以决胜"，并表示"以全力助其开展"。①

其次，与"旧三民主义"相比，"新三民主义"是"革命的三民主义"。在同盟会的政治纲领中，"三民主义"被完整地表述为"驱除鞑虏，恢复中华，创立民国，平均地权"四句话，其中存在着历史的局限。其主要表现是：缺乏明确的、彻底的反帝反封建内容。较之于"旧三民主义"，重新解释后的三民主义具有了彻底的革命性，它是"革命的三民主义"。其革命性体现在彻底的反帝反封建上。"旧三民主义"只强调"反满"，存在着民族的偏见。但是，重新解释后的三民主义，在强调"反满"的同时，还坚决反对帝国主义，并对"反满"做出界定，即只反对祸害中国、阻碍中国资产阶级民主革命的封建满清政府。在"民权"方面，提出建立资产阶级共和国的主张，对于人民的各项民主权利都有具体的规定，强调推翻封建的专制制度，也强调不同于西方的真正民权。对于"民生主义"，提出比

---

① 广东省社会科学院历史研究所编：《孙中山全集》第9卷，中华书局1986年版，第118、119、120、121页。

较彻底的土地纲领，诸如"耕者有其田"的目标，从而使民生主义的措施具体化、规章化，使其较之"旧三民主义"的笼统的"平均地权"有了很大的进步。

"新三民主义"产生于中国新民主主义革命的历史大背景下，产生于俄国十月革命、中国五四新文化运动、中国共产党的诞生等一系列事件之后。"新三民主义"所具有的彻底革命性以及其政治原则与中国共产党民主革命阶段政治纲领的基本一致性，构成国共两党和各革命阶级合作的政治基础。在此基础上，国共两党第一次携手开展合作，促进中国出现大革命的高潮。因此，它是"革命的三民主义"，是"新民主主义的三民主义"。

【推荐阅读】

1. 孙中山著、黄彦编注：《论三民主义与五权宪法》，广东人民出版社2007年版。

2. 马德普、[加] 威尔·金里卡：《中国政治文化论丛》第5辑，天津人民出版社2006年版。

3. 方敏：《"五四"后三十年民主思想研究》，商务印书馆2004年版。

4. 吴剑杰：《孙中山及其思想》，武汉大学出版社2001年版。

第五章　中国革命的新道路

1. 以毛泽东为代表的中国共产党人，如何基于大革命失败的教训，从武装起义、农村包围城市和武装夺取政权等维度探索和开辟中国革命的新道路？[①]

【问题提出】

1927 年大革命失败后，中国共产党领导人民吸取教训，开辟一条独特的革命道路，即农村包围城市、武装夺取政权，从而最终赢得了全国革命的胜利。这条革命新道路的开辟，是马克思主义在中国的创造性发展，是以毛泽东为代表的中国共产党人对马克思主义关于国家和革命学说的伟大贡献，也是毛泽东思想中最具有中国特色的一部分内容。了解中国共产党探索和开辟这条革命新道路的艰辛历程，有助于提高对马克思主义中国化的必要性及其可能性的认识，也有助于领会把马克思主义普遍原理同中国革命具体实践相结合的重要性。

【疑惑之点】

大革命失败后，在严峻的形势下，中国共产党人必须回答两个问题：一是敢不敢坚持革命？二是怎样坚持革命，即坚持革命应当走什么样的道路？这两个问题带有根本性，因为它们决定了中国共产党和中国革命的兴衰存亡，决定了中国的前途和命运。为了回答这两个问题，中国共产党人如何进

---

① 本问题撰写者为黄进华。

行艰难探索，从而开辟了一条革命新道路？这条革命新道路究竟"新"在何处？其中，毛泽东作出了哪些贡献？对此，前人虽多有论述，但仍有研究空间。

【解疑释惑】

1927年，大革命失败后，国民党新军阀在全国范围内建立了专制统治，白色恐怖笼罩中华大地，中国革命暂时转入低潮。为了探索革命新道路，中国共产党人进行了不屈不挠的斗争。在此，不妨从如下两个维度进行分析。

维度之一，是武装起义。面对国民党反动派的屠杀政策，中国共产党人应当怎么办？中国革命应向何处去？是放弃革命，向国民党反动派妥协、投降，还是继续坚持革命？如果坚持革命，应当如何开展革命？

在革命的危急关头，中国共产党人吸取大革命期间没有掌握武装的教训，决定重新高举反帝反封建的革命旗帜，组织革命武装，以反抗反革命的武装。1927年7月中旬，中央临时政治局常委会决定：将由中国共产党掌握和影响的部队集中到南昌，准备发动起义；组织湘、鄂、赣、粤四省农民开展秋收暴动；召集一次中央会议，确立新时期的方针和政策。

随后，中共中央在汉口召开紧急会议，即"八七会议"，清算了大革命后期陈独秀的"右"倾错误，确定了土地革命和武装反抗国民党的总方针，选举产生以瞿秋白为首的中央政治局。会上，毛泽东强调"以后要非常注意军事，须知政权是由枪杆子中取得的"，精辟地阐述了"枪杆子里面出政权"的思想①，并被选举为中央政治局候补委员。总之，"八七会议"是一个重要的转折点，从此，中国共产党人开始了从大革命失败到土地革命战争的转折。

维度之二，是农村包围城市、武装夺取政权。从1927年8月南昌起义起，中国共产党就一直开展武装斗争。不过当时的中国共产党人面临一个难以规避的问题，即党的工作重心应该设在城市还是农村？

放眼古今中外，要夺取政权，历来都是先夺取城市，然后再控制乡村，

---

① 毛泽东：《在中央紧急会议上的发言》，《毛泽东文集》第1卷，人民出版社1993年版，第47页。

从来没有农村包围城市的先例。俄国的十月革命也是以城市为中心。而领导国际共产主义运动的革命组织——共产国际的"一切文献，一讲到无产阶级的领导，就是同工人运动联系在一起的"①。因此，在"八七会议"后一段时间，党内普遍认为，应当将工作重心放在中心城市，中共中央也应继续留在上海。当时，中国共产党先后发动了多次起义，南昌起义、秋收起义和广州起义都是以占领中心城市为主要目标，但都失败了。血的事实说明：在半殖民地半封建的中国，国民党反动派的势力集中在中心城市，敌我力量对比悬殊，要想通过城市暴动或攻占大城市来夺取革命胜利是行不通的。

1927年9月，在攻打长沙失败后，毛泽东毅然转变主攻方向，率领秋收起义的部队转战千里，向罗霄山脉进军，创建了中共第一个农村根据地——井冈山根据地。不久，朱德和陈毅率领南昌起义的余部及湘南起义的部队来到井冈山，与毛泽东会师。随后又出现了广东海陆丰和广西左右江等多个农村根据地。在革命实践中，以毛泽东为主要代表的中国共产党人，将工作重心放在乡村，发动农民进行土地革命，开展武装斗争，建立农村革命根据地，从而开辟了一条农村包围城市、武装夺取政权的革命新路。

在理论上，毛泽东总结革命的经验教训，先后撰写了《中国的红色政权为什么能够存在?》（1928年）、《井冈山的斗争》（1928年）和《星星之火，可以燎原》（1930年）等文章，立足于中国是一个半殖民地半封建国家的特殊国情，结合中国革命发展的实际，提出了"工农武装割据"的思想（即在中国共产党领导下，以土地革命为基本内容，以武装斗争为主要形式，以农村革命根据地为战略阵地，三者紧密结合，相辅相成，缺一不可），并进而指出：中国革命必须以农村为中心，走农村包围城市、武装夺取政权的革命新道路。农村包围城市、武装夺取政权的理论，是对1927年以后中国共产党领导红军和根据地，开展土地革命和武装斗争的经验教训的科学总结和概括，标志着中国化的马克思主义，即毛泽东思想的初步形成。

在大革命失败后，以毛泽东为主要代表的中国共产党人灵活地运用马克思主义，总结大革命失败的教训，以农村为中心，开展土地革命，建设农村

---

① 周恩来：《关于党的"六大"的研究》，《周恩来选集》上卷，人民出版社1980年版，第178页。

革命根据地，进行武装斗争，走出了一条具有中国特色的革命道路，最终将中国革命引向胜利。

【推荐阅读】

1. 毛泽东：《毛泽东选集》第 1 卷，人民出版社 1991 年版。

2. 逄先知、金冲及：《毛泽东传（1949—1976 年)》，中央文献出版社 2004 年版。

3. 中国人民政协莲花县委员会：《引兵井冈，在这里决策》，中共党史出版社 2006 年版。

4. 王宪魁：《井冈山道路与马克思主义中国化：纪念井冈山革命根据地创建 80 周年学术研讨会论文集》，中共党史出版社 2008 年版。

5. 卢建芳：《试论毛泽东有中国特色的民主革命道路理论》，华中师范大学硕士论文，2004 年，收入中国优秀硕士学位论文全文数据库。

6. 王连花：《土地革命前期毛泽东对马克思主义中国化的探索》，湖南省委党校硕士论文，2009 年，收入中国优秀硕士学位论文全文数据库。

2. 在谈及"第二次国内革命战争"的原因时，毛泽东说蒋介石靠第一次国内革命战争和第一次国共合作上台，但他"非但不感谢人民，还把人民一个巴掌打了下去，把人民推入十年内战的血海"。还原相关史实，并加以评价。[①]

【问题提出】

这一问题涉及蒋介石篡夺国民革命胜利果实，发动反革命政变，建立南京国民党政权等史实。南京国民党政府代表中国大地主大资产阶级的利益。对外，向帝国主义妥协；对内，实行专制独裁。蒋介石统治下的中国依然是一个半殖民地半封建社会，中国的社会性质没有发生根本变化。理解这一点有助于理解中国共产党人进行革命的正义性和必要性。

【疑惑之点】

蒋介石是如何篡夺国民革命的胜利果实的？南京国民党政府是资产阶级性质的政权吗？蒋介石统治下的中国社会究竟是一个什么样的社会？中国半殖民地半封建国家的性质究竟有没有发生根本改变？

【解疑释惑】

1924 年第一次国共合作的正式建立，推动了中国在 1924—1927 年间迅速出现的反帝反封建军阀的国民革命高潮。国民党一大之后，各地共产党员、青年团员纷纷加入国民党，他们同进步的国民党人共同努力，整顿并发展国民党组织，为国民党增加了新鲜血液，使其扩大了群众基础，迅速成为一个工人、农民、小资产阶级和民族资产阶级的革命联盟。第一次国共合作

---

① 本问题撰写者为赵爱伦。

的最大成果就是推动了轰轰烈烈的北伐战争。1926 年 6 月 9 日，国民革命军在广州举行誓师大会，北伐战争正式开始。北伐军势如破竹，年轻的中国共产党人身先士卒、不怕牺牲，在工农运动的有力配合下，到 1927 年就打垮了吴佩孚、孙传芳，使革命势力迅速由广东一隅推进到长江流域以至黄河流域中部地区，席卷了半个中国。国民革命在进入高潮之同时，却由于内外多种因素的作用而迅速逆转。

帝国主义列强加紧干涉中国革命，制造了万县惨案和南京惨案。在武力威胁的同时，帝国主义还采用分化革命统一战线的策略，竭力拉拢以蒋介石为首的国民党新右派。1927 年初，美英等国先后表示，只要蒋介石和"极端派"决裂并保护美英在华利益，美英就准备支持他。日本政府的代表也曾在南昌等地会见蒋介石，把蒋介石视为国民党内的"稳健派"首领。更为严峻的是，统一战线内部的矛盾冲突进一步发展，以蒋介石为首的国民党新右派的夺权野心更加膨胀、更加露骨。蒋介石通过 1926 年 3 月的"中山舰事件"和 5 月的"整理党务案"，夺取了国民革命军的军权和国民党党权。北伐就是在上述事件的阴影下开始的。随着北伐的胜利进军，蒋介石的嘴脸进一步暴露出来。1926 年 11 月北伐军攻占南昌后，蒋介石把北伐军总司令部设在南昌，蓄意挑起迁都之争，要求国民党中央和国民政府由武汉改迁南昌，以便于受他直接控制。与此同时，他还派亲信与英、日帝国主义联系，又派代表与北洋军阀商谈"南北妥协"。而一些原来依附于北洋军阀势力、又同蒋介石有联系的官僚政客以及江浙大资产阶级的代表，也纷纷来南昌，加紧与蒋介石进行反革命交易。

在此形势下，蒋介石反对国共合作、仇视工农运动的本来面目也就日益公开化。1927 年 1 月，他指使爪牙捣毁赣州总工会，杀害了赣州总工会负责人、共产党员陈赞贤。3 月，蒋介石到达上海，与帝国主义分子、江浙大资产阶级以及上海帮会首领举行一系列秘密会议，加紧策划公开叛变革命的活动；蒋介石还有预谋地调集自己的嫡系部队陆续控制江浙两省（特别是沪宁地区），实现了占领江浙富庶地区及政治、经济中心的计划。这样，蒋介石做好了发动反革命政变的政治、经济和军事准备。1927 年，蒋介石制造了"四一二"反革命政变，大肆屠杀共产党员和革命群众。"四一二"政变后，以蒋介石为首的国民党新右派于 4 月 18 日在南京成立了大地主大资产阶级专政的另一个"国民政府",与武汉国民政府相对立。而在反共声浪不断高涨的情况下,最终汪精卫集团叛变革命,发动"七一五反革命政变"。至此,轰轰烈烈的国民革命宣告失败。

这场大革命失败的原因是:客观上,帝国主义列强当时联合一致干涉中国革命,他们同中国国内的封建地主、军阀官僚以及买办资产阶级势力相勾结,其力量大大超过了革命力量。同时,同盟者国民党内的右派集团相继叛变,更增加了反革命营垒的力量。

主观上,国民革命时期,中国共产党尚处于幼年时期,对中国社会和中国革命基本问题缺乏深刻的认识,中国共产党的领导机关在大革命后期放弃了对革命的领导权,迁就国民党右派压制农民运动,尤其是放弃了对武装力量的领导权,最终使统一战线陷于破裂,大革命失败。国民党蒋介石篡夺了国民革命的胜利果实。

1927年,靠夺取国民革命的胜利果实,以蒋介石为代表的国民党新右派在南京建立了政权。这一政权的性质并不是资产阶级政权,而是代表大地主大资产阶级的利益,实行军事独裁统治的政权。蒋介石政权统治下的中国社会依然是一个半殖民地半封建社会。其原因是:

第一,以"训政"为名,剥夺人民的民主权利。1928年5月,蒋介石在国民党二届五中全会上宣布实施"训政",以实施孙中山先生的"革命程序"为名,宣布"军政结束、训政伊始"。10月,国民党中央常务委员会通过《训政纲领》,借口中国人民缺乏政治训练,公开鼓吹"以党治国"。本来,按孙中山的设计,训政是由国民党训练人民行使自己的政治权利、逐步实现民主的一个重要步骤,而蒋介石政权实施的"训政"与孙中山设计的"训政"则大相径庭。起初,蒋介石规定训政时间为六年,其后一再延期,迟迟不进入"宪政"时期。

1931年5月,蒋介石在南京主持召开所谓的"国民会议",通过了《中华民国训政时期约法》,规定:训政时期的选举、罢免、创制、复决等,由中国国民党全国代表大会行使。而国民党全国代表大会闭会期间,则"以政权付托给中央执行委员会执行之"。同时,还规定:"国民党最高权力机关,为求达训练国民使用政权弼成宪政基础之目的,于必要时,得就于人民之集会结社言论出版等自由权，在法律范围内加以限制。"① 从而以国家根本大法的形式确立了国民党一党专政和蒋介石个人独裁的政治体制。

第二，强化法西斯宣传和法西斯统治。1931 年 5 月，蒋介石于国民会议上致开幕词，不仅攻击中国共产党，断言共产主义"不适于中国"，而且认为，美英式的民主政治在中国也会产生"纷乱"，公然主张用"统治最有效能"的法西斯主义来治理中国，叫嚷法西斯主义为"今日举国所要求者"。为强化法西斯独裁统治，蒋介石指使其党徒和御用文人通过舆论工具掀起一场宣传法西斯主义的狂潮，并把法西斯主义与中国封建伦理捏合在一起，在思想文化领域推行专制主义，在各级各类学校推行法西斯教育，禁锢人民的思想，钳制人民的自由。

从 1929 年起，国民党当局相继颁布《宣传审查条例》《出版法》《宣传品审查标准》《图书杂志审查办法》等一系列法律、条例，对图书和报刊的编辑、出版、发行作种种限制。据不完全统计，仅 1929—1935 年，被查禁和扣押的社会科学和文艺书刊就达数千种。1936 年，国民党中央宣传部又制定《取缔反动文艺书籍一览》和《取缔社会科学反动书籍一览》，分别开列了 364 种和 676 中"查禁"书目。国民党当局还指使其特务分子肆意攻击残害进步文化人士，如杀害了柔石、殷夫、胡也频、李伟森、冯铿等五位"左联"作家。

第三，建立特务系统和保甲制度，以禁锢广大人民。"中统"和"军统"是国民党的两大特务机关。"中统"的前身是 1928 年时成立的国民党中央组织部调查科，1935 年，蒋介石将其升格为国民党中央组织委员会党务调查处。中统以各级国民党党部为活动基地，在文化团体和大专院校、重点中学中广泛建立"党员调查网"，进行各种特务破坏活动。而"军统"的前身是 1927 年建立的军事委员会密查组、1932 年 4 月建立的复兴社特务处、1937 年建立的军事委员会调查统计局第二处。军统的特工人员分布在国民党军队、警察、行政机关、交通运输机构乃至驻外使领馆，专门以监视、绑架、逮捕和暗杀等手段进行活动，并在许多地方设立集中营、秘密监狱和看守所，囚禁和迫害共产党人、进步人士和革命学生。

---

① 胡德坤、宋俭主编：《中国近现代史纲要》，武汉大学出版社 2006 年版，第 138—139 页。

此外，蒋介石还重新恢复已被废除的封建保甲制度。1932 年 8 月，蒋介石颁布了《剿匪区内各县编查保甲户口条例》，正式开始在豫、鄂、皖三省红军革命根据地周围地区施行。后来陆续扩大到陕西、江苏、甘肃、宁夏、湖南、绥远、福建、浙江、山东、江西、四川等省，以及北平、南京等地。1937 年 2 月，由行政院正式公布《保甲条例》，在全国推行。保甲编组以户为单位，设户长；十户为甲，设甲长；十甲为保，设保长。户长须一律签名加盟于保甲规约，并联合甲内户长共同出具联保、连坐切结，甚至声明：如有"为匪通匪纵匪"之事，联保各户，实行连坐。

第四，连年内战，镇压人民群众的抗日民主运动。蒋介石领导的南京国民党政权实现的中国统一，是在各军阀联合的基础上形成的。派系斗争成为国民党统治的顽疾。蒋桂战争、蒋冯战争，特别是蒋冯阎桂中原大战，百万大军在中原大地展开厮杀，历时七个月，交战双方死伤人数近 40 万，使广大人民处于水深火热之中。中原大战结束后，蒋介石又转而"围剿"中国共产党人领导的农村革命根据地。

在"九一八"事变时，蒋介石多次要求张学良"隐忍自重"、"不予抵抗，力避冲突"；他本人则亲自前往南昌，坐镇指挥，对中央苏区进行第三次"围剿"，坐视东北三省的沦亡。"九一八"事变后，蒋介石提出了"攘外必先安内"的方针，继续"围剿"主张抗日的红军，钳制、镇压抗日民主运动。1931 年 12 月 7 日，汇集在南京的各地学生 3 万余人举行联合示威，在珍珠桥附近遭军警镇压，100 余人被打伤，酿成"珍珠桥惨案"。1933 年以后，日本帝国主义进一步加紧侵略华北，蒋介石却一再强调"攘外必先安内"。1934 年 7 月，将介石在庐山军官训练团训话时指出："拿我近来所提出的一个口号，作为全国国民和军人共同努力的目标，就是'攘外安内'四个字。"[①]

第五，半殖民地半封建型的经济没有得到根本改观。在国民党统治下，中国经济仍然处于帝国主义的支配下，列强纷纷加大对华投资。1930 年，帝国主义在华投资总额为 34 亿美元，1936 年增加到近 43 亿美元。抗战爆发前，帝国主义在华投资直接控制着中国的工矿交通等。如 1931 年，外资

---

① 王宪民、蔡乐苏主编：《中国近现代史述要》，清华大学出版社 2008 年版，第 187 页。

直接控制了中国机械采煤总量的 69.1%、生铁总产量的 97.2%、发电总量的 68.5%。在棉纺织业，外资厂家的纱锭数占全国总数的 43.5%、布机数占 51.4%。1930 年，航行于中国境内的外国船舶的吨位数占中外船舶吨位总数的 82.8%。1931 年，由外国直接经营和控制的铁路里程数占全国铁路运营总里程数的 84.3%；到 1937 年，更增加到 90.7%。同时，帝国主义通过贷款方式控制中国的财政金融。为摆脱 20 世纪 30 年的代经济大危机，帝国主义竞相向中国倾销剩余产品。1932 年，中国进口贸易额由 1926 年的 17 亿多元增加到 22 亿多元，出口额却由 13 亿多元下降到 7 亿多元①，严重地打击了中国的农业和民族工商业。

在蒋介石的主导下，官僚资本凭借国家政权力量，强行垄断国家经济命脉，成为国民党政权的主要支柱之一。这种官僚资本具有浓厚的买办性、封建性和垄断性，不仅压迫工人、农民、城市小资产阶级，而且利用债务关系强购股票、控制乃至侵吞民族资本，损害民族资产阶级的利益，严重阻碍了中国社会生产力的发展。

在农村，占主导地位的依然是封建土地所有制及封建租佃制度。从全国来看，占人口总数 10% 左右的地主、富农，却占有 50% 以上的土地。而地主、富农大多采取租佃制的形式将田地出租给农民，收取高额地租，地租率一般在 50% 以上，有的地方甚至高达 80%，地租剥削十分严重。此外，田赋附加税和其他苛捐杂税也层出不穷。例如，江苏各县的田赋附加税有 147 种，浙江各县 73 种，江西、湖北各有 61 种，附加税一般是正税的数十倍甚至是数百倍。为了养兵，各地军阀扩充地盘，也将筹措军费的重点放在农民身上，任意摊派捐税。四川等地军阀竟预征田赋 10—20 年，有的地方竟然预征 30 年。沉重的地租剥削以及各种苛捐杂税，加上生产力水平的低下、自然灾害频繁和连年的战争，使占总人口 80% 的农民挣扎在饥饿和死亡线上。②

1928—1931 年间，中国的民族资本主义经济虽有一定发展，但 1931 年后总体上则处于凋敝、衰败之中。由于帝国主义在华资本和国民党官僚资本

---

① 杨先材主编：《中国革命史》，高等教育出版社 1993 年版，第 165—166 页。
② 胡德坤、宋俭主编：《中国近现代史纲要》，武汉大学出版社 2006 年版，第 135 页。

的挤压，民族资本注册厂数和资本总额显著下降，许多企业停工减产，甚至倒闭。1930年，注册工厂数为119家，资本总额为4494.7万元；至1932年，注册厂数下降到87家，资本总额下跌到1458.5万元。据1933年中国银行的调查，1930—1933年间，纺纱等16个民族工业部门营业额下降的有11个；1932年，棉纺织业的营业额仅是1930年的35%，面粉业仅50%。以上海为例，1934年，民族资本经营的工厂、商店、银行和钱庄倒闭的达425家，1935年增加到895家。在国民党政府统治下，民族资本的发展举步艰难。①

综上所述，蒋介石政权是代表大地主大资产阶级的反动政权，对帝国主义和封建势力采取不触犯其根本利益的妥协政策；在其统治下，社会政治黑暗，广大人民缺乏民主自由，独立、民主、富强不可能真正实现，中国仍然是半殖民地半封建国家，仍需要进行彻底的反帝反封建的民族民主革命。为此，中国共产党人高举民主革命旗帜，领导广大人民投入到反抗国民党反动派统治的武装斗争中。

【推荐阅读】

1. 王桧林、郭大钧主编：《中国现代史》上册，高等教育出版社2003年版。

2. 彦奇、张同新：《中国国民党史纲》，黑龙江人民出版社1991年版。

3. 严如平、郑则民：《蒋介石传稿》，中华书局1992年版。

4. 史全生等：《南京政府的建立》，巴比伦出版社1992年版。

5. 张桂英：《第一次国共合作破裂探原》，中共中央党校博士论文，1991年，现藏国家图书馆。

---

① 杨先材主编：《中国革命史》，高等教育出版社1993年版，第165—166页。

3. "在历史上，无论古今中外都找不到农村包围城市的经验。"基于对当时革命经验的总结，以及以毛泽东为代表的中国共产党人创造性运用马克思主义两方面的相关史实，分析此创举形成的原因。[①]

【问题提出】

这段话见于马克思主义理论研究和建设工程重点教材《中国近现代史纲要》（2009 年修订版）的第五章"中国革命的新道路"。不仅"古今中外都找不到农村包围城市的经验"，而且马克思主义经典作家在革命道路问题上都认为应该以城市为中心。苏俄走这条道路，获得了成功。在马克思主义理论指导下，以毛泽东为代表的中国共产党人创造性地将马克思主义与中国革命的具体实践相结合，探索出一条农村包围城市、武装夺取全国胜利的革命新道路，引导中国革命取得最后的胜利。

【疑惑之点】

以城市为中心的革命道路和以农村包围城市的革命道路截然相反。其中，前者是马克思主义经典作家的论断，是科学的指导思想，具有权威性，早期中共党人也曾尝试走这条道路，却使得中国革命一度陷于绝境；而以毛泽东为代表的中国共产党人，没有马克思主义经典作家这样的光环，却走出了一条农村包围城市的革命道路，引导中国革命走向了最后的胜利。因此有学生质疑：马克思主义理论在这个问题上错了吗？究其原因，本问题的症结在于如何评价"马克思主义中国化"。

以毛泽东为代表的中国共产党人，是如何将马克思主义的普遍原理与中国革命的具体实践相结合，创造性地探索出具有中国特色的革命新道路的？

---

① 本问题撰写者为姚永利。

为什么马克思主义经典作家提出的城市中心论在欧洲获得了成功，而早期中共党人坚持这条道路却使中国革命陷于绝境？中国革命为什么必须走以农村包围城市、武装夺取政权的新道路？

【解疑释惑】

无产阶级革命政党以什么方式、走什么道路夺取国家政权，并不是主观臆断的，而是取决于该国的具体国情。中国共产党人也是在长期的革命实践中，在不断反思中国革命的经验中认识到中国革命必须走一条与俄国十月革命完全相反的路，那就是农村包围城市、武装夺取政权的革命新道路。

首先，为了厘清这个问题，不妨先分阶段来看一看中国共产党在新民主主义革命时期在革命道路上的选择与争论：

1921—1927 年的大革命时期的理论认识。早期留法、留俄的中共党人囿于对巴黎公社、十月革命道路的粗浅认识，以及共产国际派来的专家的指导，再加上大革命时期一些胜利的假象，都使他们没能认识到苏俄革命道路模式在中国的不适应性。中国革命工作应当以城市为中心，是这一时期全党的共同认识。因而，中共中央将工作重心放在中心城市。

1927 年大革命失败的实践选择。大革命失败后，中共必须拿起武器并根据大革命时期的理论认识，将其领导的武装斗争的主攻方向选在中心城市。在这种革命道路理论指导下，中共领导人民陆续发动的近百次起义都遭到了失败。

1927—1935 年中共党内关于革命道路的争论与困惑。这些起义失败后保留下来的部队，以毛泽东为代表大多经过摸索逐步转移到远离国民党统治中心的农村区域。在那里发动农民，开展游击战争、土地革命和创建工农政权的斗争。不过这一时期的党中央却坚持以城市为中心，连续犯了三次"左"倾错误。其中以王明的"左"倾错误为最。于是，在革命道路的选择上就出现了争论。党中央坚持"城市中心论"，而以毛泽东为代表的共产党人却在实践中选择以农村为中心，导致党内在革命道路问题上的困惑。

1935—1949 年毛泽东选择的农村革命道路。1935 年的遵义会议初步确立了毛泽东在党内的领导地位。农村包围城市的革命道路也在全党基本确立起来。在土地革命后期、抗日战争时期和解放战争时期，中国共产党都是在这条革命道路理论的指导下进行革命的，并最终获得了成功。[①]

其次，革命道路与马克思主义中国化问题。为什么马克思主义经典作家提出的"城市中心论"在欧洲获得了成功，而早期中国共产党人尝试这条道路，却使中国革命陷于绝境？

马克思提出"城市中心论"，正值欧洲走向工业文明之时。在工业文明发达的国度，革命需要的人力、物力、财力主要集中在中心城市，中心城市对农村有着统御力，农村对中心城市有强烈的依赖；而当时的中国却是一个典型的落后的农业文明国度，大量人力、物力和财力不是主要集中在城市，而是农村，城市对农村没有统御力。当时，国民党的统治力量主要在城市，而广大的农村却是敌人统治力量较为薄弱的区域。在革命力量不够强大时，应该利用农村的人力、物力和财力集聚力量，等到条件成熟时，再包围城市夺取政权，这是当时中国革命的实际情况。[②]

马克思主义经典作家提出"城市中心论"，主要基于欧洲工业文明的实际情况，是符合当时欧洲各国国情的，因此获得了成功。而中国是一个典型的农业文明国，在实践中，应该结合中国农业文明的实际国情，走适合中国国情的革命道路，使马克思主义中国化。美国学者罗斯·特里尔在评述马克思主义中国化时指出：毛泽东使马列主义脱离了欧洲血统，使它获得了中国的出生证。中国共产党对"农村包围城市，武装夺取政权"这一具有中国特色革命道路实践和理论的艰苦探索的历程告诉我们，学习马列主义必须紧密结合中国的实际情况，不唯书不唯上，坚持实践第一，理论联系实际，不能机械地照搬别人的经验和照抄书本上的个别词句。[③]

再次，毛泽东能够率领中国共产党人找到这条适合中国国情的革命道路决不是偶然的，有其深层次的原因。

在中国革命的关键时刻，毛泽东为什么能够选择农村包围城市、武装夺取政权这条正确的道路呢？这不仅与他深刻地了解中国历史和社会现状分不

① 丁文阁：《中国共产党与中国革命道路的选择》，《清华大学学报（哲学社会科学版）》2008年第1期。

② 焦坤：《论毛泽东对马克思主义中国化的贡献》，《黑龙江社会科学》2006年第6期。

③ 刘庭华：《中国特色革命道路理论与马克思主义中国化》，《军事思想史研究》2008年第2期。

开，也与他能正确地运用马克思主义的立场、观点、方法来分析中国问题分不开，这在当时毛泽东所写的《中国的红色政权为什么能够存在?》《井冈山的斗争》《星星之火，可以燎原》等著作中都可以清楚地看出来。

中国的武装斗争必须依靠农民。在半殖民地半封建的中国，农民占全国人口的80%以上，他们深受帝国主义、封建主义的压迫和剥削，是反帝反封建的主力军。中国的民主革命实质上是农民革命；中国的武装斗争实质上是无产阶级领导下的农民革命战争。因此，中国无产阶级要领导革命取得胜利，必须深入农村，发动农民，依靠农民，武装农民，坚持农村游击战争，开展土地革命，建立农村革命根据地，这是夺取全国胜利的关键。

由于强大的反动势力占据全国中心城市，革命难以在城市首先发展起来。中心城市是国民党新军阀反革命统治的中心，是反革命力量最集中、最强大、对革命的防范最严密的地方。同时，由于革命失败，城市的革命力量已遭受严重挫折，因而中国共产党所领导的革命势力难以在城市发展起来。而广阔的农村地区，特别是那些偏僻的农村地区，反革命统治比较薄弱，各派军阀间又不断发生分裂和混战，更加削弱了他们一致镇压广大农村地区人民斗争的力量。因此，中国革命的武装斗争，必须首先夺取农村的部分政权，并逐步发展扩大，最后夺取城市，从而取得全国胜利。

1927年后，毛泽东详细地论述了工农武装割据能够存在的条件，从而揭示了中国革命走农村包围城市道路的可能性。毛泽东的主要思想包括：

其一，中国是帝国主义间接统治的经济落后的半殖民地半封建的大国，政治、经济发展不平衡。地方性农业经济的特点，使得中国农村可以对城市保持一定的独立性，在经济上能够自给自足；在敌人实行经济封锁的条件下，革命势力可以自力更生地在农村长期坚持革命战争。经济发展的不平衡，造成政治发展不平衡。中心城市是帝国主义、封建军阀、地主买办阶级长期占据的地方，反革命统治力量比较强大。而广大农村，特别是偏僻山区，敌人的统治力量比较薄弱。加上各派军阀之间，在帝国主义势力的支持下不断的分裂和连续的战争，削弱了反革命统治，给革命力量的发展提供了时机。这样就使革命势力能够在反革命势力包围中，在广大农村地区特别是在边界地区长期存在和发展起来。

其二，经过第一次国内革命战争，中国许多地区，如湖南、湖北、广东、江西等省都受过大革命的影响，曾有众多的工会、农会组织和高涨的群众斗争，这就为革命势力存在和发展准备了群众基础。

其三，大革命失败后，引起中国革命的各种矛盾，一个也没有解决，并且随着帝国主义侵略的加剧和国民党反动统治的加强而日益激化。因此，革命形势必然继续向前发展，星星之火必然要形成燎原之势。

其四，中国已经有了相当力量的正式红军。因为只有地方性质的赤卫队而没有正式红军，则只能对付挨户团而不能对付正式的白军。这样即便有很好的工农基础，也决然不能造成割据的局面，更不能造成长期的和日益发展的割据局面。

其五，共产党的正确领导和政策的正确性。周恩来指出："讲到乡村中心的时候，还必须联系到一个问题，即农民必须由无产阶级政党领导。"[①]因为共产党组织的有力量和它的政策的正确，是革命形势能够在农村长期存在和不断发展的关键。

【推荐阅读】

1. 《井冈山革命根据地》（下），中共党史资料出版社 1987 年版。

2. 中共中央文献研究室：《毛泽东哲学批注集》，中央文献出版社 1988年版。

3. ［美］罗斯·特里尔：《毛泽东的后半生》，曾胡等译，世界知识出版社 1989 年版。

---

① 《周恩来选集》，人民出版社出版 1981 年版，第 178 页。

4. 在三次国内革命战争中，有"最优秀的白话文导师"之称的毛泽东写了哪些代表性的论著？其创新性何以体现？[①]

【问题提出】

毛泽东（1893—1976），字润之，笔名子任，湖南湘潭人。在 20 世纪的中国，毛泽东与孙中山、邓小平并列为三位伟人，享有崇高的地位。作为一位承上启下的革命伟人，毛泽东用白话文写的一系列论著流传海内外，其成就举世公认，因而有"最优秀的白话文导师"之誉。通过对毛泽东白话文论著的考察，剖析其创新精神，厘清其与毛泽东思想形成的关系，对加深对毛泽东思想，乃至马克思主义中国化的历史进程的理解都将大有裨益。

【疑惑之点】

自新文化运动之后，白话文即大行于世，不过当时用白话文写作的人千千万万，何以毛泽东能够享有"最优秀的白话文导师"的美誉？仅仅因为他是一位革命伟人吗？毛泽东究竟用白话文写了哪些论著？这些论著有什么创新性？又与毛泽东思想的形成和发展构成了怎样的关系？

【解疑释惑】

毛泽东既是一位革命家，也是一位诗文大家。早年，他的文章都是用文言文写成，如他 1912 年写的《商鞅徙木立信论》。后来，他创办《湘江评论》，开始由文言文写作转向白话文，如 1919 年写的《民众的大联合》，即是他初期运用白话文的代表作。

大革命期间，毛泽东的《中国社会各阶级的分析》（1925 年）、《湖南

农民运动考察报告》（1927年）等政论性白话文相继行世。土地革命战争时期，毛泽东又先后撰写《中国的红色政权为什么能够存在?》（1928年）、《井冈山的斗争》（1928年）、《星星之火，可以燎原》（1930年）和《反对本本主义》（1930年）等文章。在延安时期，毛泽东的白话文写作不仅逐步成熟，而且达到了白话文创作的巅峰，主要代表作有：军事方面的《中国革命战争的战略问题》（1936年）、《论持久战》（1938年）；哲学方面的《矛盾论》（1937年）和《实践论》（1937年）；政治方面的《中国革命和中国共产党》（1939年）、《新民主主义论》（1940年）；文风和文艺方面的《反对党八股》（1941年）、《改造我们的学习》（1941年）和《在延安文艺座谈会上的讲话》（1942年）。1949年，毛泽东还撰写了著名的《论人民民主专政》（1949年），勾勒出新中国的蓝图。

综观毛泽东的论著，其创新性体现在如下四个方面：

一是在形式上坚持马克思主义的革命文风，善于运用大众语言和民族形式，并身体力行。在创作时，毛泽东长于高度概括，巧用比喻，活用成语、典故、警句，同时寓庄于谐，幽默风趣，并积极倡导生动活泼、新鲜有力的马克思主义文风，提出写作要接近人民群众，采用"为中国老百姓所喜闻乐见的中国作风和中国气派"[1]，以形成老百姓喜闻乐见的中国的"民族形式和民族风格"。[2]

譬如，在动笔前，先要搞清楚对象问题，即想一想写文章、发表讲话是给什么人看给什么人听的，就像射箭要看靶、弹琴要看听众一样。在写作时，既要严禁说空话，反对空话连篇、言之无物的八股风气，也要合乎逻辑、文法，具有良好的修辞。此外，毛泽东坚决主张废止"洋八股"，语言要丰富、生动，否则像"瘪三"一样，文章乏味、枯燥，"就没有多少人喜欢看，他们的演说，也就没有多少人喜欢听"。[3]

二是提出了中国革命的新道路理论，即以农村为中心，以农村包围城市、武装夺取政权的理论。这个理论是对1927年以后党领导红军和根据地

---

① 毛泽东：《中国共产党在民族战争中的地位》，《毛泽东选集》第2卷，人民出版社1969年版，第500页。

② 毛泽东：《同音乐工作者的谈话》，《毛泽东著作选读》，人民出版社1986年版，第745页。

③ 毛泽东：《反对党八股》，《毛泽东选集》第3卷，人民出版社1969年版，第794页。

开展武装斗争的经验教训的科学总结和概括，标志着中国化的马克思主义，即毛泽东思想的初步形成。

三是提出和论述了新民主主义革命理论。在分析了半殖民地半封建中国社会的特点及其基本矛盾后，毛泽东阐明了中国革命的性质、特点、前途和步骤，第一次系统地提出了新民主主义革命理论，制定了新民主主义革命的政治、经济和文化纲领。这是中国共产党人运用马克思主义与中国革命具体实践相结合，分析和解决中国革命具体问题的典范，既丰富了马克思主义的理论宝库，也为中国人民夺取新民主主义革命的胜利奠定了思想和理论基础。

四是提出并论述了人民民主专政的理论。1949年，在新中国成立前夕，毛泽东撰写了《论人民民主专政》一文，科学地总结了中国人民在中国共产党领导下所进行的革命斗争的经验，指出：所谓"人民民主专政"就是在中国工人阶级的先锋队——中国共产党领导下，由工人阶级、农民阶级、城市小资产阶级和民族资产阶级组成自己的国家，在人民内部实行人民民主制度，对地主阶级和官僚资产阶级实行专政，从而丰富和发展了马克思主义关于无产阶级专政的学说，也为新中国的政权建设指明了根本方向。

总之，毛泽东积极提倡马克思主义中国化和大众化，他的一生与马克思主义中国化和大众化的事业紧密相连。在三次国内革命战争期间，毛泽东灵活地运用白话文，创作了大量既有一定理论高度，又脍炙人口的论著，从内容和形式两个方面对马克思主义的中国化和大众化做出了重要贡献。在毛泽东的白话文创作逐步成熟的同时，"毛泽东思想"也开始从萌芽走向成熟，两者是同步的。正是由于毛泽东的积极倡导和率先垂范，运用白话文创作了大量高质量的作品，才使得马克思主义具有了中国老百姓喜闻乐见的中国作风和中国气派，使其大众化、通俗化，并深入人心，成为全党的行动指南，成为开展新民主主义革命的伟大力量。

【推荐阅读】

1. 逄先知、金冲及：《毛泽东传（1949—1976年）》，中央文献出版社2004年版。

2. 王克喜:《毛泽东文言白话进化观初探》,《盐城师范学学报 (哲学社会科学版)》1997 年第 1 期。

3. 卢建芳:《试论毛泽东有中国特色的民主革命道路理论》,华中师范大学硕士论文,2004 年,收入中国优秀硕士学位论文全文数据库。

4. 杨琳:《毛泽东著作中之战斗性语言及其英语翻译》,福建师范大学硕士论文,2008 年,收入中国优秀硕士学位论文全文数据库。

5. 王连花:《土地革命前期毛泽东对马克思主义中国化的探索》,湖南省委党校硕士论文,2009 年,收入中国优秀硕士学位论文全文数据库。

6. 吴倩:《论毛泽东对其大革命时期主要著作的修改:关于毛泽东早期对中国革命若干理论的认识》,中国政法大学硕士论文,2009 年,收入中国优秀硕士学位论文全文数据库。

5. 遵义会议确立了毛泽东的领导地位，但会后成立的"中共中央三人军事小组"的排序，则是周恩来、毛泽东、王稼祥。关于周恩来在1935年的角色定位，应该如何理解?[①]

【问题提出】

众所周知，中共第一代中央领导集体以毛泽东为领导核心，周恩来是其最得力的助手。不过毛泽东和周恩来之间的关系，并非一开始就是如此，而是在中国革命的演进过程中逐步形成的。厘清1935年毛周之间关系的演变，就可以明确周恩来在1935年的角色定位，从而加深对遵义会议和第一代中央领导集体形成过程的理解。

【疑惑之点】

许多人认为，是遵义会议确立了以毛泽东为核心的新的中共中央的正确领导，但遵义会议后成立的"中共中央三人军事小组"的排序，却是周恩来第一，毛泽东其次，王稼祥第三。为何毛泽东会排在周恩来之后? 1935年，周恩来在党内的地位如何? 他与毛泽东的关系如何? 毛泽东何时才真正成为党的最高领导人?

【解疑释惑】

在中共党史上，1935年的遵义会议是一个生死攸关的转折点。不过这次会议仅历时三天（1月15—17日）。时间如此之短，显然不可能全面、彻底地清算"左"倾错误，只能集中精力解决当时最具有决定意义的军事和组织问题。而以毛泽东为核心的新中共中央的领导地位的确定，也经历了历

---

① 本问题撰写者为黄进华。

史的演变过程。其间，周恩来发挥了特殊作用。

1931年以后，王明的"左"倾错误路线统治中共中央，毛泽东遭到错误批判，被剥夺了红军指挥权。1934年10月，由于第五次反"围剿"的失败，中央红军主力被迫离开中央苏区，开始长征。起初，"左"倾领导人准备让毛泽东留在中央苏区，而毛泽东坚持要和红军一起长征。在这个关键的时刻，作为最高"三人团"（博古、李德和周恩来）的一员，周恩来支持了毛泽东，从而为一代伟人后来纵横政坛、叱咤风云奠定了基础。

同年12月18日，在红军突破四道封锁线、到达贵州黎平后，中共中央政治局召开了著名的"黎平会议"。会上，毛泽东提议改变行军方向，遭到博古反对。但主持会议的周恩来却支持毛泽东，促使会议最终采纳了毛泽东的意见，也即挥师抢渡乌江，向敌人统治力量相对薄弱的贵州进军。

1935年1月，中央红军攻占黔北重镇遵义，随后在那里召开了具有重要历史意义的中共中央政治局扩大会议，其主要议题是总结第五次反"围剿"的经验教训。首先，由博古作了第五次反"围剿"的总结报告。他夸大敌情，竭力为"左"的错误辩护。紧接着，周恩来作副报告，主要是分析了第五次反"围剿"和长征中战略战术及军事指挥上的失误，并作了自我批评，主动承担了责任。随后，毛泽东作重要发言，着重批判第五次反"围剿"和长征以来博古和李德在军事指挥上的错误，以及博古的错误观点。

经过激烈的争论，会议委托张闻天起草并通过了《中共中央关于反对敌人五次"围剿"的总结决议》，否定了博古的总结报告，肯定了毛泽东关于红军作战的基本原则，并改组中央领导机构，增选毛泽东为政治局常委，取消博古、李德的最高军事指挥权，仍由中央军委主要负责人周恩来、朱德指挥军事。

在这次会上，周恩来对毛泽东的复出起了非常关键的作用，因为他既是党内最早的军事领导人之一，在党内和军内具有举足轻重的地位和威望，又是最高"三人团"成员。当时，他与"左"倾教条主义者坚决斗争，积极支持毛泽东进入中央决策核心层，从而为确立毛泽东在党内和红军中的领导地位创造了根本条件。对此，毛泽东曾评价："那时争取到周恩来的支持很重要，如果周恩来不同意，遵义会议是开不起来的"。①

遵义会议后，在行军途中又成立了一个新"三人团"——三人军事指挥小组，全权指挥中央红军。其中，周恩来排名第一，因为他是遵义会议"委托的对于指挥军事上下最后决心的负责者"，而毛泽东只是他的"帮助者"。②

同年8月，在长征途中，周恩来积劳成疾，高烧不退，连续数日都被担架抬着行军。为此，8月19日，中共中央政治局在沙窝召开常委会，决定由毛泽东负责军事工作。从此，毛泽东成为红军实际上的最高领导人。11月3日，中共中央在陕西甘泉县下寺湾召开政治局常委会，再次研究常委分工问题。周恩来认为自己不是"帅才"，不适合当"一把手"，因而高风亮节地提出：军事领导应以毛泽东为主。会议最后决定，成立以毛泽东为主席的"西北革命军事委员会"（后改为"中央军委"），周恩来则退居副主席，并负责中央组织局的工作。

从此，中共中央第一代领导集体初步形成。其中，毛泽东居于核心和主导地位；周恩来则作为他最亲密的助手，与毛泽东肝胆相照，风雨同舟，时间长达41年，直到1976年1月去世。历史证明，毛泽东和周恩来的成功合作，对于中国革命的历史进程产生了深远影响，发挥了特殊的历史作用。

【推荐阅读】

1. 遵义会议纪念馆：《毛泽东与遵义会议》，中共党史出版社1992年版。

2. 金冲及：《周恩来传：1898—1976年》，中央文献出版社2008年版。

3. 孔玲：《周恩来在遵义会议期间的重大作用》，《贵州文史丛刊》1998年第2期。

4. 金朝晖：《遵义会议前后周恩来在确立毛泽东领导地位中的关键作用》，《理论导刊》1998年第2期。

---

① 王行娟：《贺子珍的路》，作家出版社1985年版，第194页。

② 中共中央党史资料征集委员会、中共中央档案馆：《遵义会议文献》，人民出版社1985年版，第42页。

5. 崔金云：《遵义会议后周恩来与毛泽东关系的定位对中国革命的影响》，《毛泽东思想研究》2000 年第 1 期。

6. 王永林：《周恩来在准备和召开遵义会议中的作用和贡献》，《觉悟》2006 年第 1 期。

6. 1927—1937 年南京国民政府之科技政策的出台背景、主要内容及意义局限。[①]

【问题提出】

1927 年，南京国民政府成立，随后在形式上统一了全国，从而结束了辛亥革命以后政府频繁更迭的局面，使从国家的层面注重发展科技事业，制定相应的科技政策有了可能。从 1927 年南京国民政府建立到 1937 年全面抗战爆发，这十年是近代以来中国科技发展的"黄金时期"。如果说这一时期之前是思想家和知识分子基于救亡图存和独立富强的急迫需要而发起科技运动，思想家的敏锐和激进使中国走进科技时代，那么科学家倡导科学技术则是这一时期的主流，他们使中国的科学技术发展开始步入理性轨道。科学技术以一种无法阻挡的气势影响着中国现代化，并进而上升到政府的层面，推动中国的现代化。

【疑惑之点】

1927—1937 年，南京国民政府陆续出台了一系列科技政策。这些政策是在什么背景下推出的？这些政策的主要内容是什么？如何评价南京国民政府的科技政策？

【解疑释惑】

1927—1937 年南京国民政府统治的十年中，随着政府权力的强化，中国社会发展的主体状态开始由分散型转向统制型。由于相对统一局面的实现，政府权威的树立，南京国民政府开始以一种"领导者"的姿态参与到

[①] 本问题撰写者为赵爱伦。

国家建设之中，为筹划包括科技事业在内的国家各项事业的发展、出台各项政策提供了必要的制度保证。与此同时，科技领域的许多专家、学者也从幕后走上参政的前台，出任中枢要职。他们不仅以其切身的体会深感科技事业的发展需要政府政策的支持，而且成为国民政府制定科技政策的智囊和重要推手。

近代以来，科学技术日益成为社会经济发展的重要动力，南京国民政府也不能违反这一铁律。为了推动其经济计划的实现，必须制定相应的科技发展政策，为经济发展提供科技支撑；孙中山先生的"利用现代科学技术，振兴中国传统工业"的科技兴国思想，为南京国民政府科技政策提供了精神指导；20世纪以来"科学救国"理念在中国社会的不断发展，中国科学技术落后、工业薄弱、利权外溢已成社会有识之士的共识，他们纷纷要求政府采取相应举措，推动科技发展，由此构成国民政府时期科技发展政策出台的思想条件。因此，南京国民政府科技政策的制定和出台，是政治、经济、思想文化等多重条件形成合力的结果，是近代以来中国社会发展的大势所趋。为此，南京国民政府陆续推出一系列科技政策，其主要内容有：

第一，建立专业科研机构。一方面，设立中央和地方的研究机构；另一方面，鼓励并支持开办民间学术研究机构，从而使科技研究有了体制上的保障，改变了近代以来学术研究自生自灭的状态，奠定了南京国民政府时期科技发展的基本格局。1927年11月，建立国立中央研究院，规定其为隶属于南京国民政府的全国最高学术研究机关，它的主要任务是进行科学研究和指导、联络、奖励学术研究。

鉴于北平是大学、学会和科研机构云集之地，从事科学研究的基础条件较好，1929年9月，南京国民政府决定建立北平研究院。该院为国立学术研究机构，学理与实用并重，以实行科学研究、促进学术进步为其任务，与中央研究院并称为南北两大研究机构。

为了推动大学科学教育的发展，加强大学的科研力量，南京国民政府于1929年颁布《大学组织法》，明文规定："大学得设研究院。"1934年，教育部又颁布《大学研究院暂行组织规定》，进一步规定：大学下设的"研究院分文、理、法、教育、工、商、医各科研究所，凡具备三研究所以上者，始称研究院"。① 从此，大学的科学研究逐渐发达起来，成为近代中国科研体系的重要组成部分。据 1936 年统计，设立研究院或研究所的大学有 11 所。

除了建立国立科研机构外，民间科技团体，如各类科学学会和协会也纷纷成立。中国科学社是诞生最早、影响最广的民间学术团体。虽然其为私人学术团体，但自成立以后，就成为我国科学事业最权威的领导机构之一，其地位类似于英国皇家学会。该社由任鸿隽等人于 1915 年在美国康乃尔大学创办，1928 年总社迁至上海后进入大发展时期，在全国广设分社或支会。就其学术研究而言，这些国立科研机构以及民间科学团体的成立，意味着近代中国科技研究建制的开端，初步形成科技研究的新体系，使中国近代科学研究终于走上体制化的发展道路。就其职能而言，它们也承担着为教育事业贡献其专门知识，或帮助政府制定、执行科技教育政策的任务，因而是南京国民政府制定科技政策的重要智囊。

第二，出台实科教育政策，以培养科技人才。当时，将法政、文艺、教育、商业等科统称为"文科"，而理科、农科、医药、工程则被统称为"实科"。1928 年 11 月，教育部正式成立。次年 8 月 14 日，教育部公布《大学规程》，制定大学教育注重实用科学的原则，规定大学必须设立理学院或农、工、医各院之一。1931 年 5 月，国民党第三届中央执行、监察委员会临时全体会议通过《确定教育设施之趋向案》，规定：大学教育以注重自然科学及实用科学为原则。8 月，教育部通令颁发《各省市设置中等农工学校实施方案》，以培养专门技术人才。次年 12 月，国民党四届三中全会又议决："各省市及私立大学或学院，应以设立农工商医理各学院为限，不得添设文学学院。"从 1933 年始，国民政府更直接限制文科的招生人数，规定文科各系新生平均数不能超过理科各系新生平均数，文科独立学院各系新生不得超过 50 人，对不遵照规定办理的学校将不予以核定。②

第三，制定和实施科技应用政策。在农业方面，加强农作物育种研究和

---

① 郭云：《试论 1927—1937 年南京国民政府的科技政策》，《韩山师范学院学报》2008 年第 1 期。

② 同上。

推广。1931 年成立的中央农业实验所，是最高的农业试验研究机构。中央农业研究所、各农事试验场以及各大学院校在稻、麦、棉等农作物的良种选育上取得了积极成果。中央农业研究所与金陵大学、中央大学合作，向英国购得全套世界小麦 1700 余种作为育种材料。从 1933 年起，中央农业研究所还进行"中美棉区域实验"。该实验先后由洛夫、冯泽芳主持，共征集亚洲棉和陆地棉 31 个品种，分别在南京、徐州等 17 处开展试验。通过这次棉花品种区域试验，证明"斯字棉"适宜于黄河流域，"德字棉"宜于长江流域。各大学院校的农作物良种繁育工作也开展得很有成效，陆续培育出如"金大 26 号"小麦、"中大 2419"水稻、"中山一号"水稻等一批优良的稻麦品种。①

在工业方面，保护和奖励技术发明与应用、开展与发展工业相关的科学研究和加强国防科技研究这三个方面构成了其主要内容。

首先，保护和奖励技术发明与应用。1928 年，颁布《奖励工业品暂行条例》，奖励对象为"关于工业上之物品及仿照方法首先发明或特别改良，应用外国成法制造物品著有成绩者"②，从而开启了近代中国历史上依靠政府法规保障科技发明成果及其应用的先河。在对《奖励工业品暂行条例》修订的基础上，1932 年 9 月，又颁布《奖励工业技术暂行条例》。与 1928 年的条例相比，该条例首次揭示"审查确定"、"追加奖励"的规定，并确定再审查制度、公众审查异议制度，以及利用他人发明为再发明时应付报酬的制度等，对发明人的利益的保护更加具体、深化，更具有可操作性。③ 1928 年的《奖励工业品暂行条例》以及替代它的 1932 年的《奖励工业技术暂行条例》，使专利制度在我国开始确立起来。1934 年 4 月 20 日，南京国民政府又正式颁布《工业奖励法》，与前两个法规奖励的对象和内涵均不同：《奖励工业技术暂行条例》主要奖励个人技术的发明与创新。《工业奖励法》颁布的目的是为推动企业对科技发明成果和技术改良方法的应用，从而促进工业发展。

---

① 文滔、曹隆恭：《中国农业科技史》，中国农业科技出版社 1989 年版，第 145 页。
② 秦宏济：《专利制度概论》，重庆出版社 1995 年版，第 89 页。
③ 同上。

其次，积极开展与发展工业相关的科学研究。通过中央研究院，南京国民政府整合优势资源，开展工业技术研究。1928 年，中央研究院下设工程研究所，其研究工作主要围绕钢铁、陶瓷、玻璃和棉纺织印染等行业展开技术研究，是与南京国民政府出资重点建设的工业部门相匹配的。

再者，加强国防科技研究。在 1928 年的全国教育会议上，徐善祥等人提出《请积极进行国防科学之研究案》，强调"我国武力压迫之下，非切实研究及应用军事上之科学智识，不能图存。现代战争必需之军用品，如炸药毒气等，皆与化学有密切关系。亟宜从事研究，以资预备，而固国防"。①在南京国民政府倡导下，到全面抗战爆发前，国内各研究机构展开了诸如防治毒气武器、钢铁、光学玻璃、高空气象、航空工程实验等专项研究，使中国有限的科学资源中的相当一部分投向国防科学研究，对推动中国国防建设起到了一定的积极作用。

总之，南京国民政府各项科技政策的出台，使中国有了自己进行科技研究的体系，推动了中国科技人才的培养，推动了中国某些工业部门的发展。

当然，南京国民政府的科技政策也具有很大的局限性。第一，具有浓厚的功利色彩。这一点，不仅体现在人才培养上偏重于实科人才，而且过分强调发展应用性科学，而忽视了基础理论科学的研究。这不仅制约了整个科技领域的全面发展，而且直接影响抗战胜利后我国科学技术的继续进步。应用性科学技术由于得不到基础理论科学的支持而显得缺乏后劲，更不可能形成一个比较完整的、独立的科学体系，只能跟在科技发达国家后面亦步亦趋。第二，缺乏一个统筹全局的持续性的全国科学发展规划纲要。南京国民政府的科技政策主要是关于工业、农业、国防和教育等行业科技发展的具体政策，没有确定发展科学技术的总体规划和战略部署，无法实现对全国科技发展的宏观指导，始终没有成立部级的全国性科技行政管理部门，缺乏对全国各地科技事业行之有效的宏观调控手段和管理能力，这势必造成科学技术活动的短期行为和盲目无序状态。在南京国民政府统治下，中国仍是一个半殖民地半封建社会，这个政府代表的也主要是大地主、大资产阶级的利益，这

---

① 中国第二历史档案馆：《中华民国史档案资料汇编》（第 5 辑），第一编：军事（1），江苏古籍出版社 1994 年版，第 225 页。

就从根本上决定了南京国民政府无法真正引领中国进行科技现代化建设。

【推荐阅读】

1. 梁成瑞、何艾生：《中华民国科技史》，人民出版社 1994 年版。

2. 段治文：《中国现代科学文化的兴起（1919—1936）》，上海人民出版社 2001 年版。

3. 宫文婧：《南京国民政府的科技政策研究：1927—1937》，哈尔滨工业大学硕士论文，2009 年，现藏哈尔滨工业大学人文与社会科学学院图书馆。

4. 徐颖：《国民政府时期科技政策探讨》，南京航空航天大学硕士论文，2006 年，收入中国优秀硕士学位论文全文数据库。

7. 1933 年《申报月刊·中国现代化问题号》的主要内容及其特点是什么?①

【问题提出】

"现代化是当今世界各国的宏图大略和竞相努力以赴的目标,不仅落后国家在谈现代化,高度发达的国家也在谈现代化……可见,实现现代化是人类生活的主旋律。与此相表里,'现代化'一词作为最时髦、最响亮的口号,也频繁出现在全球各地的新闻媒体和学术论著中,成为人们普遍关注的国际热点。"② 虽然中国属于落后的后发型现代化国家。但其关于"现代化"理念的阐述却较早并较系统。1933 年 7 月 15 日,《申报月刊》为纪念其创刊一周年,于第 2 卷第 7 号出版《中国现代化问题号》。以此为主要标志,中国知识界正式提出了自己的"现代化"理念。这是"'现代化'一词作为一个新的社会科学词汇在报刊上被广泛运用的正式开端"。这一"现代化"理念,"与战后西方学者根据马克斯·韦伯的观点提出的现代化概念是基本一致的"。③

【疑惑之点】

以《中国现代化问题号》为载体的"现代化"大讨论,是现代化问题第一次在中国全社会进行的公开讨论,取得了一系列颇有价值的探索成果。这场大讨论不仅厘清了当时知识界对现代化的认识,使"现代化"成为学人普遍关注的问题域和学术生长点;同时还直接促成了 20 世纪 30 年代初中

---

① 本问题撰写者为李学桃。

② 徐奉臻:《历史视野:改革与现代化研究》,黑龙江人民出版社 1999 年版,第 39 页。

③ 罗荣渠:《从"西化"到现代化——五四以来有关中国的文化趋向和发展道路论争文选》,北京大学出版社 1991 年版,第 14、22 页。

国知识分子现代化观的形成。因此，其在中国现代化的整体探索历程中，起到承上启下的作用。完整地把握作为这场大讨论载体的《中国现代化问题号》，并总结和归纳其特点，不仅有助于对这场大讨论有清晰而全面的认识，更为重要的是，还将为今天中国正在进行的现代化探索提供历史的智慧与借鉴。那么这场大讨论包括哪些内容，具有什么样的特点呢？要解决这些问题，需要以阅读《申报月刊》的《中国现代化问题号》为分析起点。

【解疑释惑】

《中国现代化问题号》共载关于"现代化"的讨论文章 26 篇，其中专论 16 篇，短论 10 篇。在所刊稿件中，诸作者从不同角度就中国现代化问题各抒己见。

《中国现代化问题号》讨论的中心议题，"……注重经济方面的意思……"讨论的范围主要包括："（一）中国现代化的困难和保障是什么？要促进中国现代化，需要甚么几个先决条件？（二）中国现代化当采取那一个方式，个人主义的或社会主义的？外国资本所促成的现代化，或国民资本所自发的现代化？又实现这方式的步骤怎样？"①

关于中国现代化的障碍和条件问题，诸作者的主要观点是：

第一，帝国主义的侵略。罗吟圃认为，中国现代化所以难以起步和发展，"第一是资本帝国主义者对中国的侵略和剥削"②。因此，要实现中国的现代化，就必先推翻帝国主义对中国的侵略。

第二，本国政治的腐败。程振基一针见血地指出了当时中国政治的腐败，"所谓现代化者，有政治与社会两方面"，目前中国之三民主义政治理想，近十年来国民党政府无所作为，其原因就是"党人之中有不忠实者"，他们凭借权力牟取私利，造成腐败、内乱等。③

第三，教育落后，缺少现代化的人才。戴蔼庐认为，中国现代化所缺者

---

① 《编者之言》，《申报月刊·中国现代化问题号》1933 年 7 月 15 日。
② 罗吟圃：《对于中国现代化问题的我见》，《申报月刊·中国现代化问题号》1933 年 7 月 15 日。
③ 程振基：《对于中国现代化的感想》，《申报月刊·中国现代化问题号》1933 年 7 月 15 日。

二，其一便是"在精神方面缺乏人才"，"这里所说的人才，是指一般的，而且包括人的智识、才能、技术、德行等等的"。[1]

关于现代化道路问题和方式方法问题，张良辅、樊仲云、李圣五、陈彬和、郑学稼、戴蔼庐、杨幸之、吴觉农、亦英等学者明确认可社会主义方式；唐庆增主张实行个人主义，张素民强调节制的资本主义；诸青来则倡导混合型道路，也即主张个人主义与社会主义兼用。其中，青睐苏俄社会主义道路、明确主张采取社会主义的学者，占34.6%；主张实行社会主义统制经济的，占7.6%；而主张资本主义或个人主义道路的，占15.3%。

就现代化的层次而言，《中国现代化问题号》的主要内容，涉及器物、制度和心性等层面。

器物层面，即物质文明的现代化建设，对应的是经济的现代化。张良辅认为，"中国的现代化……其主要的含义，却是关于经济方面的。因为经济关系的变迁是必须继之以政治文化学术等上层社会结构之变迁的。所以我这里所说的现代化自然专指经济方面，尤其是工业化与机械化而言"。[2]

制度层面，"主要包括社会关系和社会组织两项主要内容"。[3] 具体即是政治制度等。陶孟如认为，中国现代化的先决条件之一，便是"政府的廉洁与效率"，"廉洁的政府是一切事业进步必不可缺的条件，而有效率的政府也是辅助一切事业进行最有用的条件"。而"这样的政府不存在现代化是无望的"。[4]

心理层面，具体的讲，即人的现代化。杨端六认为，"……物质的设备虽然是不可少的，但此外有一个重要的条件，就是要有人去用它"。杨端六举了两个例子来予以说明：一是甲午中日战争中，海军实力强于日本的北洋舰队遭全军覆没；二是"九一八"事变时的东北军拥有十分强大的军事力量却未作任何抵抗，而上海的十九路军却在缺弹少粮的情况下奋起抗击入侵日军。因此，杨端六认为，"物质救国"根本就不能救国，即使"物质"现

[1] 戴蔼庐：《关于中国现代化的几个问题》，《申报月刊·中国现代化问题号》1933年7月15日。
[2] 张良辅：《中国现代化的障碍与方式》，《申报月刊·中国现代化问题号》1933年7月15日。
[3] 徐奉臻：《历史视野：改革与现代化研究》，黑龙江人民出版社1999年版，第66页。
[4] 陶孟如：《中国现代化问题》，《申报月刊·中国现代化问题号》1933年7月15日。

代化了，那"真正现代化"还得有一批"现代化"的人去用它。中国政治人才质量不过关，"所以政治上不能上轨道"。①

这场讨论发生在日本发动侵华的"九一八"事变之后。当时，中国面临亡国灭种的空前危机。而国共两党之间仍在进行着"围剿"和"反围剿"的战争。可以说，中国自鸦片战争以来被弱肉强食的局面没有根本改观。在这样的背景下，知识界基于忧国忧民的情怀，开展一场旨在解救国民、实现现代化的讨论，不仅带有深深的时代烙印，而且也体现其自身的一系列鲜明特点。

特点之一，在背景上，这场讨论发生在20世纪30年代初。当时，恰值资本主义国家陷入世界性大危机，他们纷纷向外转嫁经济危机。而此时的苏俄社会主义建设则如火如荼地展开。因此，这一时期的知识分子大多一反过往对"西化"的沉迷，转而对西方资本主义进行深刻反思，并把目光投向社会主义苏俄，对其持肯定态度。同时，这种认识也与中国国内自五四新文化运动以来马克思主义的传播和中共的壮大有必然关系。

特点二，《中国现代化问题号》所讨论问题侧重经济方面。但值得注意的是，在围绕经济现代化进行讨论的同时，也适当观照了现代化的其他层面。这说明当时的文化精英已经深刻意识到：经济现代化固然重要，但现代化又绝对不是从经济的角度线性发展的。

特点三，《中国现代化问题号》还体现出可贵的协调发展的理念。如，工农并重的现代化观的提出：中国的现代化"……绝不能于抛弃或牺牲农业的意义上去实行，而应当是在改进和发展我们所立足的农业的意义上去实行的"。② 中国的现代化必须"工农并重以增加原料、增加制造品"③ 等。

【推荐阅读】

1. 徐奉臻：《现代化：历史的困窘和困窘的思考》，哈尔滨工业大学出

① 杨端六：《中国现代化之先决问题》，《申报月刊·中国现代化问题号》1933年7月15日。
② 金仲华：《现代化关键在普及教育》，《申报月刊·中国现代化问题号》1933年7月15日。
③ 唐庆增：《中国生产之现代化应采个人主义》，《申报月刊·中国现代化问题号》1933年7月15日。

版社 2009 年版。

2. 董正华：《世界现代化进程十五讲》，北京大学出版社 2009 年版。

3. ［美］吉尔伯特·罗兹曼主编：《中国的现代化》，国家社会科学基金"比较现代化"课题组译，江苏人民出版社 2003 年版。

第六章　中华民族的抗日战争

1. 毛泽东基于何种考虑强调"如果没有 12 月 25 日张汉卿送蒋介石先生回京一举，如果不依照蒋先生处置西安事变的善后办法，则和平解决就不可能。兵连祸结，不知要弄到何种地步"？[1]

【问题提出】

"如果没有 12 月 25 日张汉卿送蒋介石先生回京一举，如果不依照蒋先生处置西安事变的善后办法，则和平解决就不可能。兵连祸结，不知要弄到何种地步。"[2] 这是毛泽东在 1937 年 3 月 1 日同美国作家艾格尼丝·史沫特莱（Agnes Smedley）谈论西安事变时所讲的一段话。

1936 年 12 月 12 日，张学良、杨虎城按照既定计划，将亲临西安逼迫东北军和十七路军进攻红军，推行其一贯的"攘外必先安内"政策的蒋介石扣押，实行"兵谏"。要求蒋介石停止内战、共同抗日，史称"西安事变"，或"双十二事变"。12 月 23、24 日，宋子文、宋美龄代表蒋介石与张学良、杨虎城正式谈判。周恩来作为中共全权代表参加谈判，并与蒋介石会见，彼此达成六项协议，西安事变遂告和平解决。25 日，蒋介石由张学良陪同，经洛阳飞回南京，这便是后来毛主席所说的"12 月 25 日张汉卿送蒋介石先生回京一举"。西安事变和平解决后，在中共的积极努力下，国共两

---

① 本问题撰写者为李学桃。
② 《毛泽东同志与美国作家史沫特莱谈西安事变（1937 年 3 月 1 日）》，西北大学历史系中国现代史教研室、西安地质学院中共党史组、八路军西安办事处纪念馆：《西安事变资料选辑》，西北大学出版社 1979 年版，第 1 页。

党第二次携手，建立广泛的全民族统一战线，并很快展开全民族的抗日战争。经过八年艰苦卓绝的抗战和流血牺牲，最终赶走日本侵略者，迎来中国近代以来反侵略斗争的第一次伟大胜利。

【疑惑之点】

西安事变是近代中国历史上的重大历史事件，在某种意义上，可以说是近代中国历史上的一个重要转折点。自此，国民党放弃其一贯的"攘外必先安内"的政策，开始把枪口掉转向外，与中国共产党携手抗日。同时，在中共的努力下，还团结了一切可以团结的力量，结成最广泛的抗日民族统一战线，调动全民族的力量一致抗日，使日本侵略者在中国陷入人民战争的深渊。从此，中国人民争取民族独立、反抗日本侵略和压迫的斗争也就越来越接近最终的胜利，正所谓"以此为契机，国共两党结束了长期的互相厮杀，并化干戈为玉帛，再度携手合作，联袂投入到了抵抗外侮的时代洪流中，从而奠定了抗战胜利的坚实基础"。① 理解西安事变的历史转折意义，也就能很好地理解毛泽东这段话的时代背景和深刻含义。

【解疑释惑】

1935 年，日本侵略者妄图侵吞华北五省挑起"华北事变"，中国濒于亡国灭种危机的边缘。而此时执政的国民党政府顽固坚持其"攘外必先安内"政策，"对日外交始终采取被动、隐忍态度的基本原则"，对国内的共产党则继续贯彻其一贯的"剿匪"政策。国民党的"这些对日妥协的外交政策被归纳为'不抵抗政策'，招致了国人的强烈的不满"②，同时也在国民党内部引起强烈义愤，张学良、杨虎城及其领导的东北军、第十七路军就属其中典型代表。

张学良、杨虎城本被蒋介石派往陕西、甘肃等一带围剿红军，然而，随

---

① 付建成、李云峰：《西安事变》，魏宏运主编《民国史纪事本末》，辽宁人民出版社 1999 年版，第 652 页。

② 崔之清主编：《国民党政治与社会结构之演变（1905—1949）》（下编，此卷作者江沛），社会科学文献出版社 2007 年版，第 1068 页。

着中华民族危机的加剧和两军对中共领导的红军的熟悉、了解，以及在此基础上逐渐滋生的同情和钦佩之情，相互间产生了团结起来一致抗日的默契。可是，在日寇咄咄逼人的入侵形势下，蒋介石仍继续坚持"攘外必先安内"原则，严厉训斥张学良和杨虎城，并准备调离张学良、杨虎城的部队，以其嫡系的中央军取而代之，以便继续"剿共"。1936 年 12 月 4 日，蒋介石飞抵西安，亲临"剿匪"前线，敦促张学良、杨虎城的军队向陕北的红军进攻。同时，调中央军北上，准备直接围剿红军。7 日，张学良与蒋介石据理力争，言词痛切，但却毫无效果。9 日，西安学生上街游行，纪念"一二·九"运动一周年，遭到蒋介石的坚决反对。他命令张学良：若学生不听劝告，即"格杀勿论"。张学良亲自与学生对话，苦劝学生停止游行，并保证给予答复。此时，张学良已深知非"兵谏"不足以解决问题。于是便联合杨虎城，发动了震惊中外的"西安事变"。

"西安事变"爆发后，中国的局势极其复杂。张学良、杨虎城以及国民党内部分军政要员从国家大局出发，接受了中共关于和平解决西安事变的建议。中共代表与蒋介石的代表——宋子文、宋美龄进行艰苦谈判，使西安事变最终得以和平解决。西安事变的和平解决，具有伟大的历史意义：

首先，也是最重要的，即自此起，宣告了中国内战局面的结束，中国实现了"兄弟阋于墙，外御其侮"的伟大转折。中国共产党、国民党两度携手，实现伟大的合作，并肩作战，开始抗日战争的新阶段。同时，在中共领导下，在国民党政府的支持下，中国各民族、各阶层、各团体都被充分地调动起来，参加到抗日战争的队伍中，组成最广泛的抗日民族统一战线。从此，中国抵抗日本侵略的面貌焕然一新，抗战胜利也进入倒计时阶段。

其次，在精神层面，对内，中国共产党与中国国民党以及其他各党派、阶层、团体在民族利益大义下站到一起，标志着中华民族的国家利益获得一致的认可与尊重；对外，它则证明中华民族、中国人民不是一盘散沙，不是热衷于"窝里斗"，而是有大义、能团结的，这极大地打击了日本侵略者的气焰，迫使日本侵略者对中华民族、对中国人民的认识发生改变。"事变后，中国团结抗战局面的形成，迫使日本统治集团重新认识中国"，"同时，伴随着国民党五届三中全会前后中国国内形势的剧变，日本朝野兴起了

'对华再认识论'的潮流"。①

再次，在对外关系上，为中国争取了抗日的有利国际环境。西安事变的和平解决，使欧美国家看到并感受到中国的民族精神和民族力量。随着日本对中国侵略的加剧，它们开始不同程度地同情和帮助中国。苏联方面，除了上述原因外，加之出于其自身的国家利益，也在此后加强了对中国的援助。

最后，对于中共而言，西安事变的和平解决，使其合法地位获得国民党政府的承认，从此可以放手动员群众、发动群众、武装群众，使抗日战争演变成一场伟大的人民战争，使日本侵略者在中国陷入人民战争的深渊。同时，中共和平解决西安事变的努力，也赢得了世界各国的尊重和赞赏，使得欧美国家乃至苏联都对中共有了新的认识，中共的真面貌也自此得以完整地呈现在世人面前。

西安事变的和平解决是国共两党第二次合作的催化剂，甚至可以说是直接促成者。作为20世纪前期中国的两大政党，国共两党的第一次合作赢得了北伐战争的胜利，第二次合作则使得中华民族赢得了抗日战争的胜利，使中华民族自此摆脱了民族压迫和奴役的痛苦。从中华民族利益和国家利益这一高度来讲，国共再次合作是历史的潮流和进步，是中华民族和中国人民的福祉。发动西安事变的张学良，因而居功至伟！

【推荐阅读】

1. 刘方富：《西安事变》，广西师范大学出版社2009年版。

2. 中国延安干部学院：《西安事变与二十世纪中国历史变迁：西安事变70周年学术研讨会文集》，中央文献出版社2008年版。

3. 杨奎松：《西安事变新探——张学良与中共关系之谜》，江苏人民出版社2006年版。

4. 于丽：《台湾地区对西安事变与张学良研究述评》，《抗日战争研究》2009年第3期。

5. 叶扬兵：《1936年12月17日周恩来与张学良西安会谈的再探讨》，《抗日战争研究》2009年第2期。

----

① 臧运祜：《西安事变与日本的对华政策》，《近代史研究》2008年第2期。

2. 为什么"西安事变"至今海峡两岸对张学良的评价如黑白一样两极分明：大陆把他誉为"民族英雄"，台湾则定其为"历史罪人"?①

【问题提出】

张学良（1901—2001），字汉卿，号毅庵，辽宁海城人。1936 年 12 月，他发动了西安事变，这是中国近现代史上的一个重要转折点。西安事变不仅改变了张学良的一生（从此，他长期被囚禁，失去自由长达 40 多年），而且成为时局转换的枢纽，改写了中国近现代史——十年内战基本结束，第二次国共合作开始形成。因此，考察西安事变有助于了解张学良这个独特的历史人物，更可以帮助广大师生深入理解 20 世纪 30 年代的中国从"十年内战"向"八年抗战"的演进过程，以及主导中国政局的国共两党如何化敌为友，携手走向抗日。

【疑惑之点】

时光飞逝，西安事变已经过去 70 多年，但它依然是国内外学术界关注的一个热点问题。

对于发动这次事变的张学良，海峡两岸的评价就像黑白一样两极分明：大陆学者誉之为"民族英雄"，台湾地区则将其定位为"历史罪人"。如同对张学良的评价一样，迄今海峡两岸对西安事变的评价也呈现出一种两极化状态，或全盘否定，或赞誉有加。同一个西安事变，为何海峡两岸会呈现出如此两极化的图景？西安事变究竟该如何评价？作为事变的发动者，张学良又该如何定位？对此，学术界虽已有很深的研究，但仍有讨论的空间。

---

① 本问题撰写者为黄进华。

【解疑释惑】

时至今日，西安事变已经过去 70 余年，事变的当事人和参与者也大多已经离世，但人们依然议论纷纭，海峡两岸的评价更是黑白分明。所为何故？一言以蔽之，视角问题。因为视角不同，评价自然会有差异。在此，不妨从如下四个视角对震惊中外的西安事变进行分析。

视角之一，是张学良。作为这场事变的主要发动者，张学良的直接目的实现了，因为他的"兵谏"以及中共代表周恩来等人的斡旋，蒋介石最终作出了"停止剿共、联（合）红（军）抗日"等六项承诺，并表示"只要我存在一日，中国决不再发生反共内战"。张学良发动西安事变的目的——"停止剿共，改组政府，出兵抗日"达到了，但他个人却为此付出了惨痛的代价——被囚禁长达53年之久。匈牙利大诗人裴多菲有一首名诗："生命诚可贵，爱情价更高；若为自由故，二者皆可抛！"因为发动西安事变，张学良的大半生都被剥夺了自由，其代价不可不谓昂贵！

视角之二，是蒋介石和国民党。乍看起来，蒋介石和国民党似乎是西安事变的"最大受害者"：由于发生西安事变，"张杨劫持领袖（指蒋介石）"、"蒋委员长西安蒙难"、国民党被迫停止"剿共"、"酿成巨祸"、"使共匪喘息坐大，以至大陆沦陷"。[①] 这种观点大多基于国民党一党专制的角度，其主要偏颇是：过于偏袒蒋介石和国民党，既低估了中共的力量和国内民众对于蒋介石"不抵抗"政策、"攘外必先安内"方针的不满，又没有充分认识日本帝国主义的侵华野心。

殊不知，倘若没有发生西安事变，蒋介石一旦在陕北大打"剿共"战争，战事可能陷入长期化，而陕北邻近华北，日寇势必趁机大举侵略华北。届时，蒋介石和国民党可能三面受敌：既要对付内敌——中共领导的红军，又要应付外寇——日本侵略者，还要防备张学良的东北军和杨虎城的第十七路军。反之，由于西安事变，蒋介石和国民党一方面停止"剿共"，恢复国内和平，其对日态度也日渐强硬，赢得了人民的支持，另一方面借机软禁张

---

① 鱼汲胜：《关于中国国民党西安事变研究概述——写于西安事变五十周年之际》，《党史研究与教学》1986 年第 6 期。

学良，逼迫杨虎城出国，并瓦解、改编、控制东北军和第十七路军，从而可以专心对付日寇。

视角之三，是中国共产党和红军。1935 年，中央红军经过万里长征，来到陕北；次年 9 月，与张学良正式签订《抗日救国协定》，又联络杨虎城，从而在西北地区初步形成了一个拥护"民族统一战线"的"铁三角"。不过这时蒋介石将中央军大批调入西北，"剿共"大战即将开始，形势对红军不利。

西安事变发生后，在中共内部，有人曾一度主张"杀蒋"。但是，后来又从民族大义出发，派周恩来等人到西安，会同张学良、杨虎城，与南京国民政府的代表——宋美龄、宋子文谈判，终于迫使蒋介石接受了"停止剿共、联（合）红（军）抗日"等六项条件。西安事变后，虽然由于张学良被蒋介石扣留，原先的红军、东北军和第十七路军密切接触的局面瓦解，但蒋介石和国民党停止了大规模的"剿共"战争，国内和平基本实现，因而在总体上对中国共产党和红军是有利的。

视角之四，是中华民族。1927—1936 年，国共两党曾进行了长达十年的内战。"九一八"事变后，日本帝国主义侵占东北，又步步蚕食华北。在此情况下，蒋介石和国民党却坚持"攘外必先安内"的方针，引起全国人民的强烈不满。当时，全国人民都要求停止内战、一致抗日，1935 年的"一二·九"运动即是一个典型。

1936 年 12 月，张学良、杨虎城发动"兵谏"，扣留了国民党的领袖——蒋介石，最终迫使蒋介石接受了六项条件。西安事变的和平解决，是国内外各种社会政治因素合力作用的结果。以这次事变为标志，十年内战结束，国内和平基本实现，这对国共两党第二次合作、彼此团结抗日起到了重大的推动作用，也为抗日民族统一战线的建立准备了必要的前提，成为由国内战争走向抗日民族战争的转折点和时局转换的枢纽。

总之，西安事变是张学良一生中最重要的一个转折点，也是其人生轨迹中最光彩的一页。张学良发动的西安事变是崇高的爱国义举。张学良堪称中华民族的"千古功臣"，尽管其本人为此付出了惨痛的代价。而这次事变对于国共两党，可谓有弊有利，不可一言而定。

【推荐阅读】

1. 张魁堂：《张学良传》，东方出版社 1991 年版。

2. 杨奎松：《西安事变新探：张学良与中共关系之谜》，江苏人民出版社 2006 年版。

3. 中国延安干部学院：《西安事变与二十世纪中国历史变迁：西安事变 70 周年研讨会论文集》，中央文献出版社 2008 年版。

4. 王爱萍：《西安事变前后张学良与中共的关系》，西北大学硕士学位论文，2001 年，收入中国优秀硕士学位论文全文数据库。

5. 张梅玲：《西安事变：中国近代历史的转折点》，《山东社会科学》1997 年第 1 期。

6. 于丽、田子渝：《台湾地区对西安事变与张学良研究述评》，《抗日战争研究》2009 年第 3 期。

3. 以第一次国共合作为参照，第二次国共合作有哪些特点？①

【问题提出】

日本法西斯发动了全面侵华战争，民族存亡的问题急切地摆在全中国人民面前。当此危难之际、紧要关头，国共两党再次合作，建立抗日民族统一战线，这是抗战胜利的关键所在。第二次国共合作是抗日民族统一战线的基础，没有国共两党的第二次合作，就不可能建立抗日民族统一战线。这时，中国共产党已经发展成为一个比较成熟的政党，对中国社会和中国革命有了比较深刻的认知，因而第二次国共合作与第一次国共合作相比较，有了全新的特点。

【疑惑之点】

国共第二次合作是否意味着共产党就要绝对服从国民党和蒋介石的领导？在第二次国共合作中，当蒋介石发动反共高潮时，共产党人应当如何处理民族矛盾和阶级矛盾的关系？

【解疑释惑】

1924 年，第一次国共合作时，共产党员以个人名义加入国民党，同国民党实行党内合作。当时，孙中山先生将三民主义与"联俄"、"联共"、"扶助农工"三大政策联系起来，发展成为"新三民主义"。"新三民主义"和中国共产党的民主革命纲领基本一致，成为第一次国共合作的政治基础和两党共同遵守的政治纲领。经过改组后的国民党，成为民族资产阶级、工人阶级、农民阶级和城市小资产阶级等四个阶级的联盟，成为国共两党第一次

---

① 本问题撰写者为赵爱伦。

242

合作的共同组织形式。而第二次国共合作不同于第一次国共合作，它具有自身的独特性。其主要表现如下：

第一，第二次国共合作具有广泛的民族性和极大的阶级复杂性。

第二次国共合作不仅包括工人、农民、城市小资产阶级和民族资产阶级，而且还包括中小地主，甚至包括大地主、大资产阶级的当权派——国民党蒋介石集团。之所以如此，是因为在半殖民地半封建的中国，社会的主要矛盾是帝国主义和中华民族的矛盾，最大的压迫是民族压迫，这就决定了无产阶级可以和农民、城市小资产阶级、民族资产阶级结成广泛的统一战线。买办资产阶级虽是民主革命的对象，但由于他们的各个集团依附不同的帝国主义国家，日本发动全面侵华战争也损害了美英等国的在华利益，因而在抗日战争的特定历史条件下，以蒋介石为代表的大资产阶级的亲英美派参加到反对日本帝国主义的战争中，国共两党建立了暂时的联盟。

第二，这是国共两党两个政权、两个军队的合作。当时，国共两党都有自己的政权组织和军队：国民党控制着中央政权并实施行政管理，共产党则掌握着边区政权也实施其行政管理；国民党有几百万正规军，共产党则有日益发展壮大的八路军、新四军，还有游击队等地方武装，因而这是一种特殊的合作。

第三，没有双方共同遵守的共同纲领和固定的组织形式。第二次国共合作属于党外合作，两党只是遇事协商，各自有很大的独立性，没有共同的政治纲领和固定的组织形式。在抗战期间，国共两党都有自己的抗战纲领：国民党有《抗战建国纲领》，共产党有《抗日救国十大纲领》。同时，国共两党都有自己的抗战路线和战场：一方面，国民党执行单纯依靠政府和军队的片面抗战路线，主要进行正面战场的作战；另一方面，共产党执行发动广大人民群众进行人民战争的全面抗战路线，领导敌后战场作战。因此，国共两党都有一定的自主权。在共同抗日的前提下，各自决定自己的行动方针。对于国民党方面的错误决定，共产党不予执行。在政权、军队、行动纲领和方针等方面，国共两党都有很大的独立性，而这些独立性在共同抗日的前提下，并没有造成抗日统一战线的破裂。

第四，国际环境既有利又极其复杂。当时，日本法西斯是全中国人民的敌人，也是世界人民共同的敌人。从 1937 年全面抗战初期到 1941 年苏德战争爆发，苏联是支援中国抗战的主要国家。而太平洋战争爆发后，随着世界反法西斯同盟的建立，中国的抗日战争成为抗击日本法西斯的主战场，美英等国开始积极支援中国抗战。不过美国主要支持蒋介石。到抗战后期，更采取"扶蒋反共"政策。这一切使第二次国共合作处于既有利又复杂的国际环境中。

这些特点，决定了第二次国共合作是一种特殊的合作，中国共产党面临着如何处理民族斗争和阶级斗争的关系的重要课题。因此，中国共产党人必须坚持独立自主原则，实现无产阶级的领导权，避免重犯第一次国共合作中的"右"倾错误。

特别是共产党人必须坚决反对"一切经过统一战线"、"一切服从统一战线"的新右倾投降主义倾向。这种倾向抹杀了以第二次国共合作为基础的抗日民族统一战线中的不同党派和政治集团的阶级差别，否认了统一战线中的独立自主原则。作为政治上的当权派，对于国民党蒋介石集团来说，一方面，合作抗日是为了维护其岌岌可危的统治，另一方面，又是为了吞并或溶化共产党，借日本侵略者之手消灭共产党。因此，在抗日战争进入相持阶段后，先后发动三次反共高潮，这就将如何正确处理民族斗争和阶级斗争的关系摆在了中国共产党人面前。

抗战期间，民族斗争是第一位的，中国共产党人必须团结一切可以团结的力量，打败日本侵略者，但决不能以国共二次合作抹杀党派和阶级的差别、忽视阶级斗争的存在，否则合作就变成了混一。针对蒋介石集团实行合作抗日和摧残进步势力的两面政策，共产党必须以革命的两手对付之，既要坚持团结抗日，争取他们留在统一战线之中，又要同他们在政治上、思想上、军事上进行坚决斗争，对国民党蒋介石集团采取有理、有利、有节的斗争原则。坚持这些原则，使这种斗争分寸适度，取得成效，切实实现"发展进步势力、争取中间势力，孤立顽固势力"的策略总方针，以斗争求团结，使共产党人真正成为抗日战争的中流砥柱。

【推荐阅读】

1. 黄修荣：《抗战时期国共关系纪事（1931—1945）》，中共党史出版社 1995 年版。

2. 杨奎松:《失去的机会——战时国共谈判实录》,广西师范大学出版社 1992 年版。

3. 王顺生主编:《毛泽东思想概论》,高等教育出版社 2001 年版。

4. 温增梅:《两次国共合作成败原因比较研究》,武汉大学硕士论文,2001 年,现藏国家图书馆。

4. 中国的抗日战争是第二次世界大战的重要组成部分。关于中国在反法西斯战争中的作用，丘吉尔（Churchill）曾说："中国一崩溃，至少可使日本十五个师团、也许会有二十个师团腾出手来。其后，大举进攻印度，就确实可能了。"如何理解之？[①]

【问题提出】

丘吉尔（1874—1965），"二战"时期的英国首相，当时国际"三巨头"之一。这段对中国的抗战地位给予很高评价的话出自丘吉尔晚年所撰《第二次世界大战回忆录》[②]。抗日战争既是近代以来中华民族反抗外敌入侵第一次取得完全胜利的民族解放战争，是决定和改变中国命运的一场关键性战争，更是世界反法西斯战争的重要组成部分和东方主战场。客观估价中国的抗战地位，剖析中国抗战的伟大意义，有助于加深对这场全民族抗战的理解。

【疑惑之点】

众所周知，中国的抗日战争是"二战"的重要组成部分和东方主战场。可是由于种种原因，"战后"国际史学界对中国抗战做出的巨大努力和牺牲一直未能给予客观公允的评价。许多西方学者写的二战史著作，往往对欧洲战场和美日之间的太平洋战争大书特书，却对中国的抗日战争语焉不详，有的寥寥数语一带而过，有的甚至避而不谈。那么，中国的抗日战争究竟为世界反法西斯战争作出了哪些贡献？中国在"二战"中的地位如何？中国到底发挥了怎样的作用？这些都是值得深究的问题。

---

① 本问题撰写者为黄进华。
② 丘吉尔：《第二次世界大战回忆录》第 4 卷上部第 1 分册，韦凡译，商务印书馆 1975 年版，第 266 页。

【解疑释惑】

中国抗日战争是 20 世纪 30—40 年代中华民族在抗日民族统一战线的旗帜下以第二次国共合作为基础进行的一场伟大战争。这是一场抵抗日本帝国主义侵略的正义战争，是"二战"的重要组成部分和东方主战场，为世界反法西斯战争的胜利作出了巨大的牺牲和贡献，主要体现在三个方面：

第一，在世界反法西斯战争中，中国抗战开始最早，持续时间也最长。"二战"有两个策源地，一个是法西斯德国以及墨索里尼控制的意大利；另一个是日本军国主义。早在 1931 年，日本就发动了"九一八事变"，侵占中国东北，挑起局部侵华战争。虽然当时国民党政府实行"不抵抗"政策，但东北人民自发地开展武装斗争，开始了局部抗战，并在实际上揭开了世界人民反法西斯战争的序幕。1937 年，日本又炮制"七七事变"和"八一三事变"，发动全面侵华战争。从此，中国开始全面抗战，一直坚持到 1945 年 8 月日本投降。比较而言，英国对德宣战是在 1939 年 9 月，苏联参战是在 1941 年 6 月，美国参战则在 1941 年 12 月。从盟国抗击法西斯国家的时间上来看，中国的局部抗战和全面抗战前后持续 14 年之久，而英国是六年，苏联、美国都是四年。所以，中国是"二战"期间全世界坚持反法西斯战争时间最长的一个国家。

第二，中国人民坚持持久抗战，付出巨大牺牲，牵制和消耗了日本陆军的主力，对世界反法西斯战争的进程产生了重大影响。据不完全统计，在抗击日本侵略过程中，中国军民伤亡总数达 3500 万以上，经济损失超过 5000 亿美元。由于中国军民的英勇抗战，日本陆军主力深陷中国战场的泥潭，不能自拔。在抗战期间，中国战场年平均牵制日本陆军总兵力 74% 以上，最高年份达 94%。即便在 1941 年日本发动"珍珠港事变"、太平洋战争爆发后，日本在中国的陆军数量仍占其总数的 1/2 以上，中国战场依然担负着抗击日军的主要任务。"二战"期间，日本在海外作战中损失兵力 287 万；其中，150 万人伤亡在中国战场，占其总兵力的 52.3%。

第三，中国的抗日战争打乱了日本的侵略计划，极大地支援了苏、美、英等反法西斯盟国的作战。"二战"前，日本素有"北进"和"南进"的图谋。其中，"北进"即进攻苏联，占领苏联远东地区；"南进"即向东南亚进军，抢夺英、美、法等国的殖民地，掠夺南洋一带的战略物资。尤其，北进苏联是日本长期以来对外侵略的重要战略，其盟友——法西斯德国也希望日本北进，从而形成两面夹击苏联之势。不过由于中国人民在抗日战争中死死地拖住了日军的后腿，使其深陷战争泥潭，因此，在对苏开战的问题上，日本实在是心有余而力不足，最后只得放弃"北进"计划。由于中国的抗日战争"紧紧束缚了日本侵略者的手脚"，苏联不仅避免了东西两线同时作战的困境，还得以将远东苏军精锐不断西调，集中力量对付希特勒德国。

当时，日本的"国策"是南北并进，既准备北上攻苏联，也准备南下与英、美等国作战。但由于中国战场特别是敌后抗日武装迅猛发展、壮大，给日军沉重打击，因此拖住了日军大量兵力，阻止了日军调兵南进。尤其是八路军 1940 年发动的"百团大战"重创了日伪军，使日军由北向南的铁路交通中断了一个多月。由于日本陆军主力无法从中国脱身，日本大本营被迫将"南进"、发动太平洋战争的时间推迟，从而为英美等盟国赢得了与德、意、日军队作战的准备时间。太平洋战争爆发后，日军横扫东南亚，企图西攻锡兰、东打澳大利亚，但因其陆军主力已深陷中国战场，不得不在太平洋上放慢进攻步伐。为了配合盟军作战，中国曾两次派遣远征军出兵缅甸，歼灭日军 5 万余人，对英美盟军的进攻起到了直接的配合作用。对于中国抗战的重要地位和作用，美国总统罗斯福（Franklin Delano Roosevelt）指出："假如没有中国，假如中国被打垮了，你想一想有多少师的日本兵可以因此调到其他方面来作战？"① 其后果将是不堪设想的。

此外，作为亚太地区盟军对日作战的重要后方基地，中国还为反法西斯盟国提供了大量物资和情报。

总之，中华民族的抗日战争不仅是东方战场的主力军，也是世界反法西斯战争的一个主战场。中国抗战牵制和消耗了日本陆军的主力，打破了日本"北进"计划，粉碎了德日夹击苏联的阴谋，打乱了"轴心国"的全球战略计划，为世界反法西斯战争的胜利做出了不可磨灭的贡献。因此，中国在抗

---

① 罗斯福：《罗斯福见闻秘录》，李嘉译，新群出版社 1947 年版，第 49 页。

战期间跻身"世界四强"之列，并成为联合国的发起国和安理会五个常任理事国之一，可谓当之无愧！

【推荐阅读】

1. 曹振威：《侵略与自卫：全面战争期间的中日关系》，广西师范大学出版社 2001 年版。

2. 张宪文：《中国抗日战争史》，南京大学出版社 2001 年版。

3. 王振德：《第二次世界大战中的中国战场》，社会科学文献出版社 1991 年版。

4. 彭训厚：《中国抗日战争与第二次世界大战——论中国战场对第二次世界大战进程的影响》，《军事经济学院学报》1995 年第 3 期。

5. 闵传超：《论中国战场在二战中的历史地位》，《安庆师范学院学报（社会科学版）》1996 年第 1 期。

6. 郑德平：《论中国战场在第二次世界大战中的地位与作用》，《辽宁大学学报（哲学社会科学版）》1996 年第 3 期。

5. 在抗日战争中，国民党军队与日军进行大会战 22 次，重要战斗 1100 余次，小规模战斗 38000 余次，消灭日军 100 余万人，阵亡将士 380 余万人，内有少将以上军官 150 余名，团、营、连、排长数万，为什么还说中国共产党是抗日战争的中流砥柱？①

【问题提出】

题目中的数字来自"国民党抗日军队馆"的统计。这些数字说明，在抗战时期，国民党军队参加的会战多，牺牲的人也多。为取得抗战胜利，国民党付出了巨大代价。

【疑惑之点】

长期以来，一直存在国民党和共产党谁是抗日战争的中流砥柱的争论。在抗战期间，国民党军队进行了那么多会战，给侵华日军以沉重打击。那么，为什么不说国民党是抗日战争的中流砥柱？为什么说中国共产党是抗日战争的中流砥柱？中流砥柱的作用又体现在哪些方面呢？

【解疑释惑】

抗日战争，既是世界反法西斯战争的重要组成部分，也是近代以来中国人民第一次赢得完全胜利的民族解放战争。鸦片战争后，世界上的帝国主义国家不论大小，几乎都侵略过中国，而近代中国历次反侵略战争也无不是以中国失败、被迫接受丧权辱国的条约而告结束。究其原因，"一是社会制度的腐败，二是经济技术的落后"②。

---

① 本问题撰写者为刘振清。
② 《毛泽东著作选读》下册，人民出版社 1986 年版，第 848 页。

虽然在抗战时期，中国社会的半殖民地半封建性质和经济技术落后的状况还没有得到根本改变，但已经出现以往所不具备的进步因素：有了资产阶级和无产阶级；有了已经或正在觉悟的广大人民；有了在政治上日趋成熟的共产党；有了共产党领导的人民军队；有了局部的人民政权，即共产党领导的根据地政权；腐败的社会制度已经局部地被废除，中国已经"处于历史上进步的时代，这就是足以战胜日本的主要根据"。①

在国内学术界，沙健孙阐释的中国共产党成为抗日战争中流砥柱的表现较为系统。在此，不妨略加摭拾：

首先，中国共产党率先举起抗日民族解放战争的旗帜，并从民族大义出发，促成西安事变的和平解决，为建立第二次国共合作、进行全国性的抗战创造了条件。1937 年 7 月 7 日卢沟桥事变发生后，日本发动全面侵华战争，中国守军奋起抵抗。8 日，中国共产党发出通电，呼吁实行全民族抗战。9 日，红军将领率全体指战员致电国民政府，要求改编为国民革命军，并请命为抗日前驱。14 日，中共中央军委下达关于红军改编为国民革命军，并听候出动的命令。15 日，中共代表将《中共中央为公布国共合作宣言》递交给国民党。9 月 22 日，该宣言由中央通讯社公开发表；23 日，蒋介石发表《对中国共产党宣言的谈话》，标志以抗日为共同目标的第二次国共合作正式形成。在中共的积极推动下，国共两党再次合作，抗日民族统一战线得以确立。之后，全国性抗战拉开帷幕。其意义正如毛泽东所言："这在中国革命史上开辟了一个新纪元。这将给予中国革命以广大的深刻的影响，将对于打倒日本帝国主义发生决定的作用。"②

其次，制定了全面的全民族抗战路线，即人民战争的路线。抗日战争爆发后，中国面临的中心任务就是如何坚持抗战和争取抗战胜利的问题。1937 年 8 月，在洛川会议上，中共制定了《抗日救国十大纲领》，主张实行全国军事总动员、全国人民总动员，在国共两党合作的基础上建立了广泛的抗日民族统一战线，以便精诚合作，共赴国难。1945 年，中共"七大"概括了党的政治路线："放手发动群众，壮大人民力量，在我党的领导下，打败日

---

① 《毛泽东选集》第 2 卷，人民出版社 1991 年版，第 451 页。
② 同上书，第 364 页。

本侵略者，解放全国人民，建立一个新民主主义的中国。"实际上，这也是党在整个抗日战争时期的政治路线。为实行全国军队的总动员，中国共产党主张按照坚决抗战的总方针，立即出动军队到国防线上，实行正规战争与游击战争配合。中共直接领导的八路军、新四军和其他革命武装，完善了党对军队的领导制度，开展了有效的政治工作，密切了官兵关系、军民关系、军政关系。除担负作战任务外，还从事群众工作和参加生产运动，实行主力兵团、地方兵团和民兵三结合的革命武装斗争体制。正因为如此，这支队伍得到了广大人民，尤其是农民群众的真心拥护和全力支持。毛泽东曾说：人民"军队须和民众打成一片，使军队在民众眼睛中看成是自己的军队，这个军队便无敌于天下"①。这支党领导的与人民打成一片的抗日武装，从抗战开始时的不足 5 万人迅速发展到中期的十几万、几十万人，直至后期的 120 万人，成了坚持抗战、争取抗战胜利的中坚力量，"成了中国抗日战争的主力军"②。历史表明，中国共产党倡导和实行的人民战争路线，确实是战胜日寇的法宝。

第三，提出持久战的战略方针，开展独立自主的敌后游击战争。在抗日战争中，中国应当采取何种战略方针？这是一个必须面对并必须回答的重大问题。早在 1935 年 12 月，毛泽东就指出：要打倒敌人必须作持久战。1938年 5 月，他总结抗战八个月的经验，作了《论持久战》的讲演，指出：中日战争"乃是半殖民地半封建的中国和帝国主义的日本之间在二十世纪三十年代进行的一个决死的战争"。"日本的长处是其战争力量之强，而其短处则在其战争本质的退步性、野蛮性，在其人力、物力之不足，在其国际形势之寡助。""中国的短处是战争力量之弱，而其长处则在其战争本质的进步性和正义性，在其是一个大国家，在其国际形势之多助。"在这里，强国弱国的对比，决定了这场战争只能是持久战；而大国小国、进步退步、多助寡助的对比，决定了这场战争的最后胜利只能是属于中国的。据此，他同时批判"速胜论"和"速亡论"，强调中国必须实行持久战的战略方针，以便在长期斗争中逐步削弱敌人，壮大自己，争取最后的胜利。他预言，中国在

---

① 《毛泽东选集》第 2 卷，人民出版社 1991 年版，第 512 页。
② 同上书，第 1039 页。

这场战争中将经历战略防御、战略相持、战略反攻三个阶段，并对这三个阶段中国军队作战的主要形式、正规战（阵地战、运动战）与游击战的战略地位与作用的转换等作出科学判断。全面抗战爆发后，中国共产党直接领导人民军队深入敌后，开展独立自主的敌后游击战争，建立和发展抗日民主根据地，从而使人民军队成了中国抗日战争的主力军。在八年抗战中，党领导的八路军、新四军和华南人民抗日游击队对敌作战 12.5 万余次，消灭日伪军 171.4 万余人，其中日军 52.7 万余人，为坚持抗战、夺取抗战的最后胜利作出了辉耀史册的贡献。

第四，组织和推动国民党统治区的抗日民主运动。在国民党统治区，中国共产党的任务不是直接进行武装斗争，而主要是开展群众工作，组织和推动抗日民主运动。在抗战初期，中国共产党对国统区工作的具体领导初期通过长江局（1937 年 12 月成立）、后期通过南方局（1939 年 1 月成立）来实现。抗日民主运动的主要内容是，推动国民党进行抗战、争取各抗日党派的合法地位与活动自由。经过南方局和各民主党派的共同努力，1944 年上半年，第二次民主宪政运动在大后方许多城市兴起。同年 9 月，按照中共中央指示，中共代表林伯渠在国民参政会上提出"国民党立即结束一党统治的局面"、"组织各抗日党派联合政府"的主张。10 月，周恩来强调，为挽救危机，应立即召开"紧急国事会议，取消一党专政，成立联合政府"。这个主张反映了各界民众的共同要求，为大后方正在掀起的民主运动指明了方向。1945 年 1 月，根据中共中央指示，南方局动员党的骨干、进步人士及知识青年到基层特别是到农村去，"大力进行下层的群众工作"。一些革命的知识分子响应党的号召，继承和发扬"五四"、"一二·九"的传统，走上了与工农相结合的道路。国统区抗日民主运动的发展，对于激发大后方人民的爱国民主意识、坚持国共合作、团结抗战、支援抗战前线、积蓄革命力量等都发挥了重要作用。而且，它也为抗战胜利以后形成人民解放斗争的"第二条战线"奠定了初步基础。

第五，坚持、巩固和发展抗日民族统一战线。抗日战争是在全国各党、各界、各军结成抗日民族统一战线的条件下进行的。中国共产党把坚持、巩固和发展这个统一战线，视为抗日战争坚持和胜利的一个基本条件，并为坚持、巩固和发展抗日民族统一战线进行不懈努力。中国共产党认定，在中日民族矛盾占主要地位的情况下，必须始终不移地坚持联合抗日的原则；同时，必须认清阶级斗争仍然存在这一客观事实，在统一战线中自觉地坚持独立自主的原则，始终保持自己在思想上、政治上和组织上的独立性。坚持独立自主原则的目的，"一方面是在保持自己已经取得的阵地"，因为"这是我们的战略出发地，丧失了这个阵地就一切无从说起了。但是主要的目的还在另一方面，这就是为了发展阵地，为了实现'动员千百万群众进入抗日民族统一战线，打倒日本帝国主义'这个积极的目的"①。正是遵循着独立自主的原则，中国共产党在民族统一战线中采取了发展进步势力、争取中间势力、孤立顽固势力的总方针。

由于中共在民族统一战线中坚持了独立自主的原则，放手发动群众，壮大人民力量，并对国民党采取又团结又斗争、以斗争求团结的方针，在极端复杂的政治环境中把握了革命的正确航向，面对国民党统治集团的两面政策和多次武装袭击，统一战线不仅没有破裂，还得到巩固和发展，人民革命力量不仅没有受到严重损失，还得到巨大发展。这就不仅保证了党能够成为坚持抗战、争取抗战胜利的中流砥柱，而且保证了在日本投降以后顽固派分裂国共关系、把内战强加给人民时，党能够顺利地转变到以革命战争反对反革命战争的轨道上，并在短时期内取得胜利。因此，"中国共产党以自己的坚定意志和模范行动，在全民族抗战中发挥了中流砥柱的作用"。② 这种坚定意志和模范行动还表现在中国共产党人付出的重大牺牲方面。在残酷的战争中，无数优秀的共产党员为了中华民族的解放，在战场上奋勇杀敌，不惜牺牲自己的生命。中国共产党领导的抗联战士为拯救日寇铁蹄下的东北人民血染大地。抗联第五军妇女团冷云等八名女战士，与围困的敌人战至弹尽粮绝，手挽着手跳入乌斯浑河的激流中壮烈牺牲。东北抗日联军第一路军总司令、共产党员杨靖宇强忍饥饿和病痛的折磨，只身战斗到生命的最后一刻。残酷的敌人剖开他的肠胃，看到的只是草根和棉絮。太行山上，八路军副参谋长左权指挥反"扫荡"壮烈牺牲。狼牙山巅，八路军五壮士舍身跳崖。

---

① 《毛泽东选集》第 2 卷，人民出版社 1991 年版，第 394 页。

② 胡锦涛：《在纪念中国人民抗日战争暨世界反法西斯战争胜利 60 周年大会上的讲话》，《人民日报》2005 年 9 月 4 日。

白洋淀畔，八路军冀中军分区指挥员孔庆同只身掩护战友撤退，当敌人围上来的时候，他拉响了最后一颗手榴弹，与敌人同归于尽。长江两岸广大地区，新四军将士驰骋于水乡山林之间，与日本侵略军展开艰苦卓绝的斗争。新四军第十六旅旅长罗忠毅在突破日军包围的战斗中身先士卒，血洒疆场。敌后解放区军民付出了重大牺牲。据不完全统计，解放区平民伤亡 890 余万人，八路军、新四军和华南抗日游击队共伤亡 584267 人，为中华民族的独立和解放作出了不可磨灭的历史贡献。① 抗日战争的历史证明：中国共产党及其领导的人民武装力量，是全民族利益的最坚定的维护者，是团结抗战的中流砥柱，是取得抗战胜利的决定性力量。正是由于有中国共产党作抗日战争的中流砥柱，抗日战争才能成为近代以来中国人民第一次赢得完全胜利的民族解放战争。诚然，中国抗日战争正面战场的各次重大战役是中国抗日战争乃至世界反法西斯战争的重要组成部分。正面战场绝大部分是国民党军队在作战，国民党军队的广大爱国官兵作出了巨大牺牲，这也是不容置疑的历史事实。国民党军队为抗日战争胜利所做的贡献应该受到积极肯定。正如胡锦涛在"纪念中国人民抗日战争暨世界反法西斯战争胜利 60 周年大会"上讲话中指出的："在波澜壮阔的全民族抗战中，全体中华儿女万众一心、众志成城，各党派、各民族、各阶级、各阶层、各团体同仇敌忾，共赴国难。长城内外，大江南北，到处燃起抗日的烽火。中国国民党和中国共产党领导的抗日军队，分别担负着正面战场和敌后战场的作战任务，形成了共同抗击日本侵略者的战略态势。以国民党军队为主体的正面战场，组织了一系列大仗，特别是全国抗战初期的淞沪、忻口、徐州、武汉等战役，给日军以沉重打击。中国共产党领导的敌后战场，广泛发动群众，开展游击战争，八路军、新四军、华南游击队、东北抗日联军和其他人民抗日武装力量奋勇作战"。②

【推荐阅读】

1. 王振德：《第二次世界大战中的中国战场》，社会科学文献出版社

---

① 刘庭华：《抗日战争中的敌后战场》，《学习时报》2005 年 8 月 22 日。
② 胡锦涛：《在纪念中国人民抗日战争暨世界反法西斯战争胜利 60 周年大会上的讲话》，《人民日报》2005 年 9 月 4 日。

1991 年版。

2. 张宪文：《中国抗日战争史》，南京大学出版社 2001 年版。

3. 沙健孙：《中国共产党与抗日战争》上、下册，中央文献出版社 2005 年版。

4. 中共中央党史研究室第一研究部：《中华民族抗日战争史：1931——1945》，中共党史出版社 2005 年版。

5. 孙继业、孙志华：《正面战场大会战：国民党军队抗战纪实》，团结出版社 2007 年版。

6. 有人说八路军在抗日战争中"游而不击",对此该如何评价?①

【问题提出】

1940 年,法西斯的阴云笼罩全球,希特勒仅用一个多月便击败号称"陆军强国"的法国。德国的飞机在英伦三岛呼啸。日本军队停止对国民党正面战场的进攻,转而采取局部攻势,猛攻湖北襄阳、宜昌,对重庆狂轰滥炸,并对国民党实行诱降。在国民党内部,有人希望由美英两国出面"调停",结束中日战争。世界向何处去?中国向何处去?国民党顽固派开始散布政治谣言:共产党、八路军在敌后"发展实力"、"游而不击";"仅牵制日军百分之零点三";"在抗日战争中,八路军毫无战功可言"。一些不明真相的中间人士,也对八路军产生怀疑,对抗战前途悲观、失望。

为激励全国人民的抗战斗志,解除对日妥协投降的危险,为用事实驳斥国民党顽固派的反共谰言,也为打破日寇对敌后抗日根据地实行的"囚笼政策",八路军总部决定组织一次大破袭战——百团大战。百团大战是中国共产党领导的敌后战场实现全面抗战的鲜活实例,了解其历史全貌,有助于戳穿国民党顽固派的政治谣言,也有助于理解中国共产党在抗日战争中的中流砥柱作用。

【疑惑之点】

抗日战争是中国人民近百年来反对外来侵略的第一次胜利。在这场战争中,中国共产党以国家利益至上,团结一切可以团结的力量,同日本侵略者进行艰苦卓绝的斗争。而国民党顽固派却散播政治谣言,诬蔑共产党、八路军"游而不击"。对此该如何评价?

---

① 本问题撰写者为刘振清。

【解疑释惑】

1940 年夏秋之际，日本帝国主义乘德国法西斯在西欧和北欧迅猛推进、美国的战备尚未完成、英国又无力东顾之机，积极准备实行"南进"政策，攫取英、美、法、荷等国在东南亚和西南太平洋的殖民地。因而，在中国战场加紧对国民党政府进行政治诱降活动，同时以主要力量继续进攻敌后抗日根据地，特别是在华北加紧推行"肃正建设计划"和以"铁路为柱，公路为链，碉堡为锁"的"囚笼政策"，企图摧毁华北各抗日根据地，巩固占领区，使其成为日本"南进"的后方基地。

为粉碎"囚笼政策"，争取华北战局更有利地发展，并影响全国抗战局势，解除国民党妥协、投降的危险，八路军总部决定，向华北日军占领的交通线和据点发动大规模进攻。

在华北交通线中，正太铁路地位十分重要。它横越太行山，是连接平汉、同蒲两条铁路的纽带，是日军在华北的重要战略运输线之一。八路军的进攻，首先从正太铁路发起，因此刚开始称其为"正太战役"。

7 月 22 日，朱德、彭德怀、左权下达《战役预备命令》，规定：以不少于 22 个团的兵力大举破击正太铁路；部署适当兵力，对同蒲、平汉、津浦、北宁、德石等铁路以及华北一些主要公路线展开破击，以配合正太铁路的破击战。8 月 8 日，朱德、彭德怀、左权下达《战役行动命令》，规定：晋察冀军区破击正太铁路石家庄至阳泉（不含）段；第 129 师破击正太铁路阳泉（含）至榆次段；第 120 师破击忻县以北的同蒲铁路和汾（阳）离（石）公路，并以重兵置于阳曲南北地区，阻击日军向正太铁路增援；在破击交通线的同时，各部队相机收复日军占领的部分据点。

在这些地区和交通线上，驻有日军约 20 万人，另有飞机 150 架；伪军约 15 万人。按八路军总部原来规定，参战兵力不少于 22 个团。但战役发起后，由于八路军和抗日根据地民众痛恨日军的"囚笼政策"，参加破击战的积极性非常高，因此投入大量兵力，共 105 个团、20 余万人。许多地方的游击队和民兵也参加作战。当彭德怀、左权在八路军总部作战室听取战役情况汇报，得知实际参战兵力达到 105 个团时，高兴地将其称为"百团大战"。此后，不再使用"正太战役"称谓。百团大战大体分为三个阶段：

第一阶段（1940 年 8 月 20 日至 9 月 10 日）：交通破击战，重点摧毁正太铁路。在司令员兼政治委员聂荣臻指挥下，晋察冀军区部队向正太铁路东段日军展开攻击，攻克晋冀交界的要隘娘子关，破坏井陉煤矿，迫使其停产达半年之久。在师长刘伯承、政治委员邓小平指挥下，第 129 师对正太铁路西段日军展开攻击，同时对平辽、榆辽公路进行破击。在师长贺龙、政治委员关向应指挥下，第 120 师对同蒲铁路北段和铁路以西一些主要公路进行破击。同时，在游击队和民兵的配合下，晋察冀军区和第 129 师部队对平汉、平绥、北宁、同蒲南段、白晋、津浦、德石等铁路线和一些主要公路线进行广泛破击战。路轨、车站、桥梁、隧道和通信设施不能正常使用，日军在华北的主要交通线陷入瘫痪。

第二阶段（9 月 20 日至 10 月 5 日）：扩大第一阶段战果，重点攻占交通线两侧和深入根据地的日军据点，平毁部分封锁沟、墙，打击伪政权组织，进一步扩大抗日根据地。晋察冀军区部队发起涞（源）灵（丘）战役，歼灭日伪军 1000 余人。第 129 师发起榆（社）辽（县）战役，歼灭日军近 1000 人。第 120 师对同蒲铁路北段进行破击，再度切断该线交通。晋察冀军区所属冀中军区部队发起任（丘）河（间）大（城）肃（宁）战役，歼灭日伪军 1500 余人。

第三阶段（10 月 6 日至翌年 1 月下旬）：反击日军大规模报复性"扫荡"。从 10 月初起，日军调集重兵实施"反击作战"，对华北各抗日根据地进行大规模"扫荡"。起初，日寇将重点置于中共中央北方局、八路军总部等领导机关所在的太行抗日根据地；尔后，又相继对太岳、平西、北岳、晋西北抗日根据地进行"扫荡"。日军所到之处，实行"三光政策"，烧杀抢掠，无所不用其极，使敌后抗日根据地遭受重大摧残。

百团大战历时四个多月，在地方武装和人民群众的配合下，八路军共作战 1824 次，毙伤日军 2 万余人、伪军 5000 余人，俘虏日军 280 余人、伪军 1.8 万余人，拔除据点 2900 多个，破坏铁路 470 余公里、公路 1500 余公里，缴获各种炮 50 余门、各种枪 5800 余支（挺）。同时，八路军也付出了伤亡

1.7 万余人的代价。①

百团大战是抗日战争中八路军在华北地区发动的一次规模最大、持续时间最长的带有战略性的进攻战役，具有重大的军事和政治意义。它沉重打击了日军的"囚笼政策"，不仅极大地震动了日军，而且也钳制了大批在华日军。1941 年初，日军将第 17、33 师团由华中调往华北，从而进一步减轻了正面战场的压力。百团大战捷报传开之后，举国上下一片欢腾，鼓舞了民心士气，也提高了共产党、八路军的声威。百团大战的胜利表明：中国共产党及其领导的军队是抗日战争的中流砥柱，是争取战争胜利的希望所在。

总之，在抗日战争中，中国共产党高举爱国主义大旗，坚决维护民族独立和尊严，同日本侵略者进行艰苦卓绝的斗争。据不完全统计，中共领导的人民抗日武装对敌作战 12.5 万次，消灭日伪军 171.4 万人，其中日军 52.7 万人，缴获各种枪支 69.4 万余支，各种炮 1800 余门。② 到 1943 年，中共领导的解放区军民就抗击着侵华日军的 64% 和伪军的 95%，在战争中付出了极大牺牲。

【推荐阅读】

1. 中国人民革命军事博物馆《百团大战历史文献资料选编》编审组：《百团大战历史文献资料选编》，解放军出版社 1991 年版。

2. 王政柱：《百团大战始末》，广东人民出版社版 1989 年版。

3. 军事科学院军事历史研究部：《中国人民解放军战史 抗日战争时期》，军事科学出版社 2000 年版。

4. 张宪文：《中国抗日战争史》，南京大学出版社 2001 年版。

5. 军事科学院军事历史研究部：《中国抗日战争史》中卷，2005 年修订版，解放军出版社 2005 年版。

---

① 新华月报：《永远的丰碑》（14），人民出版社 2006 年版，第 42—44 页。

② 中共中央党史研究室：《中国共产党历史》第 1 卷下册，中共党史出版社 2002 年版，第 847 页。

第七章　为新中国而奋斗

1. 蒋介石集团在抗战中没有脱离抗日营垒，原沦陷区的人们也对其抱有希望，但为什么其在抗战结束后几年间就陷入全民的包围中并走向崩溃？①

【问题提出】

蒋介石（1887—1975），名中正，浙江奉化人。1949 年，蒋介石在与中国共产党进行的内战中失败，被迫退守台湾岛。蒋介石在中国大陆的失败，标志着中国革命的胜利，宣告了一个旧时代——旧中国的结束，迎来了一个新的时代——新中国，这是 20 世纪中国最重要的一个政治分水岭。弄清蒋介石失败的原因，对于理解共产党的成功、新中国的诞生以及中国革命的胜利，都将大有裨益。

【疑惑之点】

1937 年，全面抗战爆发后，蒋介石先后出任国防最高委员会主席、同盟国中国战区最高统帅。其间，他率领国民党军队坚持正面战场的作战，始终没有脱离抗日营垒，因而在 1945 年日本投降时，他在国内有一定威望，特别是沦陷区的许多人对他抱有希望。可是仅仅四年之后，蒋介石政权就危机重重，陷入了全国人民的包围之中，最终难逃走向崩溃的命运。

对此，60 年来海内外学术界议论纷纭，或责备美国援助太少，或归咎

---

① 本问题撰写者为黄进华。

于日本侵略，或谓国民党政治腐败，或谓其军事无能，或称其经济崩溃，或
云其政治反动，或谓其组织涣散，或谓其未解决土地问题，等等，林林总
总，不一而论。那么，蒋介石为什么会兵败中国大陆？蒋介石政权为什么这
么快就丧尽人心？其深层原因是什么？这些都是耐人寻味的问题。

【解疑释惑】

抗战胜利后，国民党政府之所以敢于发动内战，就在于他们在军队的人
数、装备和外援等多方面都占有绝对的优势。因此，蒋介石集团信心十足，
甚至叫嚣只需三个月就能解决中共问题。可是，仅仅时隔三年，国民党就失
去了在中国大陆的执政地位，被迫逃往台湾。对此，笔者以为，这绝非单一
因素所致，而是多种因素共同作用的结果，即所谓"历史的合力作用"。究
其原因，主要有六：

一是蒋介石和国民党自身的原因，这是根本原因。在 1927 年国共分裂
后，经过所谓"清党"，国民党的社会基础日呈狭隘和动摇之势，其主要表
现是：仅代表大地主和大资产阶级的利益；组织涣散；内部派系林立，内斗
激烈；腐化严重，丧失了革命精神和活力。同时，在抗战胜利后，蒋介石集
团罔顾时势，坚持一党专制统治，强行发动内战，不仅阻碍中国社会的发
展，更无法充当中国革命和现代化的引领者，因而丧尽人心。

二是没有解决农村问题，特别是农民的土地问题。解放前，中国依然实
行的是延续了 2000 多年的封建土地制度。占农村人口不到 10% 的地主和富
农却拥有全国 70% 以上的土地；而占农村人口 90% 的贫农、雇农和中农却
缺乏土地。因而，土地问题非常突出，农业生产凋敝。对此，国民党政府缺
乏有效对策。虽然，其在 1946 年颁布了《土地法》，试图推行"二五减
租"，限制土地兼并，但是成效并不大，致使旧的土地制度依然保留下来，
这对传统农业的改造，乃至农业现代化非常不利。反之，中共在农村大力进
行土地改革，广大农民获得土地后，坚决支持共产党、支持解放军。

三是军事上的溃败，这是直接原因。内战爆发之初，国民党军队有 430
万人，武器装备优良；中共军队仅有 127 万人，武器装备落后，但毛泽东毫
不畏惧，指出"一切反动派都是纸老虎"。在毛泽东的英明领导下，中国人
民解放军越战越强，而蒋介石则是错误百出，吃尽苦头。特别是在 1948 年

秋——1949 年初的三大战役中，蒋介石的主力部队几乎被全歼，中共军队取得了绝对优势。到 1950 年 6 月，整个中国大陆基本解放，蒋介石被迫率领国民党的残余部队退往台湾等沿海岛屿。

四是财政经济危机严重。全面内战爆发后，国统区的经济陷入严重危机，尤其是通货膨胀如脱缰野马不可遏制。而蒋介石在 1948 年强制推行的货币改革，又加速了经济的崩溃。财政经济的总崩溃，使得国统区人民生活急剧恶化，加剧了国民党的统治危机，最终导致蒋介石集团的失败。

五是"第二条战线"的出现沉重打击了蒋介石的统治，动摇了国民党的统治根基。由于国民党腐败无能，又坚持内战政策，加上财政经济危机严重，民怨沸腾，人民掀起了声势浩大的爱国民主运动。从 1946 年底开始，国统区革命运动高潮迭起，先后发生了抗议驻华美军暴行运动（1946 年 12 月）、"二二八"起义（1947 年 2 月）、"五二〇"运动（1947 年 5 月）、"反饥饿、反内战、反迫害"运动（1947 年 10 月），以及"抢米"风潮，蒋介石政府的统治危机日益严重。

六是其对手——中共及其领导的人民解放军日渐强大。从 1921 年建党开始，中共曾先后领导"大革命"、"土地革命战争"（即"十年内战"）和"八年抗战"，经过了血与火的考验。此外，1940 年代的整风运动，使中共在组织上、思想上实现了空前的团结和统一，显示出勃勃生机。这些都与国民党的状况形成鲜明对比。全面内战爆发后，中共一方面大力开展土地改革，争取广大农民的支持，另一方面运用了许多优秀的战略、战术，指挥得力，因而最终打败了貌似强大的蒋介石集团，将其逐出中国大陆。

【推荐阅读】

1. 汪朝光：《中华民国史》第 3 编第 5 卷，中华书局 2000 年版。

2. 朱宗震：《中华民国史》第 3 编第 6 卷，中华书局 2000 年版。

3. 张宪文等：《中华民国史》第 4 卷，南京大学出版社 2006 年版。

4. 张宪文等：《蒋介石全传》，河南人民出版社 1996 年版。

5. 金冲及：《转折年代：中国的 1947 年》，三联书店 2002 年版。

6. ［德］施罗曼等：《蒋介石传》，辛达谟译，黎明文化事业公司 1985 年版。

2. 国共"重庆谈判"和"北平谈判"有哪些异同?①

【问题提出】

抗日战争胜利后,为了避免内战和争取和平,中国共产党同国民党政府于 1945 年在重庆进行和平谈判,签订《政府与中共代表会谈纪要》(即《双十协定》),史称"重庆谈判"。1949 年,在人民解放战争即将取得最后胜利时,以周恩来为首的共产党代表团和以张治中为首的南京政府代表团在北平进行和谈,达成《国内和平协定》,史称"北平谈判"。国共两党进行的两次和平谈判有同也有异。其"异"体现在谈判背景、谈判内容、谈判结果等方面,反映出中国革命两个不同发展阶段的特点和国共两党力量对比的变化。

【疑惑之点】

"重庆谈判"与"北平谈判"有哪些相同之点?又有哪些不同之点?相同点和不同点的表现是什么?其所体现的不同点又说明了什么问题?

【解疑释惑】

"重庆谈判"与"北平谈判"的相同点主要表现:谈判主体上,都是由国民党主动提出;谈判本质上,国民党都是假和谈、真内战;谈判过程上,都由共产党主动提出谈判方案,都有美国插手其中;谈判结果上,一方面,都揭穿了国民党假和谈真内战的阴谋,表明了共产党争取和平与民主的诚意,另一方面,谈判都被国民党破坏,都没有阻止或结束国共内战。

"重庆谈判"与"北平谈判"不同点的表现也不止一端:首先,在谈判

---

① 本问题撰写者为杨凤霞。

背景上，1945 年 8 月 15 日，日本天皇发布《停战诏书》，宣布投降。9 月 2 日，在停泊于东京的美国军舰"密苏里"号上举行日本投降的签字仪式。此举宣告中国抗日战争胜利结束，也是世界反法西斯战争胜利结束的标志。抗日战争是中国人民自鸦片战争以来第一次取得完全胜利的反侵略战争和民族解放战争。在国内，由于中国人民饱受战争之苦，因此渴望和平，希望建设独立、民主、富强的新中国，但国民党和蒋介石统治集团却仍旧采取各种手段加强其一党专政和个人独裁统治，甚至不惜发动内战。在新的历史关头，中国共产党人识破了蒋介石准备打内战的预谋。1945 年 8 月，毛泽东在延安干部会议上作了《抗日战争胜利后的时局和我们的方针》的重要演讲，分析了抗战胜利后的国内政治形势，指出："从整个形势看来，抗日战争的阶段过去了，新的情况和任务是国内斗争。……目前这个斗争表现为蒋介石要篡夺抗战胜利果实和我们反对他的篡夺的斗争。"①

当时，国民党在政治、经济、军事上占有很大优势，但迫于国内外舆论压力和内战准备工作尚未成熟，于是蒋介石三次电邀毛泽东到重庆"共商国家大计"。既然蒋介石打内战的方针已定，中国共产党的对策是一方面尽力争取和平和反对内战，另一方面需要为应对蒋介石可能发动的内战做充分的准备。也即以革命的策略反对反革命的策略。为了尽力争取和平、揭露美蒋反动派假和平的阴谋，以便团结和教育广大人民，中共中央提出"和平"、"民主"、"团结"的口号，并派毛泽东等到重庆同国民党当局举行和平谈判。

而北平谈判时，恰值国民党军队在三大战役中大溃败，解放战争即将取得胜利，国民党内部陷于分裂。在大势已去和败局已定的情况下，蒋介石不得不在 1949 年元旦发出"求和"声明，企图用假和平作缓兵之计。就中国共产党而言，一方面，毛泽东发表声明，揭穿蒋介石假和平的阴谋；另一方面，为了迅速结束战争、实现国内和平、减少人民的苦难，中国共产党提出和平谈判的八项条件，以便在谈判中争取主动。其次，在谈判内容上，重庆谈判的焦点是政权和军队问题；而北平谈判的焦点，则是革命是否要进行到底的问题。再次，在谈判结果上，重庆谈判签署的《政府与中共代表会谈

---

① 《毛泽东选集》第 4 卷，人民出版社 1996 年版，第 1130 页。

纪要》规定：避免内战，建设独立、自由和富强的新中国；国民党迅速结束"训政"，实施"宪政"；召开政治协商会议；保证人民享有民主、自由的权利等。但对人民军队和解放区政权的合法地位问题，虽然共产党方面作出重大让步，但仍未能达成协议。按照《双十协定》的规定，1946 年初，在重庆召开政治协商会议，通过了一系列有利于人民的决议，但这些决议很快就被国民党政府撕毁，1946 年夏，全面内战爆发。1949 年，北平谈判达成的《国内和平协定》最后被南京国民政府拒绝，国民党假和谈的骗局昭然若揭。之后，人民解放军百万雄师迎着敌人的炮火，横渡长江，推翻了统治中国 22 年的国民党政府，国共两党的力量对比已经发生质的变化。

【推荐阅读】

1. 中共重庆市委党史研究室、重庆市政协文史资料委员会、红岩革命纪念馆编：《重庆谈判纪实》，重庆出版社 1983 年版。

2. 《张治中回忆录》，文史资料出版社 1998 年版。

3. 王功安、毛磊：《国共两党关系通史》，武汉人民出版社 1991 年版。

4. 周霜梅：《国共重庆谈判与北平谈判之比较》，《党史纵横》2007 年第 11 期。

3. 通过对"中国近现代史纲要"的学习，对"没有共产党就没有新中国"命题有何新感悟?[①]

【问题提出】

随着中国经济的飞速发展和国际地位的空前提高，以及国内国际形势发生的复杂变化，在成长的环境已经远离了革命斗争年代的时代背景下，新时期大学生产生了对共产党的领导，甚至对社会主义道路的疑惑。适逢中国共产党建党88周年和建国60周年，中共中央宣传部理论局组织编写了《六个"为什么"——对几个重大问题的回答》，以鲜明的观点、深入的分析、生动的事例、透彻的说理，全面、准确、深入地回答了这些疑惑。作为高校思想政治理论课之一的"中国近现代史纲要"，应该充分发挥本门课程的优势，从讲政治的高度，历史唯物地证明"没有共产党就没有新中国"命题的正确性，树立起新时期大学生对四项基本原则的坚定信仰。

【疑惑之点】

在"中国近现代史纲要"的学习中，应该怎样理解"没有共产党就没有新中国"的命题？通过"中国近现代史纲要"的学习，如何理解中国共产党在近代历史的选择中取得领导地位的必然性？在近现代史中，中国共产党是如何确立领导地位，并带领中国人民实现民族独立和国家富强的？通过对这些问题的梳理和唯物历史主义的论证，有助于在学习"中国近现代史纲要"课程中，深刻理解"没有共产党就没有新中国"命题的正确性和科学性。

---

① 本问题撰写者王永岩。

【解疑释惑】

中国共产党的领导地位不是自封的，也不是靠旁门左道、耍阴谋篡夺的，而是由中国历史和人民所选择的。

从 1840 年鸦片战争开始，随着各资本主义国家对中国的入侵，以及一个又一个不平等条约的签订，中国由一个独立的封建国家开始沦为半殖民地半封建国家，中国人民遭受封建主义和帝国主义的双重压迫，民族危机和社会危机严重。半殖民地半封建社会的历史背景决定了近代中国的两大历史任务——民族独立和国家富强。为了挽救民族危机和实现国家的富强，无数仁人志士前赴后继地开展了探索独立富强、救国救民之路。

最早开始反抗封建主义和资本主义国家侵略的，是处于社会的最底层，受剥削最深、受压迫最重的农民阶级。1851—1864 年，洪秀全领导太平天国农民运动，它是旧式农民起义发展的最高峰，是中国进入半殖民地半封建社会的近代的第一个革命高潮。但由于农民阶级的局限性和时代性，太平天国运动未能提出切合实际的革命纲领。此外，伴随着领导集团的腐败，在太平天国后期发生内讧，最后在清朝政府和资本主义国家的联合镇压下，归于失败。事实说明，农民阶级不能领导中国革命，不能使中国摆脱半殖民地半封建社会。

随着国难当头，地主阶级中的开明分子开始了一场轰轰烈烈的"师夷之长技以制夷"的洋务运动。两次鸦片战争后，洋务派认识到：中国在技术方面的落后导致了中国在战争中的失败。因此，要改变这种状况，就要学习西方先进的科学技术。为此，他们兴办军事工业以"求强"，举办民用工业以"求富"。不过在封建制度的框架内以及资本主义国家的干涉下，洋务运动终归在甲午战争炮火的检验中失败，未能真正地使中国摆脱外国的压迫，也未能实现国家的独立和富强，这是由地主阶级的阶级局限性所决定的。

伴随资本主义国家对中国的经济入侵，民族资产阶级产生了，康有为、梁启超等人是其典型代表。他们认为，仅仅向西方学习先进科学技术是不够的，必须从制度层面入手向西方学习。通过上书等途径，资产阶级维新派取得了光绪皇帝的支持。从 1898 年 6 月开始，清廷颁布了一系列变革法令，但由于封建顽固势力的反对，"戊戌变法"仅维持 100 多天就以失败而告终。这一失败说明，在半殖民地半封建社会的中国，想通过改造封建社会而步入资本主义社会，简直是"痴人说梦"。

20 世纪初，以孙中山先生为代表的资产阶级革命派发动了资产阶级民主革命。他领导的辛亥革命推翻了清王朝的统治，结束了中国延续两千多年的封建制度，建立了资产阶级民主共和国，对中国社会进步具有重大意义。可是，民族资产阶级的阶级软弱性决定了资产阶级革命派没有能力把革命进行到底，反而向帝国主义和封建主义妥协，让位于北洋军阀的代表——袁世凯，中国半殖民地半封建社会性质仍未能改变。这说明资产阶级共和国的方案在中国行不通。

中国近代史的演变进程表明：农民阶级虽然具有反帝反封建的迫切要求，但由于其落后的生产方式和阶级局限性，没有能力领导中国革命；民族资产阶级的软弱性和局限性，也注定其领导的维新变法和资产阶级革命不可能彻底完成反帝反封建的历史任务。于是，完成中国近代史上最主要、最艰巨的历史任务的重担就落到了既有强烈的反帝反封建要求，又代表着中国最先进生产力的工人阶级身上。

1917 年，俄国十月革命的一声炮响给中国送来了马克思主义，给处于彷徨中的中国人民指出新方向。1919 年，五四运动标志着中国工人阶级开始登上历史舞台。1921 年，在马列主义同中国工人运动相结合的进程中，中国共产党诞生了。"中国产生了共产党，这是开天辟地的大事变。"① 中国共产党从诞生之日起，就担起了领导反帝反封建的革命斗争、争取民族独立和人民解放、实现振兴中华的伟大使命的历史重担。以毛泽东为主要代表的中国共产党人在长期曲折的革命斗争中，运用马克思主义的立场、观点、方法深刻研究中国革命的特点和规律，总结中国近百年来的革命经验和教训，走出了一条以农村包围城市、武装夺取政权的"工农武装割据"道路。在长期的革命斗争实践中，"以马克思列宁主义武装起来的中国共产党，在中

---

① 毛泽东：《唯心历史观的破产》，《毛泽东选集》第 4 卷，人民出版社 1991 年版，第 1518 页。

国人民中产生了新的工作作风,这主要就是理论和实践相结合的作风,和人民群众紧密地联系在一起的作风以及自我批评的作风"①。"具有这些优良作风的中国共产党,乃是中国革命胜利发展的根本保证。"② 在中国共产党的领导下,中国人民经过长期的艰苦斗争,终于用武装斗争和人民战争打败了国民党反动派,推翻了帝国主义、封建主义和官僚主义三座大山,取得了新民主主义革命的胜利,建立了中华人民共和国。中国革命的历史证明,只有中国共产党,才能领导中国革命取得胜利。

中华人民共和国成立初期,面对着千疮百孔的国民经济和严峻的国内国际形势,中国共产党带领中国人民,艰苦奋斗、自力更生,打破了帝国主义对中国的经济封锁、政治孤立和军事上的包围,巩固了新生的革命政权,战胜了国内敌对势力和国民党残余的破坏,实现了国民经济的恢复。20 世纪50 年代初进行的土改运动,使亿万农民获得了土地,生活得到了极大的改善。在1953—1956 年的社会主义改造中,中国共产党人创造性地实行"和平赎买"政策,完成了对资本主义工商业的社会主义改造,在有着几千年封建制度和百余年半殖民地半封建社会的基础上建立了一个崭新的社会主义国家。社会主义基本制度的全面确立,为当代中国的发展奠定了政治经济基础和制度前提,扫除了中国生产力发展的障碍,并通过有计划地开展工业建设,建立起相对完善的工业体系,为后来的改革开放打下基础。

1957 年以后,虽然中国共产党在探索经济建设的道路上,由于"左倾"错误和对经济建设的经验不足,曾经犯过一些错误。特别是十年"文革"对生产力的极大阻扰和破坏。但在十年"文革"之后,中国共产党及时地调整政策,做出了改革开放的伟大决策。

在中国这样一个人口众多、经济和科学文化相对落后的发展中大国,只有中国共产党,才能集中全国人民的力量和智慧,向着社会主义现代化目标前进。在中国共产党领导下,走社会主义道路,是实现共同富裕的政治保证。新中国成立60 年来,尤其是改革开放30 多年来,我们党坚持走中国特

---

① 毛泽东:《论联合政府》,《毛泽东选集》第 3 卷,人民出版社 1991 年版,第 1094 页。
② 丁守和、陈文桂:《没有共产党就没有新中国——纪念中国共产党六十年》,《社会科学战线》1981 年第 3 期。

色社会主义道路，取得了举世瞩目的成就，经济实力、综合国力和人民物质文化生活水平得到极大提高。

历史已经证明，并将继续证明：只有中国共产党，才能带领中国人民实现民族独立。只有在中国共产党的领导下，走有中国特色的社会主义道路，才能实现中华民族的伟大复兴。

【推荐阅读】

1. 胡绳主编：《中国共产党七十年》，中共党史出版社 1991 年版。

2. ［美］费正清：《中国：传统与变迁》，张沛译，世界知识出版社 2002 年版。

3. 毛泽东：《中国革命与中国共产党》，《毛泽东选集》，人民出版社 1991 年版。

4. 在近代中国，取得政权和失去政权的"终极原因"是看谁搞了"土地改革"。如何理解这种认识，以中国共产党颁布的若干土地纲领为依据，加以分析。①

【问题提出】

作为最重要的生产资料，土地是农业生产的命脉，而农业既是国民经济的基石，也是国家的命脉，它的兴衰直接关系到国家的命运。尤其是近代中国，依然是一个以农业生产为主的国家，土地制度是国家最基本的经济制度，因而土地改革是一项"牵一发而动全身"的改革运动，既涉及社会各阶级、各阶层的切身利益，也决定了革命或改革的成与败，更是中国现代化运动的关键一环。以土地问题为标尺，就可以掌握中国近现代史的一把钥匙，从而加深对近现代中国社会大转型的认识和理解。

【疑惑之点】

土地问题之重要，几乎无人不知。近代以来，自洪秀全开始，就不断有人提出种种土地改革方案，为什么只有中国共产党真正推行土地改革，解决了广大农民的土地问题？中国共产党究竟颁布了哪些土地纲领？"在近代中国，取得政权和失去政权的'终极原因'是看谁搞了'土地改革'"之语，究竟应当如何理解？

【解疑释惑】

几千年来，中国的土地大部分掌握在地主手中，广大农民只拥有一小块土地，甚至根本没有土地，被迫耕种地主的土地，并交纳高额地租，生活非

---

① 本问题撰写者为黄进华。

常困难。这种小农经济规模有限，农民没有生产积极性，极大地束缚了农业生产力的发展。鸦片战争后，中国被迫打开国门，被强行卷入世界现代化运动的大潮，但由于土地问题迟迟得不到解决，严重阻碍了农业的现代化进程。因此，土地问题成为制约中国现代化运动的一个亟待解决的"顽疾"。

对此，近代以来，先进的中国人多有认识。早在 1853 年，太平天国运动领袖洪秀全就颁布了《天朝田亩制度》，提出土地改革纲领：根据"凡天下田，天下人同耕"的原则，实行土地平均使用制，即将土地按年产量分为 3 级 9 等，好田坏田互相搭配，好坏各一半，按人口平均分配；凡 16 岁以上男女，每人得到一份同等数量的土地，15 岁以下减半；在分配时，实行"丰荒相通"、以丰赈荒的调剂办法。该纲领因具有不切实际的空想性而未能彻底实施，但却为后人提供了有益的借鉴。

其后，1905 年，孙中山在日本东京创立中国同盟会，并将他提出的"平均地权"列入革命纲领，即"改良社会经济组织，核定天下地价。其现有之地价仍归原主所有，其革命后社会改良进步之增价，则归于国家，为国民所共享"[1]，实现"土地国有"，以防止土地垄断，促进"社会发达"。在第一次国共合作时，孙中山又提出了"耕者有其田"的口号。南京国民政府成立后，曾于 1930 年颁布《土地法》，其主要内容是：限制地租率，实行"二五减租"，将地租最高限制在正产物收获的 37.5%，并禁止预租和押租；以地主申报的地价为依据，逐步征收土地税和土地增益税。可是，这些仅仅停留在口头和纸面上，并没有真正付诸实施，所以，他们都得不到占中国总人口 70% 以上的农民的支持，其结局只能是失败。

中国共产党成立后，对土地问题异常重视。毛泽东指出："土地制度的改革，是新民主主义革命的主要内容。"[2] 因此，在新民主主义革命时期，中国共产党根据不同阶段的情况，灵活地制定了多个土地纲领，从根本上解决了土地问题，解放了农业生产力，为中国革命的最终胜利奠定了群众基础：

---

[1] 孙中山：《中国同盟会革命方略·军政府宣言》，《孙中山全集》第 1 卷，中华书局 1981 年版，第 297—298 页。

[2] 毛泽东：《毛泽东选集》第 4 卷，人民出版社 1991 年版，第 1256 页。

在土地革命战争时期，形成了一条土地革命路线。1927 年，中共中央召开"八七"会议，明确指出："中国革命的根本内容是土地革命"，"共产党则应当做这一运动的领袖"。① 1928 年底，在毛泽东领导下，制定了《井冈山土地法》，第一次以法律的形式宣布废除封建土地所有制，肯定广大农民以革命的手段获得土地的权利，但规定没收一切土地，土地所有权属于苏维埃政府，又禁止土地买卖，因而不适合中国国情。1928 年，中共"六大"提出了党对土地革命的基本思想，即依靠贫农、团结中农、正确对待富农、消灭地主阶级，这对土地革命运动起到积极的指导作用。1929 年颁布的《兴国土地法》，便根据"六大"的精神，规定："没收一切公共土地及地主阶级的土地"，缩小了土地斗争的打击面。到 1931 年，在中国共产党的领导下，经过两年多的土地革命实践，逐步形成了一条正确的土地革命路线，即依靠贫农、雇农，联合中农，限制富农，保护中小工商业者，消灭地主阶级，从而在中国历史上第一个制定了可以付诸实施的、比较完整的土地革命纲领和路线。

在大革命失败后，中国革命之所以能够继续向前发展，其根本原因就在于中国共产党深入农村，"打土豪、分田地"，领导了土地革命，从而赢得了广大农民的支持。

抗日战争时期，实行"减租减息"的土地政策。"七七"事变后，日寇大举入侵中国，民族矛盾急剧激化，并上升为主要矛盾。为了集中全国力量，尽快建立抗日民族统一战线，1937 年 8 月，中共中央召开洛川会议，在《十大救国纲领》中提出了"减租减息"的主张。1942 年 1 月，中共中央颁布了《关于抗日根据地土地政策的决定》，系统地提出了抗日民族统一战线的土地政策，即一般以"二五减租"为原则，将地租额减少 25%；至于贷款利息，则限定为一分半；在减租减息之后，农民也要交租交息，以便联合地主阶级一致抗日。这一政策既限制了地主经济，削弱了封建剥削，调动了广大农民从事抗日、生产的积极性，又照顾了地主的经济利益，有利于团结他们参加抗日，组成和发展全民族的抗日民族统一战线。

解放战争时期，制定《五四指示》和《中国土地法大纲》，实行土地改

---

① 胡华等：《中国新民主主义革命史参考资料》，商务印书馆 1951 年版，第 196—204 页。

革。抗战胜利后，广大农民迫切要求消灭封建土地制度，彻底解决土地问题。为满足农民的土地要求，1946 年 5 月，中共中央发出《关于土地问题的指示》（即《五四指示》），将抗战时期的"减租减息"政策改为"没收地主土地归农民所有"的政策，并将斗争矛头集中指向汉奸、豪绅、恶霸，在各解放区掀起了一场土地改革运动。

为了推动土地改革运动的进一步发展，1947 年夏天，中共中央工作委员会在河北省平山县西柏坡召开全国土地会议，并于同年 9 月制定了《中国土地法大纲》。10 月 10 日，公布施行。该大纲明确提出：土地改革的目的在于废除封建性及半封建性剥削的土地制度，实行耕者有其田。乡村中一切地主的土地及公地，连同其他一切土地，都按乡村全部人口统一平均分配，在土地数量上抽多补少，质量上抽肥补瘦，使人民获得同等的土地，并归各人所有。此外，要照顾中农利益，区别对待地主、富农，征收富农多余的土地、财产，保护工商业，等等。此后，土地改革运动在各解放区轰轰烈烈地展开，使两亿多人基本解决了土地问题，但同时也出现了一些过"左"的偏向。因此，1947 年底、1948 年初，中共中央集中力量纠正过"左"的偏向，并精辟地阐明了土地改革的总路线和总政策——"依靠贫农，团结中农，有步骤、有分别地消灭封建剥削制度，发展农业生产"。这条总路线，既是十年内战时期土地革命路线的继续和发展，也是对中国共产党 20 多年土地斗争经验的科学总结。

建国初期，颁布《土地改革法》，继续实行土改。1950 年 6 月，中央人民政府颁布《土地改革法》，规定：废除地主阶级土地所有制，实行农民土地所有制，主要是没收地主土地，分给无地或少地的农民耕种（也分给地主应得的一份，让他们自食其力），以解放农村生产力，发展农业生产。同时，实行保存富农经济的政策，以便孤立地主，保护中农和小土地出租者，稳定民族资产阶级，尽快恢复和发展农业生产。到 1953 年春，在拥有 3 亿多人口的新解放区，分期分批地和有计划、有领导、有秩序地开展了土改运动，农民获得了大约 7 亿亩土地和大量生产资料，土地改革运动基本完成。

这场土地改革运动，具有重大的意义：一方面，在中国延续了两千多年的封建土地所有制被彻底摧毁，地主阶级被消灭，农民真正获得解放，为新中国的工业化开辟了道路；另一方面，摧毁了国民党政权的社会基础，进一步巩固了工农联盟和新生的中华人民共和国。

【推荐阅读】

1. 罗平汉：《土地改革运动史》，福建人民出版社 2005 年版。

2. 杜润生：《中国的土地改革》，当代中国出版社 1996 年版。

3. 王友明：《解放区土地改革研究：1941—1948：以山东莒南县为个案》，上海社会科学院出版社 2006 年版。

4. 李里峰：《变动中的国家、精英与民众：土地改革与华北乡村权力变迁（1945—1953）》，南开大学博士后报告，2004 年，现藏国家图书馆。

5. 马润凡：《1947—1949 年解放区土地改革的政治社会学分析》，河南大学硕士论文，2003 年，收入中国优秀硕士学位论文全文数据库。

6. 王锦辉：《1946—1949 年土地改革中农民政治参与的分析》，河南大学硕士论文，2007 年，收入中国优秀硕士学位论文全文数据库。

5. 1939 年，毛泽东在《〈共产党人〉发刊词》中指出：中国革命和中国共产党的发展道路，是在同中国资产阶级的复杂关联中走过的。结合新民主主义革命相关史实，阐述中国共产党处理同资产阶级关系的历史经验。[①]

【问题提出】

这段话出自毛泽东在 1939 年 10 月为新创刊的《共产党人》写的发刊词，该文与 1939 年 12 月所写的《中国革命与中国共产党》和 1940 年 1 月写的《新民主主义论》，是毛泽东这一时期写得三篇著名的文章。毛泽东在《〈共产党人〉发刊词》一文中，提出了新民主主义革命时期的三大法宝，而统一战线是其中一个重要法宝。了解中共同中国资产阶级的复杂关联，有助于把握中共在新民主主义革命时期的统一战线政策。

【疑惑之点】

统一战线是新民主主义革命时期的三大法宝之一。在民主革命时期，应当团结一切可能的革命阶级和阶层。历史上，我们党曾经团结过官僚资产阶级、民族资产阶级、小资产阶级，甚至封建地主阶级等。那么，中国资产阶级何时出现，又何时分为"民族资产阶级"与"官僚资产阶级"？为什么要将"官僚资产阶级"列为革命的对象？为什么"民族资产阶级"在 1927 年大革命失败后倒向"官僚资产阶级"，中共却把它作为新民主主义革命的朋友之一。既然历来中共把"官僚资产阶级"（又称"带买办性的大资产阶级"）作为新民主主义革命的对象，为什么毛泽东还提出必须处理好与民族资产阶级和官僚资产阶级的复杂关联呢？毛泽东曾指出，这个问题如果处理

[①] 本问题撰写者为姚永利。

不好，我们党的发展、巩固和布尔什维克化就会要倒退一步，反之亦然，为什么同资产阶级的关系会如此重要？

【解疑释惑】

关于"民族资产阶级"何时出现，学术界有很多不同意见。诸如："民族资产阶级"出现于 19 世纪 70 年代的洋务运动时期；"民族资产阶级"于 19 世纪末伴随维新变法运动而产生；"民族资产阶级"于 19 世纪末 20 世纪初出现等。多数学者认为，19 世纪 70 年代，"民族资产阶级"伴随中国民族资本主义经济的产生而产生，伴随民族资本的出现和近代工业的出现而出现。

中国共产党是在半殖民地半封建的东方大国领导革命的，如何正确认识和对待民族资产阶级和民族资本主义问题，在马克思主义文库里没有现成的答案。以毛泽东为代表的中国共产党人，运用马列主义的观点和方法，对中国的社会性质及社会各阶级的经济地位、政治态度作出科学的分析，逐渐形成关于中国资产阶级和资本主义的理论，其主要内容包括：（1）科学地把中国的资产阶级分为两部分，并明确区分大资产阶级（官僚买办资产阶级）和民族资产阶级的标准，是看他们与外国资本主义和本国封建主义势力的关系；（2）揭示了民族资产阶级所具有的革命性和妥协性共存的政治特点；（3）指出大资产阶级是中国革命的对象，但由于其内部存在矛盾，所以无产阶级要善于利用其内部矛盾，在一定时期与大资产阶级的一部分结成暂时的联盟，以打击和孤立最主要的敌人；（4）论证中国资产阶级民主革命必须由无产阶级领导的必要性。[①]

在新民主主义革命时期，中国共产党根据官僚资本和官僚买办资产阶级、民族资本和民族资产阶级的不同性质和特点，分别采取了不同的政策和策略。

中国民族资产阶级是一个带有两重性的阶级，一方面，民族资产阶级既受帝国主义的压迫，又受封建主义的束缚。正是帝国主义和封建主义的双重

---

① 刘世华：《正确认识中国革命中的资产阶级和资本主义问题》，《思想理论教育导刊》2003 年第 3 期。

压迫，使中国民族资本主义得不到发展，只能在夹缝中苦苦挣扎。因此，他们与帝国主义、封建主义有矛盾，有反帝反封建的革命要求。从这方面来说，他们是中国革命的力量之一，也是中国共产党在民主革命时期始终团结他们的基本理由。另一方面，由于民族资产阶级在经济上和政治上的软弱性，由于他们同帝国主义和封建主义并未完全断绝经济上的联系，所以，又没有彻底的反帝反封建的勇气，在革命过程中表现出软弱、动摇和妥协的特点。戊戌变法运动的流产和辛亥革命的最终失败，其根本原因都是民族资产阶级这种软弱无力、动摇妥协的先天弱点造成的。这也说明，产生于半殖民地半封建社会的民族资产阶级无力承担起领导民主革命的重任，无法把中国引导到资本主义道路上去，资本主义道路在中国走不通。而民族资产阶级毕竟是剥削阶级，与无产阶级存在阶级矛盾，与劳苦大众存在隔膜。当无产阶级和民众革命力量强大起来的时候，它的这种弱点表现得尤为明显。这些又是中国共产党在团结它的同时，必须与其动摇性、妥协性斗争的原因。

在民主革命时期，中国共产党以反帝反封建为最低纲领和革命旗帜。而官僚资本及官僚买办资产阶级，既代表帝国主义和封建主义的利益，也是帝国主义、封建主义压迫中国人民的具体践行者，因而就成为中共领导的新民主主义革命的对象。由于官僚买办资产阶级的不同集团是以不同的帝国主义为后台的，因此无产阶级应当利用其矛盾，在一个时期内集中力量反对最主要的敌人。如在抗日战争时期，争取以蒋介石为代表的亲英美派大地主大资产阶级组成抗日民族统一战线，以便反对当时的主要敌人——日本帝国主义。这说明，在一定条件下，与某些大地主大资产阶级也有建立统一战线关系的可能和必要。

同时，也必须注意到，"在买办性的大资产阶级参加统一战线并和无产阶级一道向共同敌人进行斗争的时候，它仍然是很反动的，它坚决地反对无产阶级及其政党在思想上、政治上、组织上的发展，而要加以限制，而要采取欺骗、诱惑、'溶解'和打击等等破坏政策，并以这些政策作为它投降敌人和分裂统一战线的准备"。① 因此，无产阶级在同大地主大资产阶级联合的时候，对其反动政策必须进行针锋相对的斗争；而在被迫与它分裂时，又

———————

① 《毛泽东选集》（第2卷），人民出版社1991年版，第607页。

必须敢于同它进行坚决的武装斗争，以革命的战争消灭反革命战争，直到推
翻其反动统治。这个阶级曾在1927年国民革命高潮时期策动反革命叛变，
向中国共产党及革命群众举起屠刀，导致大革命最终失败，中国共产党被迫
走上武装反抗国民党反动派的道路。抗战胜利后，又是这个阶级，在美帝国
主义的支持之下，悍然发动内战，妄图一举消灭中共及其领导的革命人民的
武装力量。但在人民解放战争中，随着中国共产党的胜利和国民党反动派的
失败，以至其最后在祖国大陆的灭亡，这个阶级也便随之被消灭，退出中国
历史舞台。综合起来说，中国共产党对大地主、大资产阶级采取的是既联合
又斗争的政策。比较而言，斗争是主要的。

【推荐阅读】

1. 《马克思恩格斯选集》第1卷，人民出版社1995年版。

2. 《刘少奇选集》，人民出版社1981年版。

3. 中央档案馆：《中国共产党第二次至第六次全国代表大会文件汇编》，
人民出版社1981年版。

4. 中国民主同盟中央文史委员会：《中国民主同盟历史文献》，文史资
料出版社1983年版。

5. 蔡尚思：《中国现代思想史资料简编》第2卷，浙江人民出版社
1982年版。

下　篇

从新中国成立到社会主义现代化建设新时期（1949—2007）

综述　辉煌的历史征程

　　1. 在中国近现代史研究中，出现过“唯革命论”和“告别革命论”，结合中国近现代史的有关史实对两者加以评价。①

【问题提出】

　　中国近现代史是一部中华民族争取“民族独立与人民解放”、“国家富强与人民富裕”的历史。自 1840 年鸦片战争以来，随着中华民族危机的逐步加深，先进的中国人开始了一系列对国家出路的探索。举凡太平天国运动、洋务运动、戊戌变法、辛亥革命、北伐战争、抗日战争等等，都是这一艰辛探索路途中的重要里程碑。在诉求“民族独立与人民解放”的进程中，中国的仁人志士先后进行了“改革”与“革命”两种不同的现代化探索。对这一段历史的研究，史学界曾经走过一段弯路，即在颂扬“革命”的同时，将其神圣化、绝对化、真理化，出现了“唯革命论”的论调。改革开放以来，随着学术界的逐渐活跃和研究的多元化，在 20 世纪 90 年代中后期，中国近现代史学界又出现了另一种极端的声音——“告别革命论”。

【疑惑之点】

　　1995 年，香港天地图书有限公司出版《告别革命：回望二十世纪中国》一书，对中国近现代历史（尤其是近代史）上的一系列革命事件进行全盘否定。在评价辛亥革命时，该书强调：“康、梁的改良主义道路会好得多”

---

　　① 本问题撰写者为李学桃。

"辛亥革命其实是不必要的";当时的中国,"保留一顶王冠然后在制度上加以改革,可以避免暴力革命,可以避免使社会陷入致命的混乱,可以减少许多痛苦和灾难"。① 在该书作者看来,近现代中国如果实行"改良"将会比"革命"好得多,人民会幸福很多,国家现代化会进步很多,而"革命"则以其不可避免的破坏性延误了中国的现代化进程,延误了中国的发展。因此,他们主张在中国近现代史研究中"告别革命",这即是有名的"告别革命论"。"告别革命论"与 20 世纪五六十年代及其前后出现的"唯革命论"相对立,这无疑又是一个极端。如何正确认识和评判这两种史观,是研究中国近现代史的一个必须首先解决的问题,也是在"中国近现代史纲要"教学中教师和学生都需要把握的原则性问题。

【解疑释惑】

"改革"和"革命"是近代中国在历史道路选择上的分歧焦点。"近代中国社会的剧烈变革是一曲多重变奏的交响曲,其主题是围绕政治核心而展开的。戊戌变法、晚清新政、辛亥革命等一连串的政治变迁构成了近代中国政治转型的主旋律。"② 然而,从农民阶级、地主阶级到资产阶级改良派的努力都未能成功,而辛亥革命则终结了延续两千多年的封建专制制度,中国历史也由此进入新的纪元。但由于资产阶级自身存在着先天不足的软弱性、妥协性、不彻底性,使辛亥革命后仍几经反复,步履蹒跚。在以蒋介石为首的国民党的统治下,中国的半封建半殖民地社会性质仍没有完全改变,蒋氏政权是一个大地主、大资产阶级性质的政权,人民生活水平仍然低下,政治、经济等地位与权利仍处于低下和被剥夺状态。在政治上,国民党顽固推行其"一党专制"的政策,不允许广大人民群众和其他政党、团体分享政治资源、经济权利以及各项平等之权,因而争取人民解放仍是历史的使命。

在五四运动中登上历史舞台的中国工人阶级,一开始就显示了其巨大的政治能量和革命前途。随即,中国共产党成立。在中共领导下,中国人民开

---

① 李泽厚、刘再复:《告别革命:回望二十世纪中国》,天地图书有限公司 1997 年版,第129、67 页。

② 刘世军:《近代中国政治文明转型研究》,复旦大学出版社 2000 年版,第 2 页。

始了伟大的新民主主义革命，历经土地革命战争、抗日战争、解放战争，最终建立起人民民主政权。新中国成立后，中国共产党又领导人民恢复国民经济，开展社会主义三大改造，最终在中国大地上建立起社会主义制度，中国历史揭开新篇章，中国从此朝着"民族富强、人民富裕"的目标迈进。纵观中国近现代史的历程，"革命"使得中华民族最终取得了民族独立和人民解放，而改革则被历史证明在救国救民道路上行不通。

20 世纪 50 年代末至 60 年代初，特别是 1957 年八届三中全会后，"左"的思潮泛滥，在"以阶级斗争为纲"的思想影响下，史学研究中出现了"唯革命论"。其主要特点是：片面地强调"革命"，认为历史就是阶级斗争史，要用阶级分析的方法来研究历史，要为革命而研究历史。在具体的研究实践中，把阶级斗争看作是历史的全部，认为历史就是阶级斗争史，夸大其存在的时空域，将"革命"神圣化、万能化；过分地强调史学为"现实政治（革命）服务"，不惜大搞影射史学，歪曲史实，曲解真相，牵强附会，丑化历史。此外，还把马克思历史唯物主义和其阶级观相混淆，把阶级分析观点教条化、简单化。

在"唯革命论"思想指导下，"历史是阶级斗争的教科书"①，"历史是阶级斗争的发展和转化的历史"②，而"无产阶级根据对于客观历史的研究，证明在几千年的文明史上从来没有阶级和平，残酷的阶级斗争像一根红线一样贯穿始终"③。"唯革命论"是片面的、教条主义的历史观，它过分强调史学的为"现实政治"服务功能，从而使得历史学成为政治的依附品和牺牲品，藐视和抛弃历史的真实性，这是错误的主观唯心主义历史观。不仅如此，它还把"唯物史观"与"阶级观点"等同起来，把唯物史观关于阶级斗争的观点教条化、简单化、绝对化、模糊化、等同化，并在此基础上，对传统史学进行彻底否定，也对外来史学进行了残酷的扼杀，使得史学在这种境遇下畸形发展，使史学陷入严重的危机中。

与"唯革命论"相对的是，在 20 世纪 90 年代中后期史学界出现的

---

①　戚本禹：《为革命而研究历史》，《历史研究》1965 年第 6 期。
②　关锋、林聿时：《在历史研究中运用阶级观点和历史主义的问题》，《人民日报》1964 年 2 月 22 日。
③　张玉楼：《马克思主义阶级分析方法和历史研究》，《历史研究》1963 年第 3 期。

"告别革命论"，推崇改良、否定中国近现代历史上的一切革命，认为"革命只是一种破坏性的力量"，革命把中国给"弄糟了"，咒骂"革命的残忍、黑暗、肮脏"。① 因此，他们明确表示"决心告别革命"，既告别来自"左"的革命，也告别来自右的革命，呼吁"21世纪不能再革命了"。② 他们竭力鼓吹"改良"而贬低"革命"，认为革命是暴力的总爆发，因而是一种能量的消耗，而改良是逐步、温和的变化，是一种能量的积累，因而认为改良可能成功，革命一定失败，革命不如改良。

在本质上，否定"革命"，否定中国近现代史上的"革命"，否定中国共产党领导的新民主主义革命，即是否定近代中国人民的历史性选择。应当承认，在中国现代史上的建设时期，出现过"阶级斗争扩大化"的错误，但中国共产党及其领导下的国家和人民在自己的努力下，很快地拨转航向，开始了建设社会主义的实践。而近代中国要"实现民族独立和人民解放"，是非得走革命这条路不可的，历史以铁一般的事实摆在那里，是革命之路让中国实现了这一使命，为伟大建设事业铺平了道路。

研究历史，不能固执地以己之"一元论"去框定多元的历史演进和历史发展，那样无异于削足适履。中国近现代的历史发展进程是一个"革命"与"改革"并行不悖的演进历程，只强调其中一点是片面和不可取的。但在中国近代史上，革命有其特殊之处，即革命为现代化起到了扫清障碍的作用，而现代化得以在革命成功所奠定的根基上得以进行。要现代化是事实，但中国近代史上不革命也不行。

总之，革命不是万能的，但中国近代史上没有革命也是不行的。关于这二者之间的具体区分和研究，笔者认为，应当在特定的历史时期，根据不同的时代主题，对各自做出相应的解释。在中国近代史上强调革命的作用无可厚非，现代史上否定革命也属正确。不同的历史时期有着不同的历史主题。而主题不同，历史使命和任务也就不尽相同。中国近代史的主题主要是求得"民族独立和人民解放"。由于反动势力的顽固和强大，要完成这一历史任

---

① 李泽厚、刘再复：《告别革命：回望二十世纪中国》，天地图书有限公司1997年版，第69页。

② 同上书，序言。

务，固然是要革命的。而中国现代史的主题是建设，这时如果再进行过于剧烈的革命，确实是不可取的。"革命史范式"和"现代化范式"之间的关系，并非你死我活。在这个多元而开放的世界里，怎么能以单独一种框架去界定过往丰富多姿的人类社会呢？

【推荐阅读】

1. 林华国：《近代历史纵横谈》，北京大学出版社 2005 年版。

2. 沙健孙、龚书铎，国家教委高等学校社会发展研究中心组：《走什么路：关于中国近现代历史上的若干重大是非问题》，山东人民出版社 1997 年版。

3. 吴爱萍：《革命是近代中国历史发展道路的必然选择——兼析"告别革命"论》，《清华大学学报（哲学社会科学版）》2008 年第 1 期。

4. 李云峰：《20 世纪中国的社会转型与社会变革的两种思想和方式》，《安徽史学》2004 年第 5 期。

5. 姜义华：《20 世纪中国革命的事与理》，《学术月刊》1997 年第 10 期。

2. 基于"革命史范式"和"现代化范式"的相关争论，诠释"中国近现代史纲要"的内容主线。①

【问题提出】

对中国近现代史内容主线的理解，直接涉及对中国近现代史研究范式的认识。尤其是在新出台的"新四门"思想政治理论课体系中增加了"中国近现代史纲要"课程后，又引发了学者对中国近现代史内容主线的新讨论。综观中国学术界现有的研究成果，主要有两种意见：一是强调以"革命"为主线的"革命史范式"；二是主张以"现代化"为主线的"现代化范式"。研究范式不同，对"中国近现代史纲要"内容主线的认识也会不同。

对中国近现代史内容主线的理解，既是一个重要的方法论问题，又涉及"革命史范式"和"现代化范式"之争。围绕两大历史任务对中国近现代史内容主线做情境化的分段解读，可以认为："革命"和"现代化"是中国近代史的内容主线，"现代化"则为中国现代史的内容主线。如果忽略"近代"和"现代"的区别，如果线式、简单化地解读独立与现代化、革命与现代化的关系，难免要在内容上以"中国近代史主线"遮蔽"中国现代史主线"，在方法上陷入非此即彼的二维逻辑推断。"分段解读法"和"双主线论"，不仅可以修葺单一"革命主线论"或"现代化主线论"的偏颇，而且有助于对中国近现代史中的重大历史现象和理论问题的解读。

【疑惑之点】

"分段解读法"和"双主线论"，需要围绕下面三个不可规避的问题而展开：一是探讨中国近现代史的内容主线，为什么要基于时空情境对"中

---

① 本问题撰写者为徐奉臻。

国近代史"和"中国现代史"进行分段解读？二是如何理解"革命主线论"和"现代化主线论"之争的症结，也即独立与现代化、革命与现代化的关系？三是中国近代史以"革命"和"现代化"为内容主线、中国现代史以"现代化"为内容主线，其合理性依据分别是什么？

【解疑释惑】

探讨主线，必须首先明确何谓"主线"？在语义学上，"主线"即反映事物核心内容，并贯穿事物发展过程之始终的脉络轨迹。由之推论，中国近现代史的内容主线必须同时具备两个条件：一是体现主题；二是一以贯之。如果不"体现主题"，就不成其为"主"。如果不"一以贯之"，就构不成"线"。按此衡量，处于竞争中的关于中国近现代史内容主线的两种观点，无论是单一的"革命主线论"，还是单一的"现代化主线论"，都不同时具备这样的条件，至少是不充分地具备。

判断中国近现代史的内容主线，无论是认同"革命主线论"，还是强调"现代化主线论"，都不能大而化之、统而泛之。相反，应该以"中国近代史"和"中国现代史"作为基本分析单位，对两者进行具体化的分段解读。基于"既体现主题，又一以贯之"的主线特点，可以断定："中国近代史"和"中国现代史"的内容主线有所不同。"中国近代史"向"中国现代史"嬗变的过程，也是中国近现代史内容主线转换的过程。其中，中国近代史是双主线——"革命"和"现代化"，而中国现代史则是单主线——"现代化"。综观现有相关研究成果，无论是"革命主线论"，还是"现代化主线论"，其讨论的论域和视阈大多立足于近代，但在具体应用中，却往往超越近代的边界，使"近代"和"现代"的区别被有意无意地忽略了。于是，难免出现以"中国近代史主线"遮蔽"中国现代史主线"、将"中国近代史主线"与"中国近现代史主线"等而视之的非历史主义偏颇。

"中国近代史"和"中国现代史"的不同，不仅体现在时段上，而且呈现于内容中。全国统编《中国近现代史纲要》教材的开篇即已明确：以1949年为界，可将1840年以来的历史划分为"中国近代史"和"中国现代史"两段。在全书的结构上，中国近代史包括"从鸦片战争到五四运动前夜"、"从五四运动到新中国成立"两编，而中国现代史则对应下编——"从新中国成立到社会主义现代化建设新时期"。

综观《中国近现代史纲要》教材的基调，可以断定为"革命主线论"的代表作，其主要观点是："民族独立和人民解放"与"国家富强和人民富裕"是中国近现代史的两大历史任务。"民族独立和人民解放"有赖于革命，而"国家富强和人民富裕"则有赖于现代化。但由于在两者的关系上，"不解决民族独立、人民解放的问题，现代化是'化'不起来的"。① 因此，"必须首先推翻半殖民地半封建的社会制度，争取民族独立、人民解放，才能为集中力量进行现代化建设开辟道路"。相应的，学习"中国近现代史纲要"的目的，"是要认识近现代中国社会发展和革命发展的历史进程及其内在规律性"。②

在上述"革命主线论"中，有两点清晰可见：一是"民族独立和人民解放"只有革命一种实现手段，其与现代化无关；二是实现两大历史任务的路径，必须是"先独立、后现代化"，也即现代化与独立不相干。在此，姑且不论这两种判断是否科学，或者干脆假设它们都是客观的；然后，依循"革命主线论"的思路"接着走"，那充其量也只能断定革命是中国近代史的内容主线，而不是中国现代史的内容主线。因为 1949 年的解放和建国标志着"民族独立和人民解放"任务的完成，从此两大历史任务归一为"国家富强和人民富裕"，中国历史也随之进入教材所言的"社会主义现代化建设新时期"。这意味着，从"中国近代史"向"中国现代史"的嬗变，历史的任务和内容都已发生转换。如果无视这种转换而将革命主线绝对化、超时空化，就无法理解教材下编的内容定位。在"社会主义现代化建设新时期"里，如果依旧坚守革命思维，必然受到客观规律的惩罚，这其实也是"文化大革命"等失误给历史留下的沉痛教训。

至此，解决了一个问题——中国现代史的内容主线是现代化。下面需要继续探讨的是"革命"和"现代化"何以并列成为中国近代史的内容主线。也即关于中国近代史的"双主线论"何以成立的问题。解读此问题的症结，

---

① 龚书铎：《近代中国的革命和改良》，《思想理论教育导刊》2006 年第 10 期。

② 《中国近现代史纲要》编写组：《中国近现代史纲要》，高等教育出版社 2008 年版，第 1—2 页。

是独立与现代化、革命与现代化的关系，也即需要回答革命是否是"民族独立和人民解放"的唯一手段，现代化是否与"民族独立和人民解放"无关。对此，笔者的回答是否定的。为了论证此观点，在此不妨引用并分析两位"革命主线论者"耐人寻味的表述。

其一，前文提到的教材上的话：学习"中国近现代史纲要"的目的，"是要认识近现代中国社会发展和革命发展的历史进程及其内在规律性"。对此，笔者的疑问是：如果认定"革命"是中国近现代史的主线，那么为什么不把学习"中国近现代史纲要"的目的直接定位在"认识近现代中国革命发展的历史进程及其内在规律性"上？与"革命发展"并列的"社会发展"到底指什么？笔者以为，"革命发展"体现为反封建、反资本—帝国主义的进程；"社会发展"是多线的，包括生产实践、技术救国、阶级斗争、政治革命、制度转型、思想冲突、文化变迁、现代化尝试等。显然，"社会发展"包括"革命发展"。"社会发展"和"革命发展"之间并非课本上的并列关系。那么，把非并列的事物并列在一起，其用意何在？唯一的解释是：课本的编写者既强调"革命主线"，又意识到单单把"认识革命发展的历史进程及其内在规律性"作为学习目的，至少是不充分的。在"革命发展"之外，还有丰富多彩、不可或缺的包括现代化在内的"社会发展"。

其二，有学者强调不能把现代化"作为中国近代史的主线来代替革命"，但同时也承认："革命或反帝反封建斗争，要实现的是独立、民主、富强，也就是现代化，二者是统一的，不是对立的。"① 显然，这种表述充满了不能自圆其说的内在矛盾性：一方面，强调革命与现代化泾渭分明，两者不能置换；另一方面，又肯定革命与现代化是统一的，不是对立的。并且，除了民主、富强外，现代化还包括独立，而革命的诉求是包括"独立、民主、富强"在内的现代化。如此看来，现代化不仅与"民族独立和人民解放"密切相关，甚至还包括作为"民族独立"成果的"独立"和作为"人民解放"之表征的"民主"。照此推论，中国近代史的内容主线应该是"现代化"，而不是论者所明示的"革命"。也就是说，在上述表述中，论者

---

① 龚书铎：《近代中国的革命和改良》，《思想理论教育导刊》2006 年第 10 期。

陷入一个不能自拔的逻辑怪圈：本初，立足于提供"革命主线论"的合理性，但在事实上，却为"现代化主线论"做了有效诠释。这种情况，好比论辩赛中的甲方队员一不小心站到乙方为对方辩护。

揭示上述两位"革命主线论者"表述中的矛盾性，不仅可以明确"现代化"的近代史定位，而且也有助于理解本文提出的"双主线论"，也即"革命"和"现代化"一并构成中国近代史的内容主线。"双主线论"的合理性，既体现在语义学上，又呈现于学理逻辑与历史实践中。

在语义学上，"双主线论"是成立的。"主"意为"重要"或"关键"，但却并非一定"唯一"。也正因为如此，一篇论文可以有几个关键词，正如人们也可以说"某事物有两个主要方面"等。在学理逻辑和历史实践层面，"革命"和"现代化"相互交织、缠绕。如果选择不同的分析视角，两者的关系样态会截然不同。

视角之一，从实现现代化的方式、手段上看，现代化包括革命，革命是现代化的实现途径。在现代化学中，通常以方式、手段的不同，将多端分层的现代化景观抽象为"改革型"、"革命型"和"改革与革命交织的混合型"。其中，革命与改革一起构成实现现代化的两种基本手段。也就是说，革命是实现现代化的重要途径之一，而不是途径的全部。也正是在这个层面，金耀基曾把"洋务运动"、"戊戌变法"、"辛亥革命"、"新文化运动"、"共产党之社会"并称为中国现代化的五大运动。① 在这个意义上，中国近代史可以被视为现代化史。

视角之二，从民主主义革命的角度看，革命包括现代化，现代化是革命的重要组成部分。因为基于民主主义革命，可将中国近代史划分为两段：旧民主主义革命（1840—1919 年）和新民主主义革命（1919—1949 年）。两者的区别是革命领导权、时代条件、指导思想、目标前途不同。两者的共性在于它们都属于资产阶级民主主义革命，这是由中国社会性质和主要矛盾所决定的。

近代中国，是半封建和半殖民地社会。在诸多矛盾中，"中华民族与资本—帝国主义的民族矛盾"、"人民大众与封建主义的民主矛盾"是主要矛

---

① 罗荣渠、罗大勇：《中国现代化历程的探索》，北京大学出版社 1992 年版，第 12—14 页。

盾。"革命"包括争取国家独立的"民族革命"和争取人民解放的"民主革命"。由于民族革命的对象——资本—帝国主义列强，不会自动放弃在中国攫取的特权，也由于民主革命的对象——中国的封建主义势力，也不会自动放弃自己控制的政权。所以，要实现民族独立和人民解放必须进行革命。其间，任何诉求民族独立和人民解放的现代化尝试，都被打上鲜明的民主主义革命色彩。在这个意义上，中国近代史可以被视为革命史。堪称"世界上最负声望的中国问题观察家"费正清曾推出一部《伟大的中国革命（1800—1985 年）》。虽然书名就冠以"革命"字样，但在实际内容上，有大量篇幅是关于现代化和社会改革的，如"现代化的努力"、"改革与反动"等。① 这说明，在费正清看来，革命包括"改革"和"现代化"。在此，革命已被大大"泛化"，成为一个无所不包的"大口袋"。

上述学理逻辑和历史实践层面的分析表明，革命与现代化并非泾渭分明，而是相互寓于。按前一分析（现代化包括革命、革命是现代化的实现途径），现代化应该成为中国近代史的主线。依后一理解（革命包括现代化、现代化是革命的重要组成部分），革命应该成为中国近代史的主线。如此，本研究面临陷入相对主义的危险。笔者以为，基于既"体现主题，又一以贯之"的主线特点，将"革命"和"现代化"都作为中国近代史的主线，不仅可将两者有机统一起来，而且也能够避免陷入相对主义的解释误区。

归根结底，"双主线论"的合理性由中国近代史的两大历史任务所赋予。如果说中国现代史的历史任务是单一的"国家富强和人民富裕"，那么中国近代史的历史任务则既包括"民族独立和人民解放"，又包括"国家富强和人民富裕"。因此，判定中国近代史的内容主线，须臾也离不开对两大历史任务的关注。固然，笔者完全认同"革命主线论者"所强调的"民族独立和人民解放"是"国家富强和人民富裕"的前提，但同时也对其"先革命、后现代化"的主张大惑不解。

成功的民族革命，需要现代化的支撑。19 世纪下半叶，日本的命运与

---

① ［美］费正清：《伟大的中国革命（1800—1985 年）》，刘尊棋译，世界知识出版社 2001 年版，第 123—152 页。

中国十分相近。在"培理叩关"和《日美亲善条约》签订后，日本不仅丧失大量主权，而且成为西方列强的原料产地和商品销售市场，被强行纳入到世界资本—帝国主义体系中。但日本通过包括"富国强兵"、"殖产兴业"和"文明开化"在内的全方位现代化运动，在不到半个世纪的时间里，就解除了西方列强通过一系列不平等条约所强加的殖民枷锁，而且"脱亚入欧"，跻身于资本—帝国主义强国之列。相反，近代中国之所以长期受制于人，重要原因之一是中国现代化启动的迟滞和现代化进程的受挫。现代化受挫的原因，也不完全是"帝国主义及其在中国的代理人的严重阻力"。相反，中国现代化自身的诸多失误也不应低估。中国最初的现代化目标预设，是通过"自强"而实现"御辱"，通过富国强兵的器物现代化而赢得国家独立。但是，由于阶级与时代的局限，在"体用论"框架内"师夷之长技"的技术救国之路，必定由于重"洋务"而轻"国务"的"秩序的失衡"①而功败垂成。

日本和中国正反两方面的经验表明：国家独立，的确能为现代化开辟道路，但如果没有成功现代化的支撑，民族独立的进程会大大延误。因此，国家独立与现代化之间的关系，不是纵向历时的，而是横向共时的；不是依次顺序的，而是互为因果和互相强化的。也正因为意识到这一点，由中、日、韩三国学者共同编著的《东亚三国的近现代史》，开篇第一章的题目就是"开港与近代化"。②

除了"民族独立和人民解放"外，革命也有现代化的诉求。如果只强调前者而忽略后者，就不能合理解释辛亥革命何以被定性为政治现代化。如果把革命仅仅理解为"反帝反封建"，并在此基础上做出必须"先革命、后现代化"的判断，就不能客观定位事实上已经贯穿于19世纪下半叶和20世纪初期的洋务运动、戊戌变法、辛亥革命、五四新文化运动。

胡绳被视为"力主用马克思主义理论指导中国近代史研究的著名学者"。关于"革命"与"现代化"的关系，他的下面三种表述或许可以为本

① 马勇：《超越革命与改良》，上海三联书店2001年版，第137页。
② 《东亚三国的近现代史》编写委员会：《东亚三国的近现代史》，社会科学文献出版社2005年版，第14页。

文的中国近代史的"双主线论"提供依据。1981 年，在《从鸦片战争到五四运动》第一版"序言"中，胡绳大书特书"三次革命高潮论"。①1990 年，他于一次演讲中强调：近代中国面临两个问题，一是国家独立，二是中国的现代化。由于帝国主义及其在中国的代理人的严重阻挠，近代中国工业救国、教育救国和以合法的途径实现民主化的努力都不成功，因此，以首先启动现代化为突破口，不足以解决当时"落后挨打、挨打更落后"的恶性循环；只有通过革命方式争取民族解放和国家独立，才能谈得上现代化的政治、经济和文化建设。

不过在 1995 年为《从鸦片战争到五四运动》再版作序时，他却主张以现代化为中国近代史的主线："从 1840 年鸦片战争以后，几代中国人为实现现代化作过些什么努力，经历过怎样的过程，遇到过什么艰难，有过什么分歧、什么争论，这些是中国近代史的重要题目。以此为主题来叙述中国近代历史显然是很有意义的。"②

可以认为，1981、1990 和 1995 年三次表述的不同，反映了胡绳先生与时俱进、不断创新的学术风范。同时，三次表述的变化也充分说明：胡绳已经放弃了"革命唯一主线论"，转而开始关注现代化；在完成两大历史任务顺序上，他也修正了先前"先独立、后现代化"的认识。

如同社会变迁具有复杂性一样，历史的演进也不可能是线性的。以往，"革命主线论"和"现代化主线论"所以僵持不下，其重要原因，一是忽略了中国近代史和中国现代史内容主线的不同和转换，从而使研究成果难以经得起理论的推敲和实践的验证；二是线式、简单化地解读独立与现代化、革命与现代化的关系，并做出非此即彼的二维逻辑推断，不仅陷入形式主义和教条主义的窠臼，而且也使鲜活的历史丧失其应有的活力。

【推荐阅读】

1. 徐奉臻：《教学改革：理念创新与模式构建》，中国社会科学出版社 2009 年版。

---

① 胡绳：《从鸦片战争到五四运动》，人民出版社 1981 年版，第 3—5 页。
② 张海鹏：《20 世纪中国近代史学科体系问题的探索》，《近代史研究》2005 年第 1 期。

2. 李创同：《论库恩沉浮——兼论悟与不可通约性》，上海人民出版社 2006 年版。

3. ［德］托马斯·库恩：《科学革命的结构》，金吾伦，胡新和译，北京大学出版社 2003 年版。

第八章　社会主义基本制度在中国的确立

【问题提出】

在中国政治急剧转型的 20 世纪 40 年代后期，先后召开了两次政治协商会议，一次是 1946 年的重庆政治协商会议（通称"旧政协"），另一次是 1949 年的北平政治协商会议（通称"新政协"）。"旧政协"的解体、"新政协"的诞生，完成了从旧中国向新中国的过渡。理解两次政治协商会议，也就掌握了 1940 年代后期中国政治大转型的一把钥匙，从而加深对中国革命的认识。

【疑惑之点】

同为政治协商会议，"旧政协"召开于 1946 年 1 月，"新政协"诞生于 1949 年 9 月，二者相距不过三年八个月，为何要召开两次？"旧政协"之"旧"，究竟"旧"在何处？"新政协"之"新"，又到底"新"在哪里？两者有何不同？这些问题都发人深思。

【解疑释惑】

关于 1946 年的"旧政协"和 1949 年的"新政协"，学界已有一定研

---

① 本问题撰写者为黄进华。

究，并取得相当成果。总的来说，"新政协"和"旧政协"之别主要有四：

一是召开的背景不同。"旧政协"召开于 1945 年抗日战争胜利后，时经八年抗战，举国渴望和平、民主，国内外普遍反对内战。在这种情况下，这一年 8 月，毛泽东亲赴重庆，国共两党经过 40 多天的谈判，最终签订了《双十协定》，该协定规定："由国民政府召开政治协商会议，邀集各党派代表及社会贤达协商国是，讨论和平建国方案及召开国民大会各项问题。"①据此，1946 年 1 月 10 日，在重庆召开政治协商会议。

在全国解放战争中，中共领导的人民解放军取得了节节胜利。在这种形势下，1948 年 4 月底，中共中央发布纪念"五一"国际劳动节的口号，号召召开新的政治协商会议，成立民主联合政府，获得全国各民主党派、各人民团体、无党派民主人士及爱国华侨的积极响应。1949 年 1 月，北平和平解放。9 月，新政治协商会议在北平召开。为了体现与"旧政协"的本质区别，会议正式定名为"中国人民政治协商会议"。

二是会议的本质不同。参加"旧政协"的有中国国民党、中国共产党、中国民主同盟、中国青年党和社会贤达等五个方面的代表，这五个方面分别代表了中国社会的三种政治力量。会议一开始，蒋介石、周恩来、张澜就分别代表三个政治集团致开会词，含蓄地申述了各自的基本主张和态度。实际上，会议的推进过程就是三种政治力量、三种国家政权主张、三条中国道路尖锐复杂的较量过程。其中，国共两党处于支配地位，中国民主同盟也发挥了较大影响。由于各方立场差异较大，会议历时 22 天才宣告结束。

在"新政协"召开前，经过民主协商，参加会议的共 662 位代表，分别代表参加人民民主统一战线的四个阶级——工人阶级、农民阶级、城市小资产阶级和民族资产阶级。这意味着从根本上剔除了"旧政协"中的反革命力量，而中国工人的先锋队——中国共产党，则处于领导地位。这次会议开得比较顺利，仅 10 天就顺利闭幕。

三是会议的内容不同。在"旧政协"上，五个方面的代表围绕"改组国民政府"、"施政纲领"、"军队"、"国民大会"和"宪法草案"等五个问

① 中央档案馆：《中共中央文件选集》第 15 册，中共中央党校出版社 1991 年版，第 326 页。

题进行激烈的讨论。经过 20 余天的激辩,会议最终通过了五项协议,即《关于政府组织问题的协议》《和平建国纲领》《关于军事问题的协议》《关于国民大会问题的协议》和《关于宪法草案问题的协议》,协议规定:改组国民党政府,以政府委员会为最高国务机关,1/2 的委员由非国民党人士充任;召开国民大会,制定宪法,以全体选民选举产生的立法院为国家最高立法机关,最高行政机关——行政院对其负责,并实行省自治等。

在周恩来主持下,"新政协"的主题是筹备创建新中国,起草、通过了《中国人民政治协商会议共同纲领》《中国人民政治协商会议组织法》和《中央人民政府组织法》等三个历史性文件。其中,《中国人民政治协商会议共同纲领》发挥了"临时宪法"的作用,规定:新中国是新民主主义国家,国体是人民民主专政,以工农联盟为基础,以工人阶级为领导。至于新中国的政体,则是人民代表大会制度。国家的最高政权机关,是全国人民代表大会。此外,还规定了新中国的外交、经济、文化教育和民族等各项基本政策。

四是会议的作用不同。1946 年的政治协商会议是中国近现代史上特殊的一幕,是一次试图通过合法形式创建新中国的尝试。以周恩来为首的中共代表团与民主同盟等民主党派和社会贤达密切合作,与国民党代表认真协商,最终促使会议通过了一系列有利于人民民主、和平建国的协议,否定了蒋介石和国民党的独裁统治,具有极大的意义。因此,国民党反动派对政协决议非常嫉恨,不久就发动内战,并于同年 11 月撕毁政协决议,单方面宣布召开"国民大会",使得"旧政协"解体。

反之,在中共领导下,1949 年的"新政协"制定了《中国人民政治协商会议共同纲领》《中国人民政治协商会议组织法》和《中央人民政府组织法》等三个为新中国奠基的文件,通过了关于国旗、国歌、国都、纪年等的决议,并选举产生了以毛泽东为主席的中央人民政府委员会,会议取得了巨大的成功,揭开了新中国历史的第一页。

此外,在新中国成立前后,由于全国人民代表大会尚未召开,第一届中国人民政治协商会议暂时代行全国人大的职权,是国家的最高权力机构,完成了建立新中国的历史使命。1954 年,全国人大召开后,人民政协作为中国共产党领导的人民民主统一战线的组织继续存在,在国家政治生活和社会生活，以及对外友好交往活动中，继续发挥重要作用。

总之，1946 年的"旧政协"和 1949 年的"新政协"虽有一定关联，但会议的背景、本质、内容和作用等都互不相同，因而"新政协"是对"旧政协"的革命性扬弃。对此，周恩来明确指出："（新）政协是沿用了旧的政治协商会议的名称，但以它的组织和性质来说，所以能够发展成为今天这样，绝不是发源于旧政协。"①

【推荐阅读】

1. 汪朝光：《中华民国史》第 3 编第 5 卷，中华书局 2000 年版。

2. 王燕晓、陈明显：《1949 年与中国人民政治协商会议》，中国社会科学院近代史研究所：《划时代的历史转折："1949 年的中国"国际学术讨论会论文集》，四川人民出版社 2002 年版。

3. 秦立海：《民主联合政府与政治协商会议：1944—1949 年的中国政治》，人民出版社 2008 年版。

4. 王新尚：《新旧政治协商会议内在关联的探讨》，《中国人民政协理论研究会会刊》2008 年第 2 期。

---

① 中共中央统一战线工作部、中共中央文献研究室：《周恩来统一战线文选》，人民出版社 1984 年版，第 135 页。

2. 基于中国近现代史的基本史实，论证"中华人民共和国的成立开创了中国历史的新纪元"之命题的合理性。①

【问题提出】

60 年前，在世界的东方、古老的中华大地上诞生了一个新的国家——中华人民共和国。中华人民共和国的成立，为中国历史翻开了崭新的一页，开创了中国历史的新纪元。2009 年 10 月 1 日，天安门广场上建国 60 周年大阅兵向世界展示了一个国力日渐强大、国家日渐富强、人民生活水平不断提高的社会主义的中国。新中国成立 60 年走过的恢弘历程深刻地证明：只有共产党才能领导中国走向独立富强，只有走社会主义道路才能发展中国，同时也深刻地证明了"中华人民共和国的成立开创了中国历史的新纪元"这一命题的正确性、合理性。

【疑惑之点】

1949 年 10 月 1 日，新中国成立。为了这一天，中国共产党自成立以来进行了长达 28 年的艰苦奋斗，更交织着百余年来中国人的梦想。为什么说"中华人民共和国的成立开创了中国历史的新纪元"？中华人民共和国的成立如何改变了中国近现代史的趋势、成为中国历史发展的转折点？中华人民共和国的建国历程怎样历史地说明了这一命题？通过对中国近现代史基本史实的阐述，可以清楚地认识到这一命题的合理性。

【解疑释惑】

1949 年 10 月 1 日，毛泽东主席在天安门城楼上庄严宣告"中华人民共

---

① 本问题撰写者为王永岩。

和国中央人民政府成立了"。从百余年来备受欺凌、任人宰割到如今的独立自主，从百余年积贫积弱到向社会主义现代化国家迈进，中华人民共和国的成立开创了中国历史的新纪元。

首先，中华人民共和国的成立结束了中国几千年的剥削制度，结束了由少数人统治多数人的历史，结束了中国人民自鸦片战争以来深受封建主义和帝国主义双重压迫的苦难历程，真正实现了人民当家作主。在中国长达两千余年的封建社会，广大人民深受封建统治阶级的残酷压迫。特别是1840年鸦片战争以来，中华民族屡遭欺凌、备受屈辱，人民深受封建统治阶级以及西方列强的政治压迫、经济剥削和文化压制，一直生活在战乱频仍的深重灾难之中。

在民族危机和社会危机严重的境遇下，中国人不断探寻中国贫弱的根源，摸索中华民族振兴的道路。从地主阶级洋务派"师夷之长技以制夷"的洋务运动、资产阶级维新派进行的"戊戌变法"到清朝统治者在垂危之际施行的"清末新政"，都没改变中国受人凌辱和压迫的地位，没能实现民族独立的历史任务。1911年的辛亥革命虽然推翻了清王朝的统治，推动了中国的进步，具有巨大的历史意义。但是资产阶级所具有的软弱性使辛亥革命也没能完成实现中国独立、富强的历史任务，帝国主义的压迫和封建主义的盘剥依然如故，中华民族依旧处于任人宰割、受尽欺凌的屈辱状态，中国人民生灵涂炭、民不聊生的处境依然没有彻底改变。

在中国历史的长河中，尽管有多次改朝换代和社会形态的更替，但广大人民群众被压迫、受剥削的地位没有根本改变，人民毫无民主和自由可言。

而中华人民共和国是工人阶级领导的，以工农联盟为基础的人民民主专政，其根本性质不同于任何封建王朝，更不同于大地主、大资产阶级的国民党反动统治。新中国是从未有过的代表最广大人民利益和意志的真正的人民民主国家，它彻底结束了极少数剥削者统治广大劳动人民的历史，开创了人民民主的新时代，人民当家作主——中国人民数千年魂牵梦萦并为之不懈奋斗的美好愿望终于得以实现。这是中国人民掌握自己命运的新时代，中国人民从此站立起来了。

新中国成立60年，特别是改革开放30多年来，中国贫困人口从2.5亿减少到1400多万，中国人民生活总体上达到了小康水平。中国人民面貌的焕然一新，得益于改革开放 30 多年的辉煌成绩，追根溯源于中华人民共和国的成立和社会主义制度的确立①，从根本上改变了中国人民的命运。

其次，中华人民共和国的成立结束了中国分裂割据的局面，实现了真正意义上的统一。近代以来，在帝国主义的支持下，中国的封建割据势力相互挞伐，国家内乱不止。北洋政府时期，产生过直系、奉系、皖系。吴佩孚、张作霖、段祺瑞等大大小小的封建军阀割据一方，称孤道寡。虽然南京国民政府名义上统一了中国，但像阎锡山、韩复榘等军阀，在各自的辖区内自成一体，并在列强支持下进行内战，置人民生命于不顾。如直奉战争、直皖战争以及中原大战等，给中国人民带来深重灾难，使中国陷入一盘散沙、四分五裂的境地。中华人民共和国的成立，彻底改变了过去四分五裂的状态。在中国共产党的领导下，亿万人民凝聚在一起，开始了建设新中国的历史征程。

再次，中华人民共和国的成立开启了建设社会主义现代化国家的进程。社会主义中国的建立，为中国现代化和当代中国一切发展、进步奠定了根本的政治前提、制度基础和物质基石。现代化是一个综合平衡的系统工程，不仅包括一个社会经济的、科技的发展水平，而且涉及社会结构、人口素质、政治秩序、文化环境、意识形态等方面的整体性变革。"从动力上看，可划分为内生型和外诱型两种现代化模式。"② 近代中国，是在资本主义侵略的外诱下开始探索建设现代化国家道路的，但无论是洋务运动、戊戌变法、清末新政，还是辛亥革命，在主权丧失、统治阶级腐朽、国家四分五裂的情况下，都没有真正实现建设现代化国家的梦想。早在新民主主义革命时期，毛泽东就指出："在一个半殖民地的、半封建的、分裂的中国里，要想发展工业，建设国防，福利人民，求得国家的富强，多少年来多少人做过这种梦，但是一概幻灭了。"③

中华人民共和国的成立，使中国人民拥有了主权独立、领土统一的国家政权；国家政权的强大力量可以领导人民进行中国特色社会主义现代化建

① 郑德荣、梁继超：《新中国诞生与中华民族的伟大复兴》，《高校理论战线》2009 年第 7 期。
② 徐奉臻：《历史视野：改革与现代化研究》，黑龙江人民出版社 1999 年版，第 74 页。
③ 毛泽东：《毛泽东选集》第 3 卷，人民出版社 1991 年版，第 1080 页。

设。社会主义中国基本政治制度的建构，创造了中国特色社会主义现代化道路的根本政治前提，为发展人民民主，促进经济社会发展，维护国家统一、民族团结，实现人民幸福、社会和谐提供了根本政治保障。人民民主专政的国家制度和社会主义公有制的确立，为开辟中国特色社会主义道路，实现社会主义现代化奠定了制度基础。新中国成立后短短几十年，中国就由一个半殖民地半封建的贫穷、落后的农业大国转变为一个拥有独立的、比较完整的工业体系和国民经济体系的社会主义国家，在物质、资金、技术和人力等多个方面为我国的改革开放和现代化事业的进一步发展奠定了物质基础。

最后，中华人民共和国的成立是中华民族由下降到上升、由衰败到崛起的转折点，标志着中华民族开始了伟大复兴之路。中国是一个有着五千年文明史的古国，在世界历史长河中创造了举世瞩目的光辉成就。然而鸦片战争以后，中国这个曾经令世界敬仰的东方大国，在西方列强的侵略和压迫下，成了帝国主义任意欺侮的"东亚病夫"，国际地位更是一落千丈，不复大国地位和尊严。中华人民共和国的成立，捍卫了国家主权，维护了领土统一，巩固了新生的人民民主专政的国家政权，向世界展示了中华民族的尊严和威力。新中国以独立自主的方针与和平共处五项原则的政策出现在国际交往的舞台上，始终不渝地反对帝国主义、殖民主义、霸权主义和强权政治，尽自己最大的努力维护世界和平，同世界各国开展友好合作，谋求共同发展和繁荣。从而赢得了全世界、特别是发展中国家的敬佩与支持。

建国60年来，中华人民共和国成为包括联合国、世界贸易组织、世界卫生组织、国际奥委会等众多国际组织的重要成员，而且在处理诸如朝核危机、印巴冲突以及世界气候、国际反恐等重大国际事务中，发挥着越来越重要的作用，已经成为当今世界上具有重要影响的发展中国家。经过60年的建设，特别是改革开放30多年来，中国的经济建设取得了令世人瞩目的成绩，人民生活水平不断提高，"中国模式"已经得到了很多国家的关注和认可。在有中国特色社会主义道路的指引下，中国正在走向中华民族的伟大复兴。

【推荐阅读】

1. 何沁：《中华人民共和国史》，高等教育出版社1999年版。

2. 胡绳：《中国共产党七十年》，中共党史出版社 1991 年版。

3. 胡锦涛：《在纪念党的十一届三中全会召开 30 周年大会上的讲话》新华社 2008 年 12 月 18 日电。

3. "新民主主义社会是一个过渡性的社会"，此说对吗？如何理解？①

【问题提出】

这句话见于马克思主义理论研究和建设工程重点教材《中国近现代史纲要》（2009 年修订版）的第八章 "社会主义制度在中国的确立"。1940 年 1 月，毛泽东在《新民主主义论》中指出：新民主主义共和国，一方面与资产阶级专政的共和国相区别，另一方面也和苏联式的无产阶级专政的共和国相区别。革命胜利后所采取的国家形式，只能是第三种形式，即新民主主义共和国。这种过渡的新民主主义社会在 1956 年终止。改革开放以后，有许多学者对这种社会形态提出质疑。释疑该问题，不仅关系到如何评价中国共产党和人民共和国 60 年的历史，也关系到能不能坚持改革的社会主义方向的大问题。

【疑惑之点】

关于新民主主义社会的争论由来已久。② 有的学者认为，新民主主义社会既是过渡性的，又有相对的独立性，是一个既不属于社会主义范畴，也不属于资本主义范畴的全新的、有着特定的社会历史含义的范畴，是进入社会主义之前的一个特殊的社会形态；有的学者认为，新民主主义社会也是一个以公有制为主体的社会，因此它是社会主义的某种阶段或某种形式；有的学者甚至认为，新民主主义社会的实质就是社会主义，是社会主义初级阶段的早期形态。更有甚者提出，既然目前我国的社会经济结构看起来似乎与新民

---

① 本问题撰写者为姚永利。
② 朱志敏、沈传亮：《近二十年中共党史若干热点问题研究述评》，《教学与研究》2001 年第 6 期。

主主义社会的差不多，初级阶段的社会主义是不是意味着是对新民主主义社会的复归呢？那么，新民主主义社会的性质到底是什么呢？

【解疑释惑】

马克思主义者认为，作为一个民主社会，社会主义的基础是机器生产。而新中国建立初期，不仅百废待兴，而且又是一个典型的农业文明的国度。因而新民主主义革命胜利后不可能直接进入社会主义社会，需要一个过渡性的社会。对此，毛泽东早在 1940 年 1 月《新民主主义论》一文中就有所阐述：新民主主义社会是向社会主义转变的"不可转移的、必要的"过渡形式。它是属于社会主义体系的和逐步过渡到社会主义社会去的社会。在新民主主义社会中，既有社会主义因素，又有资本主义因素。不论在经济上，还是在政治上，社会主义因素都已居主导地位。与此同时，非社会主义因素仍占很大比重。其发展趋势是：社会主义因素日益增长，最终取代资本主义因素，完成向社会主义的过渡。由于社会主义因素的优越性和领导地位，加上当时有利于发展社会主义的国际条件，决定了社会主义因素将不断增长，并获得最终胜利。而非社会主义因素将不断受到限制和改造。在社会主义因素与资本主义因素之间，不可避免地存在着限制与反限制、改造与反改造的斗争。这种矛盾和斗争的结果，决定着中国社会在一定历史条件下的发展方向，并最终过渡到社会主义社会。

新民主主义社会的经济、政治特点，充分体现了新民主主义社会的过渡性。具体说来，经济形态上，是一种多元的经济结构，社会主义因素与资本主义，以及个体经济同时并存。新民主主义社会的经济形态是：国营经济、合作社经济、个体经济、私人资本主义经济和国家资本主义经济五种经济成分并存。其中，国营经济体现新民主主义社会中经济方面的社会主义因素，合作社经济和国家资本主义经济则具有半社会主义性质，是个体经济和私人资本主义经济向社会主义经济转变的一种过渡性的经济形态。新民主主义经济的任务，是恢复和发展生产，实现从农业国向工业国转变，并逐步扩大社会主义经济成分，削弱资本主义经济成分，为建立社会主义经济制度奠定基础。

在政治形态上，新民主主义的政治也是多元的。它不是一个阶级的专政，而是几个革命阶级的联合专政，同样也是社会主义因素与资本主义因素并存，而社会主义因素（无产阶级的领导）占主导地位。

毛泽东认为，土改完成后，中国内部的主要矛盾是无产阶级与资产阶级之间的矛盾，外部是与帝国主义的矛盾。这一分析为党的七届二中全会所确认。但在新中国成立后的两三年内，虽然国民党的反动统治已经被推翻，但大量的民主革命的任务还未完成，中国国内的主要矛盾是人民大众同帝国主义封建主义及其走狗国民党反动残余的矛盾。直到1952年以后，这种状况才发生变化，无产阶级和资产阶级的矛盾才成为新民主主义社会的主要矛盾。

虽然新民主主义革命的胜利在客观上为资本主义的发展扫除了障碍，同时也为社会主义的发展开辟了更为广阔的道路。随着新民主主义政治、经济制度的建立和国民经济的恢复，社会主义因素很快就会超过资本主义因素。这就使中国新民主主义革命的最后结果，既可以避免走向资本主义，又不会长时间停留在新民主主义时期，而会很快实现向社会主义的转变。

如前所述，在学术界，曾有个别学者甚至提出，既然目前我国的社会经济结构看起来似乎与新民主主义社会的差不多，那么，初级阶段的社会主义是不是意味着对新民主主义社会的复归呢？

解答这个问题的症结在于：社会主义社会的初级阶段是否在实际上等同于新民主主义社会？对此，笔者认同下面观点：社会主义社会的初级阶段与新民主主义社会有本质区别①，其主要表现是：

第一，在新民主主义社会的初期，私有经济曾是国民经济的主体。这种私有经济的主体地位，是后来逐步被公有经济取代的。而在社会主义的初级阶段，公有制经济已经在国民经济中占主体地位。尽管改革开放以来公有制经济在国民经济中的比重在一个时期相对下降，但这种主体地位本身在整个社会主义初级阶段是不允许动摇的。

第二，新民主主义社会面临的主要矛盾，是无产阶级和资产阶级两个阶级、社会主义和资本主义两条道路的斗争。在社会主义初级阶段，尽管阶级

---

① 姜萌等：《新民主主义与社会主义初级阶段的关系》，《谈古论今》2009年第4期。

斗争仍在一定范围内存在，在某种情况下还可能激化，但其主要矛盾已是生产的发展不能充分满足人民群众不断增长的物质和文化需要了。对此，党的十三大报告指出：我国正处在社会主义的初级阶段。由于中国已经是社会主义社会，同时又还处于社会主义的初级阶段，需要既允许多种所有制经济成分共同发展，同时更须坚持社会主义改造的主要成果，即坚持公有制经济的主体地位。如果动摇了公有制经济的主体地位，两极分化就不可避免，阶级矛盾就会激化，社会稳定就会遭到破坏，社会的主要矛盾就可能发生变化，就难以集中力量去从事经济文化等建设。由此可见，坚持社会主义改造的主要成果是极端重要的，把"初级阶段的社会主义社会"等同于"新民主主义社会"是不妥当的。

【推荐阅读】

1. 中共中央文献研究室：《毛泽东年谱》中卷，人民出版社、中央文献出版社 1993 年版。

2. 《毛泽东选集》第 2 卷，人民出版社 1991 年版。

3. 薄一波：《若干重大决策与事件的回顾》上卷，中共中央党校出版社 1991 年版。

4. 《邓小平文选》第 3 卷，人民出版社 1993 年版。

5. 胡绳：《马克思主义与改革开放》，中国社会科学出版社 2000 年版。

6. 石仲泉：《毛泽东的艰辛开拓》，中共党史出版社 1990 年版。

4. 诠释"社会主义制度在中国的确立是历史和人民的选择"之命题。[1]

【问题提出】

中国近现代史是中国人民诉求民族独立和国家富强的历史。1949 年，中华人民共和国成立，标志着争取民族独立和人民解放的历史任务的基本实现。为实现国家繁荣富强，必须集中力量进行现代化建设。但近代以来的历史表明，资本主义现代化道路在中国行不通。为实现国家的现代化，中国必须走社会主义道路。社会主义制度的确立，是人民的选择，是历史发展的必然结果，体现了中国近现代社会运动的客观规律。

近年来，民主社会主义在国内学术界很有市场。有人认为，民主社会主义是社会主义的正统，搞民主社会主义才可以解决中国发展中遇到的问题。另外，随着中国特色社会主义的成功，在中国主张走资本主义道路的人越来越少了，但不可否认的是，这股思潮仍然存在。特别是当发展遇到困难时，总有一些人怀疑社会主义，迷信西方资本主义。历史和现实、理论和实践都表明，中国既不能搞民主社会主义，也不能搞资本主义。

【疑惑之点】

应当承认，资本主义取代封建制度是历史进步。近代以来，一些国家实行资本主义制度，也确实走向富强。可是，为什么在近代中国，资本主义道路总是行不通？为什么不能通过建立资本主义制度去完成近代以来中国面临的两大历史任务？为什么中国人民会选择社会主义道路？

---

[1] 本问题撰写者为刘振清。

【解疑释惑】

一个国家、一个民族要选择什么样的社会制度，都与其历史发展密切相关。邓小平指出："人们提出这样一个问题，如果中国不搞社会主义，而走资本主义道路，中国人民是不是也能站起来，中国是不是也能翻身？让我们看看历史吧。国民党搞了二十几年，中国还是半殖民地半封建社会，证明资本主义道路在中国是不能成功的。中国共产党人坚持马克思主义，坚持把马克思主义同中国实际结合起来的毛泽东思想，走自己的道路，也就是农村包围城市的道路，把中国革命搞成功了。"① 这一表述，充分说明社会主义是中国历史的必然选择。

鸦片战争后，由于西方列强的侵略和清王朝封建统治的腐朽，中国逐渐沦为半殖民地半封建社会，国家积贫积弱，社会战乱不已，人民生灵涂炭。中国应该走什么样的路成为先进的中国人思考和探索的问题。从洪秀全领导的太平天国起义到康有为、梁启超领导的戊戌变法，以至于孙中山领导的辛亥革命，最后都以失败告终。国民党也曾在大陆搞过官僚资本主义，最后留下的是一个四分五裂、千疮百孔的烂摊子，使中国在半殖民地半封建的泥潭中越陷越深。历史表明，无论是旧式农民起义、封建统治阶级的自强运动，还是资产阶级改良派和革命派的努力，都没有改变旧中国半殖民地半封建的社会性质和中国人民的悲惨命运，都没有在中国建立起资本主义制度。

以资本主义制度取代封建制度是一种历史进步，一些国家也正是通过走上资本主义道路而走向富强。那么，为什么在近代中国资本主义道路却行不通？其原因至少有二：

其一，封建势力不允许走资本主义道路。中国封建社会长达几千年，形成了世界上最完备也最顽固的封建主义生产关系。虽然明清以来，中国封建社会内已孕育资本主义萌芽，但为巩固和维持封建统治，封建势力不允许中国发展资本主义。不仅如此，封建势力还与帝国主义相勾结，抑制中国资本主义的发展。

---

① 《邓小平文选》第3卷，人民出版社1993年版，第62—63页。

其二，资本—帝国主义势力不允许中国走资本主义道路。资本—帝国主义入侵中国的目的，就是要占领中国市场，掠夺中国资源，使中国变成其半殖民地和殖民地，并以其强大的经济势力排除和压迫中国民族资本主义。因此，它们决不允许中国发展成独立、富强的资本主义国家。

既然资本主义行不通，封建统治又延续不下去，那么中国的出路究竟在哪里？正当中国人民为救亡图存而备感困惑的时候，俄国十月革命送来了马列主义。中国的先进分子从中看到：中国新的出路，不是资本主义，而是社会主义。中国共产党人把马列主义的普遍真理同中国革命的具体实践相结合，为中国人民选择了通过新民主主义革命走向社会主义的道路。这一历史性的选择，是中国人民历尽千辛万苦才找到的，是中国社会矛盾发展的必然结果。在中国共产党的领导下，中国人民推翻帝国主义、封建主义和官僚资本主义三座大山，取得新民主主义革命的胜利，从根本上改变了半殖民地半封建社会的性质。

近代以来，中国面临争取民族独立、人民解放和实现国家强大、人民富裕两大历史任务。1949年，中华人民共和国的成立标志着第一项历史任务的基本实现。在新民主主义革命胜利后，中国当时的出路有三条：一是限制社会主义国营经济，发展民族资本主义，走资本主义道路；二是社会主义与资本主义长期平行发展；三是限制、改造资本主义，发展社会主义经济，走社会主义道路。近代中国历史已表明，第一条道路行不通；第二条道路也不具有现实可能性，不是社会主义战胜资本主义，就是资本主义战胜社会主义，二者之间没有调和的余地；惟有第三条道路才符合中国国情，符合生产关系一定要适应生产力发展这一规律。

在完成民主革命后，就要为建立社会主义而努力奋斗，这是中国共产党自成立之日起就确定了的奋斗目标，并且从来没有动摇过。新中国成立前夕，毛泽东在七届二中全会上的报告中明确指出，应当"在革命胜利以后，迅速地恢复和发展生产，对付国外的帝国主义，使中国稳步地由农业国转变为工业国，把中国建设成一个伟大的社会主义国家"。[①]

20世纪50年代中期，中国之所以要着力进行社会主义改造，选择社会

---

① 毛泽东：《毛泽东选集》第4卷，人民出版社1991年版，第1437页。

主义，是因为：

其一，社会主义性质的国营经济是实现国家工业化的主要基础。实现国家的社会主义工业化，是国家独立和富强的客观要求和必要条件。工业化水平的高低，是一个国家综合国力的重要标志之一。只有实现国家的社会主义工业化，才能从根本上改变经济落后的面貌，提高人民生活水平，巩固人民民主专政政权，增强国防实力，捍卫国家独立与安全。

其二，资本主义经济力量弱小，发展困难，不可能成为中国工业起飞的基础。旧中国的民族资本，主要是商业资本和金融资本，工业资本只占1/5。民族资本主义工业主要是轻纺工业和食品工业，缺少重工业的基础，并且规模小、技术设备落后、劳动生产力很低，不可能把中国发展成为先进的工业国。虽然原有的资本主义工业企业也是中国工业建设中的一个重要的、不可忽视的力量，但这些企业的设备利用率和劳动生产率低、成本高、资金不足，扩大再生产的能力十分有限。为了改变这种情况，就必须在这些企业中改善经营管理，提高产品质量，必须对这些企业逐步实行社会主义改造。

其三，对个体农业进行社会主义改造是保证工业发展、实现国家工业化的必要条件。作为一个农业大国，中国农业在国民经济中占有重要地位。土地改革以后，农业生产摆脱封建生产关系的束缚，得到迅速发展。但当时的农业经济，毕竟是一种封闭式的小农经济，不利于现代生产的社会分工，也不利于兴办大规模的农田水利建设，更无法集中力量抵御各种严重的自然灾害。事实上，在土改以后，许多地区的农民从发展生产的需要出发，开始了实行互助合作的实践，为对个体农业进行社会主义改造积累了经验。

其四，当时的国际环境也促使中国选择社会主义。新中国成立后，长期受到美国等西方国家经济上、外交上和军事上的严密封锁和遏制，中国不但不可能从资本主义大国得到什么援助，连进行普通的贸易和交往都很困难。当时，只有社会主义国家和第二次世界大战后为民族独立而斗争的国家同情中国。

因此，选择社会主义道路，是中国近现代社会经济、政治发展和国际形势发展的必然结果。

有人提出，中国没有经过资本主义的充分发展就进入社会主义，是"历史的误会"。这种认识，如果不是出于对资本主义的情有独钟，就是出于对历史的无知。如前所述，近代中国不是不想走资本主义之路，但是行不通。那种希望中国先发展资本主义，再进入社会主义的想法，是脱离近代中国实际而一厢情愿的臆想。①

衡量一种社会制度是否符合一个国家、一个民族的利益，最根本的是看其在多大程度上推动了社会生产力的发展和人民生活水平的提高。

从1956年社会主义制度建立，到1976年"文化大革命"结束，中国共产党在领导社会主义建设的实践中，尽管在一段时间内，由于对如何走出适合中国国情的社会主义道路缺乏规律性认识，再加上当时严峻、复杂的国际环境的影响，在指导思想上犯了"左"的错误，经历了严重挫折，但其所取得的巨大成就，也是中国以往任何一个历史时期都无法比拟的。

1978年，十一届三中全会作出了把工作重点转移到社会主义现代化建设上来的战略决策，实现了党和国家历史上具有深远意义的转折，成功地开辟了中国特色社会主义道路，形成了中国特色社会主义理论体系。在这条道路和这个理论体系的指引下，中国的社会主义现代化建设取得了举世瞩目的伟大成就。中国的经济建设成绩卓著，人民生活水平大幅度提高，科技事业日益进步，国防建设更加巩固，人口素质全面提高，民主法制建设取得明显发展，"一国两制"伟大构想成功实现，外交事业谱写新的华章，中国人民的面貌、社会主义中国的面貌、中国共产党的面貌发生了历史性的变化，这是社会主义制度的伟大胜利。只有社会主义才能救中国，只有中国特色社会主义才能发展中国。

历史和现实无可辩驳地证明，社会主义制度在中国的确立、巩固和发展，是中国人民在新的伟大实践中所作出的历史性选择，体现了中国近现代社会运动的客观规律。中国没有走资本主义道路，而选择了社会主义道路，不是由哪一个政党、哪一部分人的主观意愿所决定的，而是中国人民，包括工人、农民、民族资产阶级、小资产阶级和其他社会阶层人士共同作出的选择，是历史发展的必然结果。②

---

① 秋石：《为什么必须坚持中国特色社会主义道路而不能走别的道路》，《求是》2009年第9期。

② 中共中央宣传部理论局：《六个"为什么"——对几个重大问题的回答》，学习出版社2009年版，第29—30页。

通过这一选择，中国共产党创造性地完成了由新民主主义到社会主义的过渡，实现了中国历史上最伟大、最深刻的社会变革，开始在社会主义道路上实现中华民族伟大复兴的历史征程，"为当代中国一切发展进步奠定了根本政治前提和制度基础"。2008 年 12 月，胡锦涛在纪念十一届三中全会召开 30 周年大会上郑重指出："我们要始终坚持党的基本路线不动摇，做到思想上坚信不疑、行动上坚定不移，决不走封闭僵化的老路，也决不走改旗易帜的邪路，而是坚定不移地走中国特色社会主义道路。"

总之，民主社会主义的思想理论和政治主张，与科学社会主义是根本不同的，与马克思主义基本原理也是完全背离的。走资本主义道路，不符合中国的现实国情和发展目标，更不符合全国各族人民的根本利益。因此，中国既不能搞民主社会主义，也不能搞资本主义。

【推荐阅读】

1. 费正清等主编：《剑桥中华人民共和国史》，王建朗等译，上海人民出版社 1990 年版。

2. 何沁：《中华人民共和国史》，高等教育出版社 1997 年版。

3. 张启华等：《中华人民共和国史简编》，当代中国出版社 1997 年版。

5. "一化"和"三改"之间，体现怎样的逻辑关系？[①]

【问题提出】

1953 年，即中国进入新民主主义社会四年后，毛泽东正式提出由新民主主义向社会主义过渡的总路线，其内容为"一化三改"。其中，实现社会主义工业化，发展生产力，是过渡时期总路线的主体；完成社会主义三大改造，变革生产关系，是过渡时期总路线的两翼。总路线理论的本身有着合理性，但由于改造后期第一代领导集体认识上的偏差、行动上的冒进和操作中的失误，引发了学术界的争论。对该问题的解析，有助于更好地理解什么是社会主义初级阶段，对解开改革深化过程中遇到的种种疑问很有帮助。

【疑惑之点】

如何评价党在过渡时期的总路线，是中共党史和中华人民共和国国史研究中的一个重大课题。过渡时期总路线理论中提出两大任务，即实现社会主义工业化和完成社会主义改造，二者的逻辑关系是"体"与"翼"的关系，孰重孰轻一目了然，即生产力决定生产关系，生产关系适应生产力的发展。但在实践中却出现了社会主义改造超越工业化过程过早完成的情况。为此，部分学者质疑"一化三改"到底谁为主体，谁为翅膀，直至质疑过渡时期总路线的正确性，其疑惑症结，即过渡时期总路线提出的"一化"和"三改"两大历史任务之间的逻辑关系。

【解疑释惑】

从 1949 年中华人民共和国成立到 1956 年社会主义改造基本完成，这是

---

① 本问题撰写者为姚永利。

一个过渡时期。党在这个过渡时期的总路线和总任务是要在一个相当长的时期内逐步实现国家的社会主义工业化,并逐步实现国家对农业、手工业和资本主义工商业的社会主义改造。一方面,要求大力开展工业化,使我国由落后的农业国逐步变为先进的工业国,使社会主义工业成为整个国民经济的有决定意义的领导力量;另一方面,要求把农民手工业者的个体私有制改造为社会主义的集体所有制,把资本主义的私有制改造为社会主义的全民所有制,进一步解放生产力,支持和推动社会主义建设的发展。

"一化"和"三改"互相联系,互相制约,互相促进,体现了发展生产力和变革生产关系的辩证统一。因此,党在过渡时期的总路线是一个变革生产关系、确立社会主义经济制度与解放生产力、发展生产力相互结合和有机统一的目标,是一个社会主义工业化和社会主义改造同时并举的目标。那么,如何理解社会主义改造任务早于工业化任务的完成呢?

第一,向社会主义转变是国家工业化建设的必然要求。建国初,鉴于严峻的国际环境和国内工业基础十分薄弱的实际情况,党和政府确立了优先发展重工业的战略,这就意味着必须把有限的资金动员起来投入重工业。而新中国头三年的建设实践则表明:落后的中国在缺乏工业化建设资金和外来投资的情况下,最有效的筹集工业化所必须资金的方式,是依靠国家的力量,通过计划经济集中资金,并通过社会主义改造,将资本主义工商业、个体农业和手工业纳入国家计划轨道,为国家工业化建设提供一切可能的财力、物力、人力。当时严峻的国内外形势要求我们必须在较短时间内走上社会主义计划经济的工业化发展道路。正如龚育之所指言:这"是当时在物资短缺而需求紧迫的严峻形势下党和政府惟一正确的选择"。①

第二,土地改革后,中国农村仍然是个体生产占主导地位。个体农民抵御各种自然灾害的能力有限,一些鳏寡孤独户缺乏劳动力,有的农户连口粮都不足,农村中已经出现了出租出卖土地,甚至变相卖送子女的现象,产生了严重的两极分化问题。个体生产也不利于兴修水利、使用新型农具、施用化肥、科学耕作等新技术的推广应用,农民用于购买生产资料以扩大再生产的投入微乎其微。由于个体生产产量增长有限,已经出现了农产品供求矛

---

① 《龚育之论中共党史》(上),湖南人民出版社 1999 年版,第 273 页。

盾，在商品粮、棉花、工业原料，以及对城市的蔬菜、油脂、肉类供给等方面满足不了城市工业建设发展的需求。只有合作化大生产，"才能提高生产力，完成国家工业化。生产力发展了，才能解决供求的矛盾"①。手工业同样由于资金短缺、规模狭小、工具落后而出现了产品数量少、质量差的现象，也产生了两极分化和供求矛盾的问题。农业和手工业生产力落后，满足不了工业化的需要，以及农民和手工业者中出现的贫富分化现象，成为社会主义改造的两个重要原因。而资本主义工商业中，则出现了银元投机、囤积居奇、哄抬物价和施放"五毒"（行贿、偷税漏税、盗骗国家财产、偷工减料、盗窃国家经济情报）等问题，暴露了资产阶级唯利是图、投机取巧的本质。只有加快对农业、手工业和资本主义工商业的社会主义改造，才能适应国家社会主义工业化建设的要求，发展农业和提高整个社会生产力。

第三，工业化任务的艰巨性也决定了其完成期限的长期性。先实现工业化，后进行三大改造，是一条符合经济、社会发展规律，能够推动经济、社会快速发展的正确道路，也是不可能在短暂的时期内就可以顺利实现的。实现工业化，是一项十分艰巨而复杂的任务。纵观学术界的研究成果，一般认为：判断一个国家是否实现了工业化，至少应符合四个方面的要求，即工业的国内生产总值在国民经济中占了大头；工业基本上实现了机械化、自动化；装备工业不仅能满足自身的需要，还担负起装备国民经济各行各业的重任；城市化水平大大提高，城镇人口占总人口绝大部分，仅有一小部分人从事农业生产。以这四条标准来衡量，要全面达标，可能得艰苦奋斗几十年，乃至上百年。

综上所述，在理解和把握党的过渡时期总路线时，应该把社会主义改造实践中出现的失误与总路线理论本身既联系又区别开来。对此，《关于建国以来党的若干历史问题的决议》指出：我国的社会主义改造工作，"也有缺点和偏差"，"但整个来说，在一个几亿人口的大国中比较顺利地实现了如此复杂、困难和深刻的社会变革，促进了工农业和整个国民经济的发展，这的确是伟大的历史性胜利"。那么，究竟有哪些缺点和偏差呢？一是1955年夏季以后，农业合作化及对手工业和个体商业的改造，要求过急，工作过

---

① 《毛泽东文集》第6卷，人民出版社1999年版，第299、301页。

粗，改变过快，形式也过于简单、划一。二是社会主义改造基本完成以后，对于一部分原工商业者的使用和处理也不很适当。这样的评价是客观的，实事求是的。过急、过粗、过快、简单、划一的问题，不仅在农业、手工业、个体商业改造中存在，在整个资本主义工商业改造中也是存在的。

那么，上述问题与总路线本身的关系是什么？可以认为，后来的缺点和偏差，既有同总路线密切相关的一面，又有违背总路线要求的一面。改造形式的简单、划一，无疑同总路线追求所有制的单一性密切相关；但急、粗、快则与总路线关于 15 年的时间规定和"逐步实现"的原则相违背。过渡时期总路线的正式表述中有一句话："各项工作离开它，就要犯右倾或'左'倾的错误。"改造工作过急过快，正是在胜利冲昏头脑的情况下犯的离开总路线的"左"倾错误。薄一波同志在《若干重大决策与事件的回顾》一书中写道："倘若按照原来测算和确定的时间扎扎实实地工作，一步一个脚印地全面精细地完成过渡时期的任务，情况可能要比提前完成好得多。"这个论断，应该说是正确的。

【推荐阅读】

1. 薄一波：《若干重大决策与事件的回顾》上卷，中共中央党校出版社1991 年版。

2. 中共中央文献研究室：《十一届三中全会以来党的历次全国代表大会中央全会重要文献选编》（上），中央文献出版社 1997 年版。

3. 中共中央党史研究室：《中国共产党的七十年》，中共党史出版社1991 年版。

4. 《周恩来选集》下卷，人民出版社 1984 年版。

5. 中共中央文献研究室：《三中全会以来重要文献选编》，人民出版社1982 年版。

6. 王占阳：《毛泽东的建国方略与当代中国的改革开放》，吉林人民出版社 l993 年版。

6. 如何评价毛泽东的《关于农业合作化问题》？①

【问题提出】

1955 年 7 月 31 日，毛泽东在省委、市委、自治区党委书记会议上作了《关于农业合作化问题》的报告，对农业社会主义改造中出现的一些问题进行分析。

建国初期，毛泽东与刘少奇一样，都清醒地认识到农业社会主义改造的长期性和艰巨性。但在总体目标、实现步骤、启动时机和启动条件等问题上，两人却有着很大分歧，并最终演化成两条路线的斗争。当时，刘少奇等人主张适度放缓农业合作化进程。毛泽东却认为，农业合作社不是太多，而是太少；农业合作化运动不是速度太快，而是速度太慢。为了驳斥党内一些人在农业合作化运动中"小脚女人走路"的态度，毛泽东撰写了《关于农业合作化问题》的报告。这份报告，其实是对刘少奇农业合作化路线的全面批判。在报告中，毛泽东明确提出要加快农业合作化运动、工业化与农业合作化同步进行等与刘少奇的路线针锋相对的观点。《关于农业合作化问题》报告发表后，农业合作化运动快速发展，对中国农业乃致整个国家都产生了深远影响。

【疑惑之点】

《关于农业合作化问题》的报告，是在什么样的历史背景下发表的？其所要解决的主要问题是什么？这份报告体现了毛泽东关于农业合作化运动什么样的观点？在对《关于农业合作化问题》的评价上应该持怎样的观点？如何理解《关于农业合作化问题》在当时的历史条件下所起的作用？如何

① 本问题撰写者为王永岩。

评价农业合作化运动在这份报告的推动之下所呈现出来的新态势？

【解疑释惑】

20 世纪 50 年代中期，在土地改革的基础上，中国共产党领导全国农民开展了一场深刻的社会经济关系变革运动，即变农民个体所有制的小农经济为社会主义集体所有制经济，史称"农业合作化运动"。

对农村经济进行合作化，既是由中国共产党和中国社会主义国家的性质所决定，也是当时的社会背景所决定。新中国成立后，经过土地改革，农产品产量有了很大提高，但因生产力水平低下，生产工具落后和劳动者素质低下，广大农民仍然没有摆脱生活困苦的境地。特别是随着农民土地私有制的建立以及劳动水平的差距，农村土地又出现了向少数人手中集中的现象，贫富分化的危险又显端倪。另外，中国由农业国向工业国转变的目标决定了必须改变以自给自足为特征的、以小农经济为主体的农业经济体制，要引导农民走互助合作的社会主义集体经济的道路，即进行农业合作化的社会主义改造。

随着农业合作化运动的开展，党内对农业合作化运动出现了不同意见。以刘少奇、邓子恢等人为代表，主张在农业合作化的道路上，先实现工业化，"农业集体化必须以国家工业化和使用机器耕种以及土地国有为条件"[1]，适当放缓农业合作化运动的速度，收缩农业合作社的数量，同时尊重农民发展个体经济的积极性。

对此，毛泽东却认为，"既然西方资本主义在其发展过程中有一个工场手工业阶段，即尚未采用蒸汽动力机械、而依靠工场分工以形成新生产力的阶段，则中国的合作社，依靠统一经营形成新生产力，去动摇私有基础，也是可行的"[2]，即在农业合作化的道路上，应该先合作化，再逐步实现工业化。他认为，当时所进行的农业合作化运动，不是太快，不是"冒进"，恰恰相反，是太慢，是"小脚女人走路"，农业合作社的数量是太少，而不是太多。因此，他在 1955 年发表了《关于农业合作化问题》的报告，重点指

---

① 薄一波：《若干重大决策与事件的回顾》上卷，中共中央党校出版社 1991 年版，第 190 页。
② 同上书，第 191 页。

出了这些问题，号召大力推进农业合作化运动。

这份报告结束了党内关于合作化运动的争论，推动了农业合作化运动的发展。至 1956 年，农业合作化提前完成，从而在农村彻底消灭了封建土地制度和剥削制度的社会基础，避免了两极贫富分化，建立起社会主义经济体制。事实证明，农业合作化虽然经历"共产风"、"穷过渡"，但最终顽强地生存了下来，并成为我国社会主义农村经济的特色所在。

同时，也需看到，《关于农业合作化问题》的报告对形势估计过于乐观，没有建立在科学、客观的分析基础之上。尤其是 1955 年夏季以后，无论是农业合作化，还是对手工业和个体工商业的改造，都呈现出明显的过急、过粗、过快的形式主义和激进主义特征。而且，报告中强调的苏联集体农业模式也并不完全符合中国国情。

此外，在处理党内关于农业合作化问题的不同意见上，《关于农业合作化问题》对不同意见给予了不适当的批判，甚至上升到两条不同路线的斗争，对党内民主产生了不良影响，不仅使一些正确意见遭到批判，还直接影响了基层干部执行政策的方法和心态，助长了"左"倾冒进情绪，导致农业合作化运动进行得过急、过快，开了用政治批判推动经济和其他工作的先例，使多年来形成的比较健康的党内民主生活开始出现不正常现象，并日趋严重，成为日后用扣"政治帽子"来解决党内分歧的先导。

【推荐阅读】

1. 胡绳主编：《中国共产党的七十年》，中共党史出版社 1991 年版。

2. 贺耀民、武力等主编：《五十年国事纪要》经济卷，湖南人民出版社 1999 年版。

3. 翟昌民：《回首建国初——从新民主主义向社会主义过渡的回顾与思考》，中央党校出版社 2005 年版。

4. 叶扬兵：《中国农业合作化运动研究》，《李良玉教授及其博士生学术文丛》，知识产权出版社 2006 年版。

5. ［美］费正清、罗德里克·麦克法夸尔：《剑桥中华人民共和国史》，王建朗等译，上海人民出版社 1990 年版。

第九章　社会主义建设在探索中曲折发展

1. "人有多大胆、地有多大产"、"15 年赶超英国"、"一天等于 20 年"等口号何以提出，错在哪里？①

【问题提出】

"人有多大胆、地有多大产"、"15 年赶超英国"、"一天等于 20 年"等口号出现于 20 世纪 50 年代末期，是起于 1958 年的以片面强调高速度为标志的总路线、以"浮夸风"为标志的大跃进、以"政社合一"为标志的人民公社化运动的流行口号。分析这些"左向激进主义"口号形成的原因及其失误的表现和特点，不仅是理解总路线、大跃进、人民公社化运动的必要环节，而且也有助于从更深的层次上揭示中国社会主义道路的探索艰难曲折的原因。

【疑惑之点】

"人有多大胆、地有多大产"、"15 年赶超英国"、"一天等于 20 年"等口号，何以形成？作为时代变迁的缩影，这些口号反映了总路线、大跃进、人民公社化运动的哪些偏颇？从历史与现实联系的角度看，这些口号对后来中国现代化发展战略的制定产生了何种影响？

---

① 本问题撰写者为徐奉臻。

【解疑释惑】

"一个变态的原型"①，这是美国学者小 R. 霍夫亨兹和 K. E. 柯德尔对 20 世纪 50 年代末期中国社会的评价。"变态"的对称，是"常态"，因而"变态"也即"非常态"。如果说总路线、大跃进、人民公社化运动是"非常态"的社会主义道路之探索，那么，"人有多大胆、地有多大产"、"15 年赶超英国"、"一天等于 20 年"即是"非常态"的口号。以"人有多大胆、地有多大产"口号的出台背景为例，可以管中窥豹，略见"非常态"之一般样状。

据学者考证，"人有多大胆、地有多大产"的口号来自一份内部报告。1958 年夏收时节，中共中央办公厅派人赴山东省寿张县了解农业生产情况，其成员刘西瑞写回一封反映当地情况的信。8 月 23 日的《人民日报》发表了这封信，并将"人有多大胆、地有多大产"作为通栏标题。在信中，刘西瑞很振奋地介绍了寿张县搞的亩产万斤粮高额丰产运动。他说：寿张之行，是思想再一次大解放。一亩地要产 5 万斤、10 万斤乃致几十万斤红薯，一亩地要产一两万斤玉米、谷子。这样高的指标，当地干部和群众讲起来一点也不神秘。一般的社也是 8000 斤、7000 斤，提出 5000 斤的已经很少。至于亩产一两千斤，根本没有人提了。②

关于"人有多大胆、地有多大产"、"15 年赶超英国"、"一天等于 20 年"等口号的偏颇以及总路线、大跃进、人民公社化运动之长期而全局性的现代化失误，学术界主要侧重于对其形成原因的研究。在此，不妨择其要者，略加掇拾：

其一，中国人民大学高放的观点。他主要是从思想意识、思想认识、思想方法、思想作风、组织制度五个方面，分析错误形成的原因。在上述五个方面中，高放尤其重视思想观念和组织领导体制的改革。用他的话说：在思想意识上，建国初期，由于在恢复国民经济、实现"一五计划"以及社会

---

① 小 R. 霍夫亨兹和 K. E. 柯德尔：《东亚之锋》，黎鸣译，江苏人民出版社 1995 年版，第 81—82 页。

② 宋连生：《总路线、大跃进、人民公社化运动始末》，云南人民出版社 2002 年版，第 114 页。

主义改造中，均取得节节胜利，助长了骄傲自满情绪，进而好大喜功，企望乘胜前进、一步登天，在国际上跃居前列，抢先进入共产主义。在思想认识上，误解或曲解马克思主义理论，把"按劳分配"误视为"资产阶级法权"，把"平均主义"错当作共产主义的"按需分配"，对落后国家实现社会主义的特殊规律缺乏科学认识，急于在落后的生产力基础上建立"一大二公三高四纯"的社会主义，急于跑步进入共产主义。在思想方法上，主观、片面，自以为是，抓住一点，不及其余。在国际竞争中，没有对英美等发达国家实现资本主义现代化的历史进程进行科学分析，妄图在短时间内超英赶美。在国内，不对某些地方上报的"大跃进事例"进行认真核实，不进行仔细的调查研究，轻信了不切实际的材料或论证。在思想作风上，盛行个人崇拜，夸大群众创造力，浮夸急躁，粗枝大叶，一哄而起。

实践证明，经济建设需要脚踏实地、埋头苦干。缺少科学精神和科学态度，仅凭行政权力瞎指挥，势必破坏经济发展规律。在组织制度上，建国以来，党内权力过度集中于个人。在党和国家领导体制中，很大程度上，个人集权制排除了党内民主和人民民主，从而导致重大失误的出现。如果仅仅是思想观念存在问题，还不至于使我们党犯这么大的错误，因为党内尤其是在领导集体中，总还有头脑比较清晰或较快觉醒的英明之士。只要党内民主较为健全和充分，就能够集思广益，少犯错误，或者及早纠偏改错。所以，只有从端正思想观念和改革组织领导体制两方面着手切实纠偏，我们党才有可能避免重犯重大错误。①

其二，河北省邓小平理论和"三个代表"重要思想研究中心郭金平的观点。2005 年，马克思主义理论研究和建设工程召开全面落实科学发展观研讨会，郭金平以《不能超越也不能落后于阶段》为题，阐释自己的观点，强调"既要勇于创新，又要把握适度；既不滞后于发展阶段，又不超越国情。这不仅是准确认识我国国情的基本结论，也是自觉贯彻落实科学发展观的关键"。文中指出："科学发展不能超越阶段。十一届三中全会之前，受'左'的思想影响，我们在建设社会主义中出现失误的根本原因之一，就在

---

① 宋连生：《总路线、大跃进、人民公社化运动始末·序言》，云南人民出版社 2002 年版，第 2—3 页。

于对发展阶段缺乏正确的认识，背离了经济建设这个中心，提出的一些任务和政策超越了社会主义初级阶段。20 多年的改革开放和现代化建设取得成功的根本原因之一，就是克服了那些超越阶段的错误观念和政策，始终坚持了以经济建设为中心，又抵制了放弃社会主义基本制度的错误主张。"

"科学发展不能落后于阶段。经过 20 多年改革开放的积累，我国经济发展取得了可观成果，已经进入工业化中期阶段。过去，由于物质匮乏，人民的物质生活和精神生活都处于一个较低的水平。在那个阶段，国家要逐步加强物质财富的积累，逐步建设较为完备的工业体系，就不得不采取农村支援城市和以农补工的政策。同时，不得不把主要精力放在增加供给，满足人们最基本的物质生活需求上，其他方面则较难以顾及到。如今，国家的物质积累逐渐增多，社会财富日益丰富，人们生活在总体上达到小康水平，并开始向全面小康，甚至在向发达水平迈进。在这个阶段，我们有条件解决过去想解决而解决不了的问题，如工业反哺农业、城市支持农村，实现工业与农业、城市与农村协调发展。否则，就是'落后于阶段'的非科学发展。因此，党的十六届五中全会明确提出建设社会主义新农村的目标和任务。再有，目前，以改革前为参照，无论是科技教育，还是企业发展，我国都有突飞猛进的发展。这就要求我们不能仅满足于技术引进、设备引进，而要提高原始创新、集成创新和引进消化吸收再创新的能力，把增强自主创新能力作为科学技术发展的战略基点和调整经济结构、转变经济增长方式的中心环节，大力发展循环经济，坚定不移地走新型工业化道路。"[①] 上述认识，有助于理解总路线、大跃进、人民公社化运动的负向教训对后来改革开放的影响。

事实上，邓小平曾设计的基本实现现代化的宏伟蓝图，也即"三步走战略"，已经鲜明地体现出历史与现实的承继性。因为"三步走战略"至少反映两个问题：其一，它不是一个过急的规划，是对大跃进左向激进主义的纠正；其二，表明中国人决心用 100 年左右的时间，走完发达国家几百年走过的路，既体现了中国现代化建设的长期性，也坚定了中国人民建设社会主

[①] 郭金平：《不能超越也不能落后于阶段》，《马克思主义理论研究和建设工程召开全面落实科学发展观研讨会——纵论落实科学发展观前沿问题》，《北京日报》2005 年 12 月 5 日第 17 版。

义现代化的决心与信心。

21 世纪初期，中国共产党及时提出"科学发展观"。尤其是在中共十七大报告中，"实现经济又好又快发展"的认识，实质性地纠正了总路线中的"多快好省"表述。"好"与"快"之间顺序的变化，反映了两种截然不同的发展观。

【推荐阅读】

1. 晋夫：《文革前十年的中国》，中共党史出版社 1998 年版。

2. 肖冬连等：《求索中国——"文革"前十年史》，红旗出版社 1999 年版。

3. ［美］费正清：《中国：传统与变迁》，张沛译，世界知识出版社 2002 年版。

4. 孙军玲：《大跃进运动起源探析》，河南大学硕士论文，2009 年，收入中国优秀硕士学位论文全文数据库。

2. 1961—1965 年的经济技术调整，是现代中国现代化之"低水平大波动创业期"中少有的波峰，但仍没有走出"低水平"发展层面。结合文明平衡嬗变理论对之进行评价。①

【问题提出】

一般认为，现代中国的现代化可以划分为三个阶段：一是 1949—1978 年的"低水平大波动的创业期"；二是启于 1978 年的"以改革促发展的转型期"；三是 2003 年之后基于科学发展观的"持续稳定的成功期"。现代中国现代化脉动的特点，可以浓缩为两个词："痉挛"与"调适"，只不过每一时期"痉挛"与"调适"的表现和方法有所不同而已。1961—1965 年的经济技术调整，是中国现代化思想形成的关键时期。1961—1965 年中国的现代化尝试是 1949—1978 年"低水平大波动的创业期"中少有的波峰。其间，中国的技术观和政治观之博弈，不仅成为了解现代中国现代化的一个重要楔入点，也成为处于"痉挛"与"调适"之中的现代中国现代化之脉动的缩影。虽然针对当今中国处于现在进行时的现代化而言，"大跃进"时期技术观的偏颇和经济调整时期技术观的修正都已日益成为时代的错误与经验，但"以史为鉴，可以知兴替"，考察 20 世纪 60 年代经济调整时期中国的技术观，并揭示其转变与构建的原因、表现、特点与启示，不仅是规划技术发展战略和制定技术发展政策的需要，也是推进当下中国现代化建设的需要，并具有重要的理论价值与现实意义。

【疑惑之点】

作为中国现代化思想形成的重要时期之一，1961—1965 年经济技术调

---

① 本问题撰写者为徐奉臻。

整时期的现代化转型，以修正"大跃进"时期现代化中的"左向激进主义"的偏颇为主旨。西方学者将这一纠正左的、过激的错误过程，表述为"热月的反动"。[①] 那么，纠正左的、过激的错误是通过什么方式体现出来的，也即1961—1965年调整的指导方针是什么？具体的纠偏措施有哪些？其间，中国的技术观和政治观之间如何彼此博弈？从结果上看，这些调整难逃功败垂成的命运，为什么？依据现代化平衡嬗变的理论，应如何评价之？

【解疑释惑】

20世纪60年代初期的全面调整肇始于经济领域，但经济的发展离不开技术的支撑，而技术的发展又以一定的技术观为引导。"八字方针"是全面调整的基本方针。1960年9月底，中共中央批转国家计委《关于1961年国民经济计划控制数字的报告》，首次提出"八字方针"。这个方针原为"整顿、巩固、提高"，由时任国务院副总理的李富春在酝酿1961年计划时提出，周恩来深表赞同，但提议将"六字方针"中的"整顿"改成"调整"，并增补"充实"二字[②]，从而形成了一个有别于"多、快、好、省"的"八字方针"。

"八字方针"的基本思想是：以调整为重点，降低发展速度，缩小基本建设规模，调整经济各部门和技术各领域间失衡的比例关系；尊重技术经济发展的承继性规律，巩固以往已经取得的经济技术成果；充实新兴产业和短缺产品项目，提高产品的质量和效益。

1961—1965年的经济技术调整，主要有如下措施：

其一，以客观审视中国与世界的差距为前提，重新定位中国的技术和现代化发展水平，以便克服技术目标层面的盲目冒进思想和技术评价层面的高、大、精、尖倾向。

1961年5月，刘少奇在谈到"当前经济困难的原因及其克服的办法"时指出："工业方面的技术改造，以及农业方面的技术改造，都要注意把各

---

① ［美］莫里斯·迈斯纳：《毛泽东的中国及后毛泽东的中国》，杜蒲等译，四川人民出版社1990年版，第323页。

② 薄一波：《若干重大决策与事件的回顾》下册，中共中央党校出版社1993年版，第892页。

种比例关系安排得适当。所以，速度不能太快了。我看过去是有点性急，用不着那么急嘛！比如钢铁，在一定的条件下，它只能搞那么快，搞那么多，鼓足干劲，力争上游，能够搞多少就是多少，不能太多了。"① 1961 年 7 月，毛泽东在《关于日本经济政策和国防工业发展问题》的一份材料上明确批示："中国的工业、技术水平，比日本差得很远，我们应取什么方针，值得好好研究。"② 1963 年 6 月定稿、经国家批准、同年底组织实施的《十年规划》首先强调"在重要和急需"的部门与行业"接近或赶上世界先进水平"，不再刻意使用"超"字。同年 8—9 月间召开的"全国煤炭和工业交通工作会议"，公开承认中国与外国的差距，强调中国技术的总体发展水平落后国际先进水平 20 年左右，指出中国当前的技术发展水平，仅相当于国外 1940 年代的技术发展水平。

与此同时，毛泽东在修改《关于工业发展问题》初稿时，在有关"现代化建设"、"工业和技术的发展及其与世界先进水平的关系"等问题上，多次使用了"不太长"和"逐步地接近"等字样。他强调：在三年过渡阶段结束后，工业发展可实施"两步走"战略，力求在不太长的时间内，改变我国社会经济、技术落后的状态：第一步，搞 15 年，建立独立完整的工业体系，大体赶上世界先进水平；第二步，再用 15 年，使我国工业接近世界先进水平。③ 这种正视差距的姿态和缩小差距的决心，与"大跃进"政治文化创造的"15 年赶超英国"、"一天等于 20 年"、"人有多大胆、地有多大产"等口号大相径庭，说明现代化建设的长期性和艰巨性已经逐渐被认识。

其二，以应对内压和外压为基点，以"有所为、有所不为"为原则，改变资金投入的流向，调整原有的技术体系结构，以便解决"以钢为纲"、片面强调快速发展重工业所带来的经济各部门和技术各领域间比例严重失调的问题，在解决吃、穿、用问题的同时，逐步确立独立的尖端技术发展路径。

---

① 《刘少奇选集》下卷，人民出版社 1985 年版，第 340 页。

② 《建国以来毛泽东文稿》第 9 册，中央文献出版社 1996 年版，第 530 页。

③ 同上书，第 346—348 页。

建国后，在"第一个五年计划"期间和"第二个五年计划"初期，虽然我国始终以重工业、轻工业和农业为序安排国民经济与技术发展计划，但在 1956 和 1957 年，毛泽东就在《论十大关系》和《关于正确处理人民内部矛盾的问题》中，相继提出了"适当地调整重工业和农业、轻工业的投资比例，更多地发展农业、轻工业"的问题。在 1959 年庐山会议前期，毛泽东又指出："过去安排是重、轻、农，重、轻、农的关系要反一下，现在是否提农、轻、重"。就"农、轻、重问题"而言，要"把重放到第三位"，"重工业要为轻、农服务"。[1] 不过由于把重工业发展置于一切经济部门发展之上的"斯大林主义经济技术战略"占了上风，使"大跃进"并未真正重视农业和轻工业；相反，过分强调资金和技术密集型的钢铁等工业与技术的发展。

1961 年 1 月，李富春在讨论国民经济计划的北京工作会议上汇报时讲到，当时工作的主要缺点是忽视农业、指标过高、检查不够，权力下放偏多。毛泽东插话说："不仅没有注意农业，而且是挤了农业，挤了农业的人力、物力，工业战线过长，面过广。"[2] 1964 年 5—6 月，中央工作会议讨论通过了国家计委拟定的《"三五"计划初步设想》。会前，毛泽东听取有关汇报时指出："农业"和"国防"是两个拳头。要使拳头有劲，屁股就要坐稳，屁股就是"基础工业"。在此思想指导下，"三五"计划的初步设想依旧是大力发展农业，基本解决人民的吃、穿、用问题；适当加强国防建设，努力发展尖端技术；加强基础工业，继续提高产品的质量，增加产品的品种和产量；努力发展交通运输业、商业和文教事业，使经济技术有计划、按比例发展。[3]

其三，在技术走向的路径选择上，由片面追求速度和数量的粗放型外延式发展（extensive development pattern），到关注技术的品种、质量和效益，转而寻求技术的集约型内涵式发展（intensive development pattern），使从失败到成功、从片面到全面、从肤浅到深入、从不完善到完善的技术创新规

---

① 《刘少奇选集》下卷，人民出版社 1985 年版，第 497 页。

② 薄一波：《若干重大决策与事件的回顾》下卷，中共中央党校出版社 1993 年版，第 894 页。

③ 李学昌主编：《中华人民共和国事典》，上海人民出版社 1999 年版，第 316—317、339—340 页。

律，逐渐被认识并受到应有尊重。

1960 年，毛泽东在《十年总结》中坦承：自己"有过许多错误。有些是和当事人一同犯了的"。在农业方面，"指标高了，以至不可能完成"；在工业方面，"我在北戴河同意 1959 年完成 3000 万吨钢；12 月又在武昌同意了可以完成 2000 万吨，又在上海会议同意了 1650 万吨"，这些都大大超出了实际可能的相对科学和相对客观的数字 1300 万吨。① 如同"大跃进"出现了许多极"左"的口号一样，"品种第一"、"质量第一"、"效益第一"等观念在经济调整时期广为流传。

其四，在对自力更生和外来引进的功用及其关系的认识上，由于意识到"大跃进"忽视引进而全面封闭，以及强调自主而片面自力更生的弊端，故此在技术进步战略模式的选择上，立足于技术的自主开发和自立发展，同时也致力于有选择、有重点的技术引进及消化创新。

虽然 1961 年—1965 年的经济技术发展成就可圈可点，是大波动创业期中少有的波峰之一，但仍没有走出低水平的发展层面。所以如此，其重要原因在于技术观（technological view）中存在的矛盾性，即由于历史的惯性，在克服了"左"的同时，又保留了"左"；在纠正了"左"的同时，又发展了"左"；在远离了"左"的同时，又实践了"左"；在排除了"左"的同时，又恢复了"左"。这主要表现在：对"三面红旗"，既克服、又保留；对"政治挂帅"（the supremacy of politics），既纠正、又发展；对"知识分子"，既脱帽、又戴帽；在操作思路上，既调整、又退缩。这样，就出现了逻辑上的混乱，使正确因素和错误因素始终交织并存、彼此渗透，在实现技术观转型的同时，又形成构建过程中的技术观怪圈。这些技术观怪圈中的错误倾向与日后的十年浩劫密切相关；而其中的理性成分则成为改革开放、重新启动现代化步伐的必要先导。②

在现代化的演进及提升中，现代化诸层面之间，既相互交织、相互制约，又互为前提、互为因果，需要综合演进、平衡发展。否则就会出现某一

---

① 《建国以来毛泽东文稿》第 9 册，中央文献出版社 1996 年版，第 213—215 页。
② 徐奉臻：《现代化：历史的困窘与困窘的思考》，哈尔滨工业大学出版社 2009 年版，第269—280 页。

层面超前或滞后的现象，从而带来现代化变革的失调、中断或夭折。

从实践上看，包括1961—1965年的经济技术调整在内，建国后的中国共经历四次现代化转型，其他三次为：第一，"一五"计划期间，逐步建立行政上高度集中的计划经济体制。在国民经济中，多种成分并存的发展格局让位于公有制单性成分的独径发展。第二，1978年以后，通过改革开放重新启动现代化步伐，在"调整、改革、整顿、提高"的方针下，将"计划"与"市场"统一起来，形成了经济体制改革的新模式。邓小平主持制订的"三步走"现代化发展战略既纠正了先前的急躁、冒进偏向，又表明了中国人探索现代化之路的决心和信心。第三，21世纪上半叶中国的新型现代化。在科学发展观的引领下，致力于构建"生态文明"、"政治文明"与"和谐社会"等。2007年，在党的十七大报告中，对发展的"好"与"快"的位序安排以及"和谐社会"对绝对化的"斗争哲学"的诟病等，均能体现出历史与现实之间的密切联系。如果说其他三次转型尤其是1978年开始的转型和启于21世纪初的转型从根本上实现了中国现代化模式转换的话，那么20世纪60年代初期的技术经济调整，则只是在计划经济体制的模式内做文章，而且工作重心并没有真正转到经济建设上，因而始终未能找到问题的真正症结。

【推荐阅读】

1. 逄先知、金冲及主编：《毛泽东传（1949—1976）》，中央文献出版社2003年版。

2. 《刘少奇选集》，人民出版社1985年版。

3. ［美］R. 麦克法夸尔、费正清主编：《剑桥中华人民共和国史——革命的中国的兴起（1949—1965）》，谢亮生等译，中国社会科学出版社1990年版。

3. "四个现代化"思想如何形成? 具有哪些特点? 有什么功能?[①]

【问题提出】

作为中国特色的现代化发展战略,"四个现代化"思想形成于 20 世纪 60 年代初期。在现代化的需求下思考技术的功能与意义,并与中国现代化目标的逐步深化相伴随,是建国后中国现代化的共性特点。1961—1965 年经济技术调整时期,是"四个现代化"思想形成的关键时期。"四个现代化"思想的形成又体现其间技术观的转型与现代性(modernity)的构建。在改革开放前,甚至在 20 世纪末期的最后几十年里,"四个现代化"在中国家喻户晓,一直被视为中国现代化的宏伟蓝图。勾勒"四个现代化"的形成脉络,理性而客观地认识和评价"四个现代化"的特点及功能,不仅是把握现代前期中国历史的需要,而且也有助于理解改革开放后各种中国特色的现代化理论出台的必要性及其历史价值和现实意义。

【疑惑之点】

作为历史的产物,"四个现代化"思想何以形成?"四个现代化"与"一化三改"和"三个现代化"之间是什么关系? 1961—1965 年经济技术调整,与"四个现代化"之间是什么关系? 在中国现代化思想的嬗变史中,如何定位"四个现代化"? 或曰"四个现代化"有哪些特点? 在实践中,"四个现代化"思想如何被践行?"两手理论"和"科学发展观"等中国特色的现代化理论,在何种程度上继承和修葺了"四个现代化"? 在"四个现代化"思想形成过程中,毛泽东、刘少奇和周恩来的现代化思想如何发展演变? 他们在"四个现代化"思想的形成过程中作出了什么贡献?

---

① 本问题撰写者为徐奉臻。

【解疑释惑】

作为一个历史概念和中国现代化的重要理论，"四个现代化"理念和方略的形成，奠基在"一化三改"和"三个现代化"的基础之上。

新中国成立后，我国重蹈半殖民地中国现代化的覆辙，也把现代化的目标仅仅定位在器物层面。而且，这种定位主要形成于1961—1965年经济技术调整时期。早在1953年，中国就提出了"一化三改"（即"工业化"和"对农业、手工业及资本主义工商业所进行的社会主义改造"）的现代化目标。1954年，周恩来在一届人大一次会议上所做的题为《把我国建设成为强大的社会主义的现代化的工业国家》的政府工作报告中，强调了建设"现代化的工业、现代化的农业、现代化的交通运输业和现代化的国防"的重要性。[①] 1957年，毛泽东在《关于正确处理人民内部矛盾的问题》中，又提出"工业现代化"、"农业现代化"和"科学文化的现代化"。但由于极左思潮的影响，在工业现代化受到重视的同时，其他方面的现代化在实践中被不同程度地忽略了。

与1949年到1950年代末期的现代化思想相比，1960年代初期中国现代化思想的形成，除正式使用"科学技术现代化"概念，并指出科学技术现代化在实现现代化过程中的关键地位以外，至少还有以下两个显而易见的特点，这些特点从不同的角度展示了现代化观的变化：

特点之一，突出强调"农业现代化"，确立了农业在经济技术发展中的首位性和基础地位。美国学者莫里斯·迈斯纳（Maurice Meisner）认为，1960年代初期的中国，一个不变的主旋律是"把农业生产的发展和现代化放在优先地位"。[②] 笔者以为，这是符合事实的。在1961—1965年调整时期，经济技术发展的顺序是：农业、轻工业和重工业；总方针是：以农业为基础，以工业为主导。各行各业都面向农村，为农业服务。工业的发展规模被要求同农业可能提供的商品粮食和工业原料相适应。重工业被要求首先为

[①] 《周恩来选集》下卷，人民出版社1984年版，第132页。

[②] ［美］莫里斯·迈斯纳：《毛泽东的中国及后毛泽东的中国》，杜蒲等译，四川人民出版社1990年版，第353页。

农业提供越来越多的机械、化学肥料、农药、燃料、电力、水利灌溉设备和建筑材料，同时也为轻工业提供越来越多的原料、材料和设备。①

特点之二，明确提出"国防现代化"。在技术经济体系结构调整的过程中，逐步确立了独立的国防尖端技术发展路径。20世纪五六十年代之交，基于中苏关系的紧张，在"三个现代化"之外，毛泽东又补加"国防现代化"："建设社会主义，原来要求是工业现代化、农业现代化、科学文化现代化，现在要加上国防现代化。在我们这样的国家，完成社会主义建设是一个艰巨任务，建成社会主义不要讲得过早了。"②

此时，虽然毛泽东还没有提到"科学技术现代化"问题，但已基本形成"四个现代化"的雏形。同时，毛泽东也意识到中国现代化建设的长期性和艰巨性。

1960年7月18日，毛泽东又在北戴河会议上指出："要下决心搞尖端技术。赫鲁晓夫不给我们尖端技术，极好！如果给了，这个账是很难还的。"8月14日，聂荣臻就苏联单方面撕毁合同、撤走来华导弹专家后的形势发表讲话，勉励国防部五院依靠中国专家自己的力量继续导弹研制工作。11月5日，我国仿制的"Ｐ－２"导弹首次发射试验获得成功。1962年9月11日，二机部正式向中央递交由罗瑞卿副总理最后审定的"两年规划"，主要内容是：争取在1964年，最迟在1965年上半年爆炸我国第一颗原子弹。11月3日，毛泽东在规划上批示："很好，照办。要大力协同做好这件工作。"11月17日，刘少奇主持召开中央政治局会议，批准二机部的"两年规划"。同时，为进一步推动国防尖端技术的发展，还特别成立了"中共中央专门委员会"，由贺龙、李富春、李先念、薄一波、陆定一、聂荣臻、罗瑞卿等15人组成，周恩来总理亲自任主任；委员会下设办公室，由罗瑞卿副总理负责。从"中共中央专门委员会"成立到第一颗原子弹爆炸成功，在周恩来亲自主持下，先后召开13次会议，解决重大问题100余个，使国防尖端技术发展的步伐大大加快。1964年10月16日，我国成功地进行了

---

① 《周恩来选集》下卷，人民出版社1984年版，第440页。
② 《毛泽东文集》第8卷，人民出版社1999年版，第116页。

第一次核试验。①

1962 年 1 月，刘少奇《在扩大的中央工作会议上的报告》中谈及"1963—1972 年经济技术发展设想"时特别提到：要为工业现代化、农业现代化、科学技术现代化和国防现代化奠定巩固基础，必须基本上解决吃穿问题；必须建立独立完整的经济技术体系；必须实现产品质量、数量与科学技术的大跃进。② 在这里，刘少奇将毛泽东所说的"科学文化的现代化"置换成"科学技术的现代化"。就笔者视野所及，这是对"四个现代化"的首次完整表述，"四个现代化"提法也由此定型。

以往，国内学术界普遍认为，对"工业现代化、农业现代化、科学技术现代化和国防现代化"的首次完整表述，起于 1963 年 1 月 29 日周恩来在上海市科学技术工作会议上的讲话，这是不确切的。应该说，周恩来在这次会议上所发表的题为《建成社会主义强国，关键在于实现科学技术现代化》的讲话的贡献，不是首次完整地表述了今天我们所熟知的"四个现代化"，而在于在调整时期科学技术日益受到重视的条件下，突出强调了"科学技术现代化"，阐述了实现"科学技术现代化"的要求及意义，并把"科学技术现代化"准确地定位为实现四个现代化的"关键"。其基本思想是："我们要正确认识科学技术现代化在社会主义建设中的重大意义。我们过去的科学基础很差。我们要实现农业现代化、工业现代化、国防现代化和科学技术现代化，把我们祖国建设成为一个社会主义强国，关键在于实现科学技术的现代化。实现科学技术现代化的主要要求是：实事求是，循序前进，相互促进，迎头赶上。""我们的四个现代化，要同时并进，相互促进，不能等工业现代化以后再来进行农业现代化、国防现代化和科学技术现代化。我们落后于世界先进水平，但是我们有先进经验可以学习，有最新科学技术成果可以利用，这样可以扩大我们的眼界，所以我们前进的步伐可以加快。""我们不应该跟在别人后面把所有的程序都走一遍，那样，我们将永远落在后面。只有把实事求是、循序前进和相互促进、迎头赶上统一起来，才能使我

---

① 郭建荣主编：《中国科学技术纪事（1949—1989）》，人民出版社 1990 年版，第 96、102、105、106 页。

② 《刘少奇选集》下卷，人民出版社 1985 年版，第 369—370 页。

们科学技术的发展适应 20 世纪 60 年代的要求，比较快地赶上世界先进水平。"

就实现四个现代化的条件而言，一方面，"我们已经有了一支比旧中国大许多倍的知识分子队伍和科学技术力量"；另一方面，"我们现在有了工业化的初步基础。一般设备和原材料绝大部分自己能够制造或生产。这就为我们的科学技术的发展创造了条件"。至于如何多、快、好、省地实现"科学技术现代化"，周恩来提出"加强科技界人士的主人翁责任感"、"集中和加强科学技术力量"、"适当改善科学技术研究的工作条件和工作环境"等要求。例如，"上海要集中力量突破半导体技术"等。

1964 年 12 月 21 日，周恩来又在三届全国人大一次会议上所做的《政府工作报告》中进一步强调：为了在不太长的历史时期内把我国建成具有现代农业、现代工业、现代国防和现代科学技术的社会主义强国，并赶上和超过世界先进水平，从第三个五年计划开始，我国的经济技术发展，可按两步来考虑：第一步，建立一个独立的比较完整的工业体系和国民经济技术体系；第二步，全面实现农业、工业、国防和科学技术的现代化，使我国经济技术走在世界的前列。[①] 但遗憾的是，由于"文化大革命"，这项宏伟的设想连同《十年规划》（即《1963—1972 年国家科学研究十年规划》，由国家科委组织制定）均被中断，中国的现代化观也随之再度朝"左"的方向转变。

应当承认，作为实现现代化的宏伟蓝图，"四个现代化"的确突破了建国后提出的"一化三改"、"三个现代化"等对现代化认识的狭窄视野。尽管如此，其理论局限依旧是非常明显的。因为"四个现代化"充其量不过体现了现代化的器物层面，故而难免陷入科技主义、经济主义和军事主义的窠臼。

大而论之，现代化是综合平衡的系统工程，也是互动的变迁过程。这个过程至少包括器物、制度和心理三个层面。[②] 在现代化的演进及提升中，以上诸层面之间，既相互交织、相互制约，又互为前提、互为因果，需要综合演进、平衡发展。否则，就会出现某一层面超前或滞后的现象，从而带来现

---

① 《周恩来选集》下卷，人民出版社 1984 年版，第 412—415、439 页。
② 徐奉臻：《历史视野：改革与现代化研究》，黑龙江人民出版社 1999 年版，第 66 页。

代化变革的失调、中断或夭折。近代以来，中国的现代化之所以蹒跚而行、屡屡受挫其中重要原因之一，就是现代化目标的单项轮番凸进，先是"重器物"（洋务运动），然后是"重制度"（戊戌变法、清末预备立宪、辛亥革命），再后是"重文化"（五四新文化运动），始终没有被放在一个相对和谐的体系或机制中。在这方面，近代中国的教训是深刻的。遗憾的是，在很大程度上，"四个现代化"又重蹈了洋务运动的覆辙。虽然在 20 世纪 60 年代初期的经济技术调整时期，毛泽东、刘少奇、周恩来、邓小平和陈云等人对"平衡发展"问题多有论述和强调，但这种平衡发展在很大程度上指的是国民经济各部门和技术体系内部各环节之间的微观平衡问题，较少涉及现代化的制度层面和精神层面。所以，无论如何，"四个现代化"不能算是完型意义上的现代化。

需要注意的是，在 1961—1965 年的经济调整时期，科学技术的严重混淆是非常普遍的现象。从领导机构的设置上看，"国家科学技术委员会"是合二为一的；从有关的政策与规划看，《科研十四条》《1956—1967 年全国科学技术发展远景规划》《1963—1972 年科学技术规划纲要》《1963—1972 年农业科学技术规划》和《关于科学技术交流与保密工作的若干意见》等，也都是将科学与技术混为一体的。在"四个现代化"中，"科学现代化"和"技术现代化"依旧没有加以区分。这种无视"科学"与"技术"各自特点的做法，不仅会伤害科学，同时也无助于技术的进步与发展。

【推荐阅读】

1. 刘永佶：《中国现代化导论》，河北大学出版社 1995 年版。

2. 《建国以来毛泽东文稿》第 9 册，中央文献出版社 1996 年版。

3. 薄一波：《若干重大决策与事件的回顾》下卷，中共中央党校出版社 1993 年版。

4. ［美］吉尔伯特·罗兹曼主编：《中国的现代化》，国家社会科学基金"比较现代化"课题组译，江苏人民出版社 2003 年版。

5. 罗林：《建国后毛泽东中国现代化观研究》，华中师范大学硕士论文，2008 年，收入中国优秀硕士学位论文全文数据库。

4. 1956—1957 年，中国共产党人在社会主义建设方面有哪些重要的
理论建树？[①]

【问题提出】

1956—1957 年是中国现代史的重要关键点。至 1956 年，持续三年多的
社会主义改造基本完成，社会主义制度在中国基本建立，中国社会也由此进
入社会主义社会新阶段。在这个转折时刻，中国共产党人在社会主义建设方
面做了许多探索。虽然这种探索后来不幸中断，但却提出不少精辟、独到的
见解，具有深远的理论意义。正是以此为理论起点，在十一届三中全会后，
中国走上了具有中国特色的社会主义道路，完善了中国特色的社会主义理论
体系。

【疑惑之点】

顾名思义，"建树"指的是建立了不朽的功勋。那么，在"八大"前
后，中国共产党人在社会主义建设上，究竟做了哪些探索？取得了哪些突出
的理论成就？这些理论成就何以能够担当"建树"二字？这虽是学术界的
一个热点问题，并已取得丰硕的研究成果，但仍有探索的空间。

【解疑释惑】

至 1956 年，社会主义三大改造基本完成，中国开始进入全面建设社会
主义的新历史时期。什么是"社会主义"？如何建设社会主义？如何以苏联
的经验、教训为鉴戒，总结自己的经验，探索一条适合中国国情的社会主义
建设道路？对于以毛泽东为代表的中共中央领导集体而言，这些都是全新的

---

① 本问题撰写者为黄进华。

课题，必须解决，亟待解决。为此，他们不懈努力，在 1956—1957 年间取得了一系列理论成果，其主要内容是：

第一，提出"第二次结合"的思想，构成马克思主义中国化第二次飞跃的理论起点。

1956 年春，经过社会主义三大改造，社会主义制度已在中国初步建立。此时，如何建设社会主义的问题已经摆在人们面前。而这年 2 月召开的苏共二十大，深刻揭露了苏联 20 多年社会主义建设中存在的问题，也给中国共产党人敲响了警钟。在这种情况下，毛泽东决心"以苏为鉴"，走出一条自己的社会主义道路。4 月初，毛泽东在中央书记处讨论《关于无产阶级专政的历史经验》一文时指出：最重要的教训，是独立自主，调查研究，摸清本国国情，将马列主义基本原理同中国革命和建设的具体实际结合起来，制定正确的路线、方针、政策。也即现在是社会主义革命和建设时期，我们要进行"第二次结合"，找出在中国进行社会主义革命和建设的正确道路。鉴于苏联在建设社会主义的过程中出现的一些缺点和错误，现在"应当更加强调从中国的国情出发，强调开动脑筋，强调创造性，在结合上下功夫"。①

马克思主义与中国实际"第二次结合"的思想，具有重大的理论意义，为探索适合中国国情的社会主义建设道路提供了基本的指导原则。正是以此为理论起点，中国共产党人在十一届三中全会后实现了马克思主义中国化第二次飞跃，陆续提出邓小平理论、"三个代表"和科学发展观。

第二，提出调动一切积极因素为社会主义事业服务的基本方针，论述了社会主义建设中的一系列重大关系。

1956 年春，毛泽东先后听取中央 34 个部委的汇报，主要内容是经济建设问题。在此基础上，同年 4 月，毛泽东在中央政治局扩大会议上发表《论十大关系》。这个讲话集中论述了在我国社会主义建设时期必须正确处理的各种矛盾和关系，即十大关系：重工业和轻工业、农业的关系；沿海工业和内地工业的关系；经济建设和国防建设的关系；国家、生产单位和生产者个人的关系；中央和地方的关系；汉民族和少数民族的关系；党和非党的

---

① 吴冷西：《忆毛主席——我亲身经历的若干重大事件片段》，新华出版社 1995 年版，第 9 页。

关系；革命和反革命的关系；是与非的关系；中国和外国的关系。毛泽东提出要正确处理这十种关系，以便充分调动一切积极因素为社会主义建设服务。

第三，召开中共"八大"，正确分析了中国社会的主要矛盾和主要任务，制定了正确的社会主义建设方针。

1956年9月，中共召开"八大"，由刘少奇代表中共中央作政治报告。这份报告是在毛泽东领导下，由刘少奇主持起草，并经政治局多次讨论的，因而是党中央集体智慧的结晶。报告明确指出了党在现阶段的任务，即依靠已经获得解放和已经组织起来的几亿劳动人民，团结国内外一切可能团结的力量，充分利用一切对我们有利的条件，尽可能迅速地把中国建设成为一个伟大的社会主义国家。同时，正确分析了国际、国内形势和主要矛盾的变化，指出：中国共产党今后的主要任务是集中力量发展生产力。在经济建设上，要坚持既反保守，又反冒进，即在综合平衡中稳步前进的方针。在政治建设上，要扩大社会主义民主、健全社会主义法制，使党和政府的活动做到"有法可依"和"有法必依"。在党的建设上，要提高全党的理论水平，健全民主集中制；坚持集体领导，反对个人崇拜；发展党内民主和人民民主，加强党和人民群众的联系。

第四，提出社会主义社会基本矛盾的学说，并指出正确处理人民内部矛盾是社会主义国家政治生活的主题。

到1956年，我国的社会主义改造已基本完成，社会主义制度初步建立，大规模的急风暴雨式的群众阶级斗争基本结束，但许多人还不适应。这一年下半年，国内一些地方出现了工人罢工、学生罢课、农民退社的群体性事件；国际上，出现了波兰、匈牙利事件。不少领导干部对此缺乏思想准备，措手不及，往往简单地将其视为阶级矛盾来处理，致使矛盾扩大化。为此，1957年2月，毛泽东在最高国务会议上作了《关于正确处理人民内部矛盾的问题》的重要讲话，后来经过修改、补充，于6月发表在《人民日报》上。

这个讲话共阐述了12个问题，其基本思想是将正确区分和处理人民内部矛盾作为社会主义国家政治生活的主要内容。在讲话中，毛泽东运用唯物辩证法关于对立、统一的原理，对社会主义社会进行分析，指出：社会主义社会仍然存在矛盾。其基本矛盾，仍是生产关系和生产力的矛盾，上层建筑和经济基础的矛盾。不过与旧社会相比，社会主义社会的这些矛盾具有不同的性质和特点。

在此基础上，毛泽东提出正确区分和处理两类不同性质的社会矛盾的学说。他指出：在社会主义社会，存在着敌我矛盾和人民内部矛盾两类不同性质的社会矛盾；对于不同性质的矛盾，必须用不同的方法去处理。一般来说，人民内部矛盾是在利益根本一致的基础上的矛盾，总体上属于非对抗性矛盾，因而要用民主的方法解决，即主要是说服、教育，并辅之以必要的纪律和法制。在社会主义改造基本完成后，人民内部矛盾日益突出，正确处理人民内部矛盾也已经成为国家政治生活的主题。从这一指导思想出发，毛泽东从经济、政治、思想、文化生活各个方面提出了一系列处理人民内部矛盾的方针。

第五，在多方面进行探索，达到相当的深度，并初步涉及体制改革。譬如，在民主党派问题上，毛泽东提出"长期共存，互相监督"的方针，主张进一步完善中国共产党领导的多党合作和政治协商制度。在经济方面，提出涉及体制改革的若干设想。在中共"八大"上，陈云提出"三个主体、三个补充"的思想——国家经营和集体经营是工商业主体，一定数量的个体经营是补充；计划生产是工农业生产的主体，一定范围的自由生产是补充；国家市场是主体，一定范围内的自由市场是补充。这个思想突破了苏联计划经济的模式，是在当时条件下对新的社会主义经济体制所作的创造性的构思。该思想被大会采纳，并写入决议。同年12月，毛泽东提出，在社会主义公有制占优势的前提下，允许非社会主义经济成分存在，"可以消灭了资本主义，又搞资本主义"，并将其称为"新经济政策"[①]。该思想得到刘少奇、周恩来等人的赞同。在科学文化建设方面，中国共产党人积极探索一条适合中国国情的科学文化建设的道路。1956年5月，毛泽东在最高国务会议上宣布：将"百花齐放、百家争鸣"作为党发展科学、繁荣文学艺术的指导方针。同年10月，又制定了《1956—1967年科学技术发展远景规划纲要》（简称"十二年规划"），这是新中国第一个全国性的科技规划。

总之，在1956—1957年，以毛泽东为主要代表的中国共产党人，在社

---

① 毛泽东：《毛泽东文集》第7卷，人民出版社1999年版，第170页。

会主义建设方面做了艰苦探索，取得重大理论成果。这些探索是马克思主义中国化第二次飞跃的前奏，是毛泽东思想在新中国成立后的新发展，为党的十一届三中全会后进一步开创中国特色社会主义道路奠定了理论基础。

【推荐阅读】

1. 胡绳：《中国共产党的七十年》，中共党史出版社 1992 年版。

2. 马兆明：《党的三代领导核心与中国社会主义道路探索》，山东人民出版社 2002 年版。

3. 赵东苹：《1956 年前后中国共产党探索建设中国社会主义道路研究》，中国人民大学博士论文，2007 年，现藏国家图书馆。

4. 高学栋：《经济全球化与东方落后国家社会主义道路》，复旦大学博士论文，2004 年，收入中国博士学位论文全文数据库。

5. 王欣：《中共八大前后毛泽东探索中国社会主义建设道路的理论贡献和历史特点》，武汉大学硕士论文，2007 年，现藏国家图书馆。

6. 金容大：《"中国式社会主义道路"思想之形成及其开展》，政治大学硕士论文，1989 年，现藏国家图书馆。

5. 如何认识"毛泽东是探索中国社会主义建设道路的开创者"这一命题?[①]

【问题提出】

毛泽东（1893—1976），字润之，笔名子任，湖南湘潭人。由于种种原因，在人们的眼中，毛泽东是一位"革命家"，而教材第九章明确指出"毛泽东是探索中国自己的社会主义建设道路的开创者"[②]，不禁发人深思。作为一位对20世纪的中国历史产生巨大影响的伟人，毛泽东不仅领导了中国革命，还领导全党和全国人民顶住各种影响和压力，坚持不懈地探索中国的社会主义建设道路，这是中国60多年社会主义建设的一个重要环节。认清这一点，对全面、准确地理解毛泽东、毛泽东思想，乃致新中国的社会主义建设之路，都具有重要的意义。

【疑惑之点】

"开创"一词，英文为 start；found；initiate，意指"创立"；"开拓创建"。1949年以来，中国共产党和中国人民一直在探索自己的社会主义建设道路。为什么毛泽东能够被称为"探索中国自己的社会主义建设道路的开创者"？在这方面，他做了哪些探索，提出了哪些思想和观点？这些思想和观点有无开创意义？

【解疑释惑】

毛泽东不仅是中国社会主义制度的奠基人，而且是中国社会主义建设道

---

① 本问题撰写者为黄进华。
② 本书编写组：《中国近现代史纲要》，高等教育出版社2008年版，第232页。

路的倡导者、力行着和主要创造者。为此，他孜孜以求，其中，比较典型的探索有如下四次。

第一次，是在 20 世纪 50 年代中期，通过三大改造顺利实现新民主主义社会向社会主义社会的和平过渡。

1949 年新中国的成立，标志着中国进入新民主主义社会。如何实现向社会主义社会的过渡？这是摆在党和国家面前的全新课题。是否像苏联那样消灭资产阶级、没收他们的财产、剥夺他们的权力？经过深刻的思索，毛泽东借鉴了马克思、恩格斯和列宁关于过渡时期的理论及和平、赎买等做法，提出了中国特色的过渡时期总路线，对民族资产阶级采用"赎买"政策，并引导私人农业、手工业走合作化道路。到 1956 年，社会主义改造基本完成，社会主义基本制度初步确立，中国最终和平、成功地过渡到社会主义社会。

第二次，是在 1956 年，提出"第二次结合"的思想，并以《论十大关系》为标志，初步形成中国社会主义经济、政治、文化建设的新方针。

这年 4 月初，毛泽东在中央书记处会议上提出：现在是社会主义革命和建设时期，我们要将马克思主义和中国的具体实际"第二次结合"，找出在中国进行社会主义革命和建设的正确道路。[1] 同月，毛泽东发表《论十大关系》这一纲领性文献，集中论述中国社会主义建设中必须正确处理的各种矛盾和关系，诸如：重、轻、农的关系；沿海和内地工业的关系；经济建设和国防建设的关系；国家、生产单位和个人的关系；中央和地方关系；汉民族和少数民族的关系；党和非党关系；革命和反革命关系；是与非的关系；中外关系。《论十大关系》提出了一系列关于社会主义建设的重要理论，如调动一切积极因素，为社会主义建设事业服务；以苏联经验为鉴戒，探索适合中国国情的社会主义建设道路；只有把经济建设发展得更快，国防建设才能取得更大进步。

第三次，是在 1957 年到 1958 年初，以《关于正确处理人民内部矛盾的问题》的讲话为标志，科学分析社会主义社会的基本矛盾，并提出要把工

---

[1] 吴冷西：《忆毛主席——我亲身经历的若干重大事件片段》，新华出版社 1995 年版，第 9 页。

作重点转移到技术革命上来。

1956 年，国内外出现比较严重的社会风波，引起毛泽东的关注，这促使他开始对社会主义制度下的社会矛盾问题进行思考和探索。1957 年，毛泽东发表《关于正确处理人民内部矛盾的问题》的讲话，指出社会主义社会的基本矛盾和发展动力是社会主义生产关系和生产力之间的矛盾、上层建筑和经济基础之间的矛盾。同时，毛泽东正确区分了敌我矛盾和人民内部矛盾，探讨了各自的性质、解决方法和处理手段。

在社会主义改造基本完成以后，1958 年，毛泽东号召全党和全国人民开展一场"技术革命"，向科学技术进军，并把全党的工作重点转移到"技术革命"上去。用他的话说："现在要来一个技术革命"，我们一定要鼓一把劲，一定要学习并且完成这个历史所赋予我们的伟大的技术革命。"[1]

第四次，是在"大跃进"失败以后，毛泽东认识到中国还处在社会主义的不发达阶段，制定了"分两步走"的现代化发展战略，并明确提出了"四个现代化"的发展目标。

1958 年"大跃进"的失败，使毛泽东清醒过来，意识到社会主义建设不能一蹴而就。中国刚刚完成社会主义改造，社会主义建设才起步，仍处在不发达的社会主义阶段，将中国建设为一个社会主义现代化强国是一个长期和艰巨的过程，应当"分两步走"，即第一步，建立一个独立的比较完整的工业体系和国民经济体系；第二步，在 20 世纪内全面实现现代化，使我国经济走在世界前列。

1959 年末、1960 年初，在阅读苏联《政治经济学教科书》的笔记中，毛泽东指出："建设社会主义，原来要求是工业现代化，农业现代化，科学文化现代化，现在要加上国防现代化。"[2] 1964 年，周恩来总理在向三届人大一次会议做的《政府工作报告》中，明确提出要"把我国建设成为具有现代农业、现代工业、现代国防、现代科学技术的社会主义现代化国家"，正式将毛泽东关于现代化的思想公之于世，并在 1975 年的四届人大一次会议上再次重申。

---

[1]　毛泽东：《不断革命》，《人民日报》1978 年 12 月 26 日。
[2]　《毛泽东文集》第 8 卷，人民出版社 1996 年版，第 116 页。

在长达 20 多年的艰辛探索中，毛泽东开创性地提出了许多具有重要价值的思想和观点，诸如：对民族资产阶级实行"赎买政策"；在社会主义建设中，必须正确处理各种复杂的矛盾和关系，充分调动各方积极性；系统提出了关于社会主义社会矛盾问题的学说，强调社会主义国家政治生活的主题是正确处理人民内部矛盾；开展"技术革命"；社会主义建设应当"分两步走"；提出"百花齐放，百家争鸣"和"古为今用，洋为中用"的文化建设方针，等等。总之，作为中国社会主义建设道路的开创者，毛泽东为探索社会主义在中国的发展道路做出了不可磨灭的贡献。对此，应当取其精华，避其不足，从而更好地为社会主义现代化建设服务。

【推荐阅读】

1. 毛泽东：《毛泽东选集》第 5 卷，人民出版社 1977 年版。

2. 逢先知、金冲及：《毛泽东传（1949—1976）》，中央文献出版社 2004 年版。

3. 李正华：《毛泽东与中国社会主义建设规律的探索：第六届国史学术年会论文集》，当代中国出版社 2007 年版。

4. 苏丽君：《毛泽东探索社会主义建设道路的理论贡献》，华中师范大学硕士论文，2003 年，收入中国硕士学位论文全文数据库。

5. 万长军：《毛泽东对中国社会主义现代化建设道路的理论探索》，中国人民大学硕士论文，2004 年，现藏国家图书馆。

6. 王欣：《中共八大前后毛泽东探索中国社会主义建设道路的理论贡献和历史特点》，武汉大学硕士论文，2007 年，现藏国家图书馆。

第十章　改革开放与现代化建设新时期

1. "1978 年 12 月召开的十一届三中全会是建国以来我党历史上具有深远意义的伟大转折"，如何理解 1981 年《关于建国以来党的若干历史问题的决议》中的上述定论?①

【问题提出】

1981 年，中共十一届六中全会通过《关于建国以来党的若干历史问题的决议》，指出："1978 年 12 月召开的十一届三中全会是建国以来我党历史上具有深远意义的伟大转折"。2009 年，恰值新中国成立 60 周年。在此情况下，全面准确地理解和把握十一届三中全会的贡献，客观、理性地评价这次全会的历史地位和作用，具有重大的理论价值和现实意义。

【疑惑之点】

关于 1949 年新中国建立之后 60 年的历史，学术界一般分为两个阶段，即所谓"前三十年"和"后三十年"之说。两者的界标，即为 1978 年 12 月召开的党的十一届三中全会。那么，这次全会为什么能够成为新中国历史的界标？这此全会的主要内容是什么？这次全会究竟取得了哪些成就？为什么这次全会能够开创改革开放伟大事业的新阶段？再有，这次全会与邓小平理论的关系如何？

---

① 本问题撰写者为黄进华。

【解疑释惑】

1949 年新中国成立后，中国共产党领导中国人民取得了伟大成就，但也犯了一些“左”倾错误，如 1957 年的“反右扩大化”、1958 年的“大跃进”，特别是十年“文革”给党、国家和民族造成巨大损失，其教训是极为沉痛和深刻的。在 1976 年粉碎“四人帮”后，中国向何处去？当时，广大干部群众盼望不再搞“以阶级斗争为纲”，希望新的领导人迅速清除“左”的错误，把生产搞上去，以便改善人民生活，使国家富强起来。但是，由于多年“左”倾错误的影响，加之当时中央主要领导人华国锋等人仍然强调“以阶级斗争为纲”，提出“两个凡是”：“凡是毛主席做出的决策，我们都坚决维护，凡是毛主席的指示，我们都始终不渝地遵循”，致使“文革”结束后两年，中国仍然处于一种在徘徊中前进的状态。

为此，1977 年 4 月，邓小平写信给中共中央，含蓄地对“两个凡是”方针提出批评：“我们必须世世代代地用准确的完整的毛泽东思想来指导我们全党、全军和全国人民。”1978 年，在邓小平、陈云和胡耀邦等人的支持和组织下，开展了一场关于“真理标准”问题的大讨论，触及“两个凡是”的要害。该场讨论的导火索是 5 月 11 日在《光明日报》上发表的《实践是检验真理的唯一标准》。讨论促进了思想解放，冲破了“两个凡是”和“左”倾思潮的束缚，为十一届三中全会的召开做了思想准备。

1978 年 12 月 18—22 日，中共第十一届中央委员会第三次全体会议在北京举行。此前，召开了一次历时 36 天的中央工作会议，为随后召开的三中全会做了充分准备。在工作会议上，许多老一辈革命家都对“文革”结束后两年来党的领导工作中出现的失误提出中肯的批评。此外，他们还就一些历史遗留问题提出意见，并围绕党的工作重心的转移、恢复和发扬党的优良传统等问题献计献策。在会议闭幕式上，邓小平做了《解放思想，实事求是，团结一致向前看》的重要讲话。事实上，该讲话是解放思想、实事求是的宣言书，是开辟新道路、创立新理论的动员令。

十一届三中全会的中心议题是工作重心转移问题。早在 1956 年，党的“八大”就提出要转移工作重心，但因“左”倾错误思潮的影响，这一进程不幸中断。三中全会决定，从 1979 年起，将工作重心和全国人民的注意力转移到社会主义现代化建设上来，并果断地决定停止使用"以阶级斗争为纲"的口号，这是党在政治路线上最根本的拨乱反正，是全会最根本的历史功绩。

三中全会高度评价了关于"真理标准"问题的大讨论，明确了"实践是检验真理的唯一标准"是党的思想路线的根本原则，从而重新确立了马克思主义的实事求是的思想路线。会议一致认为，全党和全国人民只有在马列主义和毛泽东思想指导下，解放思想，努力研究新情况、新事物、新问题，坚持实事求是、一切从实际出发、理论联系实际的原则，才能顺利实现工作重心的转变，正确解决实现四个现代化的具体道路、方针、方法和措施，正确改革同生产力迅速发展不相适应的生产关系和上层建筑。

关于经济建设问题，全会指出：要实现四个现代化，要求大幅度地提高生产力，也就必然要求多方面地改变同生产力发展不适应的生产关系和上层建筑，改变一切不适应的管理方式、活动方式和思想方式，因而是一场广泛、深刻的革命。全会提出，应当在自力更生的基础上，积极发展同世界各国平等、互利的经济合作，努力采用世界先进技术和设备，加快社会主义建设。

同时，全会指出，必须健全党的民主集中制，健全党规党法，严肃党纪；强调党中央和各级党委要加强集体领导；在人民内部的思想政治生活中，只能实行民主方法，不能采取压制、打击手段；宪法规定的公民权利必须坚决保障，任何人不得侵犯；为了保障人民民主，必须加强社会主义法制，使民主制度化、法律化，使这种制度和法律具有稳定性、连续性和极大的权威，做到有法可依，有法必依，执法必严，违法必究。

此外，全会认真讨论了党的历史上一些重大政治事件，肯定了 1975 年邓小平主持中央工作期间各方面取得的成就，肯定了 1976 年"天安门事件"的革命性质，审查和纠正了过去对彭德怀、陶铸、薄一波、杨尚昆等同志所做的错误结论，肯定了他们对党和人民的贡献。

为了健全民主集中制，加强集体领导，十一届三中全会增选陈云为中央政治局委员、常务委员，中央委员会副主席，邓颖超、胡耀邦、王震为政治局委员，增补黄克诚、胡乔木、习仲勋等九人为中央委员；选举产生了一个由 100 人组成的中央纪律检查委员会，并选举陈云为第一书记。会后，政治局会议决定设立中央秘书长，由胡耀邦担任，并免去汪东兴的各项兼职。经过三中全会和这次人事变动，实际上形成了一个以邓小平为核心、由陈云鼎力相助的第二代中央领导集体，为贯彻执行十一届三中全会的路线、方针和政策提供了组织保证。

十一届三中全会是建国以来党的历史上具有深远意义的一次重要会议。这次全会从根本上冲破了长期"左"倾错误的严重束缚，端正了党的指导思想，重新确立了党的马克思主义的正确路线，开辟了一条建设中国特色社会主义的新道路，而邓小平理论也正是在这次全会前后逐步形成和发展起来的。三中全会在拨乱反正、提出改革开放任务等方面起到了伟大的历史作用，揭开了党和国家历史的新篇章，是建国以来中国共产党历史上一次具有深远意义的伟大转折，也是新中国建立以来一次伟大的历史性转折。

【推荐阅读】

1. 胡福明：《实践是检验真理的唯一标准》，《光明日报》1978 年 5 月 11 日。

2. 邓小平：《解放思想，实事求是，团结一致向前看》，《邓小平文选》第 2 卷，人民出版社 1994 年版。

3. 中共中央：《中国共产党第十一届中央委员会第三次全体会议公报》（1978 年 12 月），中共中央文献研究室《三中全会以来重要文献选编》上编，人民出版社 1982 年版。

4. 中共中央：《关于建国以来党的若干历史问题的决议》，人民出版社 1981 年版。

5. 胡锦涛：《在纪念党的十一届三中全会召开 30 周年大会上的讲话》，人民出版社 2008 年版。

6. 于光远：《1978：我亲历的那次历史大转折：十一届三中全会的台前幕后》，中央编译出版社 2008 年版。

2. 论证"三大历史选择"的必要性与合理性是"中国近现代史纲要"的"纲"中之"要"。但在现代化凯歌行进的今天,有人却认为作为"三大历史选择"之一的马克思主义"已经过时",为什么?马克思主义中国化过程中是否出现"失真"乱象?①

【问题提出】

美国资深经济学家、政治学家、社会学家、管理学家彼得·德鲁克(Peter F. Drucker)曾宣告"马克思主义在道德上和经济上都已失败",但他同时又不得不承认:"对世界上大多数人来说,马克思主义仍然是唯一条理清楚的意识形态,而且在世界大多数人看来是不可战胜的。"②彼得·德鲁克所言的"世界上大多数人",当然包括甚至主要指占世界人口比重最多的中国人。

作为"新四门"思想政治理论课之一的"中国近现代史纲要",其"纲"中之"要"就是围绕"民族独立和人民解放、国家富强和人民富裕"这两大历史任务,论证历史和人民做出"三大历史性选择"的必要性、合理性和科学性。除了"中国共产党"、"社会主义道路"外,"三大历史性选择"还包括"马克思主义"。

就世界范围看,应当承认,马克思主义的确历经大起大落。有这样一个话题时常被拿到台面上,并且由此引发很多争论。这个话题就是:"马克思主义是否已经过时了?"在现实生活中,包括在一些大学生中,有人认为:作为大工业时代产物的马克思主义已经不适合中国国情。要体现"中国近现代史纲要"的"纲"中之"要",必须首先厘清这个问题。

---

① 本问题撰写者为徐奉臻。
② [美]彼得·德鲁克:《后资本主义社会》,张星岩译,上海译文出版社1998年版,第3页。

【疑惑之点】

马克思主义是否已经过时？"马克思主义过时论"如何生发？怎样认识马克思主义中国化过程中出现的"失真"现象？"失真"现象的具体表现有哪些？其教训是什么？1998 年底，英国路透社评选"千年伟人"以及同年英国广播公司评选"千年最伟大的思想家"的结果说明了什么？

【解疑释惑】

对本问题的分析，需要从下面两个特别值得关注的现象入手。其一，作为马克思主义创立者的马克思（Karl Marx）和恩格斯（Friedrich Engels），在经济上，没有丰厚的财产；在政治上，没有显赫的地位和权势。可以说，无职、无权、无钱，马克思甚至还一度贫困潦倒。那么，为什么他们的观点与学说能够超越国家、地域、民族和语言的限制，以那么快的速度急速扩展至世界各地，并赢得那么多信众。正如英国肯特大学政治学教授、美国纽约州立大学客座教授、国际知名的马克思主义研究者戴维·麦克莱伦（David McLellan）所慨叹的："不可思议的是，作为维多利亚时代的思想家，马克思把欧洲、北美视为世界舞台的中心和未来革命的战场；而现在，这位思想家却明显地被第三世界各国人民广为尊崇，被尊为导师。"① 对于这个问题的回答，能够有说服力的答案，恐怕只有一个。那就是：理论的力量，思想的力量。

其二，1998 年底，英国路透社评选"千年伟人"，结果是：爱因斯坦（Albert Einstein）第一，卡尔·马克思（Karl Marx）和印度的"圣雄"甘地并列第二。同年，英国广播公司又进行了整整一个月的网上投票，评选"千年最伟大的思想家"。结果是：马克思第一，爱因斯坦位列第二。从评选活动的主持者看，无论是英国路透社，还是英国广播公司，都是西方资本主义世界很有影响的媒体；从评选的时间上看，1998 年恰值东欧剧变、苏

---

① ［英］戴维·麦克莱伦：《马克思以后的马克思主义》，李智译，中国人民大学出版社 2004 年版，第 3 页。

联解体、马克思主义受到严重冲击之后。这两种现象所说明的问题至少是：马克思以及马克思主义都经受住了时间和空间的考验。其中，马克思在人们的心目中是有位置的，马克思主义是有生命力的。正如萨特（Jean‐Paul Sartre）所言："马克思主义好像刚刚开始生发，马克思主义还很年轻，几乎还处在幼年期，其生命力远远没有枯竭。因此，马克思主义依旧是不可超越的时代哲学。"① 在《马克思的幽灵》一书中，有"当代思想巨擘"、"解构主义哲学家"、"西方现代主义大师"称誉的法国学者雅克·德里达（Jacques Derrida），反复强调如下思想："不能没有马克思，没有马克思，没有对马克思的回忆，没有马克思的遗产，也就没有将来。""地球上所有的人，所有的男人和女人，不管他们愿意与否，知道与否，他们今天在某种程度上都是马克思和马克思主义的继承人。"②

以上分析仅就认识马克思主义这个层面而言。毫无疑问，"认识"是问题的一面，但"运用"却是更重要的另一面，因为"认识"的目的归根结底是为了"运用"。但需要强调的是，正是在具体的运用过程中，出现了很多难以规避的问题。就中国而言，结合学术界现有的研究成果，可将这些难以规避的问题的主要表现概括为马克思主义中国化过程中所导致的"四大失真"。

失真之一，是"凝固化"。其主要表现是：注意捕捉"微言大义"，但却述而不作。热衷于将马克思主义当成古文经典来注释，但却忽视了马克思主义的实践功能。陶醉于文本解读所体现的学术性，却没有注意挖掘马克思主义的现实性和超越性。

失真之二，是"主观化"。其主要表现是：片面突出强调马克思主义的政治功能和意识形态功能，把体系庞杂和内容丰富的马克思主义简单地规约为"伦理道德的说教"、"政治斗争的武器"和"意识形态较量的工具"。如此，使马克思主义富有生命力的本真精神被遮蔽。

失真之三，是"偶像化"。其主要表现是：把马克思主义看得过于神

---

① JEAN‐PAUL SARTRE, *Search for a Method*, New York, 1968, p. 30.
② ［法］雅克·德里达：《马克思的幽灵》，何一译，中国人民大学出版社1999年版，第21、127页。

圣，好像马克思主义是万能的，能够囊括人类思想和人类生活的全部内容，能够囊括人类文明的全部真理。因此，只要有马克思主义，就不再需要任何其他学派、学说和真理了，这是有悖于历史发展的。事实是，任何理论都难免具有阶级和时代的局限性，马克思是人而不是神，因此马克思的理论和著作自然也不会例外。更何况，马克思是 19 世纪下半叶（1883 年）去世的，马克思去世后，整个世界又发生了翻天覆地的变化。在这些变化中，有很多都是马克思本人没有看到或始料不及的。因此，现代人应该具有的态度是：在承认马克思主义理论"基本观点"的同时，还应该结合当今世界文明演进中出现的新情况和新问题，对马克思主义的一些"具体观点"进行补充，甚至修正。如果说在 100 多年前出现的马克思主义在 100 多年后或者在更长的时间内依旧完全正确，是颠扑不破的真理，那不仅是非历史主义的，也不符合马克思主义的基本精神。

失真之四，是"标签化"。其主要表现是：在"一元独尊"思维方式框架内，把"马克思主义"作为一种可以到处张贴的标签。以为如果不标榜"马克思主义"五个字，似乎就不足以证明某种观点、某种理论、某个学科存在的合理性和科学性。因此，在本质上，"标签化"是"教条化"的一种体现形式。

在马克思主义中国化失误的历史上，由神圣化代替批判精神、以实用主义代替批判方法，则是马克思主义在中国一度"失真"或"失灵"的基本教训。总结这些教训，下面四个问题难以规避。

其一，马克思主义的适用性问题。中国以往出现的神圣化趋向主要是将马克思主义的功能无限提升，使其成为囊括人类思想和行为的普世性真理，这是有悖历史事实的，因为任何理论都难免具有阶级和时代的局限性。经典作家也是人，而不是神，所以他们的观点和学说也不例外，也存在着波普尔（Karl Popper）所言的需要以直接的经验观察对理论进行"证伪"和修正的因子。例如，1848 年的《共产党宣言》就有把阶级对立加以简单化的倾向。马克思和恩格斯在世时，曾对自己的部分观点进行批判性审视，并加以修正，如关于暴力革命的学说。不仅如此，面对德国社会民主党在议会民主中获得越来越大的成功，恩格斯不得不做出妥协，予以承认。马克思去世后的世界发生了他始料不及的巨变，因此"指望马克思著作中的许多具体观点在今天仍然适用，便毫无道理"。① 时下，在中国理论界常常浮出水面的"马克思主义过时论"，就是在神化的情境下夸大马克思主义适用性的必然逻辑后果。

其二，在发展和外射中，马克思主义被不断偏离原有理论轨道的问题。可以肯定，这个问题的确存在。据英国学者戴维·麦克莱伦（David McLellan）考证，"辩证唯物主义"这一术语最早源自约瑟夫·狄慈根（Joseph Dictzgen），恩格斯对他的观点表示极大的赞许。"马克思主义最终被描绘成苏联（及其他国家）的辩证唯物主义教科书所体现的那种教条主义形而上学体系"，"与马克思原来的思路很不相同"，因为"这条道上最初几步是由恩格斯迈出的"。② 虽然哈贝马斯（J. Habermas）曾抱怨马克思有青睐生产力的倾向，并致力于通过强调上层建筑的重要性来反对"古典马克思主义中刻板的经济决定论"③，但他同时也直言不讳地承认，"马克思对生产力和生产关系的辩证关系的卓越洞察……被用一种机械的方式加以错误地解释"。④

这种对马克思历史唯物主义做了偏重"物化观"的解读，在实践上产生了一系列偏颇和失误。实际上，马克思在阐发历史唯物主义理论时，有一个"生活的生产"的重要理论预设和理论命题，强调了生活的本源性和生活与生产的互动生成关系，从而把社会发展的合目的性与合规律性统一起来。发掘马克思"生活的生产"这一重要理论思想，对于重构科学的社会理论、贯彻科学发展观和建构中国的新型现代性，都具有极其重要的理论价值。⑤ 因此，我们应持的态度是：在承认马克思主义理论"基本观点"的同时，还应该结合当今中国和世界出现的新情况与新问题，对马克思主义的一些"具体观点"进行补充，甚至修正。

其三，马克思主义中国化的理论实质的规律形态问题，即以基于时代的批判精神定位马克思主义中国化的理论实质，到底属于一般规律，还是特殊

① ［英］戴维·麦克莱伦：《马克思以后的马克思主义》，李智译，中国人民大学出版社2004年版，第9—10、3页。
② 同上书，第9—17页。
③ ［英］大卫·麦克里兰：《意识形态》，孔兆政等译，吉林人民出版社2005年版，第102页。
④ J. Habermas, *Theory and Practice*, Heinemann, London, 1971, p. 169.
⑤ 王雅林：《马克思"生活的生产"理论预设的当代意义——关于社会发展理论框架的新建构》，《学术交流》2005年第7期。

规律的问题。众所周知，任何理论的出台都不是一蹴而就的，都依赖思想、学术和社会方方面面背景条件的支持。也正因为意识到这一点，有学者说："任何后理论，对前理论都有一定程度的批判，也都有一定程度的继承。批判继承是理论发展的一般规律，一般规律不能揭示对象的特殊本质。"①

应该说，这种认识无可厚非，但需要进一步强调的是，一般规律和特殊规律的区分不是绝对的，两者不仅互相关联，而且彼此寓于。在此范畴内可以称之为一般规律，在彼范畴内就可能演变成特殊规律。例如，关于生产关系和生产力发展彼此适应的规律在人类社会具有一般性，但就整个宇宙或不同国家而言，则显现其特殊性。由此审视马克思主义中国化的理论实质，时代批判精神体现一般规律和特殊规律的统一。在一般规律层面，时代批判精神基于一般理论视角。在特殊规律层面，时代批判精神的意蕴至少有二：一是凸显马克思主义和中国现代化变迁之间的联系；二是体现马克思主义中国化的特殊情境和特定内涵。在这个意义上，一般规律存在于特殊规律之中，应该通过特殊规律去掌握一般规律。在具体的操作中，既要承认"任何理论都……可以是批判性的"，又要切记"并非每一种理论的每一种模式都具有同样的批判性"。② 马克思主义中国化的批判模式的特点，可以浓缩为合目的性—合国情性—合规律性的统一、目的—过程—产物的三位一体、时代精神—科学精神—人文精神的有机结合、源于马克思主义而又超越马克思主义的梯级型理论与实践的双重提升等。如果不抓住时代批判精神这一马克思主义中国化的理论实质，就难以解释马克思主义中国化的正当性、必要性、可能性与合理性。

其四，是否允许诠释者和实践者超越文本的问题。分析此问题需要着眼于两个角度：一是要加强对马克思主义原始文本的整理和研究，不断发掘新的理论资源，为中国化马克思主义理论的批判性建构提供学理基础。二是要关照马克思主义的开放性，允许诠释者和实践者选择性地、创造性地超越文本，因为作为不断发展和动态生成的马克思主义的本真精髓，不仅存在于马

---

① 袁辉初：《论马克思主义中国化的实质》，《马克思主义研究》2006年第2期。
② ［美］詹姆斯·博曼：《社会科学的新哲学》，李霞等译，上海人民出版社2006年版，第253页。

克思的原始文本中，同时更存在于鲜活的现代化实践中。

一个很能说明问题的事实是：在中国式现代化道路的探寻中，除少数专业精英外，几乎没有人完整地通读过浩繁的马克思主义的全部文本，但这既没有妨碍中国化马克思主义理论成果的问世，也没有阻止毛泽东思想、邓小平理论、"三个代表"与科学发展观成为马克思主义的重要组成部分。对此现象的合乎逻辑的解释应该是：毛泽东思想、邓小平理论、"三个代表"与科学发展观的理论建构者，以基于时代的批判精神和批判方法，将马克思主义基本原理与中国变动不居的中国现代化实践相结合，使中国化的马克思主义成果形成自己的特色，具有中国风格和中国气派。

或许是意识到了这一点，有西方学者强调"'马克思主义'一词已经在更大程度上是指某种态度，而不是前后一致的思想体系"。① 其中的"某种态度"，不妨理解为基于时代的批判精神。因此，源于文本，又不囿于文本，是马克思主义中国化的应有之义。把握好两者之间的"度"，最终还是需要时代批判精神的观照。实践表明，背离了批判，就难免要走向两个极端：一是彻底脱离文本的主观臆断，二是完全嵌入文本的文牍主义（Red tape），或文献历史主义（Documentary historicism）。前者会把马克思主义变成一种含混不清的可以到处粘贴的标签，从而使马克思主义的功能伦理化、道德化和工具化；后者的主要表现是只注意捕捉微言大义，最终难免要陷入系风捕影和述而不作的凝固化误区。这两种情况都会严重阻碍人们用发散性与动态生成性思维去继承和发展马克思主义。

【推荐阅读】

1. ［匈］卢卡奇：《历史与阶级意识——关于马克思主义辩证法研究》，杜章智等译，商务印书馆 2004 年版。

2. 俞吾金：《重新理解马克思——对马克思哲学的理论基础和当代意义的反思》，北京大学出版社 2006 年版。

3. 鲁克俭：《国外马克思学研究的热点问题》，中央编译出版社 2006 年版。

---

① 《简明不列颠百科全书》，中国大百科全书出版社 1986 年版，第 593 页。

3. 如何基于国内学术界现存的有关马克思主义中国化理论实质问题的"结合论"、"过程论"、"具体化论"等意见，从批判视阈审视马克思主义中国化的理论实质？[①]

【问题提出】

一般认为，对马克思主义中国化思想的系统阐发缘起于 1938 年 10 月 14 日毛泽东在中国共产党第六届中央委员会扩大的第六次全体会议上所做的《论新阶段》的政治报告。[②] 此后，"马克思主义中国化"就成为中国共产党执政的显性"主流"话语。探索马克思主义中国化的基本规律，揭示马克思主义中国化的理论实质，是中国现代化变迁的现实需求与理论期待。

【疑惑之点】

关于马克思主义中国化的理论实质，国内学术界有"结合论"、"过程论"、"具体化论"、"马克思主义民族化、中国传统文化的现代化和中国实践经验的马克思主义理论化的有机统一"[③] 等不同意见，其中不乏马克思主义中国化"何以必要"、"何以可能"等哲学或历史层面的追问性探讨，体现了马克思主义中国化研究的多样性和复杂性。问题是，既然马克思主义中国化是必要的和可行的，那么为什么"马克思主义过时论"不时在中国学术界浮出水面？马克思主义中国化的进程又缘何充满曲折与坎坷？这些问题既牵涉到马克思主义的历史定位和功能定位，又离不开对中国现代化理论的检视和反思。其终极的落脚点，还是对马克思主义中国化的理论实质的把握

---

① 本问题撰写者为徐奉臻。

② 毛泽东：《中国共产党在民族战争中的地位》，《毛泽东选集》第 2 卷，人民出版社 1991 年版，第 533—535 页。

③ 袁辉初：《论马克思主义中国化的实质》，《马克思主义研究》2006 年第 2 期。

问题。

【解疑释惑】

所谓"实质",即"本质",指事物本身所固有的、决定事物性质—面貌—发展的根本属性。事物的本质是隐蔽的,是通过现象来表现的。虽然"结合论"、"过程论"、"具体化论"、"马克思主义民族化、中国传统文化的现代化和中国实践经验的马克思主义理论化的有机统一"等观点,均不乏诠释的合理内核,但同时又都不同程度地偏离了"本质"的根本意涵,因为马克思主义本身所固有的、决定马克思主义中国化的性质—面貌—发展的根本属性,不是"结合"、"过程"、"统一"、"具体化"等形式所能够说明得了的。相反,基于时代的批判精神,才是需要透过现象加以掌握的具有隐蔽性的马克思主义中国化的实质,才是回答"过程"何以推进以及"结合"、"统一"、"具体化"何以实现的症结。把握此症结点,不仅会使马克思主义中国化"何以必要"、"何以可能"等问题迎刃而解,而且有助于形成马克思主义中国化必需的动态生成性思维。因此,以"批判"为主脉,在批判视阈中审视马克思主义中国化,并由此步入马克思主义中国化的"批判诠释学"(Critical Hermeneutics)① 之路,不失为马克思主义中国化研究中一种值得探索的路径。

马克思主义是实在论和建构论的统一。基于时代的批判精神,既是马克思主义中国化的理论实质,又贯穿马克思主义产生和发展之始终。其中的"批判",呈现"理论性批判"和"实践性批判"。"理论性批判"包括对已有成果的"扬弃性批判"和对自身成果的"内省式批判";"实践性批判"表现在马克思对资本主义社会的揭露上,也表现在中国现代化的倡行者对现代化发展道路的不断调适与更新中。

马克思曾指出:"哲学家们只是用不同的方式解释世界,而问题在于改

① J. B. Thompson, *Critical Hermeneutics: A Study in the Thought of Paul Ricoeur and Jürgen Habermas*, Cambridge University Press, 1981.

变世界。"① 有学者据此断定："马克思要求其追随者不是去解释世界，而是要改造世界"②，即马克思所重视的，不是理论批判功能，而是实践批判功能。笔者以为，这是有违事实的。从语境上看，马克思的话是针对包括费尔巴哈的唯物主义在内的旧唯物主义所具有的忽略实践和不了解实践批判意义的缺陷而言，其真正意图在于强调仅仅有智力上和理论上的批判是不够的，批判也应该是理论与实践的统一，是解释世界与改变世界的统一。实现两者的统一，并在两者之间保持必要的张力，是马克思主义与其以前的旧哲学相比所具有的革命性之处。马克思主义旺盛的生命力的维系，最终要归因于马克思主义在理论和实践两个层面同时彰显的批判精神和批判意蕴。

在分析马克思主义与马克思主义中国化的关系时，有人提出"从马克思主义的理论同质上来理解二者的同一性，以说明中国化马克思主义的正当性"③。应当承认，这是一个值得重视的研究思路，但问题是，马克思主义与马克思主义中国化处于现代化的不同阶段，不仅产生的时空条件相异，而且表现形式和具体内容都互有不同，那么它们的理论同质性和同一性又到底是如何体现的呢？恰切的答案，恐怕只能是贯穿于马克思主义和中国化的马克思主义之始终的一脉相承的时代批判精神。这种认识的意义在于，它能够为马克思主义中国化争取必要的资格。因此，从马克思主义和马克思主义中国化两个角度梳理和阐释其所蕴含的时代批判精神，应该成为研究马克思主义中国化理论实质的楔入点。

马克思主义的时代批判精神，表现在马克思主义不仅产生于批判，发展于批判，并且因为批判而赢得喝彩者和信奉者。在 20 世纪下半叶的西方社会，马克思主义作为对技术社会的一种存在主义的批判与反抗而获得新生，马克思主义为西方许多社会批判思潮提供了可以依托的资源和灵感。

一般认为，Marxism 这个由考茨基（Karl. Kautsky）提出、被恩格斯充分认可的称谓，其所指征的是马克思和恩格斯的观点与学说体系，但有时人

① 马克思：《关于费尔巴哈的提纲》，《马克思恩格斯选集》第 1 卷，人民出版社 1966 年版，第 19 页。
② ［英］戴维·麦克莱伦：《马克思以后的马克思主义》，李智译译，中国人民大学出版社 2004 年版，第 2 页。
③ 袁辉初：《论马克思主义中国化的实质》，《马克思主义研究》2006 年第 2 期。

们也会在萨特（Jean – Paul Sartre）于《辩证理性批判》中所使用的 Marxism of Marx 或 Marxism of Marx Himself 的层面理解 Marxism，以便突出马克思在马克思主义创立和发展中的贡献，同时也强调马克思和恩格斯在许多观点上的不同。忽略两者的不同，或将两者交替使用，是时下相关研究的普遍现象。

马克思主义"产生于批判"，是指马克思主义既奠基于 19 世纪上半叶欧洲社会政治和经济的发展，又是批判地继承欧洲已有的思想成果的产物。德国的古典哲学、英国的古典政治经济学与英法的空想社会主义，成为马克思主义缘起过程中扬弃性理论批判的对象。

马克思主义"发展于批判"，是指在马克思主义产生后，作为马克思主义创立者的马克思及其后继者，又以特定情境的现代化实践为素材，对自身成果进行"内省式批判"，不断修正、丰富、完善自己的理论，并用以指导工人运动和现代化变革，从而实现其现实主义的实践批判功能。此层面的批判，展示了马克思主义的"自我超越"（self – transcendence）。

与马克思主义一脉相承，中国化的马克思主义也同样产生于批判，发展于批判。马克思主义中国化的理论，也同样因为批判而显示出变现的解释力和生命力。

认同和接受马克思主义，是马克思主义中国化的前提，也是马克思主义中国化的肇始。马克思主义"东渐"中国，并首先成为知识精英的主导话语，是与批判相伴随的。"东渐"的过程，包括"马克思主义传入中国"和"马克思主义在中国广泛传播"两个阶段。前者出现于新文化运动和俄国十月革命之前，《万国公报》是介绍马克思及其学说的激进刊物。后者出现于十月革命后和新文化运动的后期，马克思主义广泛传播的原因，既有十月革命和五四运动的强有力推动，又归因于包括马克思主义、无政府主义、泛劳动主义、新村主义、基尔特（Guild）社会主义、资产阶级改良主义等各种思潮批判性的主义论争。在千帆竞起、百家争鸣的批判中，马克思主义尽显其物竞天择、适者生存的理论气度，不仅形成强烈的辐射冲击波，而且最终成为中国先进知识分子的理论抉择。之后，随着北京和上海等地"马克思主义研究会"的相继成立，马克思主义研究也逐渐走向建制化之路，马克思主义中国化进程也随之不断深入。

毛泽东曾说："'化'者，彻头彻尾彻里彻外之谓也"。① "马克思主义中国化"的"彻头彻尾彻里彻外"，既体现在"目的"上，又表现为"过程"和"产物"。

作为"目的"的马克思主义中国化，是要在"中体西用论"和"全盘西化论"失败后，探寻符合中国国情的中国式现代化之路。"中体西用论"和"全盘西化论"是19世纪中叶到20世纪初期中国现代化变革与中西文化融合的主要范式，前者失败的原因，是在用"中体西用分裂"克服传统的"中道中器一系"的过程中，没有批判地对待中国的传统道统与文化；后者偏颇的表现，是在以"西道西器合一"取代"中体西用分裂"的同时，又陷入自我否定、视中国本土文明百无一可的西化主义藩篱②，其实质是批判精神和批判方法缺位的"复制"、"拷贝"或"拿来主义"。

作为"过程"的马克思主义中国化，是中国社会解构和建构的"化"的过程，是中国特色的现代化理论形成和现代化进程推进的"扬"与"弃"相互交织的过程。因此，没有批判地继承和发展，也就无从奢谈马克思主义中国化。这个层面的马克思主义中国化，是中国化的马克思主义成果不断形成和累积的过程。

作为"产物"的马克思主义中国化，在实践上表现为中国现代化的梯次深入和增容，在理论上表现于蕴含着时代批判精神的毛泽东思想、邓小平理论、"三个代表"与科学发展观的相继问世。此层面的马克思主义中国化，可被表述为"中国化的马克思主义"。

作为中国化的马克思主义，毛泽东思想、邓小平理论、"三个代表"与科学发展观，既是马克思主义中国化的理论结晶，又发展了马克思主义，既体现了中国化马克思主义与马克思主义之间的双向互动（interaction），又表现出"与时俱进"的理论风范。与之相对应，"与时俱进"也被许多中国学者视为马克思主义中国化的理论实质。这种定位，既有合理内核，又有明显的不充分性。因为"与时俱进"所体现的，仅仅是马克思主义中国化正在进行时的运行状态，或已经完成时的实存样态，并没有回答或揭示"如何

---

① 毛泽东：《反对党八股》，《毛泽东选集》第3卷，人民出版社1991年版，第841页。
② 徐奉臻：《"西化主义"：现代化的误区》，《北方论丛》1998年第6期。

与时俱进"的问题，而这恰恰是马克思主义中国化所面临的症结所在。

如何与时俱进？历史表明，批判使然。就"认识"和"运用"而言，前者体现为对马克思主义的接受、认同和批判性理论改造上，后者则是将马克思主义不断中国化的实践过程。在中国现代化的历程中，凡是实践上出现重大失误、理论上经不住实践的检验，或因奉行"马克思主义过时论"而丧失对马克思主义的信念，归根结底都与批判精神和批判方法的缺失密切相关。反之则反。因此，用"成也批判，衰也批判"来表达，也并不为过。偏离了基于时代的批判精神，也就无法客观地总结马克思主义中国化正反两方面的成功经验和深痛教训。

在马克思主义中国化的一次次飞跃中，毛泽东以其倡导的"马克思主义的批判精神"①，创造性地开辟了以农村包围城市的革命道路，并在1950年代提出摒弃马克思主义俄国化的苏联所采取的将农民的剩余转为对重工业的直接投资的做法，把农业置于国民经济的基础和主导地位。

邓小平从批判"两个凡是"入手，不仅提出了修正"大跃进"时期"左"向激进主义的"三步走"现代化发展战略，而且围绕"什么是社会主义、怎样建设社会主义"这一主题创立了邓小平理论，以批判性的理论成果实践了其所倡导的"解放思想"原则，即"在马克思主义指导下打破习惯势力和主观偏见的束缚，研究新情况，解决新问题"。②

"三个代表"以一让三，以党的先进性和广泛性弱化党的阶级性，全新地概括了党的宗旨、性质和历史任务，回答了"建设什么样的党和怎样建设党"的重大课题，为中国共产党在科技已成为"第一生产力"和经济结构不断多元化的新历史条件下执政所具有的合法性和合理性做出合乎逻辑的、有说服力的解释，也为党提供了立党之本、执政之基和力量之源。

科学发展观基于中国现代化进程中出现的环境恶化与生态危机、社会建制与社会演化的不相适应、现代人格的缺失及其所造成的人的矮化等现象而提出，具有全面、系统、开放、集约、协调和可持续等维度，不仅有助于克

---

① 毛泽东：《反对党八股》，《毛泽东选集》第3卷，人民出版社1991年版，第832页。

② 邓小平：《坚持党的路线，改进工作方法》，《邓小平文选》第2卷，人民出版社1994年版，第279页。

服由于"器物至上论"与"科技万能论"所引发的社会与人的多重异化，而且也是实现具有综合推进的整体性、同步变迁的系统性、统筹发展的协调性、跨越路径的复杂性、生态转向的集约性的新型现代化的现实需要。

【推荐阅读】

1. ［法］雅克·德里达：《马克思的幽灵》，何一译，中国人民大学出版社 1999 年版。

2. ［法］埃蒂安·巴利巴尔：《马克思的哲学》，王吉会译，中国人民大学出版社 2007 年版。

3. 赵剑英等：《中国马克思主义研究前沿·2008 年卷》，中国社会科学出版社 2009 年版。

4. 徐奉臻：《从批判视阈审视马克思主义中国化的理论实质》，《马克思主义与现实》2007 第 1 期。

4. 改革开放 30 年是探索中国现代化道路和中国特色社会主义理论体系的关键期，思考"邓小平理论"、"三个代表"和"科学发展观"之间的内在逻辑关系。[①]

【问题提出】

中国共产党的历史，是马克思主义不断中国化的历史。马克思主义中国化是世界现代化的重要组成部分，也是中国现代化实践和现代化理论不断推进与生成的过程。马克思主义中国化第一次飞跃，形成毛泽东思想；马克思主义中国化第二次飞跃，形成凝结着中国人构建现代性探索的邓小平理论、"三个代表"和科学发展观。它们之间的关系呈现同一性和统一性、承继性和修葺性的交织叠合。依据复杂性科学理论，这些关系的非线性作用至少体现于三个系统之间：宏观层——马克思主义中国化理论系统与马克思主义系统；中观层——毛泽东思想系统与邓小平理论、"三个代表"和科学发展观系统；微观层——邓小平理论、"三个代表"和科学发展观各子系统。以"宏观层"和"中观层"为外系统，厘清"微观层"内系统各理论之间的学理逻辑关系，不仅有助于论证马克思主义中国化的可能性和必要性，而且有助于推动社会科学的理论创新。

【疑惑之点】

要认识邓小平理论、"三个代表"和科学发展观之间的关系，必须以对"中国特色社会主义理论体系"的理解为楔入点。关于"中国特色社会主义理论体系"，无论是"起点"，还是"内涵"，都是亟待厘清的题域。起点的争论，主要集中在是"毛泽东思想"抑或"邓小平理论"上。内涵的争论

---

① 本问题撰写者为徐奉臻。

同样有两种意见：一是"中国特色社会主义理论体系"包括所有中国化马克思主义理论成果；二是"中国特色社会主义理论体系"仅包括 1978—2008 年的邓小平理论、"三个代表"和科学发展观。因此，本问题的主要疑惑之点，首先是如何理解"中国特色社会主义理论体系"的范畴和内涵。此外，怎样认识 1978—2008 年中国化马克思主义理论的同一性和统一性，"邓小平理论"、"三个代表"和"科学发展观"之间的承继性和修葺性有哪些表现，都是尚有进一步探索空间的课题。

【解疑释惑】

关于"中国特色社会主义理论体系"的争论，现有意见均存在非此即彼的线性偏颇和绝对化倾向。事实上，正如 1978—2008 年中国化马克思主义理论是由邓小平理论、"三个代表"和科学发展观所构成的复杂系统一样，毛泽东思想也同样可划分为三个子系统，即新民主主义时期的毛泽东思想、过渡时期的毛泽东思想和社会主义建设时期的毛泽东思想。由此，笔者的观点可归纳为：

第一，中国特色社会主义理论体系的起点是毛泽东思想，但却不是毛泽东思想的全部。其中，毛泽东思想系统中的前两个子系统，是中国特色社会主义理论体系形成的思想基础，而毛泽东思想系统中的后一个子系统，则是中国特色社会主义理论体系的有机组成部分。

第二，作为一个复杂巨系统，中国特色社会主义理论体系包括四个部分：社会主义建设时期的毛泽东思想；邓小平理论；"三个代表"；科学发展观。

第三，以理论的成熟度为依据，中国特色社会主义理论体系可划分为两段，一是初期中国特色社会主义理论体系，即社会主义建设时期的毛泽东思想；二是后期中国特色社会主义理论体系，即邓小平理论、"三个代表"和科学发展观。当下中国理论界流行的"新理论体系"的说法，即指后者。

如此定位马克思主义中国化的成果，不仅是还原发生学意义上的历史客观性的需要，也体现了马克思主义整体性的基本要求，体现了马克思主义整体性与马克思主义实践性、开放性和创造性的内在统一。

同一性内含于统一性，统一性体现于系统性和整体性之中。探析1978—2008年中国化马克思主义诸理论的同一性和统一性，首先要解决理论的定位问题。而要恰切定位这些理论，又需在三个相互关联的框架内寻找楔入点：现代化；马克思主义中国化；中国特色社会主义理论体系。三者关系可表述为：理论上，现代化包括目的、过程、产物三层次。目的层现代化，诉求生活美和发展美；过程层现代化，以扬弃方式解构传统性、构建现代性；产物层现代化，体现器物维、制度维、心性维等不同文明样态。实践中，不同国家或一个国家的不同发展阶段，其现代化的思想基础、理论形态、嬗变模式都互有不同。19世纪中叶中国启动外诱现代化的生发机制，缘起于中国与世界的互动关系。中国现代化历经从器物到制度和心性，从富强到民主、文明、和谐的嬗变与增容。

近代以来，中国社会有两大历史任务：一是革命层的民族独立和人民解放；二是建设层的国家富强和人民富裕。前者有赖于新民主主义时期和过渡时期的毛泽东思想的引领，后者则是社会主义建设时期的毛泽东思想和邓小平理论、"三个代表"、科学发展观的共同使命。如果说新民主主义时期和过渡时期的毛泽东思想形成于"战争与革命"的国际条件下，那么"和平与发展"则是社会主义建设时期毛泽东思想和邓小平理论、"三个代表"、科学发展观共有的时代主题。其中，发展是核心要旨，发展有赖于现代化；和平是发展的前提，是国家富强和人民富裕的保证。

时代主题的变化，需要思维方式和现代化范式的转换。不过由于理论和实践的裂变，建国后到改革开发前，军事思维置换了经济思维、斗争哲学遮蔽了和谐理念、阶级意识代替了思想启蒙、政治思想统帅了技术发展，使中国现代化出现"大跃进"和"文化大革命"那样的曲折、中断或夭折，使社会主义建设时期的毛泽东思想在中国特色社会主义探索上没有取得实质性突破。

由此，"新理论体系"的"时期的需要"的同一性和统一性，又可具体化为三个置换：一是以理性主义置换"左"向激进主义；二是以"和平与发展思维"置换"战争与革命思维"；三是以探索中国特色社会主义现代化之路置换模仿和移植西方与苏联的现代化模式。置换的过程，即是现代化的解构与建构的过程，也是主流话语转换和新话语体系生成的过程。虽然在

"新理论体系"内，邓小平理论、"三个代表"和科学发展观各子系统的情境话语呈现复杂性和多层次性，但其主流的强势话语却有显而易见的同一性。作为一个总体性范畴，邓小平理论、"三个代表"和科学发展观不仅实现了由"革命话语"向"建设话语"的转向，而且运用马克思主义的基本立场和方法，创造性地将大工业时代马克思主义的合理内核转换为信息化和知识文明时代有中国特色的马克思主义，将苏联僵化的现代化模式转化为中国特色的社会主义现代化模式。

关于改革开放30年的成就，笔者认同的表达是："毅然摆脱了以革命为核心的马克思主义话语系统的束缚，从实践上抓住了现代化建设这一中心任务，初步确立并坚持了以建设为核心观念的马克思主义理论话语系统，构建起自主的、开放性的、具有中国特色与气派的现代性"。① 其间，封闭的线性计划经济体系让位于开放性的复杂巨系统——市场经济体系。虽然现代化和现代性界域广泛，但其在这30年中"能指"的核心范畴不外乎"社会主义"、"中国共产党"和"发展"三个论域。而围绕这三个论域而进行的what和how的马克思主义中国化的追问和求解，又构成邓小平理论、"三个代表"和科学发展观贯穿始终的基本问题和历史使命。而且这些理论都具有实践性、具体性、创新性和超越性等特点。所不同的只是三者的"所指"，即其追问和求解的侧重点有所不同。换言之，虽然邓小平理论、"三个代表"和科学发展观的原创性贡献的核心，依次是回答了"什么是社会主义和怎样建设社会主义"、"建设一个什么样的党和怎样建设党"、"实现什么样的发展和怎样发展"的问题，但三个理论并不是封闭、线性地解决这些问题，而是开放、非线性地触及其中所有论题，并在"人本"思想、发展生产力等现代化愿景与构想方面沟通了马克思主义和中国传统文化的优秀成果，从而形成各理论之间的契合，使之成为有机整体，构成一个创新性的"新理论体系"。

虽然当下中国的现代化并非完美无缺，但在西方"历史终结"的喧嚣中，改革开放30年的中国，非但没有遭遇诸如"大跃进"和"文化大革命"之类的现代化之"卡夫丁峡谷"，而且还取得了令世人瞩目的成就，这

---

① 邹诗朋：《马克思主义中国化与中国现代性的建构》，《中国社会科学》2005年第1期。

不能不说是邓小平理论、"三个代表"和科学发展观在意义维度上同一性功能彰显的结果。

【推荐阅读】

1. 庞中英：《全球化、反全球化与中国》，上海人民出版社 2002 年版。

2. 《建国以来毛泽东文稿》第 6 卷，中央文献出版社 1992 年版。

3. 胡序杭：《论中共现代化建设的社会生态环境》，《湖北行政学院学报》，2004 年第 5 期。

4. 王雅林：《社会发展理论的重要研究范式——基于马克思社会理论的"生活/生产互构论"》，《社会科学研究》2007 年第 1 期。

5. 杨双：《马克思主义的世界地位》，《学术界》2000 年第 4 期。

6. 徐奉臻：《三十年来中国化马克思主义诸理论之内在逻辑关系》，《马克思主义与现实》2009 年第 5 期。

5. 关于儒家思想与现代化的关系，国内外学术界歧义纷沓。结合现有争论性观点，阐释儒家思想的现代化功能。①

【问题提出】

中国的传统文化主要包含"三教九流"各派文明的成就。到五四新文化运动非古之前，中国传统文化的形态历经从"多元"（春秋战国时代）到"一元"（秦汉以后至五四新文化运动时期）、从"法家独尊"（秦朝焚书坑儒时期）到"儒家显性"（汉武帝采纳董仲舒的建议"罢黜百家，独尊儒术"后）的嬗变。其间，中国社会的变动都出现在以儒家为主导、兼有道家、法家、佛教等成分的"普遍承认的一套假设之中"。② 阐释中国传统文化的现代化功能，离不开对儒家文化的关注，或应围绕儒家文化而展开，其主要原因有四：

第一，汉武帝独尊儒术之后，儒家思想成为官方哲学，在中国历史上绵延几千年，深深影响了中国的科学技术和现代化走向。其间，儒家以"官方话语"和"国家意识"的身份，历经几千年的过滤、筛选和修补。相反，中国"三教九流"的其他学派，如法家和道家等，虽也在中国文化发展中留下了自己的印记，并曾对中国社会的发展产生了一定影响，但都没有如儒家的影响那样具有长久性、官方性和主导性。甚至有学者还极而言之地认为，中国的道家思想没有真正参与中国的现代化实践。在中国历史的大部分时期内，儒家思想不仅成为"最高的道德标准"和被"广泛研习的思想体系"，而且成为"政治权威的合法性"依据，以及社会调和与整合的力量。③

---

① 本问题撰写者为徐奉臻。
② ［美］奈特·毕乃德：《现代化与近代初期的中国》，［美］西里尔·E. 布莱克编《比较现代化》，杨豫等译，上海译文出版社 1996 年版，第 230 页。
③ ［美］詹姆斯·R. 汤森、布兰特利·沃马克：《中国政治》，顾速等译，江苏人民出版社 2004 年版，第 31—32 页。

从这个角度看，从儒家入手把握中国的传统文化，既与儒家文化在中国传统文化和中国社会发展中的地位相一致，也是解读"中国现代化困窘"的不可逾越的学术环节。

第二，在"打倒孔家店"的口号于五四新文化运动中提出后，儒家虽然退出了主流思想文化舞台，却潜在地作用于人们的日常生活和中国现代化实践中，并内化为中华民族精神和民族性格的一部分，用我国台湾学者金耀基的话说，儒家已经由过去的"显性的主导文化"（dominant culture）变成了现在的"隐性的抗制文化"（counter culture）。

第三，被称之为"资本主义现代性的'第二个例子'"① 的处于儒家文化圈内的日本和东亚"四小龙"（韩国、新加坡以及中国台湾、中国香港）的迅速崛起，催生了求解儒家文化与现代化关系之谜的现实欲求。

第四，儒家文化圈之外的西方世界出现了经久不息的设立"孔子学院"的热潮，使已经被隐性化的儒学大有在世界学术舞台上登堂入室之势，显示了中国传统文化在应对现代性的挑战中所内涵的呼之欲出的智慧与价值。可见，儒家从"儒门淡泊"到"儒门若市"的变化，也同样引发了人们研究儒家文化与现代化之间关系的兴趣。

【疑惑之点】

目前，由于对儒家文化与现代化关系的研究，各种观点僵持不下，还未形成具有高度共识性的终极意见。所以，有学者把这个课题称之为困惑中国知识分子的"世纪之谜"。那么，关于儒家思想与现代化的关系，国内外学术界主要有哪些代表性的意见？各种代表性意见的学理依据是什么？

【解疑释惑】

意见之一，肯定儒学在现代化中的作用，但肯定的角度有所不同：

1. 肯定儒家的"仁学"。"仁学"即治心、修身之学，属于儒家的"内

---

① ［美］彼得·伯格：《一个东亚发展的模式：战后台湾经验中的文化因素》，［美］塞缪尔·亨廷顿等著、罗荣渠主编《现代化：理论与历史经验的再探讨》，上海译文出版社1993年版，第422页。

圣"范畴。"内圣"常与"外王"并用，名之曰"内圣外王"。"外王"诉求安天下、定祸乱、建事功，属于"礼学"范畴。作为政治伦理哲学，"内圣外王"是儒家文化的终极诉求和本质特征。"内圣"和"外王"孰本孰末？在儒家内部并不一致。明显的倾向是：孟子重"内圣"，而荀子重"外王"。"内圣"为本，"外王"为末，是后世多数儒家的共识。当今世界，物欲横流、功利滔滔，肯定"仁学"，发扬光大"仁学"，有助于克服物质主义，也有助于弱化各种现代性（modernity）危机。

2. 肯定儒家的"天人合一"思想。"天人合一"是关于天人关系的一种理论，强调"天道"和"人道"、"自然"和"人为"的合一。早在战国时期，子思和孟子就提出这种理论，后来的儒家又有所发展。如汉儒董仲舒强调"天人之际，合而为一"（《春秋繁露·深察名号》）。在理论架构上，"天人合一"是儒家入世的政治哲学的重要组成部分。因为在"天人合一"理念中，天是众神之君和万物之主。天有阴阳，人也有阴阳。"阳"是尊贵的、主要的，"阴"是卑贱的、次要的，人间的尊卑关系是天定的秩序，所以，只有遵循上下尊卑的伦理道德才符合天意。在宇宙中，天地为一合，天为阳、地为阴；君臣为一合，君为阳、臣为阴；父子为一合，父为阳、子为阴；夫妻为一合，夫为阳、妻为阴。后三合演绎出"王道之三纲"：君为臣纲、父为子纲、夫为妻纲。"三纲"常与"五常"并用，"五常"指儒家倡导的仁、义、礼、智、信。肯定儒家的"天人合一"思想的学者，大多认为"天人合一"有助于沟通人与自然，使得两者之间的关系走向和谐。特别是在生态平衡遭受严重破坏、环境污染日益严重的今天，儒家的"天人合一"思想可以警示人类，使人类不至于在危险的道路上越走越远。有学者甚至极而言之，提出"'天人合一'才能拯救人类"的口号。①

3. 肯定儒家的"中庸"思想。"中庸"一词，也称"中和"、"中行"、"中道"。"中庸"既是一种思维方式，又是一种价值诉求；既是一种行为准则，又是一种办事规范。作为一种思维方式，"中庸"强调"和而不同"与"过犹不及"。作为一种价值诉求，"中庸"强调慎独自修。作为一种行为准则，"中庸"强调"礼"。作为一种办事规范，"中庸"强调"顺"。"中庸"

---

① 季羡林：《"天人合一"才能拯救人类》，《东方》创刊号1993年。

两字，谈及容易行事难。也正因为如此，孔子慨叹："中庸其至矣乎！民鲜能久矣"、"择乎中庸，而不能期月守也"、"天下国家可均也；爵禄，可辞也；白刃可蹈也；中庸不可能也"、"道其不行矣夫"（《中庸》）。需要指出，在中国的"三教九流"中，除了儒家之外，还有许多流派都不同程度地内含"中庸思想"。例如，墨家就有"两而无偏"和"正而不可摇"的认识。从这个角度说，"中庸"应是宏观层面的中国传统文化的重要组成部分。在功能上，"中庸"从不同的角度体现为学、为人、为政、为事之道。与现代化相联系，中庸思想有助于和谐社会的构建，也有助于弱化人和世界的双重异化（alienation）。或许今天所言的"科学发展观"会从中庸中找到它存在的文化基因。

4. 就儒学思想本身而言，其既不反对技术和贸易，也无碍与外国之间的交往，因此本无可厚非。但由于在专制的社会氛围中，儒学不仅是一种哲学，更是进入官场的通行证和派别斗争的武器、统治的工具、地位的标记。如此，儒学不仅有了西方学问所没有的功能，而且儒学也由此具有了显而易见的"服从性"。"服从性"显示的过程，既是文人学士反复研习传统儒学的道德标准和儒家规范的撰写程式化文章的过程，也是学者们的思想被纳入儒学权威的官方意识形态并由此丧失学者独立思想和研究的闲暇的过程。[①] 这样，儒学被历代统治阶级利用了。历代统治阶级把儒学与专制政治相结合，并利用它来强化宗族制度、权威主义和家长制，而宗族制度、权威主义和家长制又都是阻碍中国现代化的结构性因素。

5. 美国学者、未来学家赫尔曼·卡恩（Herman Kahn）的观点。1979年，他出版《1979年及其后的世界经济发展》一书，以儒家伦理释读"东亚经济奇迹"。他认为，日本和亚洲四小龙是"新儒教国家"。它们之所以能够创造经济奇迹，是因为在儒家思想的熏陶之下，形成了一些有助于现代化的共同文化特征，诸如重视人际关系的互补性；强调以严肃的态度对待工作、家庭和义务；肯定自制、教育和学习技艺的价值等。[②] 因此，儒家伦理

---

① ［美］吉尔伯特·罗兹曼主编：《中国的现代化》，国家社会科学基金"比较现代化"课题组译，江苏人民出版社2003年版，第175页。

② 王家骅：《儒家思想与日本的现代化》，浙江人民出版社1995年版，第5页。

也应该成为解释东亚地区经济发展和现代化变迁的一个重要变项。

6. 英国政治学家、美国哈佛大学教授麦克法夸尔（Roderick Macfarquha）提出的"后期儒家假设"。他认为，20 世纪后期是"后期儒家时代"。在此期间，儒家的价值已成为东亚各国人民的"内在准矩"。从工业化角度看，可分"初期工业化"和"大量工业化"两阶段。如果说西方的"个人主义"适合于工业化初期的发展，那么儒家的"群体主义"则适合于"大量工业化时代"。无独有偶，与麦克法夸尔的认识相近的，还有撰写了《日本名列第一》（1979 年）①和《日本的成功与美国的复兴：日本名列第一》（1984 年）②的美国哈佛大学教授埃兹拉·沃格尔（Vogel Ezraf），他强调：由个人主义造成的"美国病"，需要用"东方药"治疗，应该向日本等东方国家学习团体主义精神。

7. 从日本儒教的特殊性入手，分析儒教对日本现代化的正面意义。1982 年，在英国伦敦大学任教的日本学者森岛通夫出版《日本为什么"成功"？》一书，运用比较研究方法，阐释了中国儒家思想与日本儒家思想的不同。他认为，儒学从中国传到日本，起初，日本的儒教与中国的儒教信奉同样的准则。但后来，由于日本人对这些准则做出不同的解释，使日本的儒教发生变异，有了与中国儒教不同的内涵，结果在日本产生了一种完全不同于中国的民族精神。在这种与日本的成功相联系的民族精神中，"忠"（忠于国家或主人）、"孝"（孝敬父母）、"信"（取信朋友）、"尊"（尊敬师长）、"节俭"、"集体主义"等，都是其重要表征。虽然日本没有发生宗教改革运动，但日本人通过改变异族宗教，获取了一种完全不同于中国的民族精神。这种民族精神有利于日本文化与经济的发展。③

意见之二，否定儒学的现代化功能，认为儒家思想与飞速发展的现代化彼此并不相容。持此论的最著名学者是德国的马克斯·韦伯（Max Weber）。他的研究建立在与西方新教伦理比较基础之上，代表作是《新教伦理与资

① Vogel Ezraf, *Japan as Number* Ⅰ, Cambridge：Harvard University Press，1979.

② ［美］埃兹拉·沃格尔：《日本的成功与美国的复兴：日本名列第一》，韩铁英等译，三联书店 1985 年版。

③ ［日］森岛通夫：《日本为什么"成功"？》，胡国成译，四川人民出版社 1986 年版，第 22—23、127、286、287 页。

本主义精神》① 和《中国的宗教：儒教和道教》②。在这两部著作中，马克斯·韦伯（Max Weber）表达了两种截然不同的理念。

1. 就非西方而言，没有经过宗教改革的古老民族，包括中国和印度，其宗教伦理精神对于这些国家的民族资本主义的发展所起的作用是制约性的。就中国而言，制约现代化的结构性因素主要是宗法制、家长制和权威主义等。而宗法制、家长制和权威主义，归根结底又导源于中国的儒家伦理所培育出的注重对现实世界的肯定与适应的政治文化心态；相反，缺少进行现代化的不可或缺的控制世界的西方个人主义元素。因此，亚洲文化的宗教传统不适宜现代化。

2. 就西方而言，马克斯·韦伯的论点是："自助者蒙天助"。在资本主义精神创立过程中，加尔文教是活跃的和决定性的力量。

传统文化与现代化的关系，是一个富有挑战性的和有现实意义与学术价值的研究题域。上述争论表明：传统文化与现代化的关系，是文明演进中最复杂的历史现象之一，需要以复杂性科学的眼界和方法进行多视角和多方位的审视。不过有一点可以肯定，几乎所有进行变革的社会都将遇到传统势力的反抗。不过在经历了现代化的努力后，无论成败与否，任何一个社会无论如何也不能再退回到与现代化相遇之前的状态。

而传统文化是同时包含"精华"与"糟粕"的双刃剑。其中，精华元素的存在，使传统文化有被创造性改造为现代化进步因子的可能性，而其中的糟粕元素又使传统文化注定以某种方式体现对现代性（modernity）的抗制。因此，对传统文化的辩证性否定，既意味着对传统文化的"扬"，也意味着对传统文化的"弃"。对传统文化，既抛弃又保留，既克服又发展，不仅是现代化的需要，而且也是传统文化本身的现代化表征。

【推荐阅读】

1. ［日］山本七平：《日本资本主义精神》，莽景石译，三联书店 1995

---

① Max Weber, *The Protestant Ethic and the Spirit of Capitalism*, Translated by Talcott Parsoas, New York, 1958.

② ［德］马克斯·韦伯：《中国的宗教：儒教和道教》，王容芬译，商务印书馆 1995 年版。

年版。

2. 景海峰编：《儒家思想与现代化——刘述先新儒学论著辑要》，中国广播电视出版社 1992 年版。

3. 梁漱溟：《中国文化要义》，学林出版社 1987 年版。

4. 徐奉臻：《现代化：历史的困窘与困窘的思考》，哈尔滨工业大学出版社 2009 年版。

6. 何谓"软实力"？从"软实力"视阈阐释"和谐中国"与"和谐世界"理念的现代化价值。[①]

【问题提出】

综合国力不仅包括经济、军事等"硬实力"，也包括文化、制度、价值观、外交理念等"软实力"。"软实力"的概念，最先由美国哈佛大学肯尼迪政府学院院长、国防部前任助理部长约瑟夫·奈（Joseph nye）提出。虽然改革开放以来，中国经济突飞猛进，但同时还需注意：中国是一个发展中大国，由经济增长所带来的诸多社会问题，还长期没有得到解决。"人口众多和多民族的特点，决定了中国必须以共同的理念和价值观来协调内部关系，增强全社会的凝聚力。"[②] 全面加强"软实力"，对中国建设"和谐社会"具有极其重要的作用。在对外交往上，随着中国综合国力的提高，中国的国际地位不断攀升。但同时，"中国威胁论"也甚嚣尘上。通过"软实力"建设，可向世界展现中国诉求和平的发展理念。

【疑惑之点】

何谓"软实力"？"软实力"的内涵是什么？如何从软实力的角度认识"和谐中国"、"和谐世界"理念的意义？在"软实力"层面，"和谐中国"理念与"和谐世界"理念有何内在关联？

【解疑释惑】

"软实力"又称"软力量"。在《软实力：世界政坛成功之道》一书

---

① 本问题撰写者为王永岩。

② 远山：《关于"北京共识"的若干问题》，《当代世界与社会主义》2004年第5期。

中，约瑟夫·奈（Joseph Nye）指出："软实力是通过吸引别人而不是强制他们来达到你想要达到的目的的能力。如果实力是指影响别人以达到你想要达到的目的的能力，那么有三种方式可以做到这一点：通过威胁（大棒），通过利诱（胡萝卜），或者通过吸引和互相选择。"约瑟夫·奈还进一步指出，"软实力"依赖于"塑造与影响他人偏好的能力"，并认为一个国家的软实力来源于三个方面："文化、政治及外交政策。"① 归结中外学术界的现有意见，可以认为，"软实力"指一国在经济和军事等看得见的物质实力之外的制度、观念、文化以及政策等所具有的看不见的感召力、吸引力和影响力。在功能上，对内，"软实力"可以起到凝聚各民族和社会各个阶层的作用；对外，可以起到吸引、影响别国以完成国家意志的作用。"软实力是一个国家的文化和意识的诉求，是一种通过吸引力而不是强制力获得理想结果的能力，即让其他人做你想要他们所做事情的能力。"②

随着改革开放的推进，中国综合国力不断提高。但伴随着经济的快速发展，中国社会也出现一些严重问题，诸如：贫富差距拉大；资源浪费；环境污染；违法乱纪等。这些问题的出现，严重影响中国社会的稳定，给中国社会发展带来很大危害。因此，在中共十七大上，胡锦涛总书记特别强调要建设民主法治、公平正义、诚信友爱、充满活力、安定有序、人与自然和谐相处的社会。社会主义和谐社会的建设，既注重发展经济和军事等硬实力，也注重从文化、观念、制度等软实力角度来建设社会主义。建设和谐社会，是建设小康社会和解决社会各种矛盾的必然要求。软实力建设，有助于把中国人民凝聚到社会主义现代化建设中，有利于形成社会主义核心价值观，以便为中国的经济发展提供强大的精神动力。

在"软实力"层面，"和谐中国"理念的提出，在以下几个方面具有重要意义：第一，"以人为本"是和谐社会的核心价值取向，能够推动中国人权事业的发展，更好地展现中国民主、进步的形象。十七大报告明确指出，要维护好、实现好、发展好最广大人民群众的根本利益，充分体现社会主义

---

① 约瑟夫·奈：《软实力——世界政坛成功之道》，吴晓辉、钱程译，东方出版社 2005 年版，第 5—31 页。

② 同上书，第 11 页。

制度的优越性，有助于凝聚中国各族人民投入到社会主义现代化建设中。第二，建设"和谐中国"，能够带动全方位的理论和制度创新。而理论和制度本身，即是一个国家"软实力"的重要内容。与"和谐社会"理念的提出相伴随，一系列创新性理论相继形诸于世，诸如：以人为本；实现科学发展；构建社会主义和谐社会；建设社会主义新农村；建设创新型国家；树立社会主义荣辱观；加强党的先进性建设等。制度层面的创新主要包括：党政领导干部用人失察失误责任追究制；社情民意反映制度；重大事项社会公示和社会听证制度；专家咨询制度；决策的论证制和责任制等。第三，"和谐社会"建设，有助于推进民主化进程，有助于可持续发展，有助于提高中国形象与和平崛起。

"和谐世界"理念的提出，反映了中国作为一个大国所承担的责任，以及中国作为一个爱好和平的国家对世界秩序的未来构想。"和谐世界"主要包括四个层面的内容：秩序和谐、力量和谐、价值和谐[1]以及生态和谐[2]。"中国认为和谐世界应该是民主的世界、和睦的世界、公正的世界、包容的世界、持久和平的世界、共同繁荣的世界、人与自然和谐共处的世界。"[3]从软实力角度看，"和谐世界"的提出与"和谐世界"的构建，对世界政治和经济新秩序以及新时期世界的交往具有重要的意义。首先，"和谐世界"理念的提出，展示出中国作为一个热爱和平的国家，对世界秩序的设想。它超越了西方国家的现实主义、自由主义和建构主义对世界格局的设想，提出了一个关于世界各国和平相处、共同繁荣、共同发展的新的世界构想。其次，"和谐世界"理念的提出，继承了中国"和而不同"传统政治思想，主张世界各国制度、经济、文化共生共长，为世界上不同制度、文化、实力国家的和平相处提供了可行的现实模式。再次，"和谐世界"理念的提出，有利于世界各国之间的文化交流，扩大了世界和平的基础。

"和谐中国"与"和谐世界"两个理念，是相互促进的。"和谐中国"构建的本身，就是对"和谐世界"构建的巨大贡献。同时，"和谐世界"又

---

[1] 王义桅：《"和谐世界"观的三重内涵》，《教学与研究》2007 年第 2 期。
[2] 陈律：《胡锦涛"和谐世界"思想研究》，中南大学硕士论文，2007 年 5 月。
[3] 王慧勇：《和谐世界思想与中国促进和谐世界构建途径》，西南大学硕士论文，2009 年 5 月。

反过来推动和促进"和谐中国"的建设。对于"和谐中国"与"和谐世界"的构建，既需要各国经济和军事力量等硬实力的积极应对，也需要加强制度、文化、价值观等软实力的沟通与交流。总之，无论是构建"和谐中国"，还是构建"和谐世界"，"软实力"都具有重要意义。

【推荐阅读】

1. 闫学通：《国际政治与中国》，北京大学出版社 2005 年版。

2. 谭虎娃：《关于和谐世界提出的多维思考》，《兰州学刊》2006 年 6 月。

3. 吴旭：《为世界打造"中国梦"：如何扭转中国的软实力逆差》，新华出版社 2009 年版。

7. 中国共产党历次全国代表大会的功绩或偏颇的表现有哪些？如何评价？①

【问题提出】

中国共产党全国代表大会史，是中国近现代史特别是中共党史研究的重要组成部分。党的路线方针政策的制定、党的工作的布置和检查、党的工作经验教训的总结、党内不同意见的争论和交锋、党的组织人事的变动和调整，都与历次党的代表大会息息相关。中国共产党的历史发展表明，党的历次代表大会的内容和形成的方针政策，直接关系到党的事业的前进和发展，关系到国家建设发展的兴旺发达。

【疑惑之点】

到 2009 年，中国共产党已经走过 88 年的历程，先后召开 17 次全国代表大会。这 17 次大会集中反映了中国共产党所处的国际、国内客观环境的变化，以及针对变化的形势作出的战略部署和重要调整，集中反映了党对革命、建设和改革事业内在规律不断进行探索的艰辛历程。对中国共产党历次全国代表大会的研究，能够充分展现中共党史的发展脉络。那么，中国共产党历次全国代表大会有什么样的历史功绩或偏颇呢？

【解疑释惑】

1921 年 7 月 23 日晚，一大在上海法租界望志路 106 号（今兴业路 76 号）召开。会议的最后一天转移到浙江嘉兴南湖的游船上。一大正式宣告中国共产党的诞生。从此，在古老落后的中国，出现了新式的、以马克思主

---

① 本问题撰写者为刘振清。

义为行动指南的、以实现社会主义和共产主义为奋斗目标的统一的工人阶级政党。这是近代中国社会进步和革命发展的客观要求，"是开天辟地的大事变"①。"自从有了中国共产党，中国革命的面目就焕然一新。"②

1922 年 7 月 16—23 日，二大在上海召开。大会分析了中国革命的性质、对象、动力和前途，指出中国革命要分两步走，在中国近代史上第一次明确地提出彻底的反帝反封建的民主革命纲领，为各民族人民革命斗争指明了方向。二大第一次将党在民主革命中要实现的近期目标同将来进行社会主义革命要实现的长远目标结合起来，不仅明确提出反帝反封建的民主革命任务，还指出要通过民主革命进一步创造条件，实现社会主义和共产主义。这是中国共产党人对中国国情和中国革命认识的一次深化，是党把马克思主义基本原理同中国革命实际相结合的重要成果。大会通过的《中国共产党章程》是党诞生以来第一个章程。大会还通过了参加共产国际的决议，从此，中国共产党就成为共产国际的一个支部。

1923 年 6 月 12—20 日，三大在广州召开。根据马列主义的策略原则和共产国际的指示，基于中国革命的具体情况，大会在分析中国社会矛盾和明确中国革命性质的基础上，正式决定中国共产党员以个人身份加入国民党，实现国共合作，建立统一战线，共同完成反帝反封建的民主革命任务。大会之后，在中共推动下，孙中山对国民党进行改组，确定联俄、联共、扶助农工的三大政策，召开中国国民党第一次全国代表大会，第一次国共合作正式建立，全国掀起声势浩大、轰轰烈烈的反帝反封建的革命群众运动，进行了北伐战争，促进了中国革命的高涨。当然，这次大会也存在明显的不足，其中表现最突出的是没有提出在民主革命过程中无产阶级的领导权问题。

1925 年 1 月 11—22 日，四大在上海召开。四大初步总结国共合作一年来的经验教训，在党的历史上第一次明确提出了无产阶级在民主革命中的领导权和工农联盟问题，并对中国革命的一些基本问题进行初步阐述。正是四大统一了全党思想，才有以"五卅运动"为标志的全国反帝运动的掀起，为即将形成的国民革命的第一次高潮做了充分准备。当然，四大也存在不足

① 《毛泽东选集》第 4 卷，人民出版社 1991 年版，第 1514 页。
② 同上书，第 1357 页。

之处，突出表现在党对民族资产阶级还缺乏正确认识，对政权和武装问题的极端重要性，仍缺乏足够认识。

1927年4月27日至5月9日，五大在武汉召开。五大是在"四一二"反革命政变后半个月的非常时刻召开的。此时，全党上下最为关注的问题是：如何正确认识严峻复杂的局势？如何从危难中挽救革命？五大提出了争取无产阶级对革命的领导权、建立革命民主政权和实行土地革命等正确原则，批评了陈独秀的错误，但没有科学回答无产阶级如何争取领导权、如何领导农民进行土地革命、如何对待武汉国民政府和国民党、如何建立党的革命武装等迫在眉睫的重大问题，致使五大未能在党面临生死存亡的危急关头承担起挽救革命的重任。

1928年6月18日至7月11日，六大在莫斯科召开。六大认真总结了大革命失败以来的经验教训，对有关中国革命的一系列存在严重争议的根本问题作出基本正确的回答。大会集中解决了当时困扰党的两大问题：一是在中国社会性质和革命性质问题上，指出现阶段的中国仍是半殖民地半封建社会，引起中国革命的基本矛盾一个也没有解决，现阶段的中国革命仍是资产阶级性质的民主主义革命；二是在革命形势和党的任务问题上，明确了革命尚处于低潮，党的总路线是争取群众，党的中心工作不是千方百计地组织暴动，而是做艰苦的群众工作，并由此积蓄力量。这两个重要问题的解决，基本统一了全党的思想，对克服党内存在的"左"倾情绪，对中国革命的复兴和发展起了积极作用。虽然六大肯定中国革命是资产阶级民主革命，但没有客观分析中间阶级的两面性；大会仍然把城市工作放在中心地位，对农村在中国革命中具有的特殊地位、中国革命的长期性和复杂性缺乏认识。由于片面强调领导干部的工人成分，工人出身的向忠发被选为中央政治局主席兼中央政治局常委会主席。从事后来看，这个人事安排明显有问题。

1945年4月23日至6月11日，七大在延安召开。七大是中国共产党在新民主主义革命时期最后一次代表大会，也是新民主主义革命时期最重要、最成功的一次代表大会。它总结了中国新民主主义革命20多年曲折发展的历史经验，制定正确的路线、纲领和策略，克服了党内错误思想，使全党（特别是党的高级领导干部）对中国民主革命规律有了比较明确的认识，从而使全党在马列主义、毛泽东思想的基础上达到空前团结。这次大会以

"团结的大会、胜利的大会"而载入史册，为中国共产党的发展、抗日战争的胜利和新民主主义革命在全国的胜利，奠定了政治、思想和组织基础。

1956年9月15—27日，八大在北京召开。八大是中国共产党在全国执政后召开的第一次全国代表大会。大会总结了七大以来革命、改造和建设等方面的经验教训，分析了生产资料所有制社会主义改造基本完成后的形势，提出全面开展社会主义建设的任务。大会提出，生产资料私有制的社会主义改造基本完成以后，国内的主要矛盾不再是工人阶级和资产阶级之间的矛盾，而是人民对于建立先进的工业国的要求同落后的农业国的现实之间的矛盾，是人民对于经济文化迅速发展的需要同当前经济文化不能满足人民需要的状况之间的矛盾。解决矛盾的办法是实行大规模的经济建设，以发展社会生产力。为此，大会作出党和国家的工作重点必须转移到社会主义建设上来的重大决策。八大确定了许多富有创造性的新方针和新设想，为社会主义事业的发展和党的建设指明方向。但是，由于当时开展社会主义建设实践的时间还很短，党对全面建设社会主义尚准备不足，八大的许多正确意见没有在实践中付诸实施，并很快出现反复。

1969年4月1—24日，九大在北京举行。大会召开于十年浩劫期间，自始至终被强烈的个人崇拜和"左"倾狂热气氛所笼罩。大会通过的新党章错误地把"无产阶级专政下继续革命的理论"和"林彪是毛泽东同志的亲密战友和接班人"写进总纲；对毛泽东思想作了歪曲的阐述；砍掉了原来党章中"党员权利"一节，取消了党员的预备期，取消了中央书记处，取消了中央监察委员会等。在大会选举新的中央委员会过程中，林彪、江青一伙暗中操纵选举，使其集团的主要成员几乎全部进入中央委员会，而许多久经考验的老干部却被排除在外。大会巩固了林彪、江青等人在党中央的地位，使"文化大革命"的错误理论和实践合法化。实践证明，九大在思想上、政治上和组织上的指导方针都是错误的，在中国共产党的历史上产生了消极影响。

1973年8月24—28日，十大在北京召开。十大肯定了"九大的政治路线和组织路线都是正确的"，号召全党"坚持无产阶级专政下的继续革命"，坚持"无产阶级文化大革命"，还把"天下大乱，达到天下大治。过七八年又来一次"认定为"客观规律"，预言"党内两条路线斗争将长期存在"，把批判林彪的"极右实质"列为首要任务，等等，这就全面肯定和继承了九大的错误，使"左"倾思潮延续下去。十大的党章保留了九大党章中关于党的性质、指导思想、基本纲领、基本路线等内容，在"左"倾错误方面进一步发展，主要是充实所谓两条路线斗争经验的内容，把"批判修正主义列为加强党的思想建设的长期任务"，片面提出"反潮流"原则，要求党员要具有"反潮流"的精神等，使"文化大革命"又延续三年之久。不过十大也解放了一批自"文革"开始后备受打击迫害的老干部，有些老干部还进入了中央委员会。

1977年8月12—18日，十一大在北京举行。大会宣告"文化大革命"结束，重申建设社会主义现代化强国的任务，这对于动员广大群众投身社会主义建设起到了积极作用。但是，这次大会的政治报告仍然肯定"文化大革命"的错误理论、政策和口号，继续强调"以阶级斗争为纲"，认为"第一次无产阶级文化大革命的胜利结束，决不是阶级斗争的结束，决不是无产阶级专政下继续革命的结束"，因而没有从根本上纠正"文化大革命"的错误。

1982年9月1—11日，十二大在北京召开。在十二大上，邓小平致开幕词，第一次提出"建设有中国特色的社会主义"的崭新命题。大会还明确20世纪最后20年中国共产党执政的战略目标和具体步骤，制定了全面开创社会主义现代化建设新局面的奋斗纲领，确立了党在新的历史时期的总任务。为加强新时期党的建设，大会制定了中国共产党执政以来最好的一部党章，清除了十一大党章中"左"的错误，增加了"党的干部"、"党的纪律"、"党的纪律检察机关"、"党组"、"党和共产主义青年团的关系"等五章。其中，"党的干部"一章是历届党章所没有的。党章规定：中央不设主席，只设总书记。这是中共中央在组织制度方面的一项重要改变。十二大的胜利召开，标志党成功地实现了具有重大历史意义的转变，揭开了中国社会主义现代化建设的新篇章。后来邓小平在同朝鲜劳动党总书记金日成谈话时，曾把十二大和七大做比较，认为两者作用一样，所不同的是：七大把革命引向胜利，而十二大则将把建设引向胜利。

1987年10月25日至11月1日，十三大在北京召开。十三大的突出贡献是比较系统地阐述了关于社会主义初级阶段的理论，完整地概括了党在社会主义初级阶段的"一个中心、两个基本点"的基本路线：领导和团结全国各族人民，以经济建设为中心，坚持四项基本原则，坚持改革开放，自力更生，艰苦创业，为把我国建设成为富强、民主、文明的社会主义现代化国家而奋斗。大会制定了"三步走"发展战略，提出政治体制改革的任务。十三大从指导思想、历史阶段、根本任务、发展战略、主要矛盾、总体布局等方面勾画出建设有中国特色社会主义理论的轮廓，把"建设有中国特色社会主义理论"表述为马克思主义中国化的"第二次历史性飞跃"。1989年后，邓小平曾有针对性地反复强调："要继续贯彻执行十一届三中全会以来的路线、方针、政策，连语言都不变。十三大政治报告是经过党的代表大会通过的，一个字都不能动。这个我征求了李先念、陈云的意见，他们赞成"。① 十三大的偏颇，是对改革中的困难和阻力估计不足，对社会上资产阶级自由化思潮缺乏理性估计。②

1992年10月12—18日，十四大在北京召开。十四大以1992年初邓小平南方谈话为指导，作出三项具有深远意义的决策：一是确立邓小平建设有中国特色社会主义理论在全党的指导地位；二是明确中国经济体制改革的目标是建立社会主义市场经济体制，标志党对"计划"和"市场"问题及其相互关系的认识取得突破性进展；三是要求全党抓住机遇，加快发展，集中精力把经济建设搞上去。十四大是党的事业兴旺发达、中国走向经济繁荣和政治稳定的重要标志。以邓小平南方谈话和十四大为标志，中国社会主义改革开放和现代化建设事业进入新阶段。

1997年9月12—18日，十五大在北京召开。十五大把邓小平理论确立为中国共产党的指导思想，并写入党章，明确规定中国共产党以马列主义、毛泽东思想、邓小平理论作为自己的行动指南。大会根据邓小平理论和党的基本路线，围绕建设富强、民主、文明的社会主义现代化国家的目标，第一次系统完整地提出并论述了社会主义初级阶段的基本纲领，制定了有中国特色社会主义经济、政治和文化的基本目标和基本政策。大会把坚持公有制为

---

① 《邓小平文选》第3卷，人民出版社1993年版，第296页。
② 陈峰，高敏：《中国共产党历次全国代表大会：从一大到十七大》，中共党史出版社2008年版，第256页。

主体、多种所有制经济共同发展，坚持按劳分配为主体、多种分配方式并存，确定为我国在社会主义初级阶段的基本经济制度和分配制度，把"依法治国"确定为治国的基本方略，并对建设中国特色的社会主义事业的跨世纪发展作出全面部署。

2002 年 11 月 8—14 日，十六大在北京召开。十六大是中国共产党在新世纪召开的第一次全国代表大会，也是在开始实施社会主义现代化建设第三步战略部署的新形势下召开的一次十分重要的会议。十六大坚持以党的基本理论和基本路线为指导，总结了党领导人民建设中国特色社会主义的基本经验，提出全面贯彻"三个代表"重要思想的根本要求，对改革开放和现代化建设作全面部署。大会通过的党章修正案把"三个代表"重要思想和马列主义、毛泽东思想、邓小平理论一起确立为党的指导思想。十六大报告提出了走"新型工业化"道路的新概念，反映了中国共产党工业化理论的新发展。这是从全面建设小康社会的战略目标出发，应对加入世贸组织和全球竞争而提出的方针。新型工业化道路的要点，一是可持续发展，二是注重信息化的作用。这是中国在工业化过程中发挥后发优势的现实选择，即要坚持以信息化带动工业化，以工业化促进信息化，走出一条科技含量高、经济效益好、资源消耗低、环境污染少、人力资源优势得到充分发挥的新型工业化之路。十六大报告还明确提出"社会主义政治文明"这一命题，强调发展社会主义民主政治和建设社会主义政治文明是全面建设小康社会的重要目标，体现了中国共产党对发展社会主义民主政治的新认识。

2007 年 10 月 15—21 日，十七大在北京召开。十七大是在中国改革发展关键阶段召开的一次十分重要的大会。大会回顾了改革开放以来党带领全国各族人民建设中国特色社会主义的历史进程和宝贵经验，阐述了科学发展观的科学内涵和根本要求。大会的主题是高举中国特色社会主义伟大旗帜，以邓小平理论和"三个代表"重要思想为指导，深入贯彻落实科学发展观，继续解放思想，坚持改革开放，推动科学发展，促进社会和谐，为夺取全面建设小康社会新胜利而奋斗。十七大报告将"建设中国特色社会主义"表述为"发展中国特色社会主义"。在"发展中国特色社会主义"这一新的理念下，中国特色社会主义事业总体布局由经济建设、政治建设、文化建设"三位一体"拓展为包括社会建设在内的"四位一体"，相应地，"建设富强民主文明的社会主义现代化国家"的奋斗目标，拓展为"建设富强民主文明和谐的社会主义现代化国家"。十七大报告明确提出，要促进国民经济又好又快发展。"好"字当头、"好"字优先、好中求快应当是我国经济工作的重要指导方向，明确了首先要做到"好"，不"好"的"快"反而有害，但强调"好"并不是要否定"快"。中国是一个发展中大国，没有一定的发展速度，就无法实现全面建设小康社会的宏伟目标，就富不起来、强不起来。十七大报告第一次提出中国特色社会主义理论体系，就是包括邓小平理论、"三个代表"重要思想以及科学发展观等重大战略思想在内的科学理论体系，并阐明了中国特色社会主义理论体系与马克思列宁主义、毛泽东思想的关系，为进一步深化认识马克思主义中国化成果提供了科学指南，充分体现了党的理论的更加成熟。以十七大的胜利召开为标志，中国特色社会主义事业又处于一个新的历史起点。亿万人民在党的领导下，昂首阔步地踏上继续全面建设小康社会、加快推进社会主义现代化的新征程。

【推荐阅读】

1. 中共中央文献研究室：《十一届三中全会以来党的历次全国代表大会中央全会重要文献选编》（上），中央文献出版社 1997 年版。

2. 胡绳主编：《中国共产党七十年》，中共党史出版社 1991 年版。

3. 中共中央党史研究室：《中国共产党历史》，人民出版社 1991 年版。

4. 李君如：《中国共产党历次全国代表大会研究》，东方出版中心 2007 年版。

5. 李颖：《从一大到十七大》（上、下），中央文献出版社 2008 年版。

6. 胡锦涛：《在纪念党的十一届三中全会召开 30 周年大会上的讲话》新华社 2008 年 12 月 18 日电。

8. "科学发展观"何以具有"科学性"？科学发展观如何进入作为思想政治理论课之一的"中国近现代史纲要"课堂？①

【问题提出】

2003年10月，胡锦涛于中共十六届三中全会上正式提出"科学发展观"。在理论定位上，"科学发展观"是马克思主义中国化最新成果，是中国特色社会主义理论体系的重要组成部分，是"同马克思列宁主义、毛泽东思想、邓小平理论和'三个代表'重要思想既一脉相承又与时俱进的科学理论"。在功能定位上，"科学发展观是指导发展的世界观和方法论的集中体现，是运用马克思主义的立场、观点、方法认识和分析社会主义现代化建设的丰富经验，深化对经济社会发展一般规律认识的成果，从而成为我们推进经济建设、政治建设、文化建设、社会建设必须长期坚持的根本方针"。② 以"科学发展观"谋划发展战略，是中国构建新型现代化所面临的新课题。同样，按"科学发展观"要求谋划课程建设，也是新形势下"思想政治理论课"不可规避的新任务。

【疑惑之点】

如何理解"科学发展观"中的"科学"？"科学发展观"的"科学性"有哪些重要表征？"科学发展观"何以形成和提出，其思想之源在哪里？"科学发展观"如何实实在在进入"思想政治理论课"，使其能让学生既入耳又入心？

---

① 本问题撰写者为徐奉臻。

② 《科学发展观重要论述摘编》，中央文献出版社、党建读物出版社2008年版，第4—5页。

【解疑释惑】

在英语中，science 指 knowledge arranged in an orderly manner, esp knowledge obtained by observation and testing of facts；pursuit of such knowledge。在汉语中，宏观上的"科学"体现于人类认识的"意识形态"，是反映自然界、人类社会和思维规律的知识体系、概念系统和认知方式，并由此形成"自然科学"、"社会科学"和"思维科学"。微观上的"科学"，指"自然科学"，即"通过实验和观察发展起来并引起进一步的实验和观察的一系列相互联系的概念系统"①、认知方式和知识体系。在语义学上，"科学"这一名词，"在很大程度上是留给那些确实以明显的方式进步的领域"。② 作为发展理论视阈中一种"目的"和"价值"相统一的表述形式，"科学发展观"中的"科学"，应该对应后一个层面的"科学"。

"科学发展观"的核心内涵是：以"发展"为第一要义；以"以人为本"为核心；以"全面协调可持续"为基本要求；以"统筹兼顾"为基本方法。其"科学性"的重要表征，可表述如下：

以社会建设，丰富发展理论；以"多位一体"，超越"两手理论"；以"又快又好"，让位于"又好又快"；用"以人为本"，弱化"工具主义"；变对现代化的"生产主义"的解读，为对现代化之"生产和生活互构"的诠释③；以回归价值理性，诉求科学文化与人文文化的平衡；以"物元素"与"意元素"的同步嬗变，扩展"物本论"和"意本论"之间的张力；以生态文明，弱化人、社会、自然之间关系的异化与错位；以强调制度、心性和生态等软力量，反省传统发展观和传统现代化。

"科学发展观"的形成和提出，以 2003 年春天的"非典疫情"为契机，以对以往现代化中存在的"非科学历史"和"不科学现状"的检视和反思

---

① ［美］斯塔夫里阿诺斯：《全球通史——1500 年以后的世界》，吴象婴等译，上海社会科学院出版社 1992 年版，第 247 页。

② ［美］托马斯·库恩：《科学革命的结构》，金吾伦等译，北京大学出版社 2003 年版，第 144 页。

③ 王雅林：《社会发展理论的重要研究范式——基于马克思社会理论的"生活/生产互构论"》，《社会科学研究》2007 年第 1 期。

为前提。在近代中国现代化进程中，技术救国的器物现代化——洋务运动的失败，宣告了"中体西用"变迁范式的失灵，为历史留下"只知有洋务"而"不知有国务"的教训。之后的戊戌变法、辛亥革命、五四新文化运动蹒跚而行，屡屡受挫，其症结在于洋务运动重器物、戊戌变法和辛亥革命重制度、五四新文化运动重心性，现代化各子系统单项轮番突进，始终没有置于一个相对和谐的体系或机制中。在现代中国现代化进程中，尤其是改革开放后，"科技万能"、"器物至上"、"增长第一"等理念又使中国现代化付出了环境恶化与生态危机、社会建制与社会演化不相适应、现代人格的缺失和人的矮化等代价。这些问题的存在赋予提出"科学发展观"的必要性和迫切性。

"科学发展观"不是空洞的口号，而是要情境化至不同的论域和视阈中。以"中国近现代史纲要"为例，探索科学发展观进思想政治理论课堂的"应然性"和"实然性"，既是"马克思主义理论"一级学科建设的需要，也有助于学生理解和认同中国特色社会主义理论体系。以教学内容凸显"科学发展观"、以教学理念体现"科学发展观"、以社会实践体验和感悟"科学发展观"、以学生社会实践成果演讲展示"科学发展观"、以多样化的教学方法运用"科学发展观"，不失为在教育教学中体现科学发展观的重要尝试。

途径一：以教学内容凸显"科学发展观"。"中国近现代史纲要"的历史时段，是1840年至今。以1949年为界，前半部是争取"民族独立和人民解放"的中国近代史，后半部是以实现"国家富强和人民富裕"为任的中国现代史。2003年10月，胡锦涛在中共十六届三中全会上正式提出的科学发展观，是"中国近现代史纲要"课程内容的有机组成部分。由此，以教学内容凸显"科学发展观"，就成为科学发展观进"中国近现代史纲要"课堂的楔入点。其主要操作路径是：

1. 基于马克思主义中国化的理论成果和中国特色社会主义理论体系的组成部分的理论定位，论证科学发展观的"科学性"，揭示科学发展观与马克思主义之间、科学发展观与毛泽东思想之间、科学发展观与邓小平理论之间、科学发展观与"三个代表"之间的关系，提高学生的马克思主义理论水平，加深学生对中国特色社会主义理论体系的认同感。

2. 立足于中国现代化实践，对“科学发展观”与“传统发展观”进行比较，在检视“传统发展观”之“见物不见人”、“重现代化的硬要素而轻现代化的软力量”等偏颇的基础上，揭示“科学发展观”的“以人为本”以及“全面、协调和可持续”的理论内涵，继而论证以科学发展观作为推进经济建设、政治建设、文化建设、社会建设的根本指导方针的合理性和迫切性，坚定学生建设中国现代化的决心和信心。

3. 强化以往相对滞后的心性现代化、生态现代化和政治现代化的教学，阐释科学发展观与中国当下新型现代化在理论旨趣和意向结构上的彼此契合，论证以科学发展观孵化中国新型现代化，并由此构建新型现代化理论的必要性与可行性，提出具有修葺功能的“多位一体多向转型的非线性新型现代化理论”，揭示该理论所具有的综合推进的整体性、同步变迁的系统性、统筹发展的协调性、跨越路径的复杂性、生态转向的集约性。[①]

途径二：以教学理念体现“科学发展观”。透析历史有许多维度，其中理念形态的转型与构建最具根本性。在中国现代化进程中，长期盛行重器物、轻思想，重经济技术、轻人文伦理的偏向，对现代化子系统理念层面的剖析始终是弱项，致使“缺乏对当今社会发展所存在的一些观念误区及其深层矛盾的深入反思”与“缺乏一种行之有效的进行综合研究的整体性研究视角和方法”[②]，成为中国现代化研究中的最大问题。因此，在教学中注意挖掘“科学发展观”形成的学理和实践基础，就成为在教学理念上体现“科学发展观”的应有之念。离开了中国近现代史的历史演进，便没有科学发展观赖以产生的学理基础、历史条件、现实要求。

途径三：以社会实践体验和感悟“科学发展观”。社会实践是课堂教学的延伸，也是教学活动的必要环节。在“中国近现代史纲要”课程建设中，笔者所负责的课程组构建了一个“开放式、研究型、动态性社会实践模式”，其主要规程是：学生依据《社会实践实习手册》，利用开课前的寒假进行以家乡为单位的个体化调研。调研内容从历史和现实不同角度反映科学发展观，诸如中国革命历史遗址考察、劳动模范及其成长环境考察、厂矿村

---

① 徐奉臻：《基于科学发展观的中国新型现代化的理论构建》，《求实》2009 年第 1 期。

② 彭新武：《复杂性思维与社会发展》，中国人民大学出版社 2003 年版，第 1 页。

镇发展历史考察、社会生活状况变迁考察、青年成才观念及其影响考察、农村基本观念代际变迁考察、家乡现代化变迁状况调研、家乡/村镇/社区构建"和谐社会"考察、农村民主政治建设考察、家乡生态文明建设和循环经济发展考察等。在社会实践过程中，学生于参与中体验，于体验中感受。以纯课堂教学为参照，学生学习的空间场域由课堂转向改革开放和社会主义现代化建设第一线；学生的角色，由间接、被动地理解书本的"历史知识的接受者"，到直接、主动地正视现代化实践的"历史知识的探寻者"。

途径四：以学生社会实践成果演讲展示"科学发展观"。作为"课堂教学"与"社会实践"彼此衔接的一种尝试，学生社会实践成果演讲是"开放式、研究型、动态性社会实践模式"的组成部分。如果说以社会实践方式体验和感悟"科学发展观"，是"开放式、研究型、动态性社会实践模式"前半部工作，那么，以学生演讲社会实践成果方式展示"科学发展观"，则是这一教学模式的后半部工作。学生社会实践成果演讲的主要特点是：致力于将学生"课外实地调研"和"课内专题演讲"相结合，使学生由"教学活动的被动接受者"变成"教学活动的主动参与者"。其间，作为展示"科学发展观"的一种重要形式，学生的社会实践成果演讲有助于使学生个体化的个性体会演变成学生群体化的共性认识，使学生既在理论上，又在实践上；既在历史中，又在现实中；既从微观的家乡地域，又从宏观的全国视阈等多个维度，认识和理解科学发展观。更为重要的是，这样的学生社会实践成果演讲是学生研究科学发展观的重要形式，有助于提高学生分析和解决问题的能力。

途径五：以多样化的教学方法运用"科学发展观"。科学发展观不仅是一种理论，而且也是重要的方法论。科学发展观具有"全面、协调、可持续"等内涵，其给教学方法的启示是：只有最大化地运用各种教学方法，发挥各种教学方法的群集优势，才有可能使教学过程和教学效果同时最优化。反之，如果教学方法过于单调和片面，不仅不符合科学发展观的相关理念，也无助于教学质量的实质性提高。相应的，也就难以体现科学发展观之"发展"的"第一要义"。多样化教学方法的"方法链"至少包括：基础课专题化、问卷式调研法、横向共时维比较教学法、纵向历时维比较教学法、回忆式和再定位式教学法、回溯提升教学法、名篇名著导读法、案例教学法、问题引领式教学法、网页和资料库建设相结合、学生课内演讲与教师课上讲授相结合、传统文字表达与现代多媒体实景展示相结合、教师讲授与影像资料相结合、缺场的网络教学与在场的课堂教学相沟通、课堂教学与社会实践相结合等。实践表明，多样化教学形式，不仅能够最大限度地调动学生学习的主观能动性，而且有助于师生之间的有效双向互动。

"科学发展观"不是形式主义的旗帜，也不是花拳绣腿的装饰。就"新四门"思想政治理论课而言，无论是"中国近现代史纲要"，还是"马克思主义基本原理"、"毛泽东思想与中国特色社会主义理论体系概论"、"思想道德修养与法律基础"，要在"形"与"质"的统一上真正使"科学发展观"进课堂，使"科学发展观"对学生既入耳又入心，下面问题似应致力以赴：

其一，在三个维度践行"以人为本"。在师生关系上，既发挥教师的主导作用，又突出学生的主体地位，打造双向有效互动的"教学生态"；在内容方法上，努力提高教学的针对性、实效性、吸引力和感染力，使思想政治理论课成为学生喜爱，并终身受益的课程；在评价标准上，诉求"知识生产"和"人格生产"的统一，以"人的全面发展"为终极价值尺度[①]，培养全面、合格的中国现代化的建设者和中国特色社会主义事业的接班人。

其二，协调两对关系：一是教学与科研的关系，以教学促科研，以科研提高教学；二是学术研究和教育科研的关系，通过学术研究，深化教学内容。通过教育科研，创新教学理念和教学方法，帮助学生形成多维立体和非线性的思维方式与认知能力。

其三，统筹共性与个性统一的"新四门"课程。"马克思主义基本原理"、"毛泽东思想与中国特色社会主义理论体系概论"、"思想道德修养与法律基础"和"中国近现代史纲要"的共性在于：都肩负着"培养什么人"和"怎样培养人"的问题；都是非专业公共基础课，都存在思想政治理论课所面临的高层极度重视、学生相对蔑视的难题。其个性在于：四门课各司其职，从不同角度展示课程的思想政治理论功能。如果说"思想道德修养与法律基础"立足于"德"与"法"，"马克思主义基本原理"立足于马克

---

① 万光侠：《科学发展观的人学解读》，《山东师范大学学报（人文社科版）》2007 年第 6 期。

的经济发展设计势必造成经济之外其他方面发展的严重滞后，甚至以牺牲其他方面的发展为代价。而"北京模式"则体现出务实性与理想性并存、灵活性与科学性兼具的特点。"北京模式"强化了政府的作用，不仅关注经济发展，而且还高度注重社会的变化。在此模式下，发展涉及经济、政治、生活质量和全球力量平衡等诸多方面，体现了一种寻求公正与高质量增长兼顾的发展思路。

就世界范围而言，"北京共识"的优越性不断凸显。目前，"巴西、越南等情形各异的国家都在追寻中国模式。印度社会学家拉姆戈帕尔·阿加尔瓦拉（Ramgopal Agarwala）说：'在人类历史上，中国的经验应当最受称道。中国的成功实验是人类历史上最受羡慕的，其他国家应尊敬它并向它学习'"。[1] 在"华盛顿共识"日益为世界各国质疑和抛弃的情形下，中国的转型理念正对世界上其他国家产生巨大影响。乔舒亚·库珀·雷默（Joshua Cooper Ramo）认为，由"北京共识"所体现的中国经验更具有"普适价值"。其经济发展模式，不仅适合中国，而且也是落后的发展中国家可以效仿的成功榜样。

【推荐阅读】

1. 毛增余：《斯蒂格利茨与转轨经济学：从"华盛顿共识"到"后华盛顿共识"再到"北京共识"》，中国经济出版社 2005 年版。

2. 黄平：《中国与全球化："华盛顿共识"还是"北京共识"》，社会科学文献出版社 2005 年版。

3. 周春波：《华盛顿共识的破产到未成体系的北京共识》，《现代经济》（《现代物业》下半月刊）2007 年第 7 期。

4. 郑兴碧：《从"华盛顿共识"看新自由主义的危害》，《当代经济研究》2008 年第 3 期。

5. 于桂华、姚冬萍：《经济发展模式的比较选择：兼论"华盛顿共识"与"北京共识"》，《中国总会计师》2008 年第 8 期。

---

① 邹东涛：《"华盛顿共识"、"北京共识"与中国独特的发展道路》，《宏观经济研究》2006年第 5 期。

10. 何谓"政治文明"？中国人认识和探索政治文明，经历了怎样曲折但却步步深入的历程？①

【问题提出】

当下的中国正处于科学发展观引导下从传统现代化向新型现代化嬗变的历史拐点。在词义上，"传统"对称"现代"，"新型"对称"旧型"。但由于学术界很少使用"旧型现代化"术语，所以在此将"新型现代化"与频繁出现在中外学者著述中的"传统现代化"相对称。在时间上，举凡今日之过去，均可划归"传统"或"旧型"之列，而作为现代化语境中的"传统"与"新型"则应明确一个特殊的时空定点。其中空间的定点是中国，时间的定点是"新型工业化"概念的提出。此前的中国现代化（19世纪中叶到20世纪末期）为传统现代化，而此后的中国现代化（21世纪上半叶）则为新型现代化。虽然中国现代化取得了令人瞩目的成就，不仅经济持续增长，而且国际影响力不断攀升，中国已成为世界上唯一跻身于"一超四强"国际政治格局中的发展中国家；但与此同时，作为问题的现代性，亦在中国的现代化舞台上频频出场，留下了许多需要自省的深痛教训。政治现代化的相对滞后以及"政治文明"的不充分，是其中的教训之一。

【疑惑之点】

如何理解"政治文明"的内涵？"政治文明"与"政治现代化"、"制度现代化"是什么关系？在探索"政治文明"的过程中，中国历经怎样曲折的历程？在认识"政治文明"的过程中，中国人的认识又如何步步深入？"法治"与"法制"的异同是什么？构建"政治文明"的意义何在？

---

① 本问题撰写者为徐奉臻。

【解疑释惑】

作为文明的一种形式，"政治文明"是作为"产物"的"政治现代化"的一般样态，主要包括三层：民主的政治，即由全体成年公民通过其所选举的代表参与施政的政治制度；民主的政体，即鼓励并许可人民有各种公民权，如言论、信仰、意见及集会结社之自由，主张法治，服从多数，同时尊重少数者之权利；公民享受平等的待遇。

在话语使用上，"制度现代化"是常与"器物现代化"和"心性现代化"并列的现代化层次，而"政治现代化"则是常与"经济现代化"、"社会现代化"和"人的现代化"并列的现代化内容。在逻辑关系上，"政治现代化"包括"制度现代化"，而"制度现代化"既是政治现代化的重要组成部分，又是衡量"政治现代化"发展水平的基本维度。与具有解构和建构功能的现代化一样，"制度现代化"和"政治现代化"也既体现为"目的"，又体现为"过程"和"产物"。

作为"目的"的"制度现代化"，诉求"社会关系的有序"和"社会组织的健全"等。由于制度是规范人的行为和调节社会关系的手段，所以制度现代化的功能在于：提高社会的动员能力、应变能力、协调能力和整合能力。作为"过程"的"制度现代化"，是"制度"之"化"的过程，体现为"传统制度"向"现代制度"的转型。作为"产物"的"制度现代化"，指成型的规则（rules）和法律（law）等。

作为"目的"的"政治现代化"，诉求以合宪性（constitutionality）为核心的民主化（democratization），通过累积和强化政治上的现代性，使政治这种"统治的科学和艺术"（the science or art of government）更加科学、更加艺术。民主化以宪政为核心，以法治为基石，以保障人权为终极关怀。"法治"与"法制"，既有区别，又有联系。其联系体现于"法治"与"法制"都以"法"为一以贯之的主脉。其中，"法制"是民主政治建设的基础，"法治"是民主政治建设的关键，两者相互渗透，缺一不可。其区别体现于，在文化领域，"法治"指主张以法为准则治理国家的思想；在行为领域，"法治"指依据法律治理国家，进行统治，即 rule by law。因此，"法

403

治"凸显的重点在于"执法"层面。"法制"包括 legal system；legal institutions；legality 等，指统治阶级按照自己的意志，通过政权机关建立起来的法律制度，包括法律的制订、执行和遵守，是统治阶级实行专政的方法或工具。比较而言，"法制"凸显的重点应该在"立法"层面。

作为"过程"的"政治现代化"，是"政治"之"化"的过程，体现为政府、政党、社会团体和个人之间的相互作用，是政府、政党、社会团体和个人在内政及国际关系方面的活动以立法、行政和司法的方式所呈现的过程。这个过程的逻辑进路是：在社会关系上，"血缘"和"地域"的基础地位发生动摇，"门第本位"和"权力本位"的价值观逐渐弱化。在官员任用制度上，封闭的"亲选体制"让位于开放的"贤选体制"。在治国方略上，法律成为治国的根本，个人的独裁让位于合法的制度，让位于理性化的权威。在政府职能上，行政管理具有透明度和高效率，社会的动员能力和社会的整合能力不断强化。在政治文化类型上，"依附型"的政治文化逐渐发展成"参与型"政治文化，大众广泛参与政治，参与的程度越来越深，参与的水平越来越高。作为"产物"的"政治现代化"，体现为如前所述的"政治文明"之样态。

虽然徐继畬在《瀛环志略》中即已表达了对西方"政治文明"的仰慕，诸如"华盛顿，异人也，起事勇于胜广，割据雄于曹刘。既已提三尺剑，开疆万里，乃不僭位号，不传子孙，而创为推举之法，几乎天下为公"等，但洋务运动启动中国器物现代化后，由于阶级和时代的局限以及应对外来挑战的需要，政治现代化诉求被淹没在"中本西末"和"中道西器"的窠臼中，致使中国陷入了类似于德国和俄国现代化变迁过程中出现的"现代化困窘"，即器物现代化前行而政治现代化滞后、经济上的现代化因素和政治上的非现代化因素混合增长。直至戊戌变法揭幕后，"兴民主"才与"开国会"和"立宪法"一起，在维新派与守旧派的对立、抗制和论战中登堂入室，成为处于争议进行时的显性话语。基于"替代理论"预设的清末"预备立宪"骗局，与其他因素一起催生了辛亥革命，把中国的政治现代化推上前所未有的高峰。建国后，中国政治现代化演进脉络呈现三段式：第一阶段，从 1949 年建国到 1978 年改革开放，是宪政动荡期；第二阶段，从 1978 年到 2000 年，是宪政转型期；第三阶段，21 世纪上半叶，是宪政成熟期。

在第一阶段，政治现代化基本没有跻身于中国现代化的谱系中。无论是"一化三改"，还是"三个现代化"和"四个现代化"，政治现代化都始终游离其外。下面一段发之以情、呼之以声的话，似应成为1949—1978年中国政治现代化景况的真实写照："新中国成立之后的一段时间里，虽然一些党和国家领导人认识到建设社会主义政治文明的重要性，意识到加强民主法治建设的必要性，但由于缺乏民主法治历史传统，由于'左'的思想的影响，由于将马克思主义教条化，在实践中虽然建立起社会主义制度，却没有建设好与之相应的民主政治制度，因而法治不兴，人治横行，不仅公民的民主权利得不到行使，甚至连生命权也得不到保障。"①

在第二阶段，1978年召开的十一届三中全会标志着中国现代化进入以改革促发展的转型期。在国内政策上，这次会议的功绩，用邓小平的话说，"最重大的有两条，一条是政治上发展民主，一条是经济上进行改革，同时相应地进行社会其他领域的改革"。② 作为改革的总设计师，邓小平的"两手理论"不仅大大拓宽了"四个现代化"的狭窄视野，而且深深地影响了中国现代化进程。盘点邓小平的"两手理论"，除了"建设社会主义的物质文明和精神文明"③ 的内容外，也有对民主和法制的诉求与呼唤。

在此，不妨对后者略加撷拾。其一，"民主和法制，这两个方面都应该加强，过去我们都不足。要加强民主就要加强法制。没有广泛的民主是不行的，没有健全的法制也是不行的。我们吃够了动乱的苦头"。"民主要坚持下去，法制要坚持下去。这好像两只手，任何一只手削弱都不行。"④ 其二，"不改革政治体制，就不能保障经济体制改革的成果。""进行政治体制改革的目的，总的来讲是要消除官僚主义，发展社会主义民主，调动人民和基层单位的积极性。要通过改革，处理好法治和人治的关系。""我们政治体制改革总的目标是三条：第一，巩固社会主义制度；第二，发展社会主义社会的生产力；第三，发扬社会主义民主，调动广大人民的积极性。""评价一个国家的政治体制、政治结构和政策是否正确，关键看三条：第一是看国家

---

① 何士青：《政治文明的法学解读》，中国社会科学出版社2004年版，第37页。
② 《邓小平文选》第3卷，人民出版社1993年版，第116页。
③ 同上书，第27页。
④ 《邓小平文选》第2卷，人民出版社1994年版，第189页。

的政局是否稳定；第二是看能否增进人民的团结，改善人民的生活；第三是看生产力能否得到持续发展。"① 在 20 世纪行将结束时召开的十五大，不仅对"依法治国"多有阐释，而且提出"建设社会主义法治国家"的战略目标，体现了对民主政治的殷切诉求。

在第三阶段，党的十六大报告和十七大报告以其对马克思主义理论的发展和创新，编织出中国政治现代化的未来图景。其中，十六大报告的重要创新点是"新型工业化"和"政治文明"。在报告中，"发展社会主义民主政治，建设社会主义政治文明"被置于新世纪中国现代化建设的战略高度。"政治文明"的提出，不仅是中国现代化在政治层面的一次认识飞跃，也明确了 21 世纪上半叶中国新型现代化道路探索中的政治现代化定位。

十七大报告把"建设中国特色社会主义"，表述为"发展中国特色社会主义"；把经济建设、政治建设和文化建设的"三位一体"，拓展为经济建设、政治建设、文化建设和社会建设的"四位一体"；把"建设富强民主文明的社会主义现代化国家"，拓展为"建设富强民主文明和谐的社会主义现代化国家"。在民主政治建设方面，把"积极稳妥地推进政治体制改革"调整为"深化政治体制改革"；把"中国特色政治发展道路"与"中国特色自主创新道路"、"中国特色新兴工业化道路"、"中国特色农业现代化道路"和"中国特色城镇化道路"一起纳入"中国特色社会主义道路"。不仅进一步重申"发展社会主义民主政治是我们党始终不渝的奋斗目标"、"依法治国是社会主义民主政治的基本要求"等政治文明理念，还围绕"推进社会主义民主政治制度化、规范化、程序化"问题，提出了"扩大人民民主"、"发展基层民主"、"加快行政管理体制改革"、"完善制约和监督机制"的具有可操作性的构建路径。可见，党的十七大报告进一步把"政治文明"显性化。或许正是因为看到了这一点，外电报道多关注该报告中有关"政治文明"的阐述。例如，蒙古国《人权报》写道："经济强大后的中国开始坚定进行民主政治领域的发展，中国也因此受到世界瞩目。"

总之，"政治文明"既是新型现代化的内容，又是新型现代化的保障。如果"政治文明"长期滞后，必然会使中国的现代化功败垂成，这是历史

---

① 《邓小平文选》第 3 卷，人民出版社 1993 年版，第 176、177、178、213 页。

的教训，也是现实的启示。

【推荐阅读】

1. 胡锦涛：《高举中国特色社会主义伟大旗帜，为夺取全面建设小康社会新胜利而奋斗》，人民出版社 2007 年版。

2. 刘建军：《中国现代政治的成长——一项对政治知识基础的研究》，天津人民出版社 2003 年版。

3. ［美］詹姆斯·R. 汤森、布兰特利·沃马克：《中国政治》，顾速等译，江苏人民出版社 2004 年版。

11. 何谓"生态现代化"？如何理解当下中国诉求"生态现代化"的应然性与实然性？[①]

【问题提出】

人类社会作为一个自我维持、自我适应的复杂系统，始终置身于动态变化着的客观环境中。"只有在其内部与外部的环境动态地协调并保持平衡时"，生存与发展才有可能。[②] 但地球正在变成"废弃物倾倒场"的现实却把人类推向罗马俱乐部所言的种种困境中，诸如资源枯竭、能源危机、水土流失、温室效应、空气污染、食物链有害化等。极目四望，世界的"熵"已增大到惊人的程度。在西方世界"越来越趋于熵化"[③] 的同时，改革开放后的中国也在历经"破坏性创造"，即以透支未来资源换得暂时的经济增长。对此，有识之士惊呼：中国 GDP 的高增长，其实是将宝马的零件组装成了桑塔纳的结果。因此，诉求"生态现代化"，不仅是弱化生存危机的必然选择，也是中国实现新型现代化的理论期待。

【疑惑之点】

"生态"、"生态学"、"生态平衡"、"生态现代化"四个词有何联系和区别？把"生态现代化"划分为"自然生态"、"社会生态"、"自然—社会生态"三部分的合理性在哪里？作为"目的"、"过程"和"产物"的"生态现代化"，分别呈现什么样态？中外学术界研究"生态现代化"的大致现状如何？如果选择"生态技术观"和"低熵化发展模式"两个角度阐释"生态现代化"，是否可以挖掘出"生态现代化"与"科学发展观"之间彼

---

① 本问题撰写者为徐奉臻。
② ［美］E. 拉兹洛：《决定命运的选择》，李吟波等译，三联书店 1997 年版，第 148 页。
③ 王治河：《全球化与后现代性》，广西师范大学出版社 2003 年版，第 265 页。

此旨趣上的契合点？"低熵化发展模式"在何种程度上构成"生态文明"的加速器？为什么说"培育低熵观念、使用低熵技术、营造低熵社会环境是低熵化发展模式付诸实践的应有之念"？

【解疑释惑】

在学术研究上，应然性回答"为什么"，即必要性和迫切性问题；实然性解决"怎么办"，即操作路径和具体方法。

一般认为，"生态"指生物在一定的自然环境下生存和发展的状态；"生态平衡"指一个生物群落及其生态系统之中各种对立因素相互制约而达到的相对稳定的平衡。早在19世纪，"生态学"（ecology）概念即由德国动物学家海克尔（Ernst Haeckel）所创用。但作为一门分支学科，"生态学"却直到20世纪60年代才被重视。由于"生态学"的希腊文是oikos，其原意是"家庭"，所以人们又把"生态学"称之为"住所的研究"[1]，把"生态现代化"理解为研究环境大家庭、社会大家庭的学问，其研究对象包括所有的家庭成员（all its inhabitants）。[2] 其研究的目的，在于追求经济、社会和环境的协调发展，并由此构建生态经济、生态社会和生态文明。可见，其与"科学发展观"之间存在旨趣上的耦合。在内容上，"生态现代化"应该涉及生命科学本身的现代化、生态在现代条件下的持续繁衍、人类活动的集聚和动植物群落分布的合理交叉、生物繁殖的速度和人类生存质量的相互调整、人类在新生物品种创造上的探索、生态与自然环境的相互作用、生态的现代化和生态的原始化的关系、生态理论与其他领域和学科的结合与延续等诸多问题。[3]

"生态现代化"是构建"生态文明"的重要途径。作为一种社会变迁理论和现代化理论谱系的新成员，"生态现代化"（ecological modernization）直至20世纪80年代才兴起于西方，德国的胡伯（Huber）还提出了"生态现代化理论"。但在当下中国，"生态现代化"的研究现状可以表述为"热而

---

[1] 《简明不列颠百科全书》第7卷，中国大百科全书出版社1986年版，第168页。
[2] Eugene P. Odum, *Ecology*, Foreign Language Teaching and Research Press, 2005, pp. 1—2.
[3] 李晓西：《对生态发展规律的认识要进一步科学化》，《科学与现代化》2007年第1期。

不熟"四个字。党的十七大报告所阐释的构建"生态文明"的思想，不仅使"生态现代化"实践本身显性化，也使"生态现代化"一词逐渐赢得官方主流话语地位。

"生态现代化"包括"自然生态"、"社会生态"、"自然—社会生态"三部分。其中，"自然生态"体现于展示生物与生物之间关系的"自然场域"；"社会生态"体现于人所栖息之中的关系和结构，即"生活场域"；"自然—社会生态"体现于人、动物、自然、社会等之间的多维复杂关系和结构中，是"自然场域"和"生活场域"的交织与缠绕。

与具有解构和建构功能的现代化一样，生态现代化也既体现为"目的"，又体现为"过程"和"产物"。作为"目的"的"生态现代化"，诉求生态平衡，以解决经济增长与资源匮乏、技术发展与环境恶化之间无以复加强化的矛盾为主旨，而"生态平衡"包括自然生态平衡、社会生态平衡、自然—社会生态平衡。作为"产物"的"生态现代化"，表现为构建后的具有可持续发展意蕴的"生态文明"之样态。作为"过程"的"生态现代化"，是自然系统内、社会系统内、自然—社会之间的各种严重错位的关系，由"变态"到"常态"的复原，由"生态痉挛"（Eco-Spasm）向"生态无恙"演进，由工业技术观让位于生态技术观。

选择"生态技术观"和"低熵化发展模式"两个角度阐释"生态现代化"，有助于挖掘"生态现代化"与"科学发展观"之间彼此旨趣上的契合点。

因为"生态技术观"突破了具有封闭性、垄断性、排他性、征服性、二元对立性的人类中心主义，不仅诉求工具理性和价值理性的平衡发展，而且诉求人、自然、社会、经济、政治和技术的协调嬗变，体现出技术观的生态意识和生态导向。生态技术观物化的必然逻辑后果是要实现技术发展的生态化转向，其底线是：使用可再生资源的速度，不得超过其更新速度；使用不可再生资源的速度，不得超过其替代品的可持续利用的可再生资源的开发速度；社会排放污染物的速度，不得超过环境对污染物的降解吸收能力。①

生态技术观形成的客观现实基础，是工业文明演进中不断凸显的现代性

---

① 姜振寰：《技术实践的生态学基础》，《自然辩证法研究》2001 年第 1 期。

危机，如工具理性霸权地位的扶摇直上、技术负效应的强化和人与自然关系的错位等。近代以后，现代化成为文明演进的主要途径。尽管现实中的现代化结果并不都是令人愉悦的，但人们追求现代化的原初动机是要利用最新技术成果提高生活质量、改善生存环境。可是，现代化行进到今天，技术的发展却把人类推向前所未有的矛盾与困窘中，并形成不胜枚举的技术悖论：技术既制造交通工具，又酿造废气和噪音；既生产农药和化肥，又减少农产品的营养与味道；既推动现代工业发展，又过分消耗有限资源；既完善现代组织机构，又压制和扭曲人性；既扩大信息传递的速度和范围，又带来人们生活方式的被动与惰性；既创造医学奇迹，又不断丧失对生命的尊严；既发现原子能，又孕育毁灭人类的危险[①]；既解放生产力，又造成机器和劳动的对立和社会不同群体的分离；既使社会发生翻天覆地的变化，又导致发展的严重失控；既改变地球面貌，又造成土地贫瘠和环境污染；既使人类成为自然的主人，又把人类推向钢筋水泥式的伪自然中。[②]

"熵"作为某一系统中存在的一定单位的无效能量的总和及不能再被转化做功的能量的总和的测定单位，反映了客观物质世界的演化进程及规律，揭示了污染产生的作用机理，也打破了能源万世不竭的神话与幻想。熵定律表明：能量的每一次转化，人类都将受到产生熵的惩罚。由于时间的不可逆性、发展进程和能量转化的无限延续性，世界的熵总是不断增大。虽然地球最终的热寂还是漫长的历史进程，但"由矿物燃料和特殊金属组合构成的物质—能源基础正濒临涸竭"却是人类必须正视的不争事实。[③]

"低熵化发展模式"具有多维复合性，除了经济模式的低熵化外，还包括技术选择的低熵化、社会环境的低熵化和生活方式的低熵化等。因此，培育低熵观念、使用低熵技术、营造低熵社会环境，是"低熵化发展模式"付诸实践的应有之念。

"低熵观念"是科学发展观的微观缩影，其主要特征是：坚守4R原则，摈弃"物质崇拜"、"实利主义"与"技术救世主义"的价值观。在传统观

---

① 徐奉臻：《梳理与反思：技术乐观主义思潮》，《学术交流》2000年第6期。

② 王前：《现代技术的哲学反思》，辽宁人民出版社2003年版，第171页。

③ ［美］杰里米·里夫金：《熵：一种新的世界观》，吕明等译，上海译文出版社1987年版，第236—238页。

念向低熵观念转型过程中，下面一些业已流行的信念的有效性必然要遭受质疑："地球上有几乎取之不尽的财富"；"人类的幸福在于拥有最新、最有效和最使人感到舒适的产品及奢华的环境"；"进步的真正标志是拥有更大的城市、更高的建筑物、更多更大的工厂、更大更机械化的农场、更多更宽阔的公路以及在更大更豪华的购物中心有更多可选择的商品"等。① 可见，低熵观念有助于提高人们的环保意识，也有助于建立新型的人与自然的关系，即变"人对自然的强力征服"为"人与自然的和谐共处"。

"低熵技术"是低熵化发展模式的基本手段。毋庸置疑，技术与科学一道构成第一生产力。但也应看到，技术不仅能把能量从"有效态"转化为"无效态"，并由此生成"熵"，还会在使用后，同时产生可以称之为"技术的社会功能"和"技术的社会问题"的正负效应。所谓"低熵技术"，在宏观上可以视为后现代经济理论学家所倡导的"最好的技术"，即"旨在生产真正必需的商品和使用最少资源的技术，而且这种技术不会损害自然环境和人的共同体"。② 在微观上，可将"低熵技术"作两种理解。一是将"低熵技术"与"自助技术"、"民主技术"、"大众技术"、"合适技术"或"适中技术"等而视之，其主要特点是："当地制造的，操作上劳动密集型的，分散化的，可修理的，由可再生能源提供燃料，合乎生态环境，有利于社会"。在功能上，这种技术"无限优越于以前的原始技术，但同时又比珍贵的超技术简单得多，便宜得多"。③ 二是将"低熵技术"看作包括高新技术在内的"绿色技术"或"生态技术"的同义词，主要有低熵材料开发技术、清洁生产技术、污染治理技术、废物利用技术等。在全球化和信息化浪潮中，国际竞争日趋激烈，因此，前一种低熵技术显然远远不能满足需求。相比之下，后一种低熵技术应该是大有可为的主要形式，是低熵化发展模式的主要技术选择与技术支撑。

"低熵社会环境"是低熵化发展模式的必要保证，也是低熵化发展模式的主要目标。将"熵"理论运用于社会领域，可以认为：社会是由许多子

---

① ［美］E. 拉兹洛：《决定命运的选择》，李吟波等译，三联书店1997年版，第76页。

② 王治河：《全球化与后现代性》，广西师范大学出版社2003年版，第89页。

③ ［美］杰里米·里夫金：《熵：一种新的世界观》，吕明等译，上海译文出版社1987年版，第199—200页。

系统、子子系统等组成的综合互动的系统工程，每一系统都有其特定的变迁环境。系统环境与系统环境之间不断地进行着物质、能量与信息的交流，并在交流中互为因果、互相影响、互相制约。如果系统结构合理，各系统间物质、能量与信息的交流适当而有效，那么熵值就低，系统的演进就协调而有序，社会也就越接近低熵化社会。在社会系统中，低熵化发展模式需要观念、法规、政策、制度等非经济因素的纵向作用与保证。走出"环境立法只停留在污染产生后的治理上"的认识误区，并以4R原则为楔入点构建低熵化发展模式的政策体系和制度体系，才能最大限度地避免经济的盲目增长及科技的非理性运用。

换言之，在低熵社会里，"把一切现象都看作是相互关联的整体论理解方法取代了我们脱离生态系统活动的现代人类观"，任何导致熵值增加和助长毁灭其他物种的经济政策都将被视为对自然的亵渎之举。在这个意义上，"熵"理论不仅"从根本上改变了经济学的基础"，[①] 而且也改变了社会的运作方式与人们的生活方式。因此，"熵"理论所引发的社会变化是革命性的，"低熵化发展模式"的本质是社会生活方式转型范式的革命。例如，接受Reuse原则，就意味着认可了节俭型低"熵"生活方式：拒绝一次性消费；反对商品过快地更新换代；赞同对商品的维修和产品包装的反复使用；乐善好施，以使自己弃之不用的废物能为他人所用等。接受了Replace原则，就会对下列行为乐此不疲：安步当车、以自行车代替公交车或以公交车代替小轿车；以燃气车和混合动力汽车取代柴油车和汽油车；以能反复使用的产品代替一次性消费品，如筷子和杯子的使用等；以看得见但却摸不着的虚拟网络消费代替现实世界的物质消费，如信件、贺卡的邮寄等；以污染轻、易再生的商品代替污染重和难再生的物品，如以布袋取代塑料袋等。或许昆波斯（Coombs）的话是节约型社会的构建者应该牢记的："有这样一种生活方式，它的物质需求比较适度；它的环境破坏比较轻微。这种生活方式是比较简单的，人们的兴趣与激情主要建立在这种生活方式所提供的人际关系上。谋求这种生活方式是未来人们的主要任务。是否能够成功地找到这种

---

① ［美］杰里米·里夫金：《熵：一种新的世界观》，吕明等译，上海译文出版社1987年版，第191、219页。

生活方式，这将决定人类的未来。"①

【推荐阅读】

1. ［英］弗里德里希·A. 哈耶克：《科学的反革命——理性滥用之研究》，冯克利译，译林出版社 2003 年版。

2. ［法］埃德加·莫林等：《地球 祖国》，马胜利译，三联书店 1997 年版。

3. ［美］安德鲁·芬伯格：《可选择的现代性》，陆俊等译，中国社会科学出版社 2003 年版。

4. ［美］霍尔姆斯·罗尔斯顿：《环境伦理学》，杨通进译，中国社会科学出版社 2000 年版。

5. U. Beck，*Reflexive Modernization*，Stanford University Press，1994.

---

① ［英］伊恩·莫法特：《可持续发展——原则、分析和政策》，宋国君译，经济科学出版社 2002 年版，第 217 页。

12. 当下中国，综合国力不仅是学术研究的热点，而且也成为中国制定新型现代化发展战略的基础和目标。基于新型现代化视阈，诠释中国的综合国力。①

【问题提出】

历史表明，国家的盛衰兴亡，归根结底取决于综合国力的强弱。综合国力不仅越来越成为学术研究的热点，而且也成为中国制定新型现代化发展战略的基础和目标。此处的"新型现代化"，建立在与中国以往现代化比较的基础之上。在时段上，新型现代化处于邓小平"三步走"战略后两步之交的 21 世纪之初。

此前的中国现代化可划为两段：一是起于 19 世纪中叶的半殖民地型现代化，以洋务运动、戊戌变法、辛亥革命、五四新文化运动为标志，其失败的主要原因是现代化目标的单项轮番凸进；二是建国后的社会主义型现代化，包括改革开放前的"四个现代化"和在"两手理论"引领下所进行的现代化。"四个现代化"是典型的器物型现代化，由于政治和心性文明的严重滞后，中国现代化出现了"大跃进"和"文化大革命"等重大失误。从改革开放至 20 世纪末期的现代化，付出了资源和环境恶性消耗与破坏的代价。

所以，以传统现代化为基点审视综合国力，显然已不能满足中国现代化新形势的要求。新型现代化奠基在科学发展观之上，其所具有的全面、系统、协调、集约、复合等特点，内涵可贵的可持续发展之意蕴。以新型现代化为基点和视阈考量中国的综合国力，不仅可以避免重蹈以往中国现代化片面发展的覆辙，也有助于克服"科技万能"、"器物至上"和"增长第一"

---

① 本问题撰写者为徐奉臻。

等经济技术乐观主义偏向。

【疑惑之点】

何谓"综合国力"？其内涵是什么？"综合国力"与"国家能力"、"国际竞争力"和"核心竞争力"有何不同？在结构上，综合国力包含哪些基本要素？各要素之间呈现怎样的非线性关系？以新型现代化为基点和视阈审视综合国力的必要性和迫切性是什么？为什么说基于新型现代化审视综合国力各要素，生态力、制度力、精神力和社会力应成为需要大书特书的对象？

【解疑释惑】

"综合国力"（comprehensive national power or over national strength）是一个歧义丛生的概念。在借鉴现有意见基础上，可将其表述为：特定历史时期内，一个主权国家在生存与发展过程中所拥有、所体现、所潜在的维护和获取国家利益的各种相互关联和有机作用的力量。其中的"力量"，被学者表述为实力（strength）、潜力（potential power）、能力（capability）、影响力（influence power）、控制力（control power）、生存能力（live power）、国家权力（state power）、国家能力（state capability）、国际竞争力（power of international competition）、国际贡献力（the power of international contribution）和核心竞争力（core competence or core competencies）等。

比较而言，"实力"与"国力"在理论上较为接近，因为"意志与力量及潜力的结合产生实力"。① 但在具体使用中，实力又往往凸显一方对另一方的控制和影响，非如综合国力那样中性。上述其他表述充其量不过是综合国力的要素力，或综合国力的要素力之功能的体现，不能与综合国力等而视之。如"国家能力"，是指国家将自己的意志和目标转化为现实的能力。在国家行使其职能、实现其意志的过程中，国家能力往往会物化为社会各个领域的具体绩效。"国际竞争力"是"一个国家在国际社会中与其他国家竞争

---

① ［美］傅立民：《论实力》，刘晓红译，清华大学出版社2004年版，第16页。

所具有的相对位势"① 和整体角逐能力,其所反映的是综合国力的水平和发展速度。综合国力是提升国际竞争力的基础,国际竞争力是增强综合国力的重要手段。"核心竞争力"始见于 1990 年普拉哈拉德(C. K. Prahalad)和哈默(Gary Hamel)针对产业经营撰写的《企业的核心竞争力》,后来人们将其引申用于表述一个国家在与他国较量中能够持续保持角逐优势的一个或多个关键性要素力。②

关于综合国力的研究,直至 20 世纪后半叶才起步。依据不同分析视角,可在借鉴现有成果基础上,对综合国力的内涵和结构做基本辨识:

在范畴上,综合国力包括"自然力"和"社会力"。狭义上,"自然力"指可以利用来代替人力的自然界的动力,如风力和水力等。广义上,"自然力"是一个国家赖以生存与发展的基本条件,是具有先赋性和相对稳定性的常项要素力,如地理位置、国土面积、地形气候和各种资源等。与"自然力"相近的概念,是"资源力"和"生态力",因此三者常常被混用。事实上,它们之间是有区别的。"资源力"指生产和生活资料的天然来源,如水力资源、旅游资源和矿产资源等,是自然力的重要组成部分。"生态力"指生物在一定的自然环境下生存和发展的状态,体现生物与非生物之间的环境作用,如空气质量和污染程度等。"社会力"可以有两种理解:一是与自然力相对应的广义社会力,涵盖自然力之外的所有力;二是社会系统内部与其他要素力并列的狭义社会力,如社会保障水平、公共健康服务水平、社会和谐程度指数和社会可持续性指数等。相对"自然力"而言,"社会力"是具有后致性和阶段性的变项要素力。"自然力"的合理性挖掘,有赖于"广义社会力"。新型现代化的实现,有赖于"狭义社会力"与社会系统内部其他要素力的协同运作。

在形态上,综合国力体现为"现实力"和"潜在力"。"现实力"既包括已经具备和已经呈现的各种客观存在的要素力,又包括综合国力各子要素和子子要素之间非线性作用之后所形成的具有整体性和系统性的结构力。前者如人口数量、GDP 高低、工业化程度和政府绩效等,后者如技术战略水

---

① 赵景柱:《可持续发展综合国力的理论分析》,《环境科学》2003 年第 1 期。
② 林善浪:《中国核心竞争力问题报告》,中国发展出版社 2005 年版,第 3—9 页。

平、综合国力指数等。现实力是现在时，潜在力则可从现在和将来两个时态加以理解。在现在时内，"潜在力"是存在于综合国力内部的不容易被感知的力。在将来时内，"潜在力"则具有导致要素结构变化，并促使要素结构系统功能增强的作用。意识形态感召力、国家竞争力、民族凝聚力、民族认同感等，都是制约和影响综合国力未来走势的潜在力。通常情况下，"潜在力"随系统结构变化和系统各要素组合功能变化而显现。明确了形态意义上的综合国力，就等于否定了将综合国力与现实的综合国力等而视之①的偏颇认识，从而将现实力和潜在力都纳入到综合国力的评价体系内。测定潜在力，有助于预测未来综合国力的发展趋势或水平。同时，客观认识潜在力，也有助于在可持续发展层面审视综合国力，从而为构建新型现代化理论提供学术支持。

在质态上，综合国力体现为"软力量"和"硬力量"。软力量（Soft power）由美国学者约瑟夫·奈（Jpseph S. Nye, Jr）于 1990 年在《谁与争锋》一书中首次提出，是一个与硬力量（Hard power）相对应的创新性概念。在行为术语中，"硬力量"主要来自一个国家的经济和军事等传统国力，是靠"胡萝卜加大棒"才得以实施的一种强迫性能力。"软力量"则是"能吸引人的力量"，"是一种能够影响他人喜好的力量"，是一种劝说力或以理服人的能力。在国际政治中，衍生软力量的资源主要产自"国家的文化所表达的价值观、其国内惯例及政策所树立的榜样，及其处理与别国关系的方式"。

如果将军事力量、经济力量和软力量做一对比，借用约瑟夫·奈（Jpseph S. Nye, Jr）的分析，可以勾画出三者在行为、主要手段和政府政策上的显著不同。在行为上，军事力量表现为"胁迫、阻碍、保护"，经济力量表现为"引诱、胁迫"，软力量表现为"吸引、设定议程"。在主要手段上，军事力量表现为"恐吓、武力"，经济力量表现为"交易、制裁"，软力量表现为"价值观、文化、政策、机构体制"。在政府政策上，军事力量表现为"强制性外交、战争、同盟"，经济力量表现为"援助、贿赂、制

---

① 冯鹏志等：《科学技术在当代综合国力竞争中的地位及功能》，《北京工业大学学报（社会科学版）》2003 年第 3 期。

环境急速恶化、社会建制和社会演化不相适应等。虽然中国相继启动西部大开发战略和东北老工业基地改造步伐，但地区和部门之间经济与社会变迁不平衡的发展极（poles of development）现象还十分突出。在社会领域，收入分配的差距日益拉大，基尼系数（Gini coefficient）居高不下，甚至突破0.4的警戒线。因此，新型现代化视阈中的中国综合国力，应该是协调和可持续的。在此框架内增强中国综合国力的基本诉求，应是使传统的"白猫黑猫"让位于剔除环境成本的"绿色猫"、剔除腐败成本的"干净猫"、关注人的自由与发展的"人文猫"。科教兴国、政治文明、新型工业化、科学发展观、低熵化发展模式①、和谐社会与和谐世界等现代化理念，既是中国增强综合国力的战略和手段，又反映中国构建新型现代化的旨趣目标。

【推荐阅读】

1. 张幼文、黄仁伟：《2007年中国国际地位报告》，人民出版社2007年版。

2. 张曙光等：《实力与威胁——美国国防战略界评估中国》，中国财政经济出版社2004。

3. 黄硕风：《综合国力新论——兼论新中国的综合国力》，中国社会科学出版社1999年版。

4. 孟亮：《大国策——通向大国之路的软实力》，人民日报出版社2008年版。

5. Joseph S. Nye, Jr., "Soft Power". *Foreign Policy*, Issue 80, Fall, 1990.

6. Joseph S. Nye, Jr., "Soft power and American Foreign Policy", *Political Science Quarterly*, No. 2, 2004.

---

① 徐奉臻：《论作为新型现代化诉求的"低熵化发展模式"》，《自然辩证法研究》2006年第12期。

后　记

本书是"哈尔滨工业大学优秀教学创新团队支持计划资助项目"
（2009—2011）、"黑龙江省教学创新团队项目"（2009—2011）、黑龙江省新
世纪高等教育教学改革工程项目"以案例和名篇名著破解'中国近现代史
纲要'重点难点问题的教学改革探索"（项目编号：5182）、黑龙江省新世
纪高等教育教学改革工程项目"'新四门'思想政治理论课系统多元实效性
教学模式的探索与构建"的阶段性研究成果，与由黄进华和孙艺年为主编、
赵爱伦和徐奉臻为副主编的《"中国近现代史纲要"名篇名著导读》（中国
社会科学出版社 2009 年版）构成姊妹篇。

本书主编和副主编以及其他撰写者多为黑龙江省高校"中国近现代史
纲要"骨干教师。其中，多为博士后、博士、在职博士、名师奖获得者等。
主要作者情况如下：

徐奉臻，哈尔滨工业大学人文与社会科学学院教授，硕士生导师，全校
博士生公共理论课主讲教师。首都师范大学史学硕士，吉林大学马克思主义
学院博士生。1999 年破格晋升为教授。现为黑龙江省名师、黑龙江省精品
课（中国近现代史纲要）负责人、黑龙江省优秀教学创新团队负责人、哈
尔滨工业大学三级教授、哈尔滨工业大学基础课带头人（博导待遇）。中国
世界近代史学会理事、黑龙江省党史学会理事。主要研究方向：现代化理论
与实践。研究特点：基于科学技术、世界历史、中国近现代史、马克思主义
基本原理四个视阈，对现代化作跨学科研究，并将科研与为本科生、硕士生
和博士生开设的课程相结合。主持或参与各类课题近 20 项，包括国家社会
科学基金重点项目、中国科学院知识创新工程项目、黑龙江省软科学计划资
助项目、黑龙江省社会科学基金资助项目、黑龙江省新世纪高等教育教学改
革工程项目等。迄今共出版个人独立专著三部：《历史视野：改革与现代化

入选中宣部、中央党校、中央文献研究室、中央党史研究室、教育部、中国社科院、解放军总政治部等七部委联合举办的"纪念中国人民抗日战争暨世界反法西斯战争胜利60周年学术研讨会"。曾获黑龙江省高校人文社会科学研究优秀成果二等奖等奖励。

姚永利，哈尔滨工业大学人文与社会科学学院副教授。哈尔滨师范大学法学硕士，东北林业大学经济管理学院博士。黑龙江省科学社会主义学会理事，黑龙江省邓小平理论研究会理事。主要研究方向是：生态文明、科学发展观的理论与实践。主持或参与的课题有：教育部人文社会科学研究青年基金项目、黑龙江省教育厅人文社会科学项目等。在《哈尔滨工业大学学报（社科版）》《黑龙江社会科学》《学术交流》等期刊发表学术论文10余篇。主编和参编教材五部。

杨凤霞，黑龙江省绥化学院思想政治理论教研部教授，吉林大学中国近现代史研究方向硕士，绥化学院教学名师，绥化学院重点学科和精品课建设负责人，黑龙江省历史学会理事，主要研究方向是：世界文明史、中国近现代史。主持、参与各类研究课题10余项，独撰、合撰著作、教材五部，公开发表学术论文20余篇。其中，有多篇被《新华文摘》和中国人民大学资料复印中心期刊全文收录，获省院级教学和科研奖励10余项。

叶丽，哈尔滨理工大学马列主义教研部副教授。黑龙江省社会科学院硕士，哈尔滨理工大学思想政治专业在读博士。主持或参与国家社会科学基金项目、黑龙江省社会科学基金资助项目等各类课题10余项，出版著作《邓小平的社会主义观》（东北林业大学出版社2004年版），发表《论邓小平的执政党党风建设思想》《毛泽东的社会主义发展观》《马克思主义在中国的传播》等论文。其中，《毛泽东和邓小平社会主义发展观比较》被人大复印资料全文转载，获黑龙江省高校人文社会科学优秀成果三等奖和黑龙江省社会科学优秀成果青年佳作奖。

在具体分工上，本书没有采取按编、章、节进行分配的常规方式，而是在充分体现参研者的学术兴趣、研究领域及其前期相关研究成果的基础上，把"重点难点理论和实践问题"作为基本分配单位。同时，为了文责清晰，也为了尊重作者的辛勤劳动，在每个问题的标题下均明确标示了撰写者的姓名。

其中，徐奉臻撰写 14 万字；黄进华撰写 7 万字；刘振清撰写 3.6 万字；赵爱伦撰写 3 万字；其余作者撰写字数在 2 万字以下，依次是李学桃、王永岩、姚永利、孙艺年、杨凤霞、叶丽、王永发。

本书初次统稿，由徐奉臻、黄进华承担全部，赵爱伦、孙艺年承担局部。本书最后统稿，由徐奉臻统一完成。

由于哈尔滨工业大学作为京外唯一试点单位，先行一年开设“新四门”思想政治理论课，因此使本教学创新团队有更充分的时间进行教学理论和教学实践的探索。作为探索的结晶，《“中国近现代史纲要”重点难点理论与实践问题析微》一书，不仅体现和反映了撰写者的学术理念，也凝结着撰写者难以言表的辛勤与付出。因此，在本书付梓之际，我们又一次真切地体会和感悟到“书到用时方恨少，事非经过不知难”的意涵。尽管如此，书中的不足，甚至错误一定在所难免。因此，真诚希望各位方家给予批评和指导。

徐奉臻

2009 年 12 月 29 日于哈尔滨

研究》（黑龙江人民出版社 1999 年版）、《现代化：历史的困窘与困窘的思考》（哈尔滨工业大学出版社 2009 年版）、《教学改革：理念创新与模式构建》（中国社会科学出版社 2009 年版）。主编和参编教材与著作 10 余部。在国际和国内学术会议，以及《世界历史》《自然辩证法研究》《马克思主义与现实》《史学月刊》《思想战线》《求实》等国家级或 CSSCI 杂志上发表论文 60 余篇，其中多篇被《美国剑桥科学文摘》（CSA）《新华文摘》《高等学校文科学报文摘》等转载反馈。获国家/省/校各级教学科研奖励 40余项，包括国家曾宪梓教师奖二等奖、宝钢教师奖、黑龙江省优秀教学成果一等奖（两项）、黑龙江省社科优秀科研成果奖和黑龙江省高校优秀科研成果奖一二三等奖（十项）。应邀为国内 20 多所高校师生做学术报告，被多所大学聘为"荣誉教授"或"客座教授"。

赵爱伦，哈尔滨工业大学人文与社会科学学院副教授，硕士生导师。东北师范大学史学硕士，东北师范大学历史文化学院博士生。黑龙江省精品课（中国近现代史纲要）主讲教师，黑龙江省优秀教学创新团队主要参加人，哈尔滨工业大学二级副教授。黑龙江省统一战线史研究会理事，哈尔滨市政协研究会理事，黑龙江省党史学会会员，中国史料学学会会员。主持和参与各类课题近 10 项，包括黑龙江省软科学计划资助项目、黑龙江省新世纪高等教育教学改革工程项目、黑龙江省教育厅人文社科研究项目等。主编和参编教材与著作四部。在国内学术会议以及《哈尔滨工业大学学报（社科版）》《历史教学》《黑龙江省高教研究》等杂志上发表论文近 20 篇。先后获黑龙江省优秀教学成果一等奖、黑龙江社会科学优秀科研成果奖佳作奖、黑龙江省优秀高等教育科研成果奖二三等奖、哈尔滨工业大学青年教师基本功大赛一等奖等。

孙艺年，哈尔滨工业大学人文与社会科学学院副教授，硕士生导师，东北师范大学史学学士，哈尔滨工业大学法学硕士，吉林大学东北亚研究院博士生，黑龙江省精品课程（中国近现代史纲要）主讲教师。1999—2000 和2001—2002 年，两度赴日本北海道大学做访问学者。中国近现代史史料学学会常务理事。主要研究方向：中国近现代史、近代中日关系史、中国传统文化等。参与：黑龙江省新世纪高等教育教学改革工程等若干项目主编和参编《"中国近现代史纲要"名篇名著导读》《当代中国技术观研究》等著作六部，发表《论日本第一届近卫内阁的侵华战争责任》《裕仁天皇的战争责任何以未被追究》《张学良与东北地区的现代化进程》等论文30余篇。曾获"黑龙江省教书育人优秀工作者"、"哈尔滨工业大学教书育人积极分子"称号以及黑龙江省优秀教学成果一等奖、黑龙江省社会科学优秀科研成果三等奖等奖励。

黄进华，哈尔滨工业大学人文与社会科学学院讲师（聘副教授岗）硕士生导师；首都师范大学史学博士、中国社会科学院马克思主义理论在读博士后；黑龙江省精品课（中国近现代史纲要）主讲教师；中国史料学会会员。主要研究方向：中国近现代史、马克思主义中国化和东北地方史。研究特点：以马克思主义为指导，对马克思主义传播、中国近代经济、东北地方文化等进行研究，并将科研与本科生、硕士生教学相结合。迄今，共参与国家级课题两项（如国家清史纂修工程子项目"光宣朝人物列传"）、省级课题三项，主持校级课题两项；已出版个人专著两部，如《皇权悲剧——中国传统社会的历史宿命》（中国三峡出版社2006年版）；主编辅助教材一部：《"中国近现代史纲要"名篇名著导读》（中国社会科学出版社2009年版）；参编学术著作、研究生教材四部；在《中国经济史研究》《文史哲》等重点刊物上发表学术论文多篇，获"黑龙江省优秀教学成果一等奖"、"黑龙江省优秀高等教育科学研究成果奖二等奖"等。此外，曾在《香港文汇报》开辟个人专栏，并在《香港文汇报》《中国青年报》等国内外知名报刊发表各类评论文章50余篇；相继在北京大学、首都师范大学开设专题讲座。

刘振清，哈尔滨学院政法学院副教授。哈尔滨师范大学法学硕士，中共中央党校法学博士。中国现代史学会会员、黑龙江省党史学会理事、中国农工民主党参政党理论研究黑龙江中心特约研究员。主要研究方向：马克思主义理论和中共党史的研究与教学。主持或参与中国马克思主义研究基金专项基金项目、黑龙江省新世纪高等教育教学改革工程项目、黑龙江省教育厅人文社会科学研究项目等各类课题10余项。主编和参编教材与著作七部。在《中共党史研究》《党的文献》《党史研究与教学》《理论探讨》《长白学刊》《求实》等国家级或CSSCI杂志以及《经济日报》等发表学术论文40余篇，有多篇被人大复印资料等转载反馈。其中，《中国共产党与东北抗战》一文裁"，软力量表现为"公共外交、双边和多边外交"。① 明确了"软力量"和"硬力量"的区别与特点，有助于行为手段的选择和政策的制定。在中国以往现代化中，过分消耗制度和心性等软力量，是需要吸取的教训。

在层次上，综合国力主要由自然力、生态力、经济力、精神力、政治力、军事力、科技力和狭义的社会力构成。在前面阐述的力之外，"经济力"体现一个国家经济发展的整体能力，包括经济实力、经济体制、经济结构、经济关系、经济影响力等。经济力抚育外在、有形的物质文明，具有累积的跃进性和迅速性。"精神力"泛指某个国家在历史上形成的有关价值观念、情感性格、伦理道德、思想文化和意识形态等方面的力，如教育力、文化力、民族力等。其中，"教育力"包括教育制度、教育水平和教育普及程度等，"文化力"包括文化传统、国民文化水平、文化影响力等，"民族力"包括内在的民族凝聚力和外在的民族影响力等。"精神力"具有无形性和非物质性，是典型的内在文明，呈现积淀的渐进性和缓慢性。"政治力"的核心是特定历史时期内执政党的执政能力，政治力还可细划为"外交力"和"制度力"两个部分。其中，"外交力"反映国际政治水平，包括对外政策、国际政治环境、外交活动能力、国际地位和声誉、外交影响力和控制力、国际贡献力等。"制度力"体现国内政治水平，包括社会活动中的各种行为规范，也包括在历史上形成的有关政治、经济和文化等方面的体系。制度力体现于一定的社会组织和社会关系中，是一个国家反应能力、协调能力、应变能力和社会整合能力的体现。"军事力"由军事实力、战争潜力、国防意识、国防能力、军事理论、训练水平、军事装备能力、军事科研能力、军事指挥能力、国防科技和国防工业的发展水平等组成。"科技力"的基本层面是科技队伍的数量和质量、研发创新能力、高科技发展水平和科技进步贡献力等。

以新型现代化为视角审视层次意义上的综合国力各要素，生态力、制度力、精神力和科技力似应成为需要大书特书的对象。综观中国以往一个半世纪的现代化历程，制度力、精神力和生态力常常成为丰盛现代化宴席上的冷盘，或长期被忽略，或较少被提及。制度力真正被推上台面，只有19世纪

① ［美］约瑟夫·奈：《软力量》，吴晓辉等译，东方出版社2005年版，第5—29页。

末 20 世纪初的戊戌变法、清末预备立宪、辛亥革命和 20 世纪末期 "政治文明" 思想的提出两个时段。精神力登上现代化舞台，起于五四新文化运动，之后长期搁置，直至邓小平现代化中 "两手理论" 的提出。在当下中国现代化中呈现的环境恶化与生态危机、社会建制与社会演化的不相适应、因现代人格的缺失而造成的人的矮化等问题，最终有赖于生态力、制度力和精神力的不断强化来解决。或许正是基于这个考虑，经济学家吴敬琏大声呼吁 "发展中国高新技术产业制度重于技术"。[①] 英格尔斯（Alex Inkeles）也指出："如果一个国家的人民缺乏能够赋予先进制度以生命力的广泛的现代的心理基础，如果掌握和运用先进制度的人本身在心理、思想、态度和行为上还没有经历一场向现代性的转变，那么失败和畸形的发展就是不可避免的"。[②]

以线性传统现代化为参照，新型现代化具有系统性。在新型现代化视阈中审视综合国力，需要观照综合国力各要素力之间的非线性作用。在中国现代化低水平大波动之创业期（1949—1977 年）和以改革促发展之转型期（1978—2000 年），过分消耗制度力、精神力、生态力、社会力等软国力，没有很好发挥社会系统内各要素力之间合纵连横的体系优势（system – based advantage）[③]，是需要汲取的沉痛教训。因此，适应当下中国新型现代化发展之新需要的综合国力要素结构，必须是充分考虑制度力、精神力、生态力、社会力等软国力要素的新体系。

综观当前中国的综合国力，整体处于上升态势，尤其是经济力与发达国家的差距渐趋缩小。但相比之下，制度力、生态力、精神力、社会力等软国力相对薄弱。在接受《环球时报》记者采访时，曾撰写《中国软力量的提升》[④] 的约瑟夫·奈给中国软国力打了 60 分，既承认中国软国力不断增强，又指出其与高速增长的经济并不相称的问题。事实上，软国力滞后已使中国现代化出现了难以规避的问题，诸如现代人格缺失、民主政治不成熟、生存

---

① 吴敬琏：《发展中国高新技术产业制度重于技术》，中国发展出版社 2002 年版。
② ［美］C. E. 布莱克编：《比较现代化》，杨豫等译，上海译文出版社 1996 年版，第 14 页。
③ ［美］迈克尔·波特：《国家竞争优势》，李明轩等译，华夏出版社 2006 年版，第 56 页。
④ Joseph S. Nye, Jr. , "The Rise of China's Soft Power", *The Wall Street Journal Asia*, December 29, 2005.

国首相戈登·布朗（Gordon Brown）于"20 国集团伦敦峰会"上宣告："旧有的华盛顿共识已经终结。"①

在"华盛顿共识"日益遭到世人质疑的同时，2004 年 5 月，美国《时代》杂志前任编辑、清华大学兼职教授乔舒亚·库珀·雷默（Joshua Cooper Ramo）发表《中国已经发现自己的经济共识》一文，对中国自改革开放以来的经济改革和经济转型的成就及经验做了分析和总结，并首次提出"北京共识"（Beijing Consensus）的概念。

根据乔舒亚·库珀·雷默（Joshua Cooper Ramo）的表述，"北京共识"即指：艰苦努力，大胆实践，坚决进行革新和试验（如设立经济特区）；坚决维护国家利益和边界，捍卫国家主权与权益（如台湾问题）；遵循循序渐进的发展状态（如"摸着石头过河"）；不断积聚力量（如巨额的外汇储备）等，其目标是在保持国家独立的同时，实现经济的稳步、持续增长。具体较之，两者的不同点主要包括：

首先，"华盛顿共识"是他人设计的产物，即是美国等主要发达国家为拉美、苏联和东欧等国设计的经济转轨模式，具有与实践主体相脱离的弊病。而"北京模式"，则是中国在自身的发展过程中，一步一个脚印，不断摸索，艰苦实践，努力探索的结果。它是中国土生土长的，植根于中国、在中国发展起来，而反过来又发展中国的模式。

其次，本质上，"华盛顿共识"是用来维护和保证美国等发达国家利益的工具。体现"华盛顿共识"的大多数措施，建立在牺牲拉美等发展中国家利益、保证美国等主要发达国家利益的基础之上，如降低边际税率，金融和贸易自由化，开放市场，取消对外资自由流动的各种限制等。而"北京模式"则是在坚持国家主权和独立的基础上，按照自己的国家利益设计的发展模式。比较而言，前者具有侵略性色彩，属于一种新型的、隐形的侵略和控制。而后者则体现完全的独立自主性。

最后，在具体内容方面，"华盛顿模式"是西方自由主义发展模式的延续和翻版，如主张放任发展、自由竞争经济高度市场化等。需要指出，这样

---

① Prime Minister Gordon Brown：*G20 Will Pump Trillion Dollars Into World Economy*，Sky News 2009 年 4 月 2 日。

济发展政策时，越来越多地认可和倾向于后一种模式。那么，"北京模式"为何能在世人的心中占一席之地？要解答这一问题，还得从分析"华盛顿共识"（Washington Consensus）和"北京共识"（Beijing Consensus）的不同点入手。

【解疑释惑】

分析"华盛顿共识"（Washington Consensus）和"北京共识"（Beijing Consensus）的不同点，需要从其基本内涵和两者出现的历史背景着手。

1989 年，陷于债务危机的拉美国家大多急需进行国内经济改革。为了适应此需求，美国国际经济研究所在华盛顿发起、主持召开为拉美国家经济改革提供方案对策的研讨会，邀请国际货币基金组织（IMF）、世界银行（WBG）、美洲开发银行（Inter – American Development Bank）、美国财政部的研究人员以及部分高等院校与研究机构的经济学家，出谋划策。

在会议召开期间，由美国经济学家约翰·威廉姆森（John Williamson）执笔，总结了会议达成的指导拉美经济系统改革的十项主张，主要包括：加强财政纪律，实行紧缩政策，降低通货膨胀率；把政府开支的重点转向经济效益高的领域，削减公共福利开支；进行税制改革，降低边际税率，扩大税基；金融和贸易自由化，开放市场；取消对外资自由流动的各种限制，以及对国有企业实施私有化；放松政府对企业的管制等。这些主张的主旨在于推行私有化、自由化、市场化。世界银行、国际货币基金组织等国际组织，不仅支持这些主张，而且还竭力推动其实施。20 世纪 90 年代前期，按照这一共识，一些拉美发展中国家、俄罗斯以及东欧等转轨国家进行了各自的经济改革和转轨实验。由于这些国际机构的总部和美国财政部都设在华盛顿，加之这一会议也在华盛顿召开，故这一成果被称之为"华盛顿共识"（Washington Consensus）。

理论上，"华盛顿共识"秉承了亚当·斯密（Adam Smith）自由竞争的经济思想，与西方自由主义传统一脉相承。

实践上，发展中国家及转轨国家纷纷践行"华盛顿共识"，其后果也引起较大争议。2009 年，在次贷危机、全球信贷危机愈演愈烈的背景下，英思主义理论本身，"毛泽东思想与中国特色社会主义理论体系概论"立足于中国化的马克思主义理论成果，那么"中国近现代史纲要"则立足于史学视角的马克思主义中国化的历史进程。个性的存在，需要四门课因地制宜地研究教育教学，探索科学发展观进课堂的情境化途径；而共性的存在，又为四门课彼此整合，进而发挥思想政治理论课之合力提供了可能。

【推荐阅读】

1. 程新英：《发展的意蕴：发展观的历史嬗变与科学发展观的当代价值》，中国社会科学出版社 2006 年版。

2. ［法］弗朗索瓦·佩鲁：《新发展观》，张宁、丰子义译，华夏出版社 1987 年版。

3. 胡鞍钢：《中国：新发展观》，浙江人民出版社 2004 年版。

9. "华盛顿共识"和"北京共识"有何不同？[①]

【问题提出】

"从历史来看，20 世纪人类进行了两项伟大的社会实验，一个是始于20 世纪20 年代的席卷全球的社会主义实验，其二是始于20 世纪80 年代的转轨实验。"[②] 在世界近现代史上，中国和苏联在社会主义道路的探索上呈现出一成一败的鲜明反差。自十一届三中全会以来，中国实行改革开放的伟大国策，经济建设取得巨大成就，经济转轨实验基本取得成功。而苏联则在日益僵化的政治经济体制下走向瓦解。究其原因，根本在于两国进行经济转轨实验的一成一败。中国经济转轨取得成功，效果良好，并且呈继续发展之态势；而苏联则归于失败。解体后的苏联，作为其主体部分的俄罗斯继续进行经济转轨实验，然其成效亦并不理想。

那么，中国的经济转轨实验为什么会取得成功，并能继续保持强劲势头，而俄罗斯等国的经济转轨效果却并不理想？这一问题涉及两者间经济转轨模式的差异。把握两者经济转轨模式的差异，既有助于把握20 世纪末的不同转轨实验，又有助于理解中国自改革开放以来取得如此巨大成就的原因。

【疑惑之点】

在自20 世纪80 年代开始的各国经济转轨试验中，现今学术界总结出两种主要模式，即"华盛顿共识"（Washington Consensus）和"北京共识"（Beijing Consensus）。前者以俄罗斯为代表，也涉及巴西、阿根廷、墨西哥等国；后者以中国为代表，也包括印度等国。当今世界各国在制定本国的经

---

① 本问题撰写者为李学桃。

② 何恒远：《超越"华盛顿共识"："北京共识"的转型意义》，《上海经济研究》2004 年第9 期。